国家出版基金项目
NATIONAL PUBLICATION FOUNDATION

陆侃如文存

LUKANRU WENCUN

清华大学国学研究院　主编

鄢嫣　选编

江苏人民出版社

图书在版编目(CIP)数据

陆侃如文存/清华大学国学研究院主编. —南京：
江苏人民出版社，2020.11
　（清华国学书系）
　ISBN 978-7-214-24203-7

　Ⅰ.①陆…　Ⅱ.①清…　Ⅲ.①陆侃如—文集　Ⅳ.
①C53

中国版本图书馆 CIP 数据核字(2019)第 273046 号

书　　　名	陆侃如文存
主　　　编	清华大学国学研究院
选　　　编	鄢　嫣
责 任 编 辑	康海源
装 帧 设 计	姜　嵩
出 版 发 行	江苏人民出版社
出版社地址	南京市湖南路 1 号 A 楼，邮编：210009
出版社网址	http://www.jspph.com
照　　　排	江苏凤凰制版有限公司
印　　　刷	江苏凤凰新华印务集团有限公司
开　　　本	652 毫米×960 毫米　1/16
印　　　张	36.75　插页 2
字　　　数	491 千字
版　　　次	2020 年 11 月第 1 版　2020 年 11 月第 1 次印刷
标 准 书 号	ISBN 978-7-214-24203-7
定　　　价	128.00 元

（江苏人民出版社图书凡印装错误可向承印厂调换）

陆侃如

陆侃如、冯沅君夫妇

总　序

近年来,民众的怀旧心理在悄悄积聚,有关民国史的各种著作,也渐次成为热门的读物。——此间很重要的一个原因,大概是人们在蓦然回望时发现:尽管那个年代国家举步维艰,但我们的文化却得到了很好的传承,涌现出了诸多文化大师,创造出了丰硕的文化成果,并为学术的发展开辟了崭新的路径。

此外还应当看到,这种油然而生的怀旧情愫,又并非只意味着"向后看"。正如斯维特兰娜·博伊姆在《怀旧的未来》中所说:"怀旧不永远是关于过去的;怀旧可能是回顾性的,但是也可能是前瞻性的。"——由此也就启发了我们:在中华文明正走向伟大复兴、正祈望再造辉煌的当下,这种对过往史料的重新整理,和对过往历程的从头叙述,都典型地展现了坚定向前的民族意志。

在这样的背景下,清华大学国学研究院早期既昙花一现又光华四射的历程,就越发引起了世人的瞩目。简直令人惊异的是,一个仅存在过四年的学府,竟能拥有像梁启超、王国维、陈寅恪、赵元任、李济、吴宓这样的导师,拥有像梁漱溟、林志钧、马衡、钢和泰、赵万里、浦江清、蒋善国这样的教师,乃至拥有像王力、姜亮夫、陆侃如、姚名达、谢国桢、吴其昌、高亨、刘盼遂、徐中舒这样的学生……而且,无论是遭逢外乱还是内耗,这个如流星般闪过的学府,以及它的一位导师为另一位导师所写的、如今已是斑驳残损的碑文内容——"独立之精神,自由之思想",都在激励后学们去保持操守、护持文化和求索真理,就算不必把这一切全都看成神话,但它们至少也是不可多得的佳话吧。

可惜,虽然清华大学国学研究院久负如此盛名,但外界对其历史的了解,总体说来还是远远不够的,对各位导师和众多弟子的总体成就,更是缺少全面深入的把握。缘此,本院自恢复的那一天起,便大规模地启动了"院史工程",冀能在深入研究的基础上,最终以每人一卷的形式,整理、出版院友们的著作精选,以作为永久性的追思缅怀,同时也对本院早期的学术成就,进行一次总体性的壮观检阅。

具体设想是,"院史工程"将会对如下四组接续的梯队,进行总览性的整理研究:其一,本院久负盛名的导师,他们无论道德还是文章,都将长久地垂范于学界;其二,曾以各种形式协助过上述导师、后来也卓然成家的早期教师,此一群体以往较少为外界所知;其三,数量更为庞大、很多都成为学界中坚的国学院弟子,他们更属于本院的骄傲;其四,等上述工作完成以后,如果我们行有余力,还将涉及某些曾经追随在梁、王、陈周围的广义上的学生,以及后来在清华完成教育、并为国学研究做出突出贡献的其他学者。

这就是本套"清华国学书系"的由来!尽管旷日持久、工程浩大、卷帙浩繁,但本院的老师和博士后们,却不敢有丝毫的懈怠,而如今分批编出的这些"文存",以及印在其前的各篇专门导论,也都凝聚了他们的辛劳和心血。此外,本套丛书的编辑,也得到了多方的鼎力支持;而各位院友的亲朋、故旧和弟子,也都无私地提供了珍贵的素材,这让我们长久地铭感在心。

为了最终完成这项任务,我们还在不停地努力着。因为我们深知,只有把每位院友的学术成就,全都搜集整理出来献给公众,本院的早期风貌才会更加逼真地再现,而其间的很多已被遗忘的经验,也才有可能有助于我们乃至后人，去一步一步地重塑昔日之辉煌。在这个意义上，这套书不仅会有很高的学术史价值，也会是一块永久性的群英纪念碑。——形象一点地说，我们现在每完成了一本书，都是在为这块丰碑增添石材，而等全部的石块都叠立在一起，它们就会以一格格的浮雕形式，在美丽的清华园里，竖立起一堵厚重的"国学墙"，供同学们来此兴高采烈地指认：你看这是哪一位大师，那又是哪一位前贤……

我们还憧憬着：待到全部文稿杀青的时候，在这堵作为学术圣地的"国学墙"之前，历史的时间就会浓缩为文化的空间，而眼下正熙熙攘攘的学人们，心灵上也就多了一个安顿休憩之处。——当然也正因为那样，如此一个令人入定与出神的所在，也就必会是恢复不久的清华国学院的重新出发之处，是我们通过紧张而激越的思考，去再造"中国文化之现代形态"的地方。

清华大学国学研究院

2012 年 3 月 16 日

目　录

导言：陆侃如的生平与学术

鄢　嫣

陆侃如（1903—1978），字衍庐，又名雪成，江苏海门人。青年时期曾求学于北大和清华，后又留学巴黎攻读博士学位。回国后相继执教于燕京大学、东北大学、山东大学等高校，曾担任山东大学副校长、《文史哲》编委会主任等职务，1978年病逝于山东青岛。陆侃如是我国著名的古典文学研究专家，主攻隋唐以前的文学史，尤以楚辞和两汉文学研究闻名海内。陆侃如一生著述颇丰，代表作品有《屈原》《宋玉》《乐府古辞考》《中古文学系年》等，并与其夫人冯沅君合著有《中国诗史》《中国文学史简编》等，现将其生平与学术成就概述如下。

一　生平概况

初露锋芒（1903—1931）

1903年11月26日，陆侃如出生于江苏海门一个开明士绅家庭。其父陆措宜（1882—1945），热心教育事业，曾在家乡创办恒基小学，亲任校长，推行新学。陆侃如幼时便在父亲自办的小学里读书，后考入南通的江苏省立第七中学。在这所四年制的旧式中学里，陆侃如的国文和英文都受到了良好的基础教育。

据陆侃如自己的回忆,当时他的国文教员徐先生专于桐城义法,在课外,陆侃如还和几个同学组织了诗社,以"秋士""卧云"等别名做了不少七绝,于古文和诗词写作都有很好的锻炼。至于英文,在读中学之前,陆侃如已经学了两三年,经历过两位教员。一位是他父亲专聘到家里来的耶稣教徒袁先生;另一位是高小的教员陆先生,是南洋公学(即今之上海交大)肄业生。所以进入七中后,陆侃如曾一度觉得英文功课太浅,还戏称这所"省立中学"为"省力中学"。后来遇到从英国回来的教员朱先生,教授英美文学史、修辞学及《威克斐牧师传》,他才开始认真起来。在朱先生的鼓励下,陆侃如尝试了演英文话剧,并负责改写剧本。他还和同学合编英文杂志,可惜由于没有印刷费而最终没有实现。陆侃如还喜读英国抒情诗,尤其爱背诵弥尔顿(John Milton)的诗,比如《快乐的人》(L' Allegro)和《沉思的人》(Il Penseroso)等,同时还试着写作英文诗。①

1920年,陆侃如进入北京高等师范学校学习,两年后考入北京大学。喜爱英国文学的他本来想报考英文系,但在1921年的寒假他无意中读到朱熹的《楚辞集注》,引起了研究中国文学的兴味,于是他一方面开始做《楚辞》的研究,其成果便是《屈原评传》;另一方面和几个志同道合的同学成立了一个中国诗歌研究会,朝夕讨论,他感觉很有趣,因而在来年进本科时,选择了国文系。②

在北大,陆侃如认识了他一生的伴侣冯沅君女士。冯沅君(1900—1974),原名淑兰,字德馥,笔名淦峦、淦女士、大琦、吴仪等,河南唐河人,是现代著名的女作家和学者,与哲学家冯友兰和地质学家冯景兰为同胞兄妹。冯沅君二十二岁时在创造社的刊物上发表了以《卷葹》为名的系列小说,深得鲁迅先生的赏识,引起了当时青年知识分子的情感共鸣,从此成为《语丝》的主要撰稿人之一。她是与冰心、丁玲等齐名的新文学女作家,更是北大国学门的第一个女研究生。1927年从北大毕业后,冯沅

---

① 以上回忆参见陆侃如《五四运动的一段插话——自传之一章》,《宇宙风》,1939年第79期。
② 参见《陆侃如致胡适》(1923年6月3日),杜春和选编:《胡适论学往来书信选》下册,石家庄:河北人民出版社,1998年,第692页。

君便将精力专注于古典文学研究和教学工作。先后在金陵女子大学、复旦大学、中山大学、武汉大学、山东大学等高校任教。曾当选为第一届、第二届、第三届全国人大代表，担任山东大学副校长之职。她的研究方向以戏曲为主，代表著作有《古优解》《古剧说汇》《古剧四考》等。

在北大期间，陆侃如在古典文学研究领域已经初露锋芒。陆续发表《〈大招〉〈招魂〉〈远游〉的著者问题》(《屈原评传·余论》之一)、《读〈读楚辞〉》、《宋玉赋考》等论文。1923 年，其《屈原》一书由上海亚东图书馆出版。1925 年底，完成论著《乐府古辞考》，翌年二月由商务印书馆出版。可以看出，从 20 岁到 23 岁，陆侃如的学术起步，基本是围绕楚辞和乐府诗展开研究的。

陆侃如于 1926 年夏考入清华学校研究院。当时的清华研究院，本是打算建立与大学本科相衔接的多科研究院，但因经费所限，暂时只先设了国学门一科。其办学旨趣究竟与以往别的学校有何不同，教务长吴宓在开学典礼的演讲中说得很清楚：

> （一）值兹新旧递嬗之际，国人对于西方文化，宜有精深之研究，然后可以采择适当，融化无碍；（二）中国固有文化之各方面(如政治经济、哲理学)，须有通彻之了解，然后于今日国计民生，种种重要问题，方可迎刃而解，措置咸宜；（三）为达上言之二目的，必须有高深学术机关，为大学毕业及学问已有根柢者进修之地，且不必远赴欧美多耗资财，所学且与国情隔阂。此即本校设立研究院之初意。①

可见，面对方兴未艾的新文化运动和中西文化的碰撞，为了适应全国上下的文化热，正确对待中西文化的交流与融合，清华是想通过研究院这一学术机构，来培养既对国学有精深研究，又能融汇西学的"国学人

---

① 吴宓：《清华开办研究院之旨趣及经过》，见徐葆耕编选《会通派如是说：吴宓集》，上海：上海文艺出版社，1998 年，第 173 页。

才"。陆侃如本身英文底子就好,并早早就开始关注西方诗学①,因而清华研究院的国学门,是非常适合他继续深造的。

研究院的学程,分为普通讲演和专题研究两种。讲演为研究院学生必修,每人至少须选定四种,由教授拟定题目,范围较广。专题研究则是于各教授所指定的学科范围内,"就一己志向、兴趣、学力之所近,选定题目以为本年内之专门研究"。② 当时王国维开有"古史新证"(主讲考古材料与古代文献互证的"二重证据法")、梁启超开有"历史研究法"等普通演讲课程,陆侃如师从两位导师,专修"中国文学史"科目,专研题目有"古代诗史"和"古代诗选"。③ 他也旁听过西洋文学系的课,比如吴宓的"翻译术"等。这些导师讲授的都是当时最前沿的治学方法和观点。陆侃如沐浴其中,开拓了视野,活跃了思路。同时,研究院的制度分科不分系,教授与学生能密切接触,使得学生在掌握治学路径的同时,更能接受导师春风化雨般的人格熏陶。

陆侃如在清华的时间并不长,但受益匪浅。他接受得最多的指导便来自王国维和梁启超两位先生。在《古代诗史·自序》中,他说:"最后让我谢谢许多师友们,尤其是王静安、梁任公、胡适之三师,朱佩弦君及冯沅君女士。他们或者拿未发表的文稿给我参看,或者对于本书稿加以极有价值的批评。而梁先生在健康未恢复时替我细细校阅,更是我所感激的。"④可以看出当时清华两位国学大师对学生论文写作指导之用心。在校期间,陆侃如还曾担任梁先生的助手,协助整理《桃花扇》,并负责学校、学生与梁先生的联络事宜。

1926 年 6 月,陆侃如与友人储皖峰、黄节、杨鸿烈、卫聚贤等人创建

① 他 1921 年发表在日本《学艺》杂志上的《英国诗坛大事记》,选择英国自"撒逊时代"至"维多利亚时代"(7 世纪—1889 年)的代表诗人编成表格,原是为了"自己参考便利而编"(见此文的例言)。
②《研究院纪事》,载《国学论丛》1927 年第 1 卷第 1 号。
③ 同上。
④ 陆侃如:《古代诗史·自序》,《国学月刊》,1927 年第 2 卷第 1 期。

了国学团体述学社，以《国学月报》为社刊。① 该社成员以北大国学门和清华国学研究院的学生为主，大多与胡适关系密切，在研究旨趣上与"整理国故"运动、"古史辨派"声气相求。他们在研究态度上，反对信古；在研究方法上，以考证为主要手段，有着鲜明的时代特色。作为述学社的编辑部主任，陆侃如在《国学月报》上陆续发表了《三颂研究》《诗经参考书提要》《五月五日》《什么是九歌》《陶公生年考》《孔雀东南飞考证》《陶公的千五百周忌》等论文。而成员们所发的文章也多以考证为主，题目中常有"考""疑""证""说"等字眼。他们致力于在文学史研究中，以"历史进化的文学观"，通过重写文学史来打破道统的文学观念，并"重新发明新传统"，实现"思想革命"和"再建文明"的目的。

1927 年 6 月，陆侃如从清华研究院毕业，随后短暂任教于中法大学、复旦大学、暨南大学和中国公学大学部等学校。1929 年 1 月 24 日，陆、冯二人在上海喜结连理。两人婚后的第一项重要成果，便是《中国诗史》的完成。该书于 1931 年首次在大江书铺出版，是中国的第一部诗史。其中，唐及唐以前部分由陆完成，其余部分由冯完成，从此夫妇二人基本就按此模式进行合作。

1932 年 10 月，应大江书铺《百科文库》之约，陆、冯夫妇合作出版了《中国文学史简编》。这是 1927—1932 年之间，他们辗转各地高校讲授中国文学史时的讲义。全书共 20 讲，约十万字，分为上下两编。大体上，依旧是上编由陆侃如完成，下编由冯沅君完成，但中间也有互写的部分。②

青年时代陆侃如的风姿，在其友人赵景深的《海上集》中有形象的描绘："侃如带着典型的江南公子的姿态，瘦瘦的个子，瘦瘦的脸庞，却又不

---

① 述学社的前身是由北大国文系学生陆侃如、游国恩、林之棠、张为骐、黄优仕等人于 1924 年 5 月创建的爱智学会国学部。6 月 6 日，其社刊《国学月报》创刊，待 1926 年述学社成立后，《国学月报》直接转为述学社社刊，且保持了其卷数和风格的连续性，述学社的活动也因此与国学部具有前后相接的性质。参见徐坤《述学社研究》，曲阜师范大学硕士论文，2014 年。
② 陆侃如、冯沅君：《中国文学史简编·序例》，上海：大江书铺，1932 年，第 1 页。

是露出颧骨的,特别高的皮衣领,再加上华服和走路的潇洒,真有点翩翩然了。"①足可见这位海门才子的风貌。

巴黎求学(1932—1935)

陆、冯二人结婚后定了一个五年计划,待工资存够 1 万银元时,便一起自费去法国留学。于是他们节衣缩食,不到五年时间,便提前实现了这个计划,在 1932 年的秋天,他们乘邮轮到马赛转巴黎,考上巴黎大学文学院(Faculté des lettres,l'Université de Paris)的"博士班"。陆侃如写有《巴黎的旧书摊》一文,可算作其法国留学生涯的一个剪影。他写道,自己闲暇时最喜欢逛巴黎拉丁区的书铺,在这其中,他留恋的既不是新书店,也不是大书店,而是小的旧书铺或者旧书摊。因为他逛旧书摊的目的,"一半固然在买书,一半也是想找人谈天"。② 旧书铺的主人,尤其是年老者,常与 19 世纪法国的知名文士有很深的友谊,这样,与这些老者谈谈这个人的轶事,看看那个人的手迹,就成为陆侃如留学生涯中的最大乐事。

陆侃如和冯沅君在法国完成的博士毕业论文分别为 Histoire Sociale de l'époque Tcheou(可译为《周朝社会史》,署名 LOU KAN JOU)和 La technique et l'histoire du ts'eu(可译为《词的技巧与历史》,署名为 FENG SHU LAN)。据陆侃如自叙,其《周朝社会史》之后在法国出版过,并请法国著名经济史专家赛昂里教授作了序。③ 与此同时,他还翻译了赛昂里的专著《法国社会经济史》和小仲马的戏剧《金钱问题》,均由国内的大江书铺于 1933 年出版发行。

关于陆侃如,流传最广的是 1935 年他在巴黎参加博士论文答辩时的一段趣闻。当时主考官问了他一个奇怪的问题:"为什么'孔雀东南

---

① 赵景深:《陆侃如冯沅君夫妇》,《海上集》,上海:北新书局,1946 年,第 110 页。
② 陆侃如:《巴黎的旧书摊》,《人间世》第十期,1934 年 8 月 20 日出版。
③ 见 Bernherd Karlgren 著,陆侃如译:《左传真伪考及其他·译序》,上海:商务印书馆,1936 年,第 2 页。

飞'?"陆侃如不假思索,应口而答:"因为'西北有高楼'!"大家都知道,《西北有高楼》是《古诗十九首》中的一篇,头两句是"西北有高楼,上与浮云齐",既然西北有与浮云齐高的高楼,自然阻挡孔雀飞向西北之去路,只能折身飞向东南。这样迅敏而有趣的回答,不仅要有深厚的古代文学底蕴,更要有机敏应对的才思。① 通过这则趣闻,我们可以清晰感受到陆侃如为人与治学的特点。

抗战时期(1936—1946)

1935 年秋,陆、冯夫妇博士毕业后绕道苏联回国,开始分别任教于燕京大学和河北女子师范学院。在教书的同时,夫妇俩还合作编纂了南戏的佚曲集《南戏拾遗》,1936 年 12 月发表于《燕京学报》专号。当时的南戏佚曲集已有赵景深的《宋元戏文本事》和钱南扬的《宋元南戏百一录》。《南戏拾遗》则是从明徐庆卿、钮少雅编订的曲谱《汇纂元谱南曲九宫正始》中辑录出以上两书所未收的一百一十五种元南戏的佚曲。据冯沅君所称,当年夏天,"在北平看到《九宫正始》,我们曾以十日之力将其中题为'元传奇'的曲子辑录出来"。② 仅十天时间完成,可见夫妇俩治学的勤奋与高效。

抗战爆发后,陆氏夫妇离京南下,开始了行程遍及大半个中国的迁徙流离生活。冯沅君写有一组纪事诗,详细记载了该时期他们夫妇的行踪及见闻。从《北平事变》、《过香港》、《河内病院见大兄》、《滇越道上》、《抵昆明》、《都城山中》(都城镇:今属广东省云浮市郁南县——编者按)、《夜宿白石》(白石堡:今属广东省信宜市——编者按)、《成都薛涛故居》、《嘉州乌龙寺》(嘉州:今四川乐山市——编者按)等一系列诗题可看出,夫妇俩从上海经香港、河内到云南的中山大学(后迁至广东),再到四川

---

① 此事传入国内,著名《文心雕龙》研究专家杨明照先生谓此回答可入"新世说",因为非此五字相答,不能成其妙。

② 冯沅君:《南戏拾遗补》,载于《陆侃如冯沅君合集》第 4 卷,合肥:安徽教育出版社,2011 年,第193 页。

三台的东北大学,直到抗战胜利,随东北大学迁回沈阳。这一路他们忧心国事,时刻关注着前线的战报,既有听到捷报写下《台儿庄大捷》时的欢呼振奋,也有听闻抗战失守写下《闻海门失守》《厦门失守》等诗句时的悲痛。

在这近十年的动荡时光里,陆侃如在完成教学和参与抗日活动的同时,并未放弃学术研究工作,将主要精力都放在了《中古文学系年》的撰写上。这部82万字的著作,按年系人事,上自公元前53年扬雄生,下迄公元351年卢谌死,考证了汉晋四百年内152位文学家的生平事迹、著作篇目及年代,征引丰富,考订精细。抗战期间《系年》完成的只是初稿,因为当时在各地流徙,生活极不安定,书籍也非常缺乏,所以当生活渐趋稳定,参考书也多起来时,陆侃如便开始不断改写补充,直至晚年。1985年,人民文学出版社将老先生的这部遗著整理出版,自此该书成为治中古文学学者的案前必备参考书。

山东时期(1947—1966)

抗战时期陆、冯夫妇由于积极参与文化界的抗日活动,支持进步学生,上了国民党特务的黑名单,经常遭遇恐吓,不得已,陆、冯二人于1947年秋离开了沈阳,应山东大学校长赵太侔之聘到青岛任教。到了青岛后,夫妇俩继续从精神上和经济上支持学生的革命活动,同时也开始担任一系列行政职务。1949年6月青岛解放,陆侃如被任命为山东大学图书馆馆长,兼校务委员会副主任委员。1951年春,被任命为山东大学副校长,后陆续兼任《文史哲》编委会主任、校科学研究委员会主任、山东省人大代表等职务。1953年以后,又相继担任全国政协委员、全国文联委员、全国作协理事、《文学研究》编委等工作。1956年加入九三学社,任中央常务委员和青岛市分社主任委员。

中华人民共和国成立后,陆侃如夫妇开始以新的思想观点来对待自己的教学与研究工作,既发表了诸如《把毛泽东文艺思想贯彻到古典文学的教学中去》①、《关于大学中文系问题》②等文章，同时也开始着手修改之前所写的《中国诗史》和《中国文学史简编》。尤其是后者，修改后有了两个版本。其一为《中国文学史简编》（修订本），1957年由作家出版社出版，扩充改写至20万字。主导思想是要"彻底清除资产阶级唯心主义的严重错误"，"完全用马克思列宁主义的立场、观点、方法来处理文学遗产上的问题"。③ 这是1949年以后第一部用新观点编撰的文学史著作，具有开创意义。其二为缩减版，即六万字的《中国古典文学简史》，面向中学水平的读者，1957年由中国青年出版社出版。次年又由外文出版社出版了英文版和捷克文版，中国人写的文学史被译成外文介绍给国外的读者，这应当是最早的一部。另外，这一时期陆侃如与高亨、黄孝纾共同选注了《楚辞选》，1956年由上海古典文学出版社出版。

　　1957年，陆侃如被划为"右派"，由一级教授降为四级，被免除所有行政职务。蒙此大难，陆侃如比较坦然，无"官"一身轻，就将全部身心都放在教学和做研究上吧。从1960年开始，陆侃如的研究重心转向中国古代文论。这一时期他的学术成果既有全局观的理论讨论，先后发表了《文学理论遗产的批判继承》《关于文艺理论遗产学习的三点意见》《如何批判继承文学理论遗产》（与吕美生合著）等论文，也有对中国古代文学理论批评史的梳理，1965年为山东大学中文系五年级学生撰写了讲义《中国文学理论简史》，更有专题研究，涉及陆机的《文赋》、葛洪的文学观和刘勰的《文心雕龙》等。其中对《文心雕龙》用力最多，成果卓著，如论文《〈文心雕龙〉中浪漫主义的一些观点》《〈文心雕龙〉论"道"》《刘勰论诗的幻想和夸饰》的发表，与牟世金合作的《〈文心雕龙〉选译》《刘勰论创作》等专著的出版。陆侃如是国内较早对《文心雕龙》进行译注、研究的学者，其成果不仅在当时被普及推广，也不断为后辈学者所推重。

　　前文有提到，清华研究院的宗旨之一是造就专门人才，即"以著述为

① 陆侃如：《把毛泽东文艺思想贯彻到古典文学的教学中去》，《山东大学学报》，1952年第2期。
② 陆侃如：《关于大学中文系问题》，《人民教育》，1952年2月号。
③ 陆侃如、冯沅君：《中国文学史简编·自序》修订本，北京：作家出版社，1957年，第1页。

毕生事业者"或"各种学校之国学教师"。① 纵观陆侃如的履历,他自清华毕业后,则是以"著述"和"任教"两轨并行的。陆侃如一生在全国多所名校任教过,可谓桃李满天下,其中在山东大学待的时间最长,足有三十余年。借用其学生马宏山的话来形容:"以言教讼,以身教从;得经师易,得人师难。"何谓"人师"?《荀子·儒效》说:"四海之内若一家,通达之属莫不从服,夫是之谓人师。"②以自己的立身行事为人师表而使人"莫不从服"者,比仅以经书教人的"经师"自然更加难得。陆侃如正是以其"身教",使其学生敬为"人师"。③ 如1956年考入山东大学中文系的牟世金,大学毕业后留校任教,担任陆侃如的助手,从此,"扈席待筵,朝夕闻教"。④ 陆侃如为他制定了一个"15年达到教授水平的长期培养计划"⑤,且多次修订此计划,同时以两人合作著述的方式,对其进行指导培养。1962年两人便合作出版了《〈文心雕龙〉选译》上册,次年出版该书的下册,这是《文心雕龙》研究史上的第一个译注本,这次的合作也使得牟世金迅速成长为《文心雕龙》研究领域的专家。

陆侃如在教书育人上非常用心,据其学生龚克昌回忆,以1962年为例,他的工作安排是:"给山大中文系高年级学生开中国历代文论课、《文心雕龙》课,每周都是两节;给研究生、进修教师开两汉辞赋、六朝文学,也是每周两节;他还主持一个大型'文论班',中文系很多青年教师都参加,每半月一次,每次一个下午,他都要做中心发言。"⑥同时他还要审阅所带学生的论文,还有每周两个下午的"政治学习",有时还有校外的有关活动需要参加,等等,这样繁重的工作任务,还能有多少时间用于写论

---

① 吴宓:《研究院章程缘起》,载《清华周刊》第339期,转引自齐家莹编撰、孙敦恒审校《清华人文学科年谱》,北京:清华大学出版社,1999年,第8页。
② 荀子著,安继民注译:《荀子·儒效》,郑州:中州古籍出版社,2006年,第84页。
③ 参阅牟世金《嘉惠士林的陆侃如教授》,《山东大学校史资料》第8期,1988年3月。
④ 许志杰:《陆侃如和冯沅君》,济南:山东画报出版社,2006年,第211页。
⑤ 同上,第212页。
⑥ 龚克昌:《我心目中的陆侃如先生》,《文史知识》,2003年第8期。

文呢? 而事实上,此年陆侃如发表了论文 19 篇,完成专著两部。[1]

能教学与学术研究两相并重,这与陆侃如迅捷敏锐的治学特色有关。正如龚克昌所描述的"援笔如口涌""举笔似宿构",陆侃如完成一篇论文往往只需五到七天,效率极高,不然他无法在如此繁重的教学和政务活动之外完成大量的科研工作。同时,陆侃如的迅敏也体现在他的学术眼光上,不论是修改版的《中国文学史简编》的完成,抑或是《中国诗史》的问世,以及较早出版的《乐府古辞考》(王运熙在《乐府诗论丛》中将之评为"近人专治乐府著作之前驱者"[2]),其后的《〈文心雕龙〉选译》等,都充分体现了其在学术上的开创性和前驱性。

晚年时期(1967—1978)

"文革"开始后的十年浩劫里,陆侃如被批斗、监禁,直至 1971 年年底才被"无罪"释放,身心饱受摧残。1973 年夏,冯沅君不幸身患癌症,陆侃如日夜守在病榻前悉心照顾,一年后冯沅君去世,陆侃如悲痛不已。1976 年 12 月,陆侃如突然滑倒,被诊断为脑血栓,从此只能病榻在卧。

尽管身心受到严重影响,这个时期陆侃如的学术生命却依然旺盛。即使是在狱中的 1970 年前后,他还参加了山大中文系《杜甫诗选》《韩非子选注》《刘禹锡诗文选注》等书的编写工作。后来在重病中,他也不曾停笔,如亲手整理妻子冯沅君的诗集、修改《中古文学系年》等。从他在病床上写的《八十自寿》"行年八十驹过隙,踏遍青山人未老。……烈士暮年心还壮,自强不息捷报传"[3]一诗中,我们可以看出他还有想在学术上大干一番的壮心。直至 1977 年 12 月,他还答应了山东人民出版社的要求,准备开始《文心雕龙》全书的译注工作,可惜很快又重病入院。

陆侃如晚年所经历的最重要的学术事件,当属与著名文史专家刘大

---

[1] 具体目录参见《陆侃如生平与学术年表》。

[2] 王运熙:《乐府诗论丛》,北京:中华书局,1962 年,第 152 页。

[3] 牟世金、龚克昌:《陆侃如传略》,夏晓虹、吴令华编:《清华同学与学术薪传》,北京:三联书店,2009 年,第 215 页。

杰的交锋。当时正是大谈"儒法斗争"的环境,陆侃如昔日的朋友和同事刘大杰受"潮流"左右,修改其《中国文学发展史》,强行将杜甫划归为法家。陆侃如通过对杜甫 1400 多首诗的反复研读,逐一分析,费时两月,写成《与刘大杰论杜甫信》,以大量的实例来论证杜甫并非法家,并寄给了刘大杰。刘先生很快复信,表示同意陆侃如的观点。此信发表于 1977年第 4 期的《文史哲》。陆侃如酝酿此信是在 1976 年的夏秋①,当时正是毛泽东病重、"四人帮"横行之时。他却要来写这样一篇文章,给杜甫"翻案",除了有自己扎实的学术功底和学术良心做支撑,更需要极大的勇气和胆识。

这篇文章是陆侃如最后的论作。一年后的 12 月 1 日,陆侃如逝世,终年 75 岁,骨灰由其弟弟陆晋如接回老家江苏海门安葬。1979 年 10月,经中共山东省委正式批复,对陆侃如的错划"右派"问题予以平反,撤销对他的全部处分,恢复他的政治名誉。

陆、冯夫妇一生,经济上一直很宽裕。当初从清华毕业后辗转各地任教时,薪水就很可观;1947 年刚应聘山大时,聘书上写着月薪 600 银元;解放后,夫妇俩双双被评为一级教授,工资 345 元,两人相加 690 元,同时还有各种稿费收入。可是,这对高收入的教授夫妇,其生活却俭朴得令人咂舌。两人看不惯讲究吃穿的人,日常饮食非常朴素,家里的用具也都是补了又补;陆侃如写论文的稿纸往往是各种打印信件或者邀请函之类的背面;冯沅君的一双袜子,千补百衲了还在穿。虽然自己过着清苦的生活,但他们对待学生,对于国家,却又非常大方。陆、冯二人膝下无子,陆侃如去世后,藏书除了留一小部分给助手牟世金用,其他的都捐赠给了山大图书馆。四万多元的遗产,三分之一留作继母、弟弟的生活费,三分之二都捐给学校用作奖学金,以上种种,皆可看出两位老知识分子的赤诚之心。

---

① 此处据其学生龚克昌回忆。见许志杰《陆侃如和冯沅君》,济南:山东画报出版社,2006 年,第 194 页。

二 学术述评

结合陆侃如一生的著作,下文拟从文学史撰述、文学专题研究、文论研究以及翻译作品四个方面来分别论述。

文学史撰述

1.《中国诗史》

关于此书的写作缘起,陆侃如在 1927 年发表的《古代诗史·自序》中说道:"我国文学至少有三千年的历史,然迄无一本差强人意的文学史——也有移译外人所著来充数的,也有杂抄文论诗话来凑成的。书的内容更是可笑——也有远论三皇五帝的文学的,也有高谈昆曲与国运之关系的。个个人都咒骂中国无好文学史,个个人都希望中国有好文学史,然而没有一个肯自己动手做一部文学史。在这种情形之下,我忍不住要来尝试一尝试。然而中国文学史的材料异常丰富,像我这样一个年轻学浅的人,自然不能一蹴而就。所以我现在先做《诗史》,做成后再扩充做全部文学史。"① 可见,陆侃如对当时通行的文学史并不看好,他想给学界提供一部真正有价值的分体文学史,并考虑首先从自己最喜欢的诗歌着手。

《中国诗史》分为"导论""古代诗史""中代诗史""近代诗史"和"附论"五部分。其中"导论"和"古代诗史"是陆侃如于 1925—1927 年间在北平读书时完成,"中代诗史"是他依据 1927—1930 年在上海教书时的讲义写成,"近代诗史"则是由冯沅君在上海讲词曲时完成。该书共计五十余万字,1931 年由大江书铺首次出版。

在"导论"中,作者谈了此书的取材和分期问题。他的取材主张是

---

① 陆侃如:《古代诗史·自序》,《国学月刊》,1927 年第 2 卷第 1 期。

"人取我弃"和"人弃我取"。① 前者指前人重视的伪作、劣作，此书则放弃，如《诗经》以前号为羲农尧舜禹汤时期的"古逸"之作，陆侃如经过辨伪，认为全系后人假托，予以舍弃。后者则是意在扩大"诗"的范畴，取"古往今来一切韵文"，一般史学家认为不重要或认为非诗的材料，都被陆侃如重视起来，尤其突出那些在诗歌变迁史中能够代表时代和反映诗歌演进趋势的史料。如书中开"曹植时代""陶潜时代""李白时代"等专题来论述，就很能说明这一点。每一部分的撰述，该书都有相对稳定的行文模式：先写有关历史背景的导论，再作时代鸟瞰，概括此期的诗坛整体情况，最后再挑代表性诗人及其作品逐一论述。

而关于分期，作者认为中国诗歌变迁的关键一在汉，二在唐，故以此将诗歌史分为三个阶段，从诗歌的起源到汉代，约1600年，为古代；从汉末到唐代，约700年，为中代；从唐末到清代，约1000年，为近代。其中以唐诗的分期为例，陆侃如以安史之乱为界，分唐诗为两期，以李白"承前"，承王孟和高岑两派；杜甫"启后"，启韩愈和白居易两派。唐诗的分期，最早有严羽的"五唐"说，之后历经方回、杨士弘等人的调整，直到高棅，初盛中晚的"四唐"说才得以定性和完善，但在宋元明清，这个论题一直受到关注。进入20世纪，学者们依然在继续讨论这个热点问题。陆侃如、冯沅君的分法，基本上是对高棅"四唐"说的两两合并。客观来看，"二唐"说简洁明晰，避免了因分期而造成的诸如各期之间断界以及诗人归属上出现矛盾等问题，这是它的优势。同时，作者将杜甫诗归于后期即"中晚唐诗"，这个考虑，被后来的"五唐"说的主张者苏雪林、罗宗强等人所承继，这也是它的意义。但"二分法"也有弊端，毕竟尽管它注重了宏观的整体把握，却也忽略了微观的渐变过程。

《中国诗史》的编撰特色很明显。首先，它非常详尽，诸如"曹植时代"的繁钦、缪袭等这类在后世文学史著作中都不曾提到的诗人的作品，都被搜罗殆尽。同时，一位诗人成功和不成功的作品，都会予以客观评

---

① 陆侃如、冯沅君：《中国诗史·导论》，上海：大江书铺，1933年，第3—7页。

价，如既欣赏谢灵运的"野旷沙岸净，天高秋月明"（《初去郡》）[1]，也会批评其"在宥天下理，吹万群方悦"（《九日从宋公戏马台集送孔令》）[2]的过分用典。

其次，《中国诗史》对于旧观点的征引，绝非单纯的汇集堆砌，它们或作为作者新观点所反驳的对象，或成为新观点添砖加瓦的旁证。全书通篇都在传递着作者自己的学术思考和研究理论，它并无意于构建一部客观的诗歌通史，而是着力于描画出在著者特殊视角关照下的几种主要诗歌体式的代兴历史，体现出浓厚的"自我"倾向。

再次，此书的写作吸取了当时流行的学术观念：文学进化论。陆侃如认为文学是渐渐进化而成的，不是一二天才凭空创造的。因此，对每一种诗体，他都会追溯其最早的源头或情状。对于诗体的变化、诗歌的艺术技巧，他都会从流变的视角，做动态的描述。比如论永明体，则远溯自《诗经》、楚辞和汉乐府中的对偶句及平仄的运用。论五言诗的起源，则分乐府诗和文人诗两条线索。前者是五言诗的源头，靠其提供养分；后者试作了五言诗，陆侃如历叙班固、蔡邕、秦嘉等八位文人的五言诗，来说明最早的文人五言诗的演进情状。两条线索合起来，"历两三百年之久，到东汉的末年便成立了"。[3] 作者对诗史中每一种诗体的发展，都做了如同五言诗这般的溯源勾勒。

最后，是重考证的撰史方式。民国时期的考证之风，对陆、冯二人的研究工作有着决定性的影响。在《中国诗史》1956 年修订版"自序"中，陆侃如写道："这书初稿是在一九二五至三〇年间写成的。那时我们一方面受了五四运动右翼的'整理国故'的影响，……在全书六十万字中，有不少烦琐的考证，形式主义的批评，主观主义的论断，因而抹煞了作品的社会意义。胡适在《白话文学史》里的谬论，我们不止一次地移植过

---

[1] 陆侃如、冯沅君：《中国诗史》，上海：大江书铺，1933 年，第 598 页。

[2] 同上，第 596 页。

[3] 同上，第 433 页。

来。"①陆、冯二人这样的批评与自我批评诚然有着特殊的时代背景,因为彼时的学术界正开展着波澜壮阔的批判胡适思想的运动,但从反面恰好可以看出二三十年代的胡适对青年学子的影响之巨大。早年留学美国的胡适,深受其导师杜威的实验主义影响,认为考证一个字和发现一颗恒星的意义同样重要。因此,他在五四新思潮中,提出对于旧有学术应具有三种态度:反对盲从,反对调和,主张整理国故。而整理国故的第三步,就是"要用科学的方法,作精确的考证,把古人的意义弄得明白清楚"。陆侃如早在 1920 年于北平读书时就开始问学于胡适,而在《中国诗史》写作的前期准备阶段,陆侃如也曾不断向胡适写信请教,并附上自己拟好的大纲和目录,表示"极希望先生把自己的意见指示我,或者对于上述大纲加以修改,或告知几种重要的参考书,或其他编文学史时应特别注意的事项"。② 很自然的,《中国诗史》受其影响,其中的考证倾向非常明显。如论屈原时,先考证其生卒年、家人情况及一生行状;再辨伪其作品,在批驳旧说的基础上,自立新说;然后还附有屈原的作品年表。类似于此种的大段考证还有不少,如:《诗经》"大小雅"中二十七篇作品的时代考,《九歌》各篇所祭神考,宋玉生平及作品考,《九章》等辨伪,南朝乐府作者考,五言古诗辨伪,陶潜生平、陶诗伪作及陶诗编年考,等等。以上所举,均考证精审,论述中肯。

若对《中国诗史》撰写过程中的学术环境进行横向联系,可以发现,作为青年学子的陆、冯二人,当时受到了很多学界前辈的影响。除了胡适,对二人影响较大的还有梁启超。《中国诗史》中有不少地方引用了梁启超当时"未发表的文稿"中的观点,比如在考证贵族乐府《郊祀歌》的作者时,引用了梁启超的一段话:"'邹子乐'当是邹阳作。阳,景帝时人,似

---

① 陆侃如、冯沅君:《中国诗史·自序》,北京:作家出版社,1956 年,第 1 页。
② 陆侃如:《致胡适信》,《陆侃如散论集》(《陆侃如冯沅君合集》第 8 卷),合肥:安徽教育出版社,2011 年,第 398 页。

不逮事武帝，想是当时乐府采其词以制谱。"①认同梁启超《郊祀歌》的作者是邹阳这个假设。这样的例子还有很多，比如八百年来，无论是郑樵还是郭茂倩，均以为现存的《清商曲》都是晋以后的，而汉代没有《清商》，梁启超第一个证实了他们的谬误，陆侃如认同此观点，引用了大段梁启超的论述，同样出自梁"未发表的文稿"中。② 陆特意强调这是梁启超"未发表的文稿"，因为梁写作这部分书稿时陆正在清华国学院求学，有着问学于梁启超的得天独厚的条件。梁于1924年所写的《中国之美文及其历史》，是一部相当庞杂的中国诗歌史论稿。他对中国诗歌的抒情方法的探讨，对《诗经》、乐府以及屈原、陶潜、杜甫等人的创作的论述，也都直接影响了陆、冯的这部《中国诗史》。他们从梁氏的文中吸取了不少合理的见解，且较为详备妥当地处理了诗歌史上的相关问题。

《中国诗史》出版后一直受到学术界的重视。鲁迅在1933年《致曹靖华》的信中，推荐了五种"可看"的文学史，《中国诗史》便是其中之一。③它问世之后，相继出版的文学史如杨荫深的《先秦文学大纲》《中国文学史大纲》，龙沐勋的《中国韵文史》，刘经庵的《中国纯文学史纲》，赵景深的《中国文学史新编》等，都明确表示参考和引用了《中国诗史》。《中国诗史》至今仍被多家出版社再版，这说明，与其他昙花一现的文学史著作不同，它是具有学术生命力的，是我国古代文学研究的一项重要成果。

综上，《中国诗史》作为第一部具有现代性学术分量的中国诗歌通史，自然有其价值和贡献。但纵观全书，不足和偏失也在所难免。其中备受争议的一点，是该书对"诗"的界定。陆、冯二人扩大了诗的范畴，将词和散曲都囊括在内，同时取舍又很绝对，宋以后不谈诗，将宋元明清诗全部从研究视野中抹去，而只谈词曲，这显然是硬伤。其原因恐怕是陆、冯二人受到了王国维《人间词话》的影响。在《中国诗史·导论》中他们

---

① 陆侃如、冯沅君：《中国诗史》，上海：大江书铺，1933年，第309页。
② 同上，第298—300页。
③ 其他的四种为谢无量《中国大文学史》、郑振铎《插图本中国文学史》、王国维《宋元戏曲史》和鲁迅《中国小说史略》。

引用了王国维的观点"古诗敝而有律绝,律绝敝而有词,盖文体通行既久,染指遂多,自成习套"①,并表示非常认同。于是在《中国诗史》的架构里,宋以后只有词曲是新鲜的文学,古诗和律绝都属"劣作"。王国维"一代有一代之文学"的议论实本于焦循。焦氏《易余籥录》卷十五论文学"一代有一代之所胜"这一节里②,将此观点发挥得无比透彻。王氏和焦氏的论断都属于文学批评,持有这样的观点,自无不可。但作为文学史的撰写者,这样的取舍就显得过于绝对和偏激。

但如果考虑到现实因素,其实比较容易理解陆、冯如此取材的用心。《中国诗史》的写作年代,正是新诗兴起的时代。当时的新诗由于形式上没有音节和不押韵而遭受非议,胡适为了给新诗的发展做铺垫,提出诗可以靠内部的组织如层次、条理、排比、章法、句法等的安排,来产生自然和谐的音节。③ 1928 年胡适就任上海中国公学校长后,聘陆侃如任该校中文系主任。陆侃如将原来的"国学系"改名,并提出中文系的目的是"研究过去的中国文学"以"创作新的文学"。④ 所以,这种意图也自然隐含在《中国诗史》的撰写中。⑤ 为了新诗的发展,诗史上极不受重视的无韵诗都被挖掘出来,如《诗经》中的《商颂》、乐府中的《铙歌》乃至"曹植时代"这一章里特地提到的曹操的无韵诗。陆侃如是想将这些星星点点的无韵诗连成一个"系统",而其终绝归结于"律""绝"的出现。直到西方文学的输入,"旧诗词的格律打破后,无韵诗方才中兴"⑥,又接续了之前这个系统,从而新诗的发展得以顺理成章。可以理解,正是出于这样的深层考虑,陆、冯才如此扩大"诗"的范畴,以成就五四新文学中的新诗。

---

① 陆侃如、冯沅君:《中国诗史·导论》,上海:大江书铺,1933 年,第 4 页。

② 焦循:《易余籥录》卷 15,台北:文海出版社,1967 年,第 339—366 页。

③ 胡适:《谈新诗》,《胡适文存》(一),北京:华文出版社,2013 年,第 142—143 页。

④ 陆侃如:《中国文学系课程说明书》,见《中国公学大学部中国文学季刊》创刊号,1929 年。

⑤ 参阅徐雁平《胡适和陆侃如:从〈中国诗史〉谈起》,《胡适与整理国故考论:以中国文学史研究为中心》,合肥:安徽教育出版社,2003 年,第 229 页。

⑥ 陆侃如:《中国古代无韵诗》,见燕京大学国文学会《文学年报》,1932 年第 1 期,第 4 页。

2.《中国文学史简编》三部

在生平部分,笔者已经简要介绍了这三部文学史的写作年代及版本区别,以下分叙它们的特点及价值。

1932 年 10 月初版的《中国文学史简编》,其问世晚于郑振铎的《插图本中国文学史》(1932 年 6 月出版),早于刘大杰的《中国文学发展史》(1939 年出版)。在序例中,陆侃如谈了本书与一般文学史著述的不同:"为讲授便利计,各讲分量须相等,故同一题材有分为两讲或三讲的。二、为节省篇幅计,全书举例仅书某文某诗的标题而不引其原文。(只有第一讲插入卜辞及金文二照片,因坊间不易购得原书故)。三、为初学明了计,对各问题只说个较可靠的结论,而不去详加考证(讲授时可另加说明)"。① 很显然,这是一部"教材类"的文学史著作。董乃斌、陈伯海等主编的《中国文学史学史》一书中评论《简编》时说:在 20 世纪 30 年代,中国文学史逐渐凝固成一种"模式",《简编》"就已经具备了这一叙事模式的基本形态"。同时特别提出,《简编》最后的目标指向一点,"就是五四新文学。'文学史'的预见性在这最后又一次显现出来。五四新文学,它是一个时代文学结束的地方,也是另一个时代文学史叙述开头的地方"。② 可见,这同时又是一部潜在为五四新文学造势的文学史著作。

《简编》出版后相当畅销,到 1949 年为止,就先后出版了八次。其畅销的原因,一方面在于这是"一本时间跨度最长的中国文学史"。③ 自文学起源到现代文学革命,上下五千年,展示了中国文学的发展轨迹。不论是此前的郑振铎的文学史,还是之后的刘大杰的文学史,都没有涉及现代文学史的内容。因此《简编》一册在手,可明了中国文学史的基本概况。另一方面,此书文字简洁流畅,通俗易懂,全书二十讲共计十余万

① 陆侃如、冯沅君:《中国文学史简编·序例》,上海:开明书店,1932 年,第 1 页。
② 董乃斌、陈伯海主编:《中国文学史学史》第二卷,石家庄:河北人民出版社,2003 年,第 71—73 页。
③ 参阅翁长松《〈中国文学史简编〉和陆侃如夫妇》,齐鲁书社编:《藏书家》第十辑,济南:齐鲁书社,2005 年,第 158—160 页。

字,每一讲设一标题,重点突出。正如陆侃如在上文中自述的,涉及举例时不引文而只注篇名,这就避免了表达上的冗长拖沓。

20 世纪 50 年代,陆侃如夫妇开始着手改写《中国文学史简编》。改稿曾用《中国文学史稿》的名称,在《文史哲》月刊上连载十八期,期间不断接受山东大学中文系、历史系的老师学生们以及读者的意见,几经修改最终定稿后于 1957 年,由作家出版社出版,书名改回《中国文学史简编》(修订本)。修订本在体例、文学史的分期问题乃至作家作品的评价上,都与初版有了很大不同,字数也扩充至二十万字。同时,它的叙事模式和体例,比较适合当时的中文系教学,于是被很多高校选为教材。后来经教育部审定的《中国文学史教学大纲》和游国恩等五位教授主编的《中国文学史》,就大体采用了修订版《简编》的体例。

具体而言,该书在体例上,以“横切”为主,参以“竖切”。所谓“横切”,就是“按照年代先后把文学史从横里切成若干片,来排定全书的篇章”;所谓“竖切”,就是“按照不同的体裁,把文学史从竖里切成若干条”。[1] 这是 1956 年 7 月高教部召开的《文学史教学大纲》讨论会上的用语。陆侃如认为以“横切”为主,要比以“竖切”为主强,因此修订本在体例上是按年代先后来排列的,同时不过于强调体裁,这样读者才会将文学的发展作为一个整体来进行考察,而不会将注意力放在不同体裁的不同演进情况上,以致忽视整体。

明确了以“横切”为主的体例,那么如何“切”,便是分期问题。文学史的分期是否接近事实,极其考验编写者学养的深浅,因而,一般文学史的编写者都非常重视这个问题。《简编》修订本明确分为六段十四期,陆侃如在《关于文学史分期问题的商榷》[2]一文中详细谈了分期的标准以及这样分期的原因。其分期有两个相辅而行的标准:文学标准和历史标

---

① 陆侃如:《关于编写中国文学史的一些问题》,《中国文学史简编·附录》(修订本),北京:作家出版社,1957 年,第 297 页。
② 陆侃如:《关于文学史分期问题的商榷》,《中国文学史简编·附录》(修订本),北京:作家出版社,1957 年,第 309—326 页。

准,以前者为主,后者为辅。所谓文学标准,是根据文学本身的盛衰演变规律来分期。这标准看似理所当然,实则很考验著者对文学史流变的把握程度。比如明代文学的分期,陆侃如注意到,在 16 世纪中叶的嘉靖前后,文学的各种样式都在不同程度上发生着变化:诗文从复古走向追求个性,戏曲从沿袭宋元南戏发展为题材、体制、语言和音乐均明显不同的传奇杂剧,章回小说也从沿袭宋元话本走向后期的独立创作。据此,陆侃如便以嘉靖为分界线,将明代文学分为前后两期。

所谓历史标准,即在充分重视文学自身发展规律的基础上,还应考虑政治、经济、社会和文化等各方面的发展情况,予以补充。基于这样的标准,修订本以汉、唐、明三个王朝为界,将文学史分为文学的起源、周代文学、秦汉魏晋南北朝文学、隋唐宋元文学、明清文学以及鸦片战争到五四运动的文学这六段,其间又细分为十四小期。应当说,这样的分期,是比较接近事实本身的。

总之,《简编》修订本作为建国后最早的文学通史,它的编撰原则和所建构的框架,均体现了当时的文学观念和研究水平的高度,产生了相当大的影响。后来新出的文学史著作,在体例上和模式上,都没有根本的改变。

而六万字的《中国古典文学简史》,1957 年由中国青年出版社出版。该版本在体例、分期乃至见解上,都沿袭修订本而没有大的改动,只是删减压缩了内容,叙述更加简略,同时每章都附列了一些复习题目,以方便中学水平的读者掌握知识。这本《简史》是最早的被译成外文的中国文学史。

陆侃如的学生张可礼评价这三部文学史著作是"史料、史识和美学的融通",即"在史料上,尽力搜集,追求真实,注意选择。在史识上,由进化论到历史唯物论,不断探索和实践。在美学上,重视文学蕴涵的审美情操和艺术表现特点"。[①] 应当说这个评价是比较公允的。

---

① 张可礼:《史料、史识和美学的融通:陆侃如先生的中国文学史著》,《文史哲》,2011 年第 5 期。

文学专题研究

1.《诗经》

陆侃如关于《诗经》的研究成果,包括《中国诗史》中对《诗经》的整体评述以及后来单独发表的一些论文。

《中国诗史》中的"诗经时代"一篇,在检验传统论说的基础上,吸取民国初年以来章太炎、梁启超、王国维等国学大师的新说,又参取胡适、古史辨派学者的研究成果,对《诗经》的来源、体制、诗序、时代、地域、六义、四始等诗经学基本问题作了比较全面、概括性的解说。书中还提出许多不同于旧说的新见解,为学术界留下了许多可供继续探讨的课题。例如,认为《诗经》有南、风、雅、颂四体,是汉人误将二《南》并入《国风》,因此,应从十五《国风》中,将二《南》独立出来。本书中诸如此类的若干论点及对几十篇作品时代和作者的考证,虽仍有可议之处,但作为《诗经》综论,此篇依然是 20 世纪 30 年代最有影响的《诗经》概括性质的论述。

陆侃如单独发表的有关《诗经》的论文共七篇,可以分为三类:

阐释类:《读骚楼偶识》①一篇,是对《甘棠》《鸡鸣》两篇的新解。

考证类:包括《就〈〈周南〉、〈召南〉说〉寄胡适之书》②、《"二南"研究》③、《"三百篇"的年代》④、《〈采薇〉、〈出车〉、〈六月〉三诗的年代》⑤四篇,均是考证《诗经》各篇章的产生年代。

工具类:《〈诗经〉参考书提要》⑥,该文本为陆侃如读书时随读随记,原计划撰一百二十种,但作者最后并没有完成,在发表的文章里只刊有七种。《风雅韵例》一文,发表于《燕京学报》1936 年 12 月第二十期十周

---

① 陆侃如:《读骚楼偶识》,《吴淞月刊》,1929 年第 2 期。
② 陆侃如:《就〈周南〉、〈召南〉说〉寄胡适之书》,《国学月报汇刊》,1926 年 1 月第 1 集。
③ 陆侃如:《"二南"研究》,《国学论丛》,1927 年第 1 卷第 1 号。
④ 陆侃如:《"三百篇"的年代》,《说文月刊》,1943 年第 4 卷合刊本。
⑤ 陆侃如:《〈采薇〉、〈出车〉、〈六月〉三诗的年代》,国立东北大学《志林》,1944 年第 5 期。
⑥ 陆侃如:《〈诗经〉参考书提要》,《国学月报汇刊》,1926 年 1 月第 1 集。

年纪念专号。由于此前学者们更多关注律诗绝句的诗律,而陆侃如认为若要了解诗律的起源与演变,隋唐以前诗歌的诗律研究也是很重要的工作。当时已有孔广森《诗声分例》①、丁以此《毛诗韵例》②,陆侃如充分肯定了二者的意义,但碍于它们并不完备,于是写成此文。对比孔文的 27 例,丁文的 73 例,陆侃如共得 332 种韵例,大大超过前二者的数量,囊括了《国风》和《大小雅》共 1075 章的全部句子。同时,改变孔、丁二人给每个韵例均取名称的做法(如"空韵例""连句下同韵"),而一律以西文字母来代表,以句末的韵为限。这样每个韵例之间既有清晰的界限,同时名称可以无限穷尽下去,而不会疲于应付取名。

总的来说,陆侃如的《诗经》研究,既有整体性的综论,也有基础考证工作的整理;既重视从政治、伦理角度解读阐释《诗经》,也注意对《诗经》进行文化价值尤其是艺术成就的总结。放在两千多年的《诗经》研究史中,也自有其相应的地位。

2. 楚辞

陆侃如的学术起点,便是对楚辞的研究。其研究成果,包括对屈原、宋玉集子的重新整理,对部分楚辞的选注选译以及一些单独发表的论文。其中最有分量的,便是由上海亚东图书馆于 1923 年 7 月出版的《屈原》和 1929 年 8 月出版的《宋玉》。两书在体例上完全一致,均由评传、文集和附录三部分组成,采用了大量材料来考证屈原、宋玉的生平事迹,作品的创作时间与真伪,并附有校勘记和古音录。从楚辞研究开始,陆侃如便形成了其一以贯之的治学方式,即以传统小学功底作考订、诠释,同时以现代学术的新视角、新方法作历史的整体评价与探讨,并提出自己的观点。陆侃如的一些结论,如考订出屈原生于公元前 342 年,《橘颂》为屈原壮年未成熟的作品,屈原可信的作品只有 11 篇,宋玉可信的作品只有 2 篇,等等,均颇有自家见解,在当时有一定影响。

---

① 陆侃如文中自注:《皇清经解续编》卷 206,南菁书院本。
② 陆侃如文中自注:附见《毛诗正韵》卷首,1924 年日照丁氏版。

统观陆侃如的楚辞研究,其最重要的贡献表现在两方面。其一,于宋玉研究有发轫之功。正如他自己在《宋玉评传》的开头中写道的:"宋玉——他与屈原同为楚民族文学的柱石。但是,二千年来,好像不曾有过一篇正式的传记,也不曾有过一篇专治他的作品的论文。所以这篇评传——一方面传其生平,一方面评其作品——大约是这种工作的第一次尝试。"①在这之后,楚辞研究者对宋玉的研究当然在不断推进,也包括对陆侃如研究的审视甚至批评,但其在楚辞研究中的筚路蓝缕之功,我们应该是要给予充分肯定和认可的。

其二,是较早从大的文化视野切入研究楚辞。比如从地理文化角度,在《"二南"研究》一文中,陆侃如将"二南"与楚辞紧密联系在一起,他说:

> 屈原是中国文学之父。他为何不生于鲁,不生于郑,不生于晋?为何产生于文化最迟的楚?我们虽然知道屈原以前有《越人歌》一类民歌,然而《卫风》有四十篇之多,岂不更能产生大诗人?这的确是一个难题。但是我们现在知道"二南"——为《诗经》的"骄傲"的"二南"——即产生于屈原的故乡。他的故乡有最妍丽的环境,有最优美的音乐,又有最丰富的文学遗产,于是便产生大诗人屈原。所以古代若没有"二南",则文学史必为之减色不少。我们研究"二南"时,万万不要忘记它是从"《诗经》时代"转到"《楚辞》时代"的媒介。②

这就是从地理文化的角度,来阐释屈原和楚辞之所以产生于楚地的原因。再比如,从民俗文化的角度研究《九歌》,陆侃如很早便注意到《九歌》中涉及的楚地的民间风俗文化,尤其是其中的"巫风"问题,而楚辞的形式受到楚地"巫风"的影响,如今已经成为楚辞研究界的共识了。

值得一提的是,在当时比较瞩目的学术事件"屈原否定论"的讨论中,陆侃如作为一名大一新生,敢于挑战学界权威胡适,初步展现了其独

---

① 陆侃如:《宋玉》,上海:亚东图书馆,1929年,第1页。
② 陆侃如:《"二南"研究》,《国学论丛》,1927年第1卷第1号。

立的学术品格。在五四以前,学者廖季平率先发声,怀疑屈原并无其人,认为《史记·屈原列传》中记载的其25篇文章,皆秦博士所作。1922年,胡适在《努力周报》上发表《读楚辞》①,进一步提出屈原是一个传说中的箭垛似的人物。陆侃如随之撰文《读〈读楚辞〉》②,从辞赋发展史的角度,就胡适否定屈原存在的理由,举内证和外证,逐一分析,对此观点进行反驳。陆侃如进行反驳所选择的切入角度以及对辞赋文体分类的见解,对后人均具有启发意义。

总之,作为20世纪最早以新观点从事楚辞研究的学者之一,陆侃如对屈原、宋玉等楚辞作家以及楚辞相关问题的研究、见解,都是值得关注的,他的研究成果和贡献,都不应该被忘记。

3. 乐府诗

陆侃如的乐府研究包括《乐府古辞考》一书以及《〈孔雀东南飞〉考证》《乐府的影响》《乐府的起源和分类》《如何评价〈丁督护歌〉》等论文。

《乐府古辞考》于1926年2月由上海商务印书馆出版,是民国时期成书较早、规模较大的乐府笺注著作。陆侃如有感于研究《诗经》、楚辞的人日见其多,对乐府的关注却冷冷清清,故撰此书。他认为宋代郭茂倩所编《乐府诗集》虽较以前诸家版本更完备,但仍有许多欠缺。在序例中,陆侃如指出其五点不足:其一,该书所载各篇大都以类相从,但也有不尽然处,误采植入所在不少;其二,该书大都先载古辞,后载拟作,但书中多处误以拟作为古辞,真伪杂陈;其三,乐府本应协律,而该书滥入不少不入乐的诗篇,且有后人伪作,未免失之疏忽;其四,该书对古乐府之亡佚散失者均不采录,难以再现古代乐府实况;其五,该书成书于宋代,此后七百年来学者的成果均不能收录。基于此,作者表示:"这小册子的目的,便想补足这些缺点,并且供给读者以正确的乐府常识。"③

全书共八章,在引言中,作者对"乐府古辞"做了清晰的界定,即兼具

---

① 胡适:《读楚辞》,《努力周报》,1922年第1期。
② 陆侃如:《读〈读楚辞〉》,《读书杂志》,1922年第4期。
③ 陆侃如:《乐府古辞考·序例》,上海:商务印书馆,1926年,第2页。

"创制的"和"入乐的"两方面,才是真正的乐府古辞。而本书所用的研究方法,是分类法。在认真比对历代乐府分类的得失之后,陆侃如认为郭茂倩所分的十二类比较合理,但他选择将其中的琴曲歌辞、杂歌谣辞、近代曲辞、新乐府辞四类排除在乐府之外,只取郊庙、燕射、舞曲、鼓吹、横吹、相和、清商、杂曲八类歌辞考证(实际上只考证了前七种,杂曲因为不甚重要,作者略过了)。

此书的最大价值,体现在目录学上。在每一章,作者详细罗列所有见诸记载的乐府古辞,无论存佚都加以著录,在最大程度上还原了乐府古辞的原目。同时,每章的考证,均先引前人见解,再加自己的按语,征引丰富,考证细致。

陆侃如的乐府研究,曾引发了不少学术热点。比如,发表于 1925 年的《〈孔雀东南飞〉考证》一文,就引发了有关《孔雀东南飞》成诗年代的考证之争。当时梁启超认为《孔》诗不是汉诗,但并未对此做出具体论证,受此启发,陆侃如在文章中举出了此诗作于六朝而不是汉代的证据,运用的是文献考据学方法,通过援引材料论证此诗中的几个名词"华山畿""青庐""龙子幡"都是南朝齐梁时才出现,由此认为《孔》诗不可能作于汉末。而后黄节(原名晦闻)很快写信予以质疑,认为"此诗盖汉人所作,而经六朝人增改润饰"[1],由此引发"汉魏派"的一系列讨论。[2] 再比如,陆氏专注研究乐府时,正是在清华学校研究院国学门求学期间,当时梁启超正开始《中国之美文及其历史》的撰写,陆侃如采用了梁氏其中关于清商三调不属相和歌辞的看法,随后也引出黄节的商榷意见,引发了 20 世纪持续甚久的关于清商三调是否隶属相和歌辞的学术讨论。以上所举,皆可看出陆侃如在有根有据的情况下勇于与主流观点对抗的学术品格。毕竟,很多看似真理的权威定论,其实只是一个折中的议题,并不是全然

---

[1] 黄节:《黄晦闻致陆侃如书》,《学灯》,1925 年 5 月第 7 卷第 1 号。
[2] 比如胡适撰有《〈孔雀东南飞〉的年代》(1927 年 10 月《现代评论》第 6 卷第 149 期)、古直撰有《焦仲卿妻诗辨证六"青庐不始六朝龙子幡亦为汉制"》(古直:《汉诗研究》卷三,上海:启智书局,1934 年,第 110—114 页),均反驳陆侃如的观点。

没有异议的,很多问题还模糊不清,陆侃如便是在其中不断探索,然后给出自己的答案。

4.《中古文学系年》

陆侃如耗时十年完成的《中古文学系年》,是中古近四百年的文学年鉴。全书前有详目,后有索引,正文是系年考证,可作为中古文学研究者的工具参考书。书中所考证的152位作者,此前大多传记简略或无传记,考论鲜据,留下不少"疑年"问题,陆侃如充分发挥其朴学功力,对资料钩沉辑佚,做了大量考证工作,在不少地方突破了旧说。

在《序例》中,对于怎样才算"文人",陆侃如详细介绍了自己的"取人"标准:第一,《汉书·艺文志·诗赋略》或《隋书·经籍志》集部著录他的作品的;第二,正史列入《文苑传》,或本传提到他的文学作品的;第三,《文心雕龙》或《诗品》论及他的作品的;第四,《文选》或《玉台新咏》选录他的作品的。起码满足以上两项条件的,才会被选入,这就避免了取材过滥。

《系年》引书达数百种之多,辑录材料之丰富是其最大的特色。陆侃如综合梳理了从《汉书》及颜师古注、《后汉书》及李贤注、《三国志》及裴松之注、《晋书》等古代史籍到20世纪前期学者的最新研究成果,其中尤见他对清代学术史的熟悉与相关资料的广泛应用。粗检《系年》,所征引的清人学术著作主要有顾炎武《石经考》、永瑢等《四库全书总目提要》、惠栋《后汉书补注》、万斯同《东汉将相大臣年表》和《魏将相大臣年表》、华湛恩《后汉三公年表》、汪中《旧学蓄疑》、钱大昕《三史拾遗》、王鸣盛《十七史商榷》、钱大昭《汉书辨疑》和《三国志辨疑》、卢文弨《抱经堂丛书》、孙星衍《汉官六种序》、王先谦《汉书补注》和《后汉书集解》、严可均《全后汉文》和《铁桥漫稿》、全祖望《扬子云生卒考》、梁章钜《三国志旁证》和《文选旁证》、阮元《小沧浪笔谈》、章宗源《〈隋书·经籍志〉考证》等。实际上,书中所引用的清代学人的材料和见解,远不止上述诸家。同时,国外汉学家的著作,陆侃如也没有忽略。如佩西奥特(P. Pessiot)的《古文尚书与尚书释文》、马伯乐(H. Maspero)的《〈左传〉编著及年代考》、吉斯(Gises)的《中国人名辞典》、顾赛芬(Couvreur)的《中国宗教及哲学史》等,都有所引录。

但陆侃如并不只是汇集这些材料,而是有比较,有选择,有分析,也有订正。通过运用它们,对于资料充分、证据确凿的,给予准确系年;对于材料不充分的,则提出推定或假说。对于旧说,往往择善而从,而对于有些几成定论但又确实有误的说法,也会提出有力的反驳,绝不盲从。譬如有关嵇康的卒年问题,旧有正元二年和景元三年两说,作者汇录各种史料,细心梳理,认为上述两说均不准确,嵇康被杀实在景元四年十月以后,此看法就颇有参考价值。再如,左思完成《三都赋》的时间,《晋书·左思传》和《世说新语·文学篇》的记载出入很大,历来学者对两者的看法,互有不同。其中由于《晋书》是正史,信从者较多。陆侃如则指出《晋书》中左思相关部分的记载有自相矛盾之处,不可信;同时他又结合《世说新语》中的材料,认为《三都赋》初稿完成较早,但也不排除后来陆续改写的可能,这样的结论就显得态度十分审慎,令人信服。陆侃如正是采用"以史证史"、以群书证史的方法,来完成系年工作的。

此书系统庞大,材料繁复,难免在细节上有所疏漏。比如有关杜预的生平事迹,其作《律序》、律令注解的时间,始任河南尹的时间,检举石鉴的时间,大败吴将张政的时间,均存有不妥之处[1],但总的来说,对于这部大规模著作而言,这样的不完备之处也只是白璧微瑕。事实上,本书最大的遗憾,是它最终并未完成,因为它截止在卢谌死的公元351年,此年不论在政治史、社会史还是文学史的分期上,都不能代表一个段落的结束。据陆侃如自己说,对于公元351年以后的系年,他曾撰有部分初稿,但由于别的写作计划的打断,后来又因种种情况,这部《系年》尚未完成,他就与世长辞,这不能不令人惋惜。

总之,作为国内第一部中国文学编年史稿,《中古文学系年》把文学

---

[1] 参考赫兆丰《杜预生平事迹新考——对〈中古文学系年〉相关条目的商榷》一文,《中南大学学报》(社会科学版),2014年第2期。

史放到学术史的宽广背景下进行审视,既与学术史贯通,又能保持文学史的独特品格,它为中古文学的研究,提供了极为丰富的史料,解决了不少疑难问题,奠定了较为坚实的学术基础,是陆侃如对中古文学乃至文学史研究的开创性、经典性贡献。

文论研究

陆侃如的古代文论研究,开始于20世纪60年代,既包括资料性的工作,也有专题探讨。据其学生牟世金回忆,陆侃如在山东大学教授古代文论课程时,编了一本《中国文学理论简史》,作为教材印发给学生。同时,陆侃如还办了一个古代文论讨论班,培养了一批古代文论的研究人才。他亲手编辑了一份《中国历代文论补充材料目录》,收郭绍虞《中国历代文论选》未选的有关材料千余种,并自费印发给讨论班的全体成员。除了大量的资料性工作,陆侃如仍保持其传统的治学方法,从朴学做起,译注《文心雕龙》的重要篇章。同时,也开展一些专题研究,比如对陆机《文赋》以及葛洪文学观的探讨等。以上他的种种努力,都是为了最终编成一部较为理想的完备的古代文学理论史。这是他的又一庞大计划,可惜由于十年动乱,此成为又一项未竟事业。

陆侃如的文论研究中,关于《文心雕龙》的成果相对突出,包括《刘勰论创作》《文心雕龙选译》和《刘勰和文心雕龙》等著作及一些单独发表的专题论文。其中论著部分,均由陆侃如和牟世金共同完成,共同署名。

在理论研究部分,陆、牟二人深入探讨了刘勰的生平、文学观以及《文心雕龙》的批评论、创作论等基本问题。首先,有关《文心雕龙》的哲学倾向,由于它产生于玄、佛思潮泛滥的齐梁之际,刘勰又长期与佛学打交道,且晚年出家为僧,因此,《文心雕龙》倾向于唯心还是唯物,其理论核心篇章《原道》中的“道”是儒家还是佛家之“道”,是《文心雕龙》研究的中心议题。陆、牟认为刘勰的思想,属于“东汉王充以来的唯物主义体系”,但是,“在肯定他的思想基本上属于儒家体系,是以唯物主义为主导的同时,必须承认佛理和唯心主义也占一定的比重"。① 基于此,他们从以下四个角度来探讨刘勰的文学观:原道、征圣、宗经;文学与时代、自然景物的关系;文学的历史发展观;文和质、情、采的关系。其次,对《文心雕龙》批评论的分析,则从文体论、作家论和作品论入手。再次,对《文心雕龙》创作论的探讨,这部分最为详细。从神思(艺术构思)、体性(风格和个性)、风骨(文质并茂)、熔裁(去芜存精)、附会(安排辞义)、比兴(两种传统手法)、总术(写作方法的重要性)等七个方面,展开勾勒其创作理论的基本体系。在"龙学"还未成为显学之前,陆、牟的研究,在诸多方面都显示出他们的精见卓识,足成一家之言。其中《刘勰论创作》被认为是"解放以后第一部用新观点、新方法剖析《文心雕龙》创作理论的专著"。②

在文本阐释方面,20 世纪的前五十年,"龙学"的重点是校注工作,代表成果有刘永济的《文心雕龙校释》、杨明照的《文心雕龙校注》、王利器的《文心雕龙校证》等。1949 年以后,《文心雕龙》的翻译普及工作受到重视,陆侃如和牟世金的《文心雕龙选译》即是代表,既有较高的学术水平,又具有通俗普及的意义。作为我国大陆最早的《文心雕龙》选译本,其注释要言不烦,既充分利用了前人的校注成果,又多出新解;译文则采用直译方式,深入浅出,努力忠实于原著。每篇正文前都有简明扼要的题解,有助于读者理解文本的主旨。同时,生字都有注音,这也说明,普及工作是其撰写目的。张少康用"正确、精炼、通俗"③这六字来总结本书的特点,是很准确的。

1978 年陆侃如逝世后,牟世金对《文心雕龙选译》中所选的二十五篇进行了全面修订,并将另外未选的二十五篇重新译注,还撰写了长达四五万言的《引论》,更名为《文心雕龙译注》出版,这是影响最大的一部译

① 刘勰著,陆侃如、牟世金译注:《文心雕龙选译·引言》,济南:山东人民出版社,1962 年,第 5 页。
② 李庆甲、汪涌豪:《建国以来〈文心雕龙〉研究概述》,《复旦学报》(社会科学版),1984 年第 5 期。
③ 张少康:《纪念〈文心雕龙〉的功臣——牟世金的〈文心雕龙〉研究》,《文史哲》,2014 年第 1 期。

注本。而且,后来在"龙学"的发展中,牟世金成为核心人物和真正的功臣[1],这离不开陆侃如在山大对他的指导和影响。

陆侃如还有围绕《文心雕龙》而写的一些专题论文,涉及较广,有探讨刘勰论内容与形式的关系、文学与现实的关系的,有介绍刘勰有关现实主义和浪漫主义的论点的,等等。其中,《〈文心雕龙〉术语用法举例——书〈释"风骨"〉后》[2]一文,作为一篇开创性的文章,对后来的《文心雕龙》研究影响较大。台湾学者王更生教授在他的《文心雕龙研究·绪论》中说:"由于《文心雕龙》的文辞之障,构成了义理之障,我们要想消除这种连锁性的蔽障,唯一的办法,就是寻求刘勰在《文心雕龙》中惯用的字例词例,作比较研究。"[3]而陆侃如早在 20 世纪 60 年代前就已经用了这"唯一的办法",因此王更生接着称陆"在这块新辟的荒原上,他的确是第一位拓荒者"。如今,用这种阐释术语的方式解读《文心雕龙》,已相当普遍,而陆侃如的"拓荒"之功,不应该被忽视。

翻译作品

陆侃如的英文、法文都很好,他曾留学法国,在 20 世纪 50 年代初又开始学习俄语,因为具备这样深厚的语言功底,他译介了不少外国著作,主要有:

1. 高本汉的《〈左传真伪考〉及其他》

此书的原作者高本汉(1889—1978),哥德堡大学教授,是瑞典最有影响的汉学家。他一生著述达百部之多,研究范围包括汉语音韵学、方言学、词典学、文献学、考古学、文学等。他在中国历代学者研究成果的基础上,运用欧洲比较语言学的方法,探讨古今汉语语音和汉字的演变,创建颇多。

---

[1] 张少康:《纪念〈文心雕龙〉的功臣——牟世金的〈文心雕龙〉研究》,《文史哲》,2014 年第 1 期。
[2] 陆侃如:《〈文心雕龙〉术语用法举例——书〈释"风骨"〉后》,《文学评论》,1962 年第 2 期。
[3] 王更生:《文心雕龙研究·绪论(文心雕龙研究的回顾与前瞻)》,台北:文史哲出版社,2010 年,第 58 页。

1927 年,陆侃如应友人卫聚贤之要求,帮他翻译高本汉教授所著的《论左传的真伪及其性质》(*On the Authenticity and the Nature of the Tso-chuan*)一文。此文的主要内容,是论证《左传》存在于焚书以前,是公元前四五世纪的作品,同时从文法上证明《左传》不是鲁国人所作,它有自己特殊的文法组织,不是作伪者所能虚构的。

此文译完后在上海新月书店以单行本出版,胡适为它写了一篇很长的《提要与批评》,卫聚贤也作了一篇跋,该单行本便是此书的前身。单行本刚出版时,"在中国史学界曾发生很大的影响"。① 究其原因,胡适有所总结,此书"是用文法的研究来考证古书的初次尝试,他的成功与失败都应该引起我们的注意",同时他指出了高本汉此书的两大功绩:"高先生用《左传》的特别文法组织来和'鲁语'相比较,证明《左传》的语言自成一个文法组织,决非'鲁君子'所作——这是他的最大成功。其次,他因此又证明《左传》和《国语》在文法上最接近,这是他的第二功"。②

此译本出版后,高本汉教授便不断寄新作给陆、卫二人,于是在 1935 年夏天,陆侃如整理旧稿,并加上《中国古书的真伪》(*The Authenticity of Ancient Chinese Texts*)、《书经中的代名词"厥"字》(*The Pronun KÜE in the Shu King*)两篇译文,合成一册出版,改题今名。

2. 小仲马的《金钱问题》

20 世纪 30 年代的中国,法国文学的翻译很活跃,巴尔扎克、雨果、大仲马、福楼拜等作家以及高乃依、莫里哀、小仲马等剧作家的作品,都陆续被译介过来。其中小仲马的代表作《茶花女》《半上流社会》等,也都被翻译介绍,且每一部都有两三种译本。1932 年陆侃如刚到法国时,"偶然在塞纳河边旧书摊上,买得半部小仲马的戏剧集,里边有《堕落女子》《金

---

① Bernherd Karlgren 著,陆侃如译:《〈左传真伪考〉及其他·译序》,上海:商务印书馆,1936 年,第 2 页。
② 胡适:《〈左传真伪考〉的提要与批评》,陆侃如译:《〈左传真伪考〉及其他》,上海:商务印书馆,1936 年,第 118 页。

钱问题》等剧本"①,受国内翻译热潮的影响,他便趁圣诞假期,"把《金钱问题》试译出来",1933 年由上海大江书铺出版。

3. 赛昂里的《法国社会经济史》

此书于 1929 年刊于巴黎亚尔冈书局,著者赛昂里教授是法国治经济史的著名学者,其著作极丰,当时已译成中文的就有《历史唯物论》《历史之科学与哲学》《近代资本主义之起源》等专著。这本《法国社会经济史》从史前期直叙至 1914 年的一战,全书五十余篇,是他的综合研究之作。陆侃如认为截至当时,"还找不到一部比这更好的叙述法国全部史实的书"②,因而将它翻译出来,让更多中国人了解法国的社会和经济发展状况。译本由上海大江书铺于 1933 年出版。

4.《俄国古典文学概论》(部分)及其他

陆侃如于 1952 年秋开始学习俄语,1959 年开始翻译《俄国古典文学概论》,此"概论"是当时苏联非俄罗斯学校八年级用的教科书。原计划全部译出,后来只译了序言、导论和第一篇中的第一章③。

此外,还值得一提的是由陆侃如翻译并刊登在 1933 年 6 月上海《读书杂志》3 卷 6 期上的《恩格斯两封未发表的信》(即《致哈克奈斯女士书》和《致特里尔君书》)。当时鲁迅领导的左联,译印了大量马克思主义文艺理论书籍,指导左联文艺运动,陆侃如翻译恩格斯这两封信也正是出于同一目的。恩格斯在给哈克奈斯女士的信中说:"我以为,写实主义不但要事情的真实,还要在典型的环境中确切地表现出典型的人物来。"④这就是著名的、影响深远的"典型环境中的典型人物"创作方法论。

---

① 小仲马(Alexandre Dumas)著,陆侃如译:《金钱问题·译者序言》,上海:大江书铺,1933 年,第 1 页。

② 赛昂里著,陆侃如译:《法国社会经济史·译者序言》,上海:大江书铺,1933 年,第 1 页。

③ 据陆侃如译:《陆侃如译文集》,袁世硕、张可礼主编:《陆侃如冯沅君合集》第 9 卷,合肥:安徽教育出版社,2011 年,第 233 页。

④ 陆侃如译:《恩格斯两封未发表的信》,《读书杂志》,1933 年第 3 卷第 6 期。

三 小结:乾嘉学派的朴学传统与西方现代学术观念的结合

陆侃如的一生,求学于新旧文化碰撞最激烈之时,治学之路又充满坎坷,几乎历经 20 世纪中国历史大变革的每一个重要时期。时代给陆侃如的学术生涯打下了深深的烙印,但他并没有完全囿于命运的安排,而是在争取一切可能去打破寻常的轨道,去探知更宽广的世界。不论是离开家乡求学北大、清华,抑或是婚后与夫人自费留学法国,以至回国后从北至南再往北,执教大半个中国,每一步陆侃如都走得认真、踏实、勤恳。纵观其毕生著述,他将乾嘉学派的朴学传统与西方现代的学术观念相结合,实现了朴学、史学与美学的珠联璧合①。

从治学之初,陆侃如就重视史料考证,擅长以"治经子的态度"②,研究中国古代文学。在作品方面,陆侃如用力较多的是《诗经》《楚辞》和乐府诗的考证;在作家生平事迹方面,他付出大量心血的,除了屈原、宋玉、刘勰等作家,还有中古时期重要作家的考证,成果集中体现在《中古文学系年》中。

他重视考证,主要是对清代朴学传统的继承,同时也受现代学术观的影响。1943 年,陆侃如在为傅庚生所写的《〈中国文学欣赏举隅〉序》中说:"五四运动时代提倡以科学方法整理国故,并且认为清代朴学方法含有科学精神,故二十年来文史研究都注重于史料的考订,渐渐成为风

---

① 在《中古文学系年·序例》中,陆侃如说:"我认为文学史的工作应该包含三个步骤:第一是朴学的工作——对于作者的生平、作品年月的考订,字句的校勘训诂等。这是初步的准备。第二是史学的工作——对于作者的环境、作品的背景,尤其是当时社会经济的情形,必须完全弄清楚。这是进一步的工作。第三是美学的工作——对于作品的内容和形式加以分析,并说明作者的写作技巧及其影响。这是最后一步。三者具备,方能写成一部完美的文学史。"(陆侃如:《中古文学系年·序例》,北京:人民文学出版社,1985 年,第 1 页。)其实不止文学史著作,陆侃如一生的学术成果,皆具有此特色。具体可参阅张可礼《史料、史识和美学的融通——陆侃如先生的中国古代文学史著》,《文史哲》2011 年第 5 期;郭英德《朴学、史学与美学的珠联璧合——〈陆侃如冯沅君合集〉读后》,《文史哲》,2013 年第 6 期。
② 陆侃如、冯沅君:《南戏拾遗·导言》,北京:哈佛燕京学社,1936 年,第 1 页。

气。"①胡适所领导的"整理国故"运动,既承自清代朴学,又不为清儒所囿,而有很大的超越,这在陆侃如的著述中也有体现。陆侃如不是孤立地为了考证而考证,他是把考证作为基础,作为治史的第一步,作为一种科学方法来对待。②

在严谨的史料考证的基础上,文学研究还需要有卓越的史识,也就是研究文学的系统观点和方法,这直接决定了文学研究质量的高低。陆侃如在史识上的探索,主要体现在进化论思想和唯物史观上。其中《中国诗史》中体现的进化论思想最为典型。书中对我国诗歌变迁的趋势,对多种诗体的产生和变化,对许多诗歌的艺术技巧,大都能从流变的视角,做动态的描述。它无意于构建一部完备的诗歌通史,而是着意于描绘中国古代诗体的代兴史,从而体现其鲜明的主体意识和现代通变意识。③

而五四之后,唯物史观的传入,对陆侃如的影响也很大。尤其是1949年以后,陆侃如开始更为自觉地运用历史唯物主义和辩证唯物主义的理论和方法,联系不同时代的政治、经济、学术、文化等背景,深入论析文学史现象。这是因为陆侃如服膺艺术是一种意识形态,而意识形态是由社会存在决定这一观点,于是在评述许多文学现象时,能够把它们放在一定的社会历史条件下分析,进而揭示其产生的根基。

不过,陆侃如对历史唯物主义和阶级分析方法的接触,具有初步实验性,他也自谦当时基本处于"一知半解的浏览"状态④,没有全面、辩证的认识。因而,在分析重要作家作品时,容易陷入简单化的阶级分析方法,这一点尤其体现在其对《中国文学史简编》的修订中。比如,在文学史中给作家定出身、划成分,把某些文学现象的产生和变化归结为阶级

---

① 傅庚生:《中国文学欣赏举隅·序》,上海:开明书店,1943年,第2页。
② 参阅张可礼《史料、史识和美学的融通——陆侃如先生的中国古代文学史著》,《文史哲》,2011年第5期。
③ 参阅张可礼《陆侃如、冯沅君先生〈中国诗史〉的主要贡献》,《文史哲》,2002年第2期。
④ 陆侃如自述,见《中国诗史·自序》修订版,北京:作家出版社,1956年,第1页。

斗争的反映,用两分法把文学分为为统治阶级服务和为人民服务两种,等等。这种简单套用阶级斗争观点来修改文学史的方法,把复杂的文学现象简单化、绝对化了。

最后,文学毕竟是审美的艺术,从美学角度发掘、阐释文学自身蕴含的魅力,是每一个文学研究者的"本职工作"。这种"美学的工作"虽然是最后一步,但也只有迈出这一步,研究者才算真正进入了文学的审美殿堂。陆侃如正是凭借自身的才气,以过人的鉴赏力,展示了中国古代作家的人格风貌和作品的艺术魅力。同时,其著作的论述要言不烦,如行云流水,简洁明快,不掉书袋,能给人以丰富的审美联想。

总而言之,倡导文学学科的自觉性与独立性,推崇文学研究朴学、史学与美学相结合,是陆侃如毕生所追求的,而其成就,也是卓越的。

文学史撰述

《中国诗史》（节选）

导论：中国诗史的材料与分期

"诗是什么？""诗史是什么？"这两个问题似乎应该在卷首作个详细的说明，但是写一部书而先支着架子下定义又有点可笑，所以我们想略去不讲，只说明"中国诗史是什么？"的问题。换言之，我们要在"导论"里说明两点：一是中国诗史的材料，一是中国诗史的分期。

取材问题是作诗史的最重要的问题。我们认为一般文学史的失败，多半因为材料的取弃不能适当。如今略述我们的主张于后：

（1）人取我弃。有许多诗歌，前人认为重要材料，我们却一概削去。这种材料可分为二类：

第一类是伪作：例如《诗经》以前的"古逸"，号为羲农尧舜禹汤时的作品，其实全系后人所假托，而一般文学史家却据以高谈什么"邃古文学"！又如屈平的《远游》《大招》等篇，苏武李陵的赠答诗，李白的词，亦非真品，而一般文学史家大都认为这几个大诗人的杰作，岂不荒谬？此外，我们若不知《商颂》是宋诗而认为商诗，不知《古诗十九首》是魏诗而认为汉诗，不知《孔雀东南飞》是齐梁杂曲而认为建安人作，都要淆乱过去诗坛的真相。总之,我们若以文学为消遣品而不想得正确的智识,自然可以靠着那些错误的传说而自足。然而我们编文学史的人,应该处处以传信自勉,如何能糊糊涂涂的不加考订呢?

第二类是劣作:我国诗歌历三千余年之久,所产生的作品实不止恒河沙数,若要在诗史里一一叙述,不但势有所不能,抑且理之所不必。因此,不能不替它们分个轻重先后。王国维说得好:"四言敝而有《楚辞》,《楚辞》敝而有五言,五言敝而有七言,古诗敝而有律绝,律绝敝而有词,盖文体通行既久,染指遂多,自成习套。豪杰之士亦难于其中自出新意,故遁而作他体以自解脱。一切文体所以始盛终衰者,皆由于此。故谓文学后不如前,余未敢信;但就一体论,则此说固无以易也。"(《人间词话》)这是很不错的。例如汉以后的"骚",无论是庄忌或是王逸,大都是无病呻吟,不值一读。又如近数百年的诗词,无论是李东阳或是陈维崧,也都不值得占我们宝贵的篇幅。为什么? 因为它们是"劣作"。

以上说明材料之为人所取而为我所弃的。

(2) 人弃我取。但同时也有许多材料,为一般文学史家所认为不重要或认为非诗的,我们却认为诗史的主要材料。我们的意思是想扩大"诗"的领土。从前所谓"诗",是专指五七言的古近体而言。我们所谓诗,是指古往今来一切韵文而言。前人选诗的或论诗的,不但把《诗经》《楚辞》除外,并且把乐府也驱出,至于宋词元散曲,则更卑卑不足道了。这种办法完全是错的。我们可从两方面去说明。

第一,就理论说:无论哪一种关于诗的定义——假如是个正确的定义——对于"风""骚""词""曲"各类均可通用,没有什么矛盾。比如说,"诗者,根情,苗言,华声,实义"(白居易),或说,"诗歌是活的影像的语言的排列"(波格达诺夫)——为什么只限于五七言古近体呢? 我们须知,各类的内容是完全相同的,不过形式略异罢了。我们有什么悲欢离合,若用"五古"表现出来便算"诗",若用"生查子"(近于"五古"的词调)表现出来便算"非诗",若用"七律"表现出来便算"诗",若用"鹧鸪天"(近于"七律"的词调)表现出来便算"非诗",其荒谬岂非等于称方器内的水为

"水",称圆器内的水为"非水"吗?

第二,就事实说:我们若只承认狭义的诗,则作诗史时便大感困难。例如,不叙《诗经》与《楚辞》,则古代岂非只有冯惟讷所辑的几首真伪待考的"古逸"吗? 又如不叙汉乐府,则五言诗从何发生? 不叙六朝乐府,则绝句从何发生? 而且,宋元两代若无词与散曲,则那时对于诗坛的贡献便被忽略,而使我们疑为中国诗歌的衰落时期了。

所以,我们把诗的领土扩张到韵文的全体,至于有韵的散文(如赋赞箴诔等)及有韵的戏剧(如杂剧传奇等)及有韵的小说(如佛曲弹词等),当然不在内。

因此,我们这部诗史开始便从《诗经》《楚辞》叙起,而《诗经》以前的伪作则一概摒去。一直叙到近代的散曲,而词盛行以后的诗及散曲盛行以后的词,则概在劣作之列而删却了。HJ〗

其次,我们讨论分期问题。近人所著中国文学史的分期有两种。一种是依照中国朝代的区分的。然而皇帝换一姓,文学未必就换一派,其不妥当是很明显的。还有一种是依照西洋历史的区分的。但西史的中古期却相当于中国的齐梁到明之中叶,未免太长,而且与中国诗歌递嬗的情形也不相同,故我们不愿采用。我们以为诗史的分期应该看诗歌变迁的大势。中国诗歌变迁的第一关键在汉,第二关键在唐,我们即依此分为古代、中代、近代三期:

(1)《古代诗史》约一千六百年,可以分为四个时代:萌芽时代、《诗经》时代、《楚辞》时代、乐府时代。《诗经》乐府大半为流行的歌谣,无一定的形式,亦无格律之可言。无论是村姬是野老,有什么可悲可喜可歌可泣的事,很自由的表现出来,便成一首诗歌。即如屈宋之震古烁今,然据最近研究的结果,知道屈平只有七篇,宋玉只有二篇,与后世诗人积稿可隐身者不同。它们纯是天籁,不假人工。它们的特点是自由——绝对的自由。在形式方面有四点可注意:一是每字不限平仄,二是每句不限字数,三是每篇不限句数,四是句末不限协韵。所以古代的诗可以说是"自由诗",而《古代诗史》也可说是"诗的自由史"。

（2）《中代诗史》约七百年，也可分为四个时代：曹植时代、陶潜时代、李白时代、杜甫时代。此时人事日繁，文胜日甚，渐渐的趋向整齐划一，渐渐的发生各种规律。古代的诗全系方言俗语，而中代则渐与语言脱离关系，"诗人"二字也渐渐成为社会上的一个特殊阶级。古代的诗大都杂言，而中代诗人则专取古代四言、五言、七言的诗句做模范，而他们诗集的编次也以此分先后。这种风尚是从建安七子及曹氏父子起的。晋室渡江而后，字句整饬外又加以工致的对仗，即陶潜亦不能免。自后沈约创四声八病之说，民间又盛行四句的乐府，于是律诗绝句便从此酝酿起来，至李白杜甫而集大成。这时期的特点便是于天然的美以外，更加以人工的美。人工美有时不及天然美之自然，天然美也有时不及人工美之工致，我们不能随便轩轾于其间。不过加一种人工，便多一种束缚；我们既称古代为自由史，也不妨称《中代诗史》为"诗的束缚史"。

（3）《近代诗史》约一千年，又可分为四个时代：李煜时代、苏轼时代、姜夔时代、散曲时代。诗的格律至中唐已完备，晚唐以后便发生变化。这变化有两个方向。一个方向是拿乐律代诗律。中代诗人把诗律越看越重，近代诗人则把乐律越看越重。例如晚唐及五代时，词调的字数常有变迁。北宋便没有这种现象，然而苏轼一班人尚是"曲子中缚不住"的。到南宋姜夔一派便一字也不能放过。张炎曾说其父填词有"琐窗明"句，"明"字不协，改为"深"字；尚觉不协，又改为"幽"字，方能协律。这样以意就律，似有喧宾夺主之嫌。还有一个方向是文字日渐解放。上文曾说，古代全系方言俗语，中代则离语言渐远，近代却又渐渐接近。唐宋词人所作，语文各半，到金元以后便全以方言俗语作曲。因为这一点，故元曲能有空前的成绩。我们须懂得这两个变化，方懂得《近代诗史》，故我们可称之为"诗的变化史"。

以上说明中国诗歌的变迁大势，应该分为三大时期。每一大时期还分为四小时期，因为作风有变动，不能不分开。每一小时期即以代表的诗人之名名之，如陶潜或苏轼，或以流行的体裁之名名之，如乐府或散曲。本书体例，每一大时期作一卷，每一小时期作一篇，故共计三卷十二篇。

总结上文,作为一表:

分期		中历	西历
古代	萌芽时代	商盘庚至武丁	前十四世纪
		商武丁至康丁	前十三世纪
		商康丁至周成王	前十二世纪
	诗经时代	周成王至穆王	前十一世纪
		周穆王至孝王	前十世纪
		周孝王至宣王	前九世纪
		周宣王至桓王	前八世纪
		周桓王至定王	前七世纪
	楚辞时代	周定王至敬王	前六世纪
		周敬王至安王	前五世纪
		周安王至赧王	前四世纪
		周赧王至汉高祖	前三世纪
	乐府时代	汉高祖至武帝	前二世纪
		汉武帝至哀帝	前一世纪
		汉平帝至和帝	一世纪
		汉和帝至献帝	二世纪
中代	曹植时代	汉献帝至晋惠帝	三世纪
	陶潜时代	晋惠帝至安帝	四世纪
		晋安帝至齐东昏侯	五世纪
		齐和帝至隋文帝	六世纪
	李白时代	隋文帝至唐武后	七世纪
		唐武后至德宗	八世纪
	杜甫时代	唐德宗至昭宗	九世纪
近代	李煜时代	唐昭宗至宋真宗	十世纪
	苏轼时代	宋真宗至哲宗	十一世纪
	姜夔时代	宋徽宗至宁宗	十二世纪
		宋宁宗至元成宗	十三世纪
	散曲时代	元成宗至明惠帝	十四世纪
		明惠帝至孝宗	十五世纪
		明孝宗至神宗	十六世纪
		明神宗至清圣祖	十七世纪
		清圣祖至仁宗	十八世纪
		清仁宗至德宗	十九世纪

到前世纪末年,诗词固已衰落,散曲也成强弩之末。所以,那个时候是中国诗史上油干灯草尽的时候。但在新世纪的初年,国际资本帝国主义的潮流,迫着把清帝国换成中华民国,同时文学上也高呼着"革命",替诗史开个新的局面。因为时期尚短,成绩还没有昭著,我们也不便在诗史上叙述,只在后边《附论》里把最近的趋势略说一下。但是,我们相信,这是中国诗歌唯一的大道,将来一定引到成功上去的。

卷一 古代诗史 篇二 诗经时代

章一 导论

历史的背景

上文曾说,中国诗歌起源很早,不过《诗经》以前的作品没有流传下来,见存者又都系伪作,故我们只能从《诗经》研究起。《诗经》所代表者为纪元前十一、十、九、八、七世纪的五百年中的中国诗坛。这五百年间,我们称之为"诗经时代"。

我们知道,诗经时代是周民族的光荣时期。此时商民族已经退败了,只在宋国保留一个支裔。新兴的民族如楚民族与秦民族还刚在南方与西方萌芽起来,还没有危害周民族的实力。所以,《诗经》里面虽也有代表商民族的支裔的作品如《商颂》,代表楚秦二民族的诗歌的起源的如《二南》与《秦风》,但其余大部分都是在周民族范围内的。现在我们述诗经时代的历史的背景,便也以周民族为主。

周民族的起源,我们不大知道。直到后稷的时候,他们才有事迹可考。依旧说,他是黄帝的五世孙,是武王的十六世祖,约当纪元前十五世纪的时候。这种世系自然极不可靠。我们从《诗经》里推测,后稷大概是周民族传说中的始祖;其母名姜嫄,其父不可考,这正是原始婚姻制度下必然的情形。因为重女轻男的缘故,姜嫄把这婴孩抛弃了;但出人意料的结局,他居然长大了。渐渐的,他在有邰(今陕西武功县附近)一带作耕种的尝试,得到很好的成绩,替周民族立下个稳固的基础。这是周史的第一幕。

到公刘(相传系后稷的四世孙)的时候,他们的版图渐渐的从沮水漆水扩张到渭水附近。公刘带了部属,携了辎重,经过胥原百泉等处,而卜居于豳(今陕西邠县附近)。自此以后,周民族似乎有中衰之象,事迹也无考。公亶父(即太王,相传为公刘十世孙)可算是个中兴人物,他由豳迁岐(今陕西凤翔县附近),豳人自然跟他走。他建起房屋来,设起官职来,又征服了混夷,渐渐的富强起来。时商民族衰象已见,故太王便渐渐的从事于灭商的预备,同时也与商民族交通起来(他的儿媳,王季之妻,即娶于商)。到王季之子文王的时候,势力愈盛,又灭了密崇二部落,便实行伐商,不料中途而死。他的儿子武王便继续这种使命,终于取商而代之。这是周史的第二幕。

这二幕的真相,至今还保存在《诗经》的《大雅》里。虽然掺杂了一部分原始的神话与诗人的润饰,但较之后代捏造的史迹(如说后稷为舜臣,说文王为纣臣等)尚有天渊之别。我们曾说商民族的社会是氏族制度,周民族恐怕是中国史上组织国家的第一次。相传武王克商是在纪元前一一二二年,这真是中国史上划分新时代的一年。《诗经》中的三百余首诗,其作期都是在此时以后的。

武王十一传至幽王,为犬戎所杀,便结束了周民族在陕西的历史。我们称这一段为西周,是周史的第三幕。幽王之子平王于前七七〇年迁都洛邑,以后为东周,是周史的第四幕。此时新兴的楚秦二民族则日益强盛。在政治史上,周的名义虽维持到前三世纪,而在诗史上,则在东迁后不久便告结束,因为《诗经》里没有前七世纪以后的诗,而《楚辞》则在前六世纪已兴起了。

采诗与删诗

《诗经》这部书,就大体说来,可以称为"周诗录"。但是周民族以及宋秦楚的诗又怎样聚在一起,汇成一部"诗录"的呢?它所代表的既有五百年之久，为何只有三百余首呢？这个关于《诗经》的历史的来源，包含两个问题：一是采诗问题，一是删诗问题。我们现在不妨简单的讨论一下。

采诗之说始于汉代。一见于《礼记》的《王制》：

> 天子五年一巡守。岁二月，东巡守。……命太师陈诗以观民风。

再见于《汉书》的《食货志》：

> 孟春之月，群居者将散。行人振木铎徇于路以采诗，献之太师，比其音律，以闻于天子。

三见于何休注《公羊传》宣公十五年"什一而颂声作矣"句：

> 男年六十，女年五十无子者，官衣食之，使之民间求诗。乡移于邑，邑移于国，国以闻于天子。

关于《诗经》的种种问题常常引起很剧烈的笔战，独是对于采诗问题，两千年来不曾有人怀疑过。只有崔述在《读风偶识》（卷二《通论十三国》）里说：

> 余按克商以后，下逮陈灵，近五百年。何以前三百年所采殊少，后二百年所采甚多？周之诸侯千八百国，何以独此九国有风可采，而其余皆无之？……且十二《国风》中，东迁以后之诗居其大半，而《春秋》之策王人至鲁，虽微贱无不书者，何以绝不见有采风之使？乃至《左传》之广搜博采而亦无之？则此言出于后人臆度无疑也。……大抵汉以降之言诗者多揣度而为之说。其初本无的据，而递相祖述，遂成牢不可破之解，无复有人肯考其首尾而正其失者。迨于有宋诸儒甚且以《后汉》人所作之序命为周太史之所题。古人已往，一任后人之加之于伊谁，良可慨也！

这是很不错的。但他没有把后人为何这般"臆度"的原因指出。我们想这可以说是"以今度古"的一例。《汉书·郊祀志》说：

〔武帝〕乃立乐府,采诗夜诵,有赵代秦楚之讴。以李延年为协律都尉,多举司马相如等造为诗赋,略论律吕,以合八音之调,作十九章之歌。

在汉代,民间歌谣及文人作品大都被采入乐府,故汉人误认周代也必如此,于是便生出那种"臆度",却不知道在《春秋》和《左传》里都找不出一点根据来!

太师采诗固然是臆说,然而他们对于今本《诗经》却又认为非太师之旧,是经孔丘删过的。《史记·孔子世家》说:

古者诗三千余篇。及至孔子去其重,取可施于礼义;上采契后稷,中述殷周之盛,至幽厉之缺。

对于此说,前人反对与拥护各半。反对最早的要算孔安国,以为古诗决不会有三千余篇,孔丘决不会删去十分之九(《吕氏家塾读诗记》引),郑樵在《删诗辨》里也如此说。江永因为《诗经》内有淫诗,也以《史记》删诗之说为"妄说"(《乡党图考》)。欧阳修在《诗本义》里却又相信古诗有三千余篇,章炳麟也如此主张。顾炎武在《日知录》里又以为三百篇内的淫诗无碍于删诗之说。我们觉得这种驳来驳去的话,都未搔着痒处。

我们且看崔述的话:

孔子删诗,孰言之?孔子未尝自言之也,《史记》言之耳。孔子曰,"郑声淫",是郑多淫诗也。孔子曰,"诵诗三百",是诗止有三百,孔子未尝删也。学者不信孔子所自言,而信他人之言。甚矣,其可怪也!(《读风偶识》)

这真是一刀见血,使拥护《史记》者无从为之辞。我们再看方玉润的话:

夫子反鲁在周敬王三十六年,鲁哀公十一年,丁巳,时年已六十有九。若云删诗,当在此时。乃何以前此言诗,皆曰"三百",不闻有"三千"说耶?此盖史迁误读"正乐"为"删诗"云耳。夫曰"正乐",必雅颂之乐各有其所在,不幸岁久年湮,残缺失次,夫子从而正之,俾复旧观,故曰"各得其所",非有增删于其际也。奈何后人不察,相沿以至于今,莫不以"正乐"为"删诗",何不即《论语》诸文而一细读之也!(《诗经原始》的卷首下《诗旨》)

这是不错的。司马迁或者是误会"正乐"的意义,或者是根据当时的传说(孔丘在六经中最喜言诗,见于《论语》者有十八次之多,故删诗的传说易于发生),总不能据为典要。

本来五百年之久,诗歌有三千余篇也在情理之中。不过时代久远了,便渐渐的散亡了;例如《论语》所引的"素丝以为绚兮"之类,今本《诗经》里就没有。这种散亡是很平常的事,崔述说的好:

盖凡文学之道,美斯爱,爱斯传,乃天下之常理。故有作者,即有传者。但世近则人多诵习,世远则就湮没;其国崇尚文学而鲜忌讳则传者多,反是则传者少。小邦弱国偶遇文学之士录而传之,亦有行于世者,否则遂失传耳。(《读风偶识》卷三《郑风》)

总之,古代诗篇的流传与散亡,都是很平常的事,我们不用加以"太师采诗"与"孔丘删诗"等等无根据的解释。

诗序与六义

我们叙述采诗删诗两问题,不仅说明《诗经》的来历,也可免除读《诗经》的人的误会。因为前人相信采诗之说,便误把政治和文学揽在一起;又因相信删诗之说,便误把礼教和文学揽在一起。这两种误会便使两千年来的读者不能正确的了解《诗经》。这种障碍是不能不扫除的。但还有比采诗删诗之说更重大的障碍,我们也当略加讨论。这便是《诗序》问题与六义问题。

秦火而后,汉初传诗者有鲁之申培公、齐之辕固生、燕之韩太傅三家。后来河间献王献鲁人大毛公(亨)的《故训传》,以小毛公(苌)为博士,于是《毛诗》与《鲁诗》《齐诗》《韩诗》并列。四家诗都有"序",说明每篇的大旨。(蔡邕《独断》载《鲁诗周颂序》,《水经注》引《韩诗周南序》;依此推测下来,《齐诗》大约也有序。)自郑玄笺《毛诗》以来,三家渐就亡散,《毛序》独行于世,为后世说诗者之唯一根据。现在我们所谓"诗序",即专指《毛序》而言。

自汉末至唐,可说是《毛序》一尊时代。到了唐宋以后,《毛序》的尊严便渐渐丧失了。成伯玙疑之于先,欧阳修攻之于后。朱熹郑樵更把《毛序》看做一文不值。即以守旧著名的吕祖谦,也在《家塾读诗记》里对于《毛序》表示不满。到元仁宗时,《朱传》便取《毛序》的地位而代之,直到如今。清儒弃宋尊汉,故颇有拥护《毛序》的人。但这只能算是《毛序》的回光返照,因为它的荒谬太明显,故姚际恒崔述龚橙方玉润等大都另创新解。这种新解创始于宋代戴溪的《读诗记》,明代丰坊继之,而姚方等集其大成。最近几年来,这种新解颇有代替朱《传》的趋势,至于《毛序》则更弃如敝屣了。

我们在这里不能详引各家的论调,只把两千年中的经历略述如上。看了这一段叙述,便知现在再攻击《毛序》,似乎有打死老虎的嫌疑。不过把《毛序》当作"敝屣"的固然很多,而把它当作"敝帚"的却也不少。在表面上看来,《毛序》似乎完全失却它的尊严了;但就事实上说,《毛序》的潜势力尚不小。现在一部分人尽管大声提倡姚崔龚方们的著作,一部分人却还在大学讲坛上或私人著述里大讲其序说。我们要打破这种潜势力,"擒贼先擒王",须先讨论《毛序》的作者问题。

《毛序》的荒谬为常识所能判断,而一般人甘心服从谬说,实在是慑于古圣贤之威。《毛序》是谁作的? 说也好笑,时代越后,著作权越移前。《郑诗谱》说是卜商毛亨合作的(沈重说),王肃及陆德明便撇开了毛亨,只说卜商所作(《家语》注及《经典释文》),程颢却说孔丘作《大序》,国史题《小序》(《吕氏家塾读诗记》引),王安石又说诗人所自作。向壁虚造,莫此为甚! 而一般人对于《毛序》却不知不觉的生出一种敬畏之心。其实《毛序》的作者,《后汉书·儒林传》里说的明明白白:

〔卫〕宏从曼卿受学,因作《毛诗》之序,善得《风》《雅》之旨,于今行于世。

这是正史的传记，可靠性当然不小。况且陆机在《毛诗草木鸟兽虫鱼疏》后附述《毛诗》的源流道：

> 东海卫宏从曼卿受学，因作《毛诗序》，得《风》《雅》之旨。

这是最早的记载，可靠性也是很大的。卫宏不过东汉一陋儒，上距《诗经》有千余年之久，我们为何甘心上他的当呢？

但《诗序》贻害我们，不仅误解诗意，还要误认诗体。这便牵涉到六义问题。《毛序》说：

> 故诗有六义焉：一曰风，二曰赋，三曰比，四曰兴，五曰雅，六曰颂。

此与《周官》所谓六诗相同：

> 大师……教六诗：曰风，曰赋，曰比，曰兴，曰雅，曰颂。

后人对于此说的解释有三种：

(1) 半系诗体，半系作诗之法。此即朱熹所谓"三经""三纬"（见《语录》）。以风雅颂为经，指《国风》《二雅》《三颂》而言；以赋比兴为纬，解作"直陈""比喻""托物"。

(2) 全系作诗之法。程颢主张此说。其解释赋比兴与前同；对于风雅颂则解作"讽刺""陈理""称美"。（《吕氏家塾读诗记》引）

(3) 全系诗体。章炳麟主张此说。其解风雅颂与第一说同；对于"赋"认为与后代的赋相同，"比"读为《驾辩》《九辩》之辩；"兴"读为廞，"与诔相似"。（《检论六诗说》）

第一说最通行而最谬误。在《周官》与《毛序》里，六项是并列的。若果有经纬之分，有体裁与作法之分，便不该混在一起，尤其不该把赋比兴三项杂于风与雅的中间。所以若是指体裁，六项应该全是体裁；若是指作法，六项应该全是作法。但比较下来，程颢之说也觉不妥。第一，三百篇明明有风雅颂三体,若说风非《国风》,雅非《二雅》,颂非《三颂》,似嫌牵强。第二,作诗之法决不是"讽刺""直陈""比喻""托物""陈理""称美"六项所能尽的。因为非六项所能尽,故生出"赋而比""赋而兴""比而兴""兴而比""赋而兴又比""赋其事以起兴"等荒谬可笑的话。若真如此,六义岂不变成十二义了? 故我们以为章炳麟之说较妥。但他以为赋比兴等三体为孔丘所删,却完全是臆说,毫无佐证。若系被删,岂无一二篇流传至今? 此盖因《毛序》之说本属无稽,故无论怎样解释终无是处。总之,我们研究《诗经》的人应该把《诗序》完全抛开才行。

二南的独立

上文所说,主旨在破坏研究《诗经》的旧方法。现在要建设我们研究《诗经》的新方法。这个新方法是以音乐为骨干,而《二南》的独立为其先决问题。

"南"是否为诗之一体,可与《风》《雅》《颂》并列? 这是一个很有趣味的问题。《小雅·鼓钟》说:

> 以《雅》,以《南》,以籥不僭。

此处拿"南"与《雅》并列,本来是《二南》独立的铁证,然而前人因六义六诗中无"南",总要百般曲解:《毛传》以为南夷之乐,《郑笺》以为舞名。至苏辙始指为《二南》,但在北宋时似尚无人注意。南渡后绍兴中两位进士——王质与程大昌——始正式承认。王质在《诗总闻》里把三百篇分成"南""风""雅""颂"四部分。他的《闻南》说:

> 《南》,乐歌名也。见《诗》"以《雅》以《南》"。见《礼》"胥鼓《南》"。(郑氏以为西南夷之乐,又以为南夷之乐。)见《春秋传》"舞《象箾南籥》"。(杜氏以为文王之乐,其说不伦。)大要皆乐歌名也。

程大昌在《考古编》里也说:

> 《鼓钟》之诗曰,"以《雅》以《南》,以籥不僭。"季礼观乐有舞《象

箭南籥》者:《南籥》,《二南》之籥也;《箭》,《雅》也;《象舞》,《颂》之《维清》也。其在当时亲见古乐者,凡举《雅》《颂》,率参以《南》。其后《文王世子》又有所谓"胥鼓《南》"者,则《南》之为乐古矣。……不胜传习之久,无敢正指以为《二南》也。

又说:

盖《南》《雅》《颂》,乐名也,若今之乐曲之在某宫者也。《南》有周召,《颂》有周鲁商,本其所从得而还以系其国土也。《二雅》独无系,以其纯当周世,无用标别也。……若夫邶,鄘,卫,王,郑,齐,魏,唐,秦,陈,桧,曹,豳——此十三国者,诗皆可采而声不入乐,则直以徒诗著之本土。

他的意思以为《二南》是古代乐名,与《雅》《颂》并列。《风》是不入乐的,当附于《南》之后,不能兼括《二南》。故他主张以《南》《雅》《颂》代《风》《雅》《颂》。关于《国风》是徒诗或是乐章的问题,我们在后文另有详细的讨论。在这里我们只要知道他是主张《二南》独立的一员健将就是了。

自从他们创议以后,注意的人似乎很少。到清代方有几个驳诘的人。陈启源在《毛诗稽古编》里斥责苏辙解释"以《雅》以《南》"句之误:

宋苏氏复自立说,谓《雅》是《二雅》,《南》是《二南》,舛误尤甚。《大雅》《小雅》,诗六义之一也,非乐名也。乐以《雅》名,则《风》《雅》《颂》皆得奏之,不仅《二雅》矣。至《二南》之"南",犹十五国之"国"也,目其地而言也。当时所采诗,或得于南国,周召不足以尽之,故不言国而言南耳。尚不得与《二雅》并列于六义,况乐名乎?

魏源在《诗古微》(中编之一)里也说:

《周礼》大师教国子以六诗,有《风》《雅》《颂》而无《南》。《左传》"《风》有《采蘩》《采苹》",其诗实在《召南》。则《二南》同为《国风》,明矣。

他们的主要理由不外这三点:

（1）六诗六义中无"南"。

（2）"南"为地名，非乐名。

（3）《左传》称《召南》诗为"风"。

其中第一、第三两条理由最为荒谬。我们何能据汉儒伪托的《周官》《毛序》来否认"南"的独立？这一点，我们在上文已经详细说过。第三条理由与第一条相似。"《风》有《采蘩》《采苹》"一句见于隐公三年的"君子曰"以后。《左传》已是周末之书（据珂罗倔伦所考），而"君子曰"一段又是汉儒掺入的，更不可靠。这只能证明汉初已把《风》与《南》的界限混淆了，并不能证明古代无南。其中只有第二条理由稍有讨论的价值，但它的错误也是很明显的。果如陈说，则何不援"邶风""鄘风"之例而称为"南风""周风""召风"？这样岂不直截明白，为何一定任意糅合而称为"周南""召南"？

此外反对《二南》独立的，还有胡承珙、方玉润等人，但他们的理由也不外陈魏所说的，故不再一一征引。其实我们若肯平心静气，抛开了传说和成见，便知"南""风""雅""颂"四体并列，是很明显的事实。譬如《颂》分为三，故有"周颂"等名；《雅》分为二，故有"小雅"等名；《风》分为十一故有"卫风"等名；《南》分为二，故有"周南"等名。因为每一体内不止一种，故于诗体上加一区别字。我们若以"周南"之名与"卫风""小雅""周颂"等名对看，岂不显然是相类似的？大约因为《二南》篇数很少，又与《国风》毗连，故年代久远了便误认为风，而"国风"二字便移于"周南"之前了。我们现在当还它本来面目，承认《二南》的独立。

诗经与音乐

现在我们要说明"南""风""雅""颂"四体的意义。近来常有人鄙弃这种区分，以为内容方面《颂》与《雅》常有相同的，形式方面《雅》与《风》也有相同的，故不如改用"讽刺诗""抒情诗"等名称。其实四体之分本来不以内容和形式做标准，故不能在字句间推求它们的异点，更不能根据字句来否认四体之分。前人解释四体之分的，以惠周惕"《风》《雅》《颂》

以音别"之说为最合理。此犹后代乐府分"鼓吹""横吹""相和""清商"等类,都有音乐上的特点,不容混淆。不过古乐失传,我们无从道其详罢了。现在试从各种古籍上,约略考求这四种古乐的性质。

"南"的来源,崔述在《读风偶识》里说过:

> 盖其体本起于南方,北人效之,故名以南。

这是很不错的。但"南方"二字究竟是什么意义呢?《说文》"南"下云:

> 南,草木至南方有枝任也。

这话不如《白虎通》"五行"之明白:

> 南方者,任养之方,万物怀任也。

《御览》"时序部"六引《书大传》也说:

> 南方者何也? 任方也。任方者,物之方任。

我们应该知道"南""任"二字古时同韵,可以通用。《鼓钟》的《毛传》说,"南夷之乐曰南",然而《周礼·旄人》的郑注及《公羊》昭公二十五年的何注却说,"南方之乐曰任",便是明证。任即孕字,有生长发育之意。南方气候较暖,草木鸟兽较易滋长,故名曰"南"。因此,发生于南方的音乐也叫做"南",也带着生长发育的气味。这是《南》的特点。(我们在后文讨论《二南》时还有详细的说明。)

"风"的意义,前人大都没有弄明白。《毛序》所说"上以风化下,下以风化上",固然是一派胡说,不值一驳;即如章炳麟所谓"口中所讴唱"及梁启超所谓"只能讽诵而不能歌者",也尚有商酌的余地。朱熹曾说:

> 吾闻之:凡诗之所谓《风》者,多出于里巷歌谣之作,所谓男女相
> 与歌咏,各言其情者也。

近人只注意"里巷歌谣"一句,只说《国风》就是歌谣,却忽略了"男女相与歌咏"一句,故依然不明了它的来源与意义。我们试看,《费誓》"马牛其风"及《左传》"风马牛不相及"的风字,普通都训作"放"字,《广雅》及《释

名》亦然。惟服虔注"牝牡相诱谓之风"一句,颇可注意。放字本可训为纵(《吕览审分》注),又可训为荡(《汉书·艺文志》注),江南方言,男女野合恐人撞见,倩人守卫,谓之"望风",与情敌竞争谓之"争风",亦可助证。故《风》的起源大约是男女赠答之歌,如汉《相和歌》之名。(《风》不尽言情,犹《雅》不尽叙事,没有妨碍的。)从这一点看来,它对于音乐的关系,或者较《南》《雅》《颂》为薄弱些。

"雅"的解释,以章炳麟为最佳。他在十一年在上海讲演,据报章所载,中有这一段话:

> 据我看来,"雅"在《说文》就是"鸦","鸦"和"乌"音本相近,古人读这两字也相同。所以我们可以说"雅"即"乌"。《史记·李斯传》的《谏逐客书》及《汉书·杨恽传》的《报孙会宗书》均有"歌乌乌"之句,人们又都说"乌乌"是秦音。秦本周地,"乌乌"为秦声,也可以说是周声。……《说文》又训"雅"为"疋"(这两字音也相近);又说,"疋,记也。"大概"疋"就是后人的"疏",后世的"奏疏",也就是"记"。"雅"所以训"疋",也就因为是记事之诗。(参看《太炎文录》初编卷一《大疋小疋说》)

这是很不错的。我们试把《大雅》之《生民》《公刘》及《小雅》之《采芑》《六月》等篇合起来,便是一篇大规模的"周的史诗"(参看后文论《二雅》处)。我们再看秦民族的《石鼓文》及《刻石铭》都迫近《二雅》(参看后文论秦民族文学处),也可参透其中消息。

"颂"的解释,以阮元为最佳。他在《释颂》里说:

> 颂之训为"美盛德"者,余义也;颂之训为"形容"者,本义也。且颂字即容字也。……"容""养""兼"一声之转,古籍每多通借。……所谓《商颂》《周颂》《鲁颂》者,若曰"商之样子""周之样子""鲁之样子"而已,无深义也。何以《三颂》有样而《风》《雅》无样也?《风》《雅》但弦歌笙间,宾主及歌者皆不必因此而为舞容。惟《三颂》各章皆是舞容,故称为"颂"。若元以后戏曲,歌者舞者与乐器全动作也。

《风》《雅》则但若南宋人之歌词弹词而已，不必鼓舞以应铿锵之节也。

这是说《颂》为舞曲，是很不错的（现存《颂》诗不全是舞曲，犹雅不尽叙事，没有妨碍的）。我们看了《仪礼·大射》"颂钟""颂磬"之名及《左传》襄公二年"穆姜使择美椟以自为榇与颂琴"一句，便不能不承认《颂》在音乐上的特点了。

以上说明四体的特点，及其与音乐的关系——南读为任，风读为放，雅读为乌，颂读为容——都不过是一种假设。将来考古学更发达的时候，或能把古乐的真相告诉我们。就目前论，上列的解释可算是最合理的。

因为它们都有音乐上的特点，我们研究时便当依此区分，而"讽刺""抒情"等名之不妥更为明显。况且《诗经》所代表者为西历前十一世纪至前七世纪的中国诗歌。其中有成康时的祭歌，有夷厉时的史诗，有定匡时的民谣，有的已经成熟，有的尚嫌幼稚。这些渐渐变迁、渐渐进化的痕迹，文学史家自应按着时代的先后，明明白白的叙述出来，使读者易于了解这五百年中的诗坛状况。若用"讽刺""抒情"等名，则这种进化变迁之迹一定要被忽略了。自然，我们生居今日要逐一考定三百篇的时代是很困难的。但要替"南""风""雅""颂"四体分个先后，却是很可能的事。我们所谓以音乐作骨干的研究《诗经》的新方法，即是希望一般人能依着这四体来研究。

我们须知这四体在地位上是并列的，在时代上却是前后相因的，在风格上也有连带的关系，我们不能说"抒情"受"讽刺"的影响，也不能说"讽刺"从"抒情"转来。但在四体中，《颂》之晚出者近《雅》，《雅》之晚出者近《风》，《风》之早出者近《雅》，而《南》又为《楚辞》的先驱。所以我们若采用这种新方法，不但可明了古乐的情形，且可说明许多文学史上的因果关系。

诗经时代的鸟瞰

据我们研究的结果，应该把今本《诗经》的次序翻过来。现在《南》最前，《风》次之，《雅》又次之，《颂》最后。其实《颂》的时代最早，《雅》次之，《风》又次之，《南》最晚出。为读者便于了解计，列表如后：

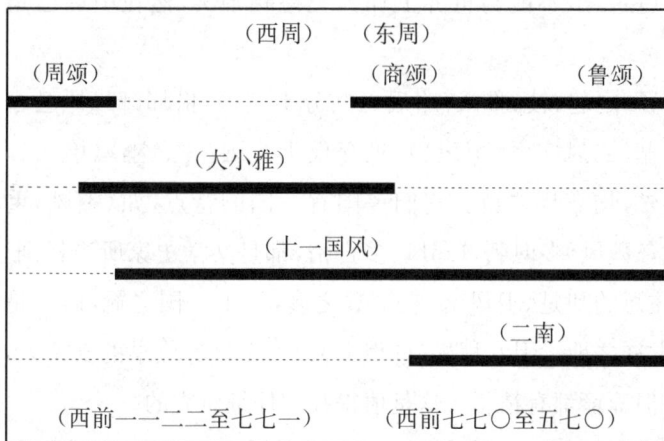

```
                    （西周）      （东周）
（周颂）                        （商颂）                （鲁颂）
━━━━━━━━ ⋯⋯⋯⋯⋯⋯⋯⋯ ━━━━━━━━━━━━━━━━━━━━━━

                 （大小雅）
        ⋯⋯━━━━━━━━━━━━━━⋯⋯

                 （十一国风）
        ━━━━━━━━━━━━━━━━━━━━━━━━━━━━━━

                            （二南）
                       ⋯⋯━━━━━━━━━━━━━━━

   （西前一一二二至七七一）        （西前七七〇至五七〇）
```

关于这个时代先后的考证，后文另有详细的讨论。如今且依着这个次序，把诗经时代的诗坛情形作一个鸟瞰式的叙述。

自周民族灭商代兴以后，最初起的诗是舞歌和祭歌，即所谓《周颂》是，舞歌是纪念伐商之役的，祭歌是纪念周之先王的。当时舞踏和祭礼大约同时举行，直到汉代的《郊庙歌辞》与《舞曲歌辞》尚有很密切的关系。但此时中国诗歌尚在幼稚时代，技术方面颇不高明，句末用韵也未成熟，又不懂得分章。康昭以后，《颂》诗中绝。东迁后，宋有《商颂》，技术方面似乎受了《雅》的影响；鲁的《鲁颂》的技术，更受了《风》的影响；都较《周颂》为进步。但《颂》诗终缺乏真性情，故在四体中价值最低。

当《颂》声寝息的时候，《雅》诗便渐渐兴起。因为音乐的关系，分为大小二种。《大雅》为西周的作品，《小雅》为西周末年及东周初年的作品。《小雅》与《国风》差不多同时，故技术方面颇受《国风》的影响而较《大雅》为优。如祭祷或祝颂的几篇，《大雅》不过较《周颂》的篇幅长些，仍然没有佳构；《小雅》便不然，描写生动得多，表情真挚得多。《大雅》中讽刺的几篇却与《小雅》不相上下。周自厉幽以后，朝政日非，故这一类诗大都异常沉痛；而且作者大都知识阶级，故结构异常严密。但有时教训气味太重，有时不免流于谩骂，是它们的缺点。我们应该特别注意的是几篇叙事诗。我们若把这几篇叙事诗聚合起来，便成一篇大规模的"周的史诗"。虽不能与世界上伟大史诗相媲美，然在中国已是很难得的了。

《国风》之起，较《雅》诗略后。共分十三国，惜邶鄘二风已亡，（现在的《邶》《鄘》二风实系《卫风》），见存仅十一国。除《豳》《桧》二风及《秦风》之半外，均东周之诗。它们一国有一国的特点，如《豳风》重农，《秦风》尚武，《魏风》多讽刺，《郑风》多言情，都是文学史家所当特别注意的。但最可注意的却是《卫风》。它篇数之多，为十一国之冠，而又是中国妇女文学发祥之地。卫女穆姬（许穆夫人）为全世界最早的女诗人，作品虽仅三篇，但篇篇都有精彩。这是值得我们仔细研究的。

东迁以后，长江流域对于古代文学有很大的贡献，所谓《二南》是。出世时代虽晚，然在三百篇中实占有最高的位置。产生的地点，是一个最美丽的去处；而它所凭借的，又是一个极优美的音乐。所以在三百篇中，孔丘再三的赞许《二南》；所以现在的《诗经》，《二南》冠于全书之首。并且对于后来的《楚辞》，它有创导之功，其关系更为重要。

诗经时代五百年的大势大略如此。以后便分章详述。

章二　三颂

周颂

我们在上文说，三百篇中以《周颂》为最早。但究竟作于何时呢？郑樵说："《周颂》者，其作在周公摄政，成王即位之初，非也。《颂》有在武王时作者，有在昭王时作者。必以此拘诗，所以多滞也。"这是不错的。如今且把它们本文中可借以考见时代的文句写出来，以供参考：

(1)《清庙》:"秉文之德。"

(2)《维天之命》:"文王之德之纯。"

(3)《维清》:"缉熙文王之典。"

(4)《天作》:"文王康之。"

(5)《我将》:"仪式刑文王之典。"

(6)《雝》:"亦右文母。"

(7)《赉》:"文王既勤止。"

以上均有文王之谥,可见系武王时或武王以后之作。(《我将》及《赉》均《大武》舞歌,大约是成王时作。参看后文。)又如:

(8)《武》:"于皇武王。"

(9)《桓》:"桓桓武王。"

以上均有武王之谥,可见系成王时作。又如:

(10)《昊天有成命》:"成王不敢康。"

(11)《噫嘻》:"噫嘻成王。"

以上均有成王之谥,可见系康王时作。(《昊天有成命》的"成王"二字,旧说以为非人名。《集传》云,"《国语》叔向引此诗而言,'是道成王之德也,成王能明文昭定武烈者。'以此证之,则其为祀成王之诗无疑矣。"姚际恒又引二证:"贾谊《新书》曰,'后,王也;二后,文王武王也;成王者,武王之子,文王之孙也。文王有大德而功未既,武王有大功而治未成,及成王承嗣,仁以莅民,故称"昊天"焉。'此一证也。扬雄谓'康王之时,《颂》夸于下';班固谓'成康没而《颂声》寝'。此一证也。"可见"成王"二字确系人名,不能曲解作"成此王功"。)又如:

(12)《执竞》:"不显成康。"

此有康王之谥,可见系昭王时作。(武王在位不久,故以奄有四方之功归之成王康王;旧说以"成康"二字作"武成康定"解,殊属牵强。)此外尚有时代可考者二篇:

(13)《酌》。

(14)《般》。

此二篇同系《大武》舞歌(详后),故知与《我将》《武》《桓》《赉》同为成王时所作。

《周颂》的作者,我们很难考知。惟《国语》说:

> 周文公之颂曰,"载戢干戈。"

又说:

> 周文公之为颂曰,"思文后稷,克配彼天。"

前一句是《时迈》文,后二句是《思文》文,故后人都说这两篇是姬旦所作,但无确据。照《左传》宣公十二年楚子的话看来,这两篇与《大武》同时,故我们也不妨暂信它们为姬旦的作品,其时代为成王。

此外十五篇的时代,我们不敢妄断。其余二十九篇的作者,也不能随意推测。总之,我们若说《周颂》是西周初年的作品,不至十分错误的;因为它的出世,大约总在武王至昭王的百余年中。

其次,我们再叙述这三十一篇的内容。我们以为可分为三类:一是舞歌,一是祭歌,一是杂诗。如今依次说明如下:

(1) 舞歌七篇。第一篇是《维清》,属《象舞》。《象》有两种:一即《大武》中之《桓》《般》《赉》,号《三象》;一即《维清》,为文舞。(详见王国维的《说勺舞象舞》。)还有六篇是《大武》舞歌。(《乐记》说《武》有六成。)据《左传》宣公十二年所载楚庄王的话,知道《武》《桓》《赉》三篇均在其中。但还有三成呢?我们想大约即《我将》《酌》《般》三篇。对于《酌》的加入,各家意见均同,可不讨论。《般》则略有异义;但一来三家诗于篇末亦有"于绎思"句,与《赉》同(魏源说),二来命名与《酌》《桓》《赉》相似(王国维说),故一定同是《武》诗。至于《我将》的加入,则不曾有人说过。《祭统》云,"舞莫重于《武》《宿夜》。"郑注云,"《宿夜》,《武》曲也。"魏源以为《宿夜》即《酌》,故只得认《武》曲已亡其一,是错的。王国维在《大武乐章考》里根据文字学来证明"宿"字即"夙"字,并说:

> 《武宿夜》即《武夙夜》,其诗中当有"夙夜"二字,因以名

篇。……今考《周颂》三十一篇,其有"夙夜"字者凡四。《昊天有成命》曰,"夙夜基命宥密。"《我将》曰,"我其夙夜,畏天之威。"《振鹭》曰,"庶几夙夜,以永终誉。"《闵予小子》曰,"维予小子,夙夜敬止。"而《我将》为祀文王于明堂之诗,《振鹭》为二王之后助祭之诗,《闵予小子》为嗣王朝庙之诗;质以经文,序说不误。惟《昊天有成命》序云,"郊祀天地也。"然郊祀天地之诗不应咏歌文武之德;又郊以后稷配天,尤与文武无涉。盖作序者见此诗有"昊天"字而望文言之。若《武夙夜》而在今《周颂》中,舍此篇莫属矣。

我们以为"夙夜"之说很可信,但《夙夜》究是那一篇,则不易断定。《振鹭》与《闵予小子》固然不是,即《昊天有成命》也似乎不是,故我们疑即《我将》。理由是:第一,篇中"仪式刑文王之典,日靖四方"句,很合于"始而北出"时的语气。第二,篇中"我将我享"及"我其夙夜"等句,与《酌》《赉》等篇同样用第一位代字。第三,序说《我将》是祀文王于明堂的诗,那是卫宏的猜测;而且邹肇敏方玉润曾根据"于昭于天,皇以间之"来断定《桓》系祀武王于明堂的诗,也不害其为《大武》舞曲。第四,最重要的便是《昊天有成命》明明说及成王,万不能作武曲之一。故我们以为《我将》较胜,合其余五篇而为六成。(关于"成王"二字,旧说认为非人名,我们在上文已辩明。)这七篇是我国见存舞歌中之最早者,也可说是见存诗歌中之最早者。它们大都为纪念先王的丰功伟烈而作:例如《象舞》述文王之德,却作于武王时;《武舞》述武王克商之功,却作于成王时。因此,称颂的话较多。

(2)祭歌十三篇。《思文》是祀后稷的诗。《清庙》及《维天之命》是祀文王的诗。《昊天有成命》及《噫嘻》是祀成王的诗,《噫嘻》带祈谷之意,如《列祖》的末段。《雝》即《论语》"以雍彻"之雍,为彻俎的诗。《执竞》大约是日祭的诗;姚际恒说,"日祭之典虽于他经无所见,而《国语》两及之,(按即《周语》及《楚语》);然则成于昭为祖,康于昭为祢,《执竞》之诗当于成康上食时歌之,故以二王并言。"《天作》及《时迈》似是享山川,祭柴望的诗。这些祭歌的内容不外这四种：一、称颂被祭者的功德；二、描写祭时的情形；三、叙述祭者的感想或警惕之意；四、祈求呵护赐福。其时代大都与舞歌相近，或者略后些。此外还有关于祭祀的诗几篇。《有瞽》述祭时的音乐——业，虡，崇牙，应，田，县鼓，鞉，磬，柷，圉等。《潜》述祭时的鱼——鳣，鲔，鰷，鲿，鰋，鲤等。（因有"先祖是听"及"以享以祀"之句，故知与祭祀有关。）《潜》又说及漆水与沮水，可与《绵》所叙公覃父之事参看。《丝衣》描写祭者"自堂徂基，自羊徂牛"的情景，并且"不吴不敖"。《载》见有"辟王""辟公"之称及"率见昭考，以孝以享"之句，或者是率诸侯见祖庙的诗，却不知究系谁的庙。

（3）杂诗十一篇。无类可归者，谓之杂诗。其中有四篇是关于农业的诗。如《臣工》大约是戒农工的诗。《丰年》、《载芟》及《良耜》三篇是描写农家生活的，并庆收获之丰。此外如《烈文》与《敬之》是警戒的诗。（《毛序》说《敬之》是群臣进戒之诗，《朱传》说上半为进戒，下半为王者答词，方玉润驳道，"是皆未察文义之过耳。盖此乃一呼一应如自问自答之意，并非两人语也。"其实都是猜谜。）《振鹭》及《有客》是留客的诗。（旧说所留的客是指殷之后，拿鹭的白与马的白来附会殷人尚白，实无确据。）又《闵予小子》、《访落》及《小毖》大约是居丧时的诗，但未必指王室。

既明白了《周颂》的内容，我们再进而讨论《周颂》的文学的价值。我们知道这三十一篇，是中国诗歌的鼻祖，对它们自应表相当的敬意。但我们细细的读了之后，觉得实在幼稚的很。这是不当讳言的。如今从两方面去说明：

（1）形式方面。《周颂》在形式方面的缺点，有两种最重要。第一是用韵方面。《诗经》中如《二南》十一《国风》诸篇神味最永，《周颂》则反是，恐与协韵有关系。假使完全不用韵，如《昊天有成命》等，当然是可以的；只有那种零零落落的韵，最是幼稚的证据。如《维天之命》八句中仅两句有韵，如《般》七句中也只两句有韵，如《维清》首三句无韵，如《我将》则末三句无韵，如《时迈》则中间三句无韵：这真使我们莫名其妙了。即如《清庙》《天作》《思文》《臣工》《载见》《有客》《小毖》等，也有这种怪现象。(参看丁以此的《毛诗正韵》)这种现象可以证明此时中国诗坛上用韵尚在幼稚时代。第二种缺点是分章方面。《南》《风》《雅》大都一篇分为数章,自二章至十余章。(如《庐令》仅六句而分为三章。)《周颂》则不然。一篇长至三十余句,也合在一起。(姚际恒等妄分《时迈》《振鹭》等为二章,分《有客》为三章,分《雝》为四章,实毁坏《周颂》的本来面目,不可从。)这也是幼稚的表示。后来技术渐渐进步,组织渐渐周密,便改去了。试看三百篇中除《周颂》外很少不分章的,便可了解了。此二种形式方面的缺点,读者不要看轻,以为无关宏旨。须知古往今来一切文学上的进化,一半即在形式方面。四五七言的递变,词曲传奇之渐进,无不如此。

　　(2) 内容方面。我们再从内容方面去观察,而其技术之拙劣更无可讳言。例如:

> 设业,设虡,
> 崇牙,树羽,
> 应,田,县鼓,
> 鞉,磬,柷,圉。(《有瞽》)
> 有鳣,有鲔,
> 鲦,鲿,鰋,鲤。(《潜》)

这全是无谓的堆砌,远不如《灵台》《鼓钟》之言乐,《鱼丽》《硕人》之言鱼了。又如:

> 无封靡于尔邦,
> 维王其崇之。(《烈文》)
> 日就月将,
> 学有辑熙于光明;
> 佛时仔肩,
> 示我显德行。(《敬之》)

这些抽象的教训,决不能给读者什么深刻的印象。它们是格言,是文,但绝不是诗。又如：

> 於乎,不显,
>
> 文王之德之纯!(《维天之命》)
>
> 执竞武王,
>
> 无竞维烈。
>
> 不显成康,
>
> 上帝是皇!(《执竞》)

这些诗实替中国诗坛开一个恶例。两千年来许多"涂改《生民》《清庙》诗"的作品,表面上典丽堂皇,实际上一无所有,即是中了这些祭歌舞歌内贡谀语的遗毒。

《周颂》为何免不了"幼稚"与"拙劣"的评语呢? 我们想大约有三种原因:

(1) 作者方面。《周颂》大都是庙廊文学,作者也许是贵族。如姬旦这般人,大都从政或有余,做诗则不足,偶以时会,遂膺制作之命,既无文学的天才,又无真挚的情感,如何能产生佳作呢?

(2) 材料方面。三百篇中《颂》劣于《雅》,《雅》劣于《风》和《南》,大半是材料方面的关系。无论是祭祖先,戒农工,或象文武,施教训,都非诗歌的最适当材料。即如后世郊庙燕射的乐章及应制或奉和圣制的诗词,不能免于失败,也是为此。

(3) 时代方面。但最重要的原因便是时代关系。我们在上文说过,《诗经》以前无可靠的诗歌,现存的几篇古逸都不能作诗史的材料。故我们不能不从《诗经》讲起,不能不认《周颂》为中国诗歌的鼻祖,其所代表者为中国诗歌的初期,无怪其幼稚拙劣了。

然而在"幼稚"与"拙劣"的评语之下,并非没有例外。那些时代较后的,材料较适宜的,作者较有天才的,便有较佳的作品产生出来。如昭王时之《执竞》,康王时之《噫嘻》,在用韵方面都渐见成熟。此外如《振鹭》《有瞽》《潜》《载芟》《良耜》等,在形式方面也无幼稚之嫌,大约也是较晚的作品。须知从武王到昭王计一百余年,当然有些进步。(只有《雝》的时代较早而用韵很有规律,盖因徹俎之诗历代通用,或有后人修改之处也未可知。)但最佳的是《载芟》与《良耜》。《载芟》叙农家生活道:

> 侯主,侯伯,
> 侯亚,侯旅,
> 侯强,侯以——
> 有嗿其馌,
> 思媚其妇,
> 有依其士,
> 有略其耜,
> 俶载南亩;
> 播厥百谷,
> 实函斯活,
> 驿驿其达,
> 有厌其杰,
> 厌厌其苗,
> 绵绵其麃。

《良耜》与此相仿佛。这种白描的好诗,较之舞歌祭歌真有天渊之别,不但在《周颂》中难得,即全部《诗经》中也是少有的了。

在《周颂》之后,若纯依时代的先后讲,我们应该紧接《二雅》。但为便于讨论起见,我们把晚出的《商颂》及《鲁颂》提前来,附于《周颂》之后。

商颂

我们读古诗,应该先注意作者及时代等问题。而《商颂》的时代问题尤其重要,从前治文学史的人大都为旧说所误,故不得不详细讨论一下。

《商颂》的时代旧有三说:

(1)《鲁语》云,"昔正考父校商之名《颂》十二篇于周太师,以《那》为首。其辑之乱曰，'自古在昔，先民有作，温恭朝夕，执事有恪。'"校字若依魏源作"审校音节"解，则《商颂》即正考父所作；若依王国维读为"效"而训"献"，则系正考父以前的作品。

（2）《史记·宋世家》云，"宋襄公之世修行仁义，欲为盟主。其大夫正考父美之，故追道契，汤，高宗，殷之所以兴，作《商颂》。"由此可知《商颂》作于宋襄公时（西历纪元前六五〇年顷）。

（3）《毛诗序》云，"微子至于戴公，其间礼乐废坏，有正考父者得《商颂》十二篇于周太师。"据此，则《商颂》为周太师所保管之先代乐章，时代当在周以前。

《毛诗序》之说信者最多，而谬误最甚。魏源曾列举十三证，兹录重要者二条于左：

（1）《商颂》果作于商代，如《笺》说《那》之祀成汤者为太甲，《烈祖》之祀中宗者为仲丁，《玄鸟》之祀高宗者为祖庚，则皆以子祭父，如成王之祀文武，何遽称之曰"自古"，古曰"在昔"，昔曰"先民"？而且一则曰"顾予蒸尝，汤孙之将"，再则曰"顾予蒸尝，汤孙之将"，岂非易世之后，人往风微，庶几先祖之眷顾而佑我孙子乎？（原文第五证。）

（2）楚入《春秋》，历隐桓庄闵止称荆，至僖二十二年始称楚，安得高宗即有伐楚之名？孔疏亦穷于词，故云，"周有天下，始封熊绎为楚子；于武丁之世，未审楚君何人！"（原文第八证。）

这两点均内证，故录之，余十一个旁证从略，（读者可参看他的《诗古微》），近来王国维在说《商颂》里又举两个内证：

（3）《殷武》之卒章曰，"陟彼景山，松柏丸丸。"毛郑于景山均无说。《鲁颂》则拟此章云，"徂徕之松，新甫之柏"，则自古以景山为山名，不当如《鄘风·定之方中》传"大山"之说也。案《左氏传》，"商汤有景亳之命"；《水经注·济水篇》，"黄沟枝流北径己氏县故城西，又北径景山东"：此山离汤所都之北亳不远，商丘蒙亳以北惟有此山。

《商颂》所咏,当即是矣。而商自盘庚至于帝乙居殷虚,纣居朝歌,皆在河北,则造高宗寝庙不得远伐河南景山之木。惟宋居商丘,距景山仅百数十里,又周围数百里内别无名山,则伐景山之木以造庙,于事为宜。

(4)卜辞称国都曰商,不曰殷,而《颂》则殷商错出。卜辞称汤曰太乙,而《颂》则曰汤,曰烈祖,曰武王。此名称之异也。其语句中亦多与周诗相袭。如《那》之"猗那"即《桧风·湿有苌楚》之"阿傩",《石鼓文》之"亚箬"也。《长发》之"昭假迟迟",即《云汉》之"昭假赢赢",《蒸民》之"昭假于下"也。《殷武》之"有截其所",即《常武》之"截彼淮浦,王师之所"也。又如《烈祖》之时"时靡有争"与《江汉》同;"约𫐐错衡,八鸾鸧鸧"与《采芑》同。凡所同者,皆宗周中叶以后之诗。

以上证明序说之误,故我们当在周代的范围以内定一个适宜的时代。若依王国维的意思,正考父是戴公时人,《史记》之说为误;戴公适当平王东迁之时,正考父献《商颂》很在情理之中,故《商颂》大约作于西历前七七〇年略前些。魏源则以为《商颂》与召陵攘楚有关系,正考父也许此时还在,《史记》之说不误;作《颂》后到周太师处校审音节,约当西历前六五〇年左右。我们以为这两说都不错。须知我们仅从《国语》《史记》等书去讨论辩驳,不会得到满意的结论的。万一这些记载的本身是无心的记错或有意的作伪,则如之何? 故我们须从《商颂》本文内研究:内证远胜于旁证。我们若细细的研究《商颂》的内容和文学技术,便知这五篇当分为两类:前三篇《那》《烈祖》《玄鸟》为一类,后二篇《长发》《殷武》又为一类。前一类的时代显然较前,不妨认为前七七〇年左右之诗;后一类似较晚出,大约是前六五〇年时诗。至于是否正考父在戴公时献前三篇,或在襄公时校审后二篇的音节,都是无关宏旨的;对于作者问题,不妨暂时阙疑着。

但是怎样可从《商颂》的内容和技术上断定它分为两类,并断定它们时代的先后呢？我们以为前人大都把《商颂》五篇混在一起，并不分开来逐一研究，实在是一个莫大的错误。现在我们依上文所说的分类去研究，把它们的内容和技术两两比较，而它们的时代也可连带明白了。

就内容方面说，我们若肯细细研究，便知前三篇为祭歌，后二篇为叙事诗：

（1）祭歌三篇。《那》、《烈祖》和《玄鸟》三篇是祭歌是很明显的。但究竟祭谁，却不能妄测。或说成汤，或说太甲，或说武丁，都无确据，我们不妨阙疑。《那》侧重祭时的音乐：

> 鞉鼓渊渊，
>
> 嘒嘒管声。
>
> 既和且平，
>
> 依我磬声。

《烈祖》侧重祭时的肴馔：

> 既载清酤，
>
> 赉我思成。
>
> 亦有和羹，
>
> 既戒既平。

《玄鸟》侧重受祭者的功业：

> 方命厥后，
>
> 奄有九有。
>
> 商之先后，
>
> 受命不殆。

篇末都带有祈祷的或祝颂的意思。

（2）叙事诗二篇。《长发》与《殷武》似无祭祀的意味，我们认为完全是叙事的诗。《长发》叙商民族渐渐兴起的历史。先说商的起源：

> 有娀方将，

> 帝立子生商。

次叙契及其孙相土时的强盛:

> 受小国是达,
> 受大国是达,
> 率履不越,
> 遂视既发。

最后叙汤之武功:

> 九有有截,
> 韦顾既伐,
> 昆吾夏桀。

《殷武》则叙宋从齐伐楚事:

> 挞彼殷武,
> 奋伐荆楚。……
> 有截其所,
> 汤孙之绪。

此事虽以齐桓为主,然宋桓得附骥尾,宋人以为很光荣的,故以诗记之。末章说及造庙,大约指襄公造桓公的庙,旧说造高宗庙是错的。

再就文学的技术方面而论,我们可以说前三篇近于《周颂》,后二篇近于《二雅》:

(1)《那》、《烈祖》及《玄鸟》。这三篇显然是模仿《周颂》的。各篇均二十二句,但都不分段。在三百篇中,除《周颂》三十一篇外,只有这三篇是如此的。而且在用韵方面,也是不成熟的,无条理的。

(2)《长发》及《殷武》。《二雅》中有许多是叙事的诗,如《生民》《公刘》《皇矣》《大明》《江汉》《常武》《六月》《采芑》之类。《商颂》中的后两篇与这几篇最相似。篇幅较前三篇为长,也不似前三篇之不分段。在用韵方面,也很有规则,大都每章一韵,而且句句有韵:这种格式在《二雅》中还是少有，在《风》与《南》里方渐渐多见。这都可证明这两篇较前三篇为进步。

这样两两比较研究，便知它们之间确有许多异点。一为祭歌，一为叙事诗。一仿《周颂》，一仿《二雅》。一不分章，一分章。一用韵不成熟，一用韵成熟。诸如此类，我们都该注意的。

鲁颂

《鲁颂》的作者和时代，今古文互异。薛君《韩诗章句》对于《閟宫》的末章说，"奚斯，鲁公子也。言其新庙奕奕然盛。是诗公子奚斯所作也。"奚斯与僖公同时。若依此说，则《鲁颂》当作于西历前六五〇年左右。《毛诗》的《駉序》却说，"僖公能遵伯禽之法，俭以足用，宽以爱民，务农重谷，牧于坰野。鲁人尊之，于是季孙行父请命于周，而史克作是《颂》。"史克卒于襄公六年，则《鲁颂》当作于前五七〇年顷（上距奚斯约八十年，下距孔丘之生约二十年）。

《韩诗》之说是根据诗中"奚斯所作"一句的。《毛诗》既认为史克所作，故对于这句认为指庙，实在是错的。段玉裁在《奚斯所作解》里说的好：

> 此章自"徂来之松"至"新庙奕奕"七句，言鲁修造之事。下"奚斯所作"三句，自陈奚斯作此《閟宫》一篇，其辞甚长且大，万民皆谓之顺也。作诗之举其名者：《小雅·节南山》曰，"家父作诵，以究王讻；式讹尔心，以畜万邦。"《巷伯》曰，"寺人孟子，作为此诗；凡百君子，敬而听之。"《大雅·崧高》曰，"吉甫作诵，其诗孔硕，其风肆好，以赠申伯。"《烝民》曰，"吉甫作诵，穆如清风；仲山甫永怀，以慰其心。"并此篇为五。云"奚斯所作"，即吉甫家父"作诵"之辞也；曰"孔曼且硕，万民是若"，即"其诗孔硕""以畜万邦"之意也。"所"字不上属，所作犹"作诵""作诗"之云；"作"为韵，故不曰"作诵""作诗"耳。

以下他又历举汉人言诗者为证，今从略。他的意思以为《閟宫》一定是奚

斯所作,而《駉》或为史克的作品。故说:

> "史克作是颂"系之"牧于坰野"之下,则"是"者是駉篇也。安见
> 可为四篇所共乎?

这并不是肤浅的调和说,我们不要忽视。我们若细读《鲁颂》,便知可分
为二类:《駉》与《有驶》为一类,《泮水》与《閟宫》又为一类。后一类的作者
自然是奚斯。前一类的出世显然较晚,不妨认为史克所作。

《泮水》《閟宫》二篇与《商颂》中《长发》《殷武》二篇,不但时代相近,而
且形式与内容也相差不远。《长发》《殷武》是模仿《二雅》的,《泮水》《閟
宫》亦然。这是因为召陵攘楚,鲁僖也在其内,与宋桓一样,故产生的作
品也相同。《閟宫》首述周民族渐渐兴起的历史:

> 赫赫姜嫄,……
> 是生后稷。……
> 奄有下国,
> 俾民稼穑。……
> 后稷之孙,
> 实惟大王,
> 居歧之阳,
> 实始翦商。

翦商成功了,于是封姬旦于鲁:

> 王曰:"叔父,
> 建尔元子,
> 俾侯于鲁。
> 大启尔宇,
> 为周室辅。"

下文说及"周公之孙,庄公之子",即指僖公而言。(因为庄公只有二子,
一为闵公,一即僖公;闵公在位仅二年,为庆父所弒;僖公在位共三十三

年,且有随齐伐楚之事,故知一定僖公。)自此以下皆颂祷之辞,所谓"戎狄是膺,荆舒是惩",与《商颂》"奋伐荆楚"同意,均指召陵之事而言。末叙作庙,未知何庙;若强指为姜嫄庙,殊属不必。(严粲说,"春秋不书,则知其非大工役;止为僖公能修寝庙,史臣张大其事而为颂祷之辞,犹《斯干》之意耳。")

至于《泮水》,乃叙僖公伐淮夷事,与《费誓》同。(旧说伯禽因"徐夷并兴,东郊不开,作《费誓》",完全是张冠李戴。近人已证《费誓》非西周文,所记乃鲁僖公时事。)诗中盛夸鲁侯的仪仗:

> 其旂茷茷,
>
> 鸾声哕哕。
>
> 无小无大,
>
> 从公于迈。

又夸淮夷如何悦服:

> 既克淮夷,
>
> 孔淑不逆。
>
> 式固尔犹,
>
> 淮夷卒获。

此因诗乃凯还后,于泮宫受俘而作。姚际恒说:

> 泮宫,宋戴仲培、明杨用修皆以为泮水之宫,非学宫,其说诚然。按《通典》,"鲁郡,泗水县,泮水出焉。"泮为水名可证。鲁侯新作宫于其上,其水有芹藻之属,故诗人作颂,因以芹藻为兴;谓既作泮宫而淮夷攸服,言其成宫之后,发祥而获吉也;故饮酒于是,献馘于是,献囚于是,献功于是。末章乃盼泮水之前有林,而林上有飞鸮集之,因托以比淮夷之献琛焉。通篇意旨如此。

这是不错的。

其余二篇——《驷》和《有駜》——的体裁与《国风》相似,显然在《泮水《閟宫》之后。《駉》似乎是一篇"马颂",《有駜》是一篇燕饮之诗而带颂祷之意的。通篇语句相似,每章只略换数字。例如《有駜》第一章:

> 有駜,有駜,
>
> 駜彼乘黄。
>
> 夙夜在公,
>
> 在公明明。
>
> 振振鹭,
>
> 鹭于下,
>
> 鼓咽咽,
>
> 醉言舞。
>
> 于胥乐兮!

第二章仅易"黄"为"牡",易"明明"为"饮酒",易"下"为"飞",易"舞"为"归"。又如《駉》第一章:

> 駉駉牡马,
>
> 在坰之野。
>
> 薄言駉者,
>
> 有骄,有皇,
>
> 有骊,有黄,
>
> 以车彭彭。
>
> 思无疆,
>
> 思马斯臧。

第二章仅易"骄骊""皇""骊""黄"为"骓""駓""骍""骐",易"彭彭"为"伾伾",易"疆"为"期",易"臧"为"才"。这种变易在意义上并无重要的关系,不过改换协韵的字,使这首诗有反复之美而无单调之弊。这是《二南》与十一《国风》的特点,而为《鲁颂》所窃取的。《颂》诗演进之迹,这是最后一步。

章三 二雅

二雅的时代

《诗经》大小《雅》合计约一百零五篇,始于成康之世,至东周初年而绝,以西周末年的诗为最多。每篇时代很难考,兹将可考知的几篇列后:

(1)《常棣》。《周语》引篇中"兄弟阋于墙,外御其侮"二句,说是"周文公之诗",故知作于成王时。《左传》僖公二十四年又以为召穆公所作,不知孰是。崔述以为穆公之说较胜(参看《丰镐考信录》),故定为宣王时诗。(约当西历纪元前八〇〇年左右。)

(2)《采薇》。说见下。

(3)《出车》。此篇及《采薇》均征猃狁之诗,字句又相似,大约是同时作的。《史记·匈奴列传》引篇中"出车彭彭……城彼朔方"为襄王时诗。但诗中说及南仲,《汉书人名表》列入厉王朝。二说不知孰是。然就《常武》"南仲大祖"一句看来,似以厉王之说较胜。(约当前八五〇年左右。)

(4)《六月》。《史记·匈奴列传》引篇中"薄伐猃狁,至于太原"二句为襄王时诗。但诗中说及吉甫与张仲,《汉书人名表》均列入宣王朝。然就《烝民》及《崧高》看来,吉甫与仲山甫及申伯同时。《史记·周本纪》说仲山甫是宣王时人,申伯又是宣王之舅,故宣王之说较胜。(约当前八〇〇年左右。)

(5)《采芑》。此篇叙方叔南征。《后汉书·南蛮传》说,"宣王中兴,乃命方叔伐蛮方",故知是宣王时诗。(约当前八〇〇年左右。)

(6)《车攻》。篇中说及甫与敖两地名,《郑笺》说是"郑地"。就"徂东"及"东有"的方向看来,此时似尚在丰镐。旧说认为宣王时诗,尚无大谬。(约当前八〇〇年左右?)

(7)《吉日》。诗中说及漆沮之水,可见亦在东迁以前所作,故不妨依旧说假定为宣王时诗。(约当前八〇〇年左右。)

(8)《节南山》。诗中说及大师尹氏,尹氏卒于鲁隐公三年,即平王五十一年。就"乱靡有定"等句看来,此诗大约作于平王初年。(约当前七七〇年左右。)

(9)《正月》。诗中有"赫赫宗周,褒姒灭之"之句,可知与《节南山》同时。(约当前七七〇年左右。)

(10)《十月之交》。从篇中所纪日食推之,可证此诗作于幽王六年。(前七七六年。)

(11)《雨无正》。篇中有"周宗既灭"及"谓尔迁于王都"之句,可知与《正月》同时。(约当前七七〇年左右。)

(12)《巷伯》。此诗为寺人孟子所作。《汉书人名表》列孟子于厉王朝,故知是厉王时诗。(约当前八五〇年左右。)

(13)《鱼藻》。篇中有"王在在镐"句,可见是西周之诗。(前十、九世纪。)

(14)《都人士》。方玉润云:"曰彼都,曰归周,明是东都人指西都矣。"(《诗经原始》)大约作于东迁之初。(约当前七七〇年左右。)

(15)《黍苗》。此诗叙召伯营谢之事,据《崧高》知在宣王时。(约当前八〇〇年左右。)

(16)《文王》。《吕氏春秋》引此诗,以为姬旦所作,在成王时,不知确否。(约当前一一〇〇年左右?)

(17)《大明》。此诗有武王之谥,故知作于成王时或成王以后。(前十一、十世纪。)

(18)《下武》。此诗言"三后",且有成王之谥,大约作于康王时。(约当前一〇七〇年左右。)

(19)《文王有声》。此诗有武王之谥,故知作于成王时或成王以后。(前十一、十世纪。)

(20)《抑》。《楚语》云,"昔卫武公年数九十五矣,犹箴儆于国曰,'自卿以下至于师长士,苟在朝者,无谓我老耄而舍我,必恭恪于朝,朝夕以交戒我。闻一二之言,必诵志而纳之,以训导我。'在舆有旅贲之规,位宁有官师之典,倚几有诵训之谏,居寝有亵御之箴,临事有瞽史之道,宴居有师工之诵,史不失书,矇不失诵,以训御之,于是作懿戒以自儆。及其没也,谓之睿圣武公。"韦昭曰,"懿读为抑。"此可证此诗作于宣王时。(约当前八〇〇年左右。)

(21)《桑柔》。《左传》文公元年秦穆公引此诗为芮良夫作。《汉书人名表》列于厉王朝,故知是厉王时诗。(约当前八五〇年左右。)

(22)《崧高》。此诗叙召伯定申伯之宅之事,为尹吉甫所作,故知系宣王时诗。(约当前八〇〇年左右。)

(23)《烝民》。此系尹吉甫赞伯山甫之诗,故知作于宣王时。(约当前八〇〇年左右。)

(24)《韩奕》。韩姞为汾王甥(汾王即厉王),《汉书人名表》又列蹶父于宣王朝,故知系宣王时诗。(约当前八〇〇年左右。)

(25)《江汉》。此诗叙召虎征淮夷之事,故知作于宣王时。(约当前八〇〇年左右。)

(26)《常武》。诗中说及程伯休父,《汉书人名表》列入宣王朝。又有皇父,即《十月之交》中的皇父,《汉书人名表》列于幽王朝。崔述说宣王时亦有皇父,则以宣王时作为妥。(约当前八〇〇年左右。)

(27)《瞻卬》。诗中有"哲妇倾城"句,大约指褒姒,与《正月》同时。(约当前七七〇年左右。)

以上各篇的时代是可以考知的,约占全体十分之三弱。其余便无从知道。

《二雅》中既有过半数的时代不可考,我们便不得不分类来研究。《二雅》包含大雅与小雅两部分,这便是最妥当的分类。近来常常有人鄙弃《诗经》中原有的类别,以为杂乱无章;其实它们本不以内容作标准,它们是拿音乐来分的。《乐记》引师乙的话:

> 广大而静,疏达而信者,宜歌《大雅》。恭俭而好礼者,宜歌《小雅》。

《左传》记季札观乐,对于《小雅》说:

美哉！思而不贰,怨而不言。

对于《大雅》却说:

广哉,熙熙乎！曲而有直体。

这都可证明大小《雅》音节之互异。崔述说过:

西周盛时,方尚《大雅》,故《风》与《小雅》皆不甚流传。

这又可见大小《雅》在时代上还有前后的不同。因此,我们应用原有的大小之分,并且先述《大雅》,次述《小雅》。

大雅

《大雅》时代的较早,我们可以从它的内容和技术上看出。这三十一篇中,关于祝颂赞美的,或祭祀燕饮的诗,占过半数。这与《周颂》的内容相近,大约同是"西周盛时"之作。它们的篇幅虽较《周颂》为长,用韵较《周颂》整齐,然而在技术方面仍很拙劣。它们祝颂的话是抽象的,浮泛的,没有内容的。它们燕饮的诗是形式的,不生动的,没有恳挚的表情的。我们若拿《小雅》中的《常棣》《斯干》等篇来同《大雅》中的《棫朴》《行苇》等篇比较一下,便可明了西周诗坛上渐渐进化的历程了。

这些诗虽拙劣,在体裁上却有一个特点。我们举《文王》与《既醉》二篇为例。它们前章之末句常与后章之首句相同。例如《文王》:

(1) 二章末云"不显亦世",三章首云"世之不显"。

(2) 三章末云"文王以宁",四章首云"穆穆文王"。

(3) 四章末云"侯于周服",五章首云"侯服于周"。

(4) 五章末云"无念尔祖",六章首句全同。

(5) 六章末云"骏命不易",七章首云"命之不易"。

又如《既醉》:

(1) 二章末云"介尔昭明",三章首云"昭明有融"。

(2) 三章末云"公尸嘉告",四章首云"其告维何"。

（3）四章末云"摄以威仪"，五章首云"威仪孔时"。

（4）五章末云"永锡尔类"，六章首云"其类维何"。

（5）六章末云"永锡祚胤"，七章首云"其胤维何"。

（6）七章末云"景命有仆"，八章首云"其仆维何"。

它们不但前章与后章有复句，即一章之中也有此例。例如《文王》：

（1）二章四句云"侯文王孙子"，五句全同，只少一侯字。

（2）三章四句云"生此王国"，五句云"王国克生"。

（3）四章四句云"有商孙子"，五句云"商之孙子"。

（4）五章四句云"祼将于京"，五句云"厥作祼将"。

（5）七章四句云"有虞殷自天"，五句云"上天之载"。

又如《既醉》：

（1）三章二句云"高朗令终"，三句云"令终有俶"。

（2）五章二句云"君子有孝子"，三句云"孝子不匮"。

（3）八章二句云"釐尔女士"，三句全同。

这一种体裁在后代影响很大，最著名的如曹植的《赠白马王彪》诗及六朝乐府的《西洲曲》等。此外如王勃的乐府诗及黄庭坚的词；也常用此体。这一点是我们所不能忽视的。

《大雅》中较进步的是叙事的和讽刺的几篇。关于叙事的诗，我们在后文另外提出研究。如今且讨论讽刺的诗。依我们推想，这些诗的作者一定受过教育的。因为周室在夷厉以后，便渐渐的衰落下来，朝政废弛，戎狄交侵，有识之士早知覆亡之有日，故作这几篇诗。它们的唯一的特点便是结构的谨严。例如《桑柔》为三百篇中最长之诗，而次序并不紊乱。它先述当时民瘼国频的情形，次叹自己生不逢辰，次述自己的忠告，次论"惠君"与"不顺"之别，次论"圣人"与"愚人"之别，次论"良人"与"忍心"之别，末述致乱之由与作诗之意。这样步伐整齐、组织完密的作品，在三百篇中实不多觏。

这些诗大都是对着卑劣的执政者发的，故其流弊是由讥刺而偏于教训方面，而格言式的诗句便很多。例如：

先民有言,

询于刍荛。(《板》)

靡不有初,

鲜克有终。(《荡》)

虽无老成人,

尚有典型。(《同上》)

殷鉴不远,

在夏后之世。(《同上》)

夙兴夜寐,

洒扫庭内。(《抑》)

白圭之玷,

尚可磨也;

斯言之玷,

不可为也。(《同上》)

哲夫成城,

哲妇倾城。(《瞻卬》)

这些诗句,后人引用最多,但在文学的作品中究竟算是一个小疵。总之,《大雅》中实无第一流的作品。

小雅

上述《大雅》三十一篇大约全是西周之诗,《小雅》则并有东迁以后的作品。就技术方面说,《小雅》远胜于《大雅》。后胜于前,本是文学上的通例。现在就内容与《大雅》相同的几篇来比较其优劣。我们先研究祭祀的诗。例如《楚茨》说:

济济跄跄,

絜尔牛羊,

以往烝尝;

> 或剥或亨，
>
> 或肆或将，
>
> 祝祭于祊。

试问《周颂》《大雅》里哪一篇祭歌有这样生动的描写？又如《甫田》说：

> 曾孙来止，
>
> 以其妇子，
>
> 馌彼南亩，
>
> 田畯至喜，
>
> 攘其左右，
>
> 尝其旨否。

这虽与《七月》雷同，但加了末二句，便把农家的情景写得惟妙惟肖。此外如《信南山》的——

> 上天同云，
>
> 雨雪雰雰，
>
> 益之以霢霂，
>
> 既优既渥，
>
> 既霑既足，
>
> 生我百谷。

这几句表现农人踌躇满志的神情，在《雅》《颂》中也是很难得的。但最可注意的是《大田》几句：

> 彼有不穫穉，
>
> 此有不敛穧，
>
> 彼有遗秉，
>
> 此有滞穗——
>
> 伊寡妇之利。

这几句非目睹其情形者,不能知其妙。现代农村尚留此风。每逢收麦或大米时,不穫穉与不敛穧的非常多,田间便有无数的遗秉与滞穗,这真是寡妇之利了。他们的收入也颇可观,虽田主时常要干涉。

其次,我们研究燕饮的诗。我们应当注意篇中表示情谊的地方。徐常吉说,"丰以燕宾者,《鱼丽》是也;《易·鼎》之《彖传》曰,'大烹以养圣贤。'薄以燕宾者,《瓠叶》是也;《易·损》之《彖》曰,'二簋可用享。'"丰薄虽异,而情谊则一。我们随便举几个例:

> 脊令在原;
>
> 兄弟急难;
>
> 每有良朋,
>
> 况也永叹!(《常棣》)
>
> 既有肥羜,
>
> 以速诸父;
>
> 宁适不来,
>
> 微我弗顾?(《伐木》)
>
> 湛湛露斯,
>
> 匪阳不晞。
>
> 厌厌夜饮,
>
> 不醉无归。(《湛露》)
>
> 如彼雨雪,
>
> 先集维霰。
>
> 死丧无日,
>
> 无几相见;
>
> 乐酒今夕,
>
> 君子维宴。(《頍弁》)

《大雅》中燕饮诗之所以不佳,是因为浮泛的祝颂语太多。上列数篇却能表现出真性情来,《頍弁》尤觉沉痛,使我们读了也不觉有慨于中。

（还有一篇《宾之初筵》是描写饮酒的诗，为古代白描诗中第一佳作。它写宾客喝醉的丑态——初仅迁坐，再醉便乱笾豆，醉极便连冠弁都不整——一层深一层，使读者读了好像目睹一般，真是难得。）

再次，我们研究祝颂的诗。《小雅》中这一类诗的进步之点，我们可分两方面说：

（1）比喻的应用。我们祝颂一个人，尽说好是不够的；若用几个比喻来烘托，便更生动了。例如《天保》说：

> 如山，如阜，
> 如冈，如陵，
> 如川之方至，
> 以莫不增。……
> 如月之恒，
> 如日之升，
> 如南山之寿，
> 不骞不崩，
> 如松柏之茂，
> 无不尔或承。

此外如《斯干》的"如竹苞矣，如松茂矣"也如此。《大雅》中惟《卷阿》《棫朴》拿凤凰云汉来喻周王，别篇便没有了。

（2）琐屑的描写。赞美只用浮泛的词句也是不够的，最好是加叙些富有文学意味的琐碎情节。

例如《斯干》末段说：

> 下莞上簟，
> 乃安斯寝，
> 乃寝乃兴，
> 乃占我梦。
> 吉梦维何？

维熊,维罴,

维虺,维蛇。

大人占之:

维熊,维罴,

男子之祥;

维虺,维蛇,

女子之祥。

乃生男子,

载寝之床,

载衣之裳,

载弄之璋。

其泣喤喤,

朱芾斯皇,

室家君王。

乃生女子,

载寝之地,

载衣之裼,

载弄之瓦。

无非无仪,

唯酒食是议,

无父母诒罹。

《斯干》本是房屋落成的祝词,所以末段祝多男多女。但作者托之梦占,便觉别有风致。这一种作品,不但《大雅》中没有,即《小雅》中亦不多见。

这两种写法的意义,是在使祝颂赞美的语句说得更具体些,使读者读了所得的印象能够更深刻些。

最后,我们研究讽刺的诗。我们在上文曾说,《大雅》中讽刺诗的优

点是组织完密,缺点是教训气味太重。《小雅》中讽刺诗的优点却是表情的沉痛,缺点是没有含蓄。例如:

> 不吊昊天,
> 乱靡有定。……
> 我瞻四方,
> 蹙蹙靡所骋。(《节南山》)
> 骄人好好,
> 劳人草草。
> 苍天!苍天!
> 视彼骄人!
> 矜此劳人!(《巷伯》)

司马迁说,"人穷则反本,故劳苦倦极,未尝不呼天也。"这一句可说是上两段的注脚。但最可注意的是《北山》末段:

> 或燕燕居息,
> 或尽瘁事国,
> 或息偃在床,
> 或不已于行,
> 或不知叫号,
> 或惨惨劬劳,
> 或栖迟偃仰,
> 或王事鞅掌,
> 或湛乐饮酒,
> 或惨惨畏咎,
> 或出入风议,
> 或靡事不为。

这里接连用十二个或字,来讥讽不均之事,再痛快没有的了。这种体裁,后人竟不敢应用。只有六朝时无谶译《佛所行赞》第三段描写波旬魔王的魔军时曾用了三十余个或字。韩愈《南山诗》也试用过,但与《北山》相较,终觉逊色。其表情之所以格外深刻,全因作者在乱世所遭受者格外酷烈。但因此不免流于直率,没有含蓄。例如《巷伯》的几句:

取彼谮人,

投畀豺虎;

豺虎不食,

投畀有北;

有北不受,

投畀有昊。

胡适称这一段为"深入而浅出",我们却以为浅出则有之,深入则未必;因为作者不过要说谮人为禽兽夷狄所不受,言尽而意亦尽,并非另有深长的用意。

我们在上文曾就《小雅》中祭祀燕饮祝颂的诗来说明它较《大雅》为进步。这是因为时代有先后,故技术有优劣。至于《二雅》中讽刺的几篇却同为厉幽时的作品,故各有优点与缺点,不能任意轩轾于其间。但另有一种诗,为《大雅》所无,为《小雅》所独有的,便是《杕杜》《谷风》一类抒情的诗。这一类的诗,是《二雅》一百零五篇中最值得我们研究的诗。

《小雅》中的抒情诗可分为政治的与非政治的两种。与政治有关系的几篇,其动机和讽刺诗相似;不过讽刺诗是重在别人,抒情诗是重在自己。它们有一种特点是借景色来表情。例如:

有豕白蹢,

烝涉波矣;

月离于毕,

俾滂沱矣。(《渐渐之石》)

牂羊坟首,

三星在罶;

人可以食,

> 鲜可以饱。(《苕之华》)

这几句不加解释是不易明了的。方玉润说,"月离毕而大雨滂沱,虽负涂曳泥之豕亦烝然涉波而逝,则人民之被水灾而几为鱼鳖者可知。"朱熹说,"牂羊,牝羊也;坟大也,羊瘠则首大也。罶,笱也,罶中无鱼而水静,但见三星之光而已。言饥馑之余,百物凋耗如此;苟且得食足矣,岂可望其饱哉?"这是藉以描写自己东征之苦或说明自己"不如无生"的感想的。又如《采薇》中的几句:

> 昔我往矣,
>
> 杨柳依依;
>
> 今我来思,
>
> 雨雪霏霏。

这可与《出车》第四章及《小明》第二三章对看。后来曹植的《朔风》也模仿过。这几句的价值,《世说新语》卷二里有一段故事可以证明:

> 谢公因子弟集聚,问《毛诗》何句最佳。遏称曰,"'昔我往矣,……'"公曰,"'讦谟定命,远犹辰告。'"谓"此句偏有雅人深致"。(谢公指安石,遏为玄小字。)

这里安石所言自是宰相口吻,但我们却表同情于谢玄;所谓"雅人深致",当然在彼不在此。

非政治的抒情诗,我们以为应该注意它们表现爱与不爱的地方。其中有表现父母与子女之爱的,如《蓼莪》说:

> 父兮生我,
>
> 母兮鞠我,
>
> 拊我,畜我,
>
> 长我,育我,
>
> 顾我,复我,
>
> 出入腹我。

> 欲报之德，
>
> 昊天罔极！

又有表现男女的爱的，如《隰桑》说：

> 心乎，爱矣！
>
> 遐不谓矣？
>
> 中心藏之，
>
> 何日忘之！

《蓼莪》表情之沉挚，王裒的故事可以看出。司马昭既斩王仪，"子裒痛父非命，隐居教授，⋯⋯读诗至此，三复流涕"，门人为废《蓼莪》一篇。《隰桑》的几句，朱熹拿来比《楚辞》"思公子兮未敢言"一句，并说，"爱之根于中者深，故发之迟而存之久也"。这是很不错的。此外有描写夫妇的"不爱"的，如《我行其野》说：

> 不念旧姻，
>
> 求尔新特；
>
> 成不以富，
>
> 亦祇以异。

又有描写朋友的"不爱"的，如《谷风》说：

> 将恐将惧，
>
> 寘予于怀；
>
> 将安将乐，
>
> 弃予如遗。

这一类的表情与前一类（表爱的）是同样的深刻。这些抒情诗的体格渐渐与《风》接近，可证《风》起后《雅》受其影响而变化，也可证抒情诗为《雅》中晚出之诗，故技术最成功。

周的史诗

大小《雅》的内容和技术略如上述。其中值得我们提出来特别研究的,便是我们理想中的"周的史诗"。当西历前十二世纪时,商民族衰象已见,同时西北方的周民族却渐渐兴起,很有取而代之之势。到前十二世纪的末年,实行灭商,历文武成康之盛,到前十世纪以后,也渐渐衰落下来。在前十世纪的末年,宣王号称中兴;但他的儿子太不争气,故到他孙子的时候便被迫迁都了。我们在上文说过,"雅"是周民族特有的音乐,故这些盛衰之迹都保存在大小《雅》里。我们若把《生民》《公刘》《绵》《皇矣》《大明》《出车》《采芑》《江汉》《六月》《常武》等十篇合起来,可得一个大规模的"周的史诗"。如今先把这十篇内容略述于下:

(1)《生民》。这是一篇很生动的后稷传。他是周民族的始祖,故"周的史诗"当从他叙起。他的母亲姜嫄履上帝之迹而孕,便很平安的诞生后稷。起初弃之隘巷平林之地,居然有牛羊乳他,鸟翼护他,遂得长成。幼时即喜农事,成绩甚佳。后来家于有邰,开周民族之基础。

(2)《公刘》。这是一篇公刘传。依旧说,后稷生不窋,不窋生鞠陶,鞠陶生公刘,故公刘为后稷的曾孙。此诗叙他迁都之事。他带了部属,携了辎重,经过胥原、百泉等处,卜居于豳(今陕西邠县)。他规定种种制度,励精图治,四方人民之向往者日众,版图也渐渐扩张到皇过、芮水之间了。

(3)《绵》。这是一篇公亶父传。公亶父即太王,为公刘十世孙,为文王的祖父。自公刘到太王的十世间,周民族似乎有中衰之象,故太王可算一个中兴人物。他从沮水漆水(即公刘所居的豳)迁到岐山之下(今陕西凤翔),豳人跟了他走的很多。他置百官,建宫殿宗庙,尤其注重农事。末段叙他征服混夷之事,也连带说及文王。

(4)《皇矣》。这是一篇文王传,也连带说及太伯王季之事。自太王中兴以后,儿子们都能继续发扬光大,到孙子文王时更加兴盛。诗中说文王受上帝之命,征伐密人,因为他侵犯阮共二部落。后来又战胜了崇人,四方归附者更多了。

(5)《大明》。这是一篇武王传,也说及他的父母及祖父母。王季与大任结婚,便生文王。文王与大姒结婚,便生武王。武王受上帝之命,讨伐商纣,兵士既多且精,又有尚父一般名将为佐,所以终于灭商而代之。

(6)《出车》。此诗叙厉王时南仲伐玁狁之事。武王八传到厉王,周民族衰象已见,厉王自己也不是一个贤明之主,所以我们疑心伐玁狁是共和时事。南仲先筑朔方之城,终于征服玁狁,并且平定西戎。

(7)《采芑》。此诗叙宣王时方叔伐蛮荆之事。方叔是一个很有谋画的大将,带着三十万兵士,征伐荆州一带的蛮民;那时北方的玁狁已经平服,故南方的蛮民也震于其威而畏服了。

(8)《江汉》。此诗叙宣王命召虎征淮夷之事。召虎是召奭之裔,故宣王勉他"召公是似"。果然他出师便告成功,不但平定淮夷,并且江汉一带也都归顺;即命召虎治其疆界,至于南海而止。末段记王与召虎谈话颇详细。

(9)《六月》。此诗叙宣王命尹吉甫征玁狁之事。玁狁在共和时已平定,至是又反覆,故吉甫率师出征,时在六月。玁狁此时似乎很厉害,已经深入内地,到了焦、获、镐(千里之镐非周都)、方、泾阳等地,已迫近丰镐了。但尹吉甫能文能武,故终于凯还而归。

(10)《常武》。此诗叙宣王命皇父征淮徐之事。时淮北徐州之夷有不臣之心,故率大军以征之;徐方震于天子之威,终于平定了。

这十篇所记大都周室大事;东迁以前的史迹大都备具了。此外还有几篇不很重要的叙事诗,如《车攻》记宣王(?)田猎,《崧高》记申伯入谢,我们也无须一一说明。

我们常常怪古代无伟大史诗,与他国诗歌发达情形不同。但我们若肯自己安慰自己,作"聊胜于无"之想,则上列十篇便是很重要的作品。说也奇怪,我们要想在这十篇以外另找一篇记载周代大事的诗,再也找不着了。这样整齐的篇数(十),使我们疑心原作者是有意组织一个大规模的"周的史诗"的,不过被不解事的人所拆散罢了。我们再注意十篇中所叙事实的取弃，觉得它不是偶然的。后稷是始祖，公刘是始迁于豳的人，故不能不叙。公刘以后中衰了，便没有了。公亶父中兴，迁居岐下，文王武王翦灭殷商，故都有详细的记载。成康以后渐渐衰落，便没有记载。共和以后又有中兴的气象，故对于当时南征北伐也叙述的很详细。它所选的材料都是为周室增光荣的事迹，故轰动一时的管蔡之乱便弃去了。如果我们的推测不是完全错误，如果原作者确有组织"史诗"之意，则这位无名大诗人大约产生于西周末年，这篇极可注意的周的史诗大约是西历前九世纪的作品。

这篇假定的周的史诗，合计约六百句弱，还不满二千五百字。与世界上著名的史诗比起来，真是瞠乎其后。在文学的技术方面，有两种重要的缺点：

（1）缺乏想象力。我们若用史诗的标准来观察这十篇，便觉得作者缺乏想象的能力。换句话说，便是嫌他叙述描写的太简单。即以已译成中文的《佛本行经》及《佛所行赞经》来看，原作者想象力的伟大真使我们骇异了。它描写佛之出世，费五百余句，二千余言（《佛本行经》第一）。它描写波旬魔王的魔军，连用三十多个"或"字（《佛所行赞经》第三）。我们再回看这十篇：它叙述殷周的大战只十余句（《大明》末二章），叙述伐狒狁两次合起来还不过三十句（《出车》第三章及《六月》三、四、五章）。其他写公刘迁豳及大王迁岐，也只能使我们略知其情形，而不能表现一幅生动的画图，不能使我们对于主人公生敬仰之心；换句话说，即是不能把古英雄的人格的全体，充分的刻画出来。后稷、公刘、公亶父——他们与廿四史本纪里的人物差不多，不能使我们感到他们的伟大。为什么？是因为诗人说的太简单。为什么简单？是因为诗人没有伟大的想象力。

（2）缺乏组织力。我们若用史诗的标准来观察这十篇，便觉得作者缺乏组织的能力。他选择材料是有意的，但若连合观之，便觉与《儒林外史》一样，接写下去可长至无穷尽，若停止却随时都可以。或者有人说，作者原无连合之意，每篇自为起讫。但即就一篇言，叙述也有很杂乱的。例如《大明》，我们读了好像是一篇诗的前半截，好像没有完似的。我们若拿来同《桑柔》《正月》等篇比较一下,便知这位诗人的组织力实远不如他同时作讽刺诗的诗人了。

这两种缺点可说是中国诗人普遍的缺点。中国不能产生长篇杰作,便是为此。三千年无数作家中,惟有楚民族的诗人比较能免这讥评。我们想若是一个兼有《离骚》的想象力及《招魂》的组织力的诗人,来驾驭《生民》等十篇的材料,则古代伟大的史诗庶几乎产生了。

以上所说,只是责备贤者之意。我们若把眼光略放低些,则这十篇中也自有好诗。例如《生民》描写后稷幼时道:

> 诞置之寒冰,
> 鸟覆翼之。
> 鸟乃去矣,
> 后稷呱矣。
> 实覃实訏,
> 厥声载路,
> 诞实匍匐,
> 克岐克嶷。

这几句总算能把古英雄的幼年烘托出来,使我们认识他未来的伟大。又如《常武》说:

> 赫赫业业,
> 有严天子。……
> 如雷如霆,
> 徐方震惊。
> 王奋厥武,
> 如震如怒。……
> 截彼淮浦,
> 王师之所。

这几句总算能把天子亲征的庄严威武描写出来。虽是诗人笔下的夸大语,但尚能使我们想象当时周室天子的气概。所以在《大雅》中,这几篇的位置是很高的;在《小雅》中,它们较之其他的诗也不必多让;在古代诗史里,它们是极可注意的;在中国文学史上,总之,它们是开一新局面的。

章四　十一国风

国风的时代

今本《诗经》的国风共十五国。但《二南》是独立的,不能附属于《风》,于是"十五风"缩为"十三风"(崔述《读风偶识》即如此标题)。自从王国维创邶鄘二风有目无诗之说,于是"十三风"再缩为"十一风"。光绪十六年,直隶涞水的张家洼发现北伯的彝器数种。王国维作《北伯鼎跋》(《观堂集林》卷十五)说:

> 北盖古之邶国也。自来说邶国者,虽以为在殷之北,然皆于朝歌左右求之。今则殷之故虚得于洹水,大且大父大兄三戈出于清苑,则邶之故地自不得不更于其北求之。余谓邶即燕,鄘即鲁也。邶之为燕,可以北伯诸器出土之地证也。邶既远在殷北,则鄘亦不当求之殷境内。余谓"鄘"与"奄"声相近。……奄地在鲁。……而太师采诗之目尚仍其故名,谓之邶鄘。然皆有目无诗。季札观鲁乐,为之歌邶鄘卫,时犹未分为三。后人以卫诗独多,遂分隶之于邶鄘。

这个结论是很可靠的。后人因邶鄘二风多叙卫事,便说邶鄘为卫的属国。果如此说,则《魏风》为何不叙晋事,《桧风》为何不叙郑事? 现在我们知道邶鄘二风已亡,应该把冒名的仍旧回到卫风,故《国风》现存者仅十一国。

这十一《国风》在今本《诗经》中的次序是:卫,王,郑,齐,魏,唐,秦,陈,桧,曹,豳。这次序是错的,我们当改依时代的先后。最早的是豳风,可考者一篇:

(1)《破斧》。此篇有"周公东征"之句,虽不能确定哪一年,总可说是较早的作品。(约当西历前十世纪。)

次为《桧风》:

(2)《羔裘》。

(3)《素冠》。

(4)《隰有苌楚》。

(5)《匪风》。《史记》谓桧灭于西周之末,《韩非子》及《说苑》皆叙郑桓公伐桧之事,可证这四篇均为西周之诗。(约当前八〇〇年以前。)

次为《秦风》,可考者三篇:

(6)《小戎》。魏源云,"《小戎》自是秦仲子庄公以兵七千破西戎,故有兵车甲胄'在其板屋'之语;且复其先世大骆犬邱地并有之,居其故西犬邱,故有'温其在邑'之语。"(约当前八〇〇年左右。)

(7)《终南》。《史记·秦本纪》云,"文公十六年以兵伐戎,戎败走,遂收周余民有之,地至岐,岐以东献之周。"此篇说及终南山,当在此时以后。(约当前七五〇年左右。)

(8)《黄鸟》。《左传》文公六年云,"秦伯任好卒,以子车氏之三子——奄息,仲行,针虎——为殉,皆秦之良也。国人哀之,为之赋《黄鸟》。"(前六二一年。)

次为《王风》,可考者一篇:

(9)《扬之水》。崔述云,"余按申与甫许皆楚北出之冲,而申依山据险,尤为要地。……平王之世,楚益强而申益弱,不能自固,故发王师以戍之耳。"(约当前七五〇年左右。)

次为《卫风》,可考者九篇:

(10)《击鼓》。姚际恒说,"按此乃卫穆公背清丘之盟,救陈为宋所伐,平陈宋之难,数兴军旅,其下怨之,而作此诗也。"(约当前六〇〇年左右。)

(11)《泉水》。魏源认为这篇与《竹竿》同为许穆夫人所作,后文论《卫风》时当详述之。(前六六〇年。)

（12）《定之方中》。卫亡后，文公复国于楚邱，"元年革车三十乘，季年乃三百乘"（《左传》）。此篇即述此事。（约在前六五〇年左右。）

（13）《载驰》。《左传》闵公二年云，"狄入卫，……许穆夫人赋《载驰》。"（前六六〇年。）

（14）《淇奥》。《左传》闵公二年云，"狄入卫，……宋桓公逆之河，宵济卫之遗民。"此篇说及淇水，可证作于卫未渡河时。（前六六〇年以前。）

（15）《硕人》。《左传》云，"庄姜美而无子，卫人所为赋《硕人》也。"崔述云，"玩诗词，乃其初至时作。"（约当前七五〇年左右。）

（16）《氓》。此篇说及淇水，与《淇奥》同时。

（17）《竹竿》。此篇与《泉水》同时，详前。

（18）《有狐》。此篇说及淇水，与《淇奥》同时。

次为《唐风》，可考者一篇：

（19）《扬之水》。此篇也许咏晋昭侯封季弟成师于曲沃，渐成尾大不掉之势。（前七四五年？）

次为《齐风》，可考者三篇：

（20）《南山》。

（21）《敝笱》。

（22）《载驱》。以上三篇或系记文姜归鲁之事，时厘公二十二年。（前七〇九年？）

次为《魏风》：

（23）《葛屦》。

（24）《汾沮洳》。

（25）《园有桃》。

（26）《陟岵》。

（27）《十亩之间》。

（28）《伐檀》。

（29）《硕鼠》。魏亡于晋献公十六年，可证这七篇均周惠王以前之诗。(在前六六二年以前。)

次为《郑风》,可考者一篇:

(30)《清人》。《左传》闵公二年云,"郑人恶高克,使帅师次于河上,久而弗召,师溃而归,高克奔陈。郑人为之赋《清人》。"(前六六〇年。)

次为《曹风》,可考者一篇:

(31)《候人》。方玉润以为本篇所谓"三百赤芾",即《左传》僖公二十八年所谓"不用僖负羁而乘轩者三百"及《晋世家》所谓"美女乘轩者三百人",盖指曹共公。(约当前六四〇年左右。)

最后为《陈风》,可考者一篇:

(32)《株林》。《左传》宣公九年云,"陈灵公与孔宁仪行父通于夏姬,皆衷其衵服以戏于朝。"又十年云,"陈灵公与孔宁仪行父饮于夏氏。……征舒病之。公出自其厩,射而杀之。"(在前六〇〇年。)

由此可知十一国风可分为五期:《豳》《桧》全系西周之诗为第一期;《秦风》为东西周之交之诗为第二期;《王》《卫》《唐》为东周初年之诗为第三期;《齐》《魏》为春秋初年之诗为第四期;《郑》《曹》《陈》为春秋中年之诗为第五期。这是比较合理的次序,是文学史家应该遵守的次序。

现在我们即依此次序来分国研究。

豳风

《豳风》七篇诗,可说二千余年来没有一个人真能了解。最大的原因,就是他们误认与姬旦有关系。清代善说诗者如崔姚龚方辈,无一能免。其实七篇中与姬旦有关系的,只《破斧》一篇,其历史的本事也许为管蔡之叛,其余便不相干。《金縢》已经近人证为伪作,且所说姬旦作《鸱鸮》贻成王本是一派鬼话,何能据为信史?我们应该知道《国风》的标题是地理的,不过表示此篇产于某地罢了。所谓"豳风",即是产生于陕西的诗歌,并不一定是西周王室之作。

譬如《鸱鸮》,乃是一首绝妙的禽言诗。我们若拿来与汉《相和曲·乌生》一篇作比较研究,便更易了解。《乌生》说:

嗟我！一丸即发中乌身，
乌死魂魄飞扬上天。
阿母生乌子时，
乃在南山岩石间。
嗟我！人民安知乌子处？
蹊径窈窕安从通？

这是假托乌子中弹之词。《鸱鸮》说：

"鸱鸮！鸱鸮！"
既取我子，
无毁我室！……
今女下民，
或敢侮予？……
予口卒瘏，
曰予未有室家。

这也是假托受损后的口吻。若说是姬旦贻成王，岂非牛头不对马嘴？这样不但误解诗意，并且埋没了它的价值。我们借汉乐府作对照，便把这诗的意义和价值都表现出来了。

又如《东山》，是一首很好的"别赋"。玩其语气，似是丈夫出门三年不归，其妇思念颇切，及归而妇死，续娶时不觉有慨于中，故作此诗。前三章全写离别之情。例如：

我徂东山，
滔滔不归。……
我东曰归，
我心西悲。……
不可畏也！
伊可怀也！……
鹳鸣于垤，

　　妇叹于室。……
　　自我不见，
　　于今三年。

　　其中描写归路的景色，也都带着悲感，与别情相调和。末章述新婚，但终不能忘旧。请问这与周公征管蔡有何关系？"勿士行枚"一句，朱熹也说"未详其义"，不得遽认为"衔枚"之枚。至于说"东山"为周公所征之地，更是胡说。这种"胡说"都有汩没诗的真价值的危险。

　　《豳风》中的杰作，要推《七月》。《七月》是描写农家生活的。我们知道周民族是务农的民族，豳又是他们的发祥地，故这诗也带着农业的地方色彩。第一二章是写春天的，严冬过了便开始到田里工作，女的采桑养蚕。第三四五六章是描写夏秋的，蚕丝可穿，瓜果可吃，同时也叙述各种景物。第七八章描写冬天，大家修理房屋，预备过年，吃肉喝酒，其乐无疆。这一首是《国风》中最长的诗，体裁近雅。这种长篇的描写最易呆板，《七月》却仍很生动。第一，因为加了许多抒情的分子，如：

　　春日迟迟，
　　采蘩祁祁。
　　女心伤悲，
　　殆及公子同归。

　　第二，因为描写琐屑的景物，如：

　　五月斯螽动股，
　　六月莎鸡震羽，
　　七月在野，
　　八月在宇，
　　九月在户，
　　十月蟋蟀入我床下。

　　我们只看句首的数目字，似乎太规则，然而下半句却有"震""动"

"人"等字,还有三个"在"字,这几句诗便也"震动"起来。序说此诗为姬旦所作,我们却不敢相信。依常理推测起来,这位作者大约是西周中叶一个无名氏,也许是一个受过文艺训练的农家子。

桧风

《桧风》与《豳风》同为西周之《风》。它是河南中部的一个小国,仅存诗四篇,并无重要的特点表现出来。但有一篇《素冠》,前人误解的太可笑了,我们不能不特别说一说。

《毛序》云,"《素冠》,刺不能三年也。"自此以后,诗中"棘人"二字竟成了"孝子"的特别名称。这个误会大约是从"素冠""素衣""素韠"上生出来的。方玉润说:

> 殊知素冠古人常服。《孟子》,"许子素冠。"又皮弁尊贵所服,亦白色也。素衣则《论语》云,"素衣麑裘。"素韠,《士冠礼》云,"主人玄冠朝服缁带素韠。"《玉藻》云,"韠,君朱,大夫素。"经传所载,不一而足。今何乍见一素冠,即以为三年之丧乎?

既就《国风》本文言,《唐风·扬之水》也有"素衣朱襮"之句,难道也是戴孝? 所以胡适以为是一首言情诗。他说:

> 《诗·桧风·素冠》一篇。……乃是怀人之诗,故有"聊与子同归","聊与子如一"的话。……"棘人"两字,棘训急,也不过是"劳人"的意思。(《胡适文存》卷四)

这是很不错的,我们若拿《陈风·月出》一篇相比较,便见分晓了。

还有一篇值得我们注意的,便是《隰有苌楚》。它是表现厌世的思想的,故说:

> 隰有苌楚,
> 猗傩其枝。
> 夭之沃沃,

乐子之无知。

这可与《王风·兔爰》及《小雅·苕之华》对看。这三篇是异曲同工的。人们到了乱离之世，自然宁愿没有知觉，没有家室，无牵无挂，无忧无虑，倒可自乐其乐。这大约是桧国将亡之诗，已在厉幽的时候了。

秦风

在时代上，《秦风》与《桧风》恰相衔接。桧亡的时候便是秦强的时候。秦民族之强大，始于庄公襄公之败西戎，据岐周地而有之。《秦风》之传者即自此时始。《汉书·地理志》云：

> 安定北地上郡西河皆迫近戎狄，修习战备，高上气力，以射猎为先。故《秦诗》曰，"王于兴师，修我甲兵，与子偕行。"及《车邻》《驷铁》《小戎》之篇，皆言车马田狩之事。

这很能把《秦风》尚武的特点说出。其中最可注意的是《小戎》。它每章前半截是描写军容之盛的，如：

> 小戎俴收，
> 五楘梁辀，
> 游环胁驱，
> 阴靷鋈续，
> 文茵畅毂，
> 驾我骐馵。

后半截是赞美战士的，如：

> 言念君子，
> 载寝载兴，
> 厌厌良人，
> 秩秩德音。

这"君子"与《终南》"君子至止"一样，这"良人"与《黄鸟》"歼我良人"

一样，序说"妇人能念其君子"完全是错误的。

除了咏兵戎的诗以外，其他几篇也都有慷慨激昂的气概。秦穆公以三良殉葬，国人作《黄鸟》以哀之。三章分挽奄息仲行针虎，章末都有这几句：

> 临其穴，
>
> 惴惴其慄。
>
> 彼苍者天，
>
> 歼我良人！
>
> 如可赎兮，
>
> 人百其身！

这是中国挽歌之祖，较《薤露》《蒿里》之悲田横尤为沉痛。惜其人至愿以身赎，其情之真挚可知，故诗的音节也极为高亢。我们疑惑这是当时送葬的乐曲，如《庄子》所谓"绋讴"之类；这六句大约是合唱的，与《九歌》中之《礼魂》相似。

《权舆》的音调也很悲壮。旧说是刺秦君待贤者有始无终的，我们疑其不类。秦君最善招徕之术，得由余于戎，得百里奚于宛，得蹇叔于宋，得丕豹公孙枝于晋。直到秦始皇的时候，李斯谏书朝上，逐客之令夕废。试看原文：

> 于我乎！
>
> 夏屋渠渠，
>
> 今也每食无余。
>
> 于嗟乎，
>
> 不承权舆！

我们看了《式微》《大东》之诗，知道当时社会异常不安宁，"破落户"与"暴发户"都有。这篇《权舆》实在是破落户子弟自叹之诗，故极沉痛。每一讽诵，颇有"酒酣耳热，仰天拊缶，而呼乌乌"之概。

《秦风》中的杰作却是《蒹葭》。这是一首"诗人之诗"。它的音节与别篇迥异，技术却也在别篇之上。例如这几句：

> 蒹葭苍苍,
>
> 白露为霜。
>
> 所谓伊人,
>
> 在水一方。

在慷慨悲歌的《秦风》中,忽有这一篇优游闲暇的诗,不能不引起我们的注意。它的意义究竟是招隐或是怀春,我们不能断定,我们只觉得读了百遍还不厌。它的下文说:

> 溯洄从之,
>
> 道阻且长;
>
> 溯游从之,
>
> 宛在水中央。

方玉润说,"玩其词虽若可望而不可即,味其意实求之而不远,思之而即至者。"这几句最能传此诗之神,而"伊人"的标格,作者的技术,也都表现出来了。

王风

《王风》之"王"是"王畿"二字的省文,表示诗歌产生的地点的。周自厉幽以后,在陕西站不住,便迁到河南。乱离之余,人民受了刺激,便发为歌咏。故"王"是指东都而言,"王风"即始于东迁以后。其时代较《秦风》略迟,而与《卫》《唐》相同。

《王风》中乱离之诗很多。例如《黍离》说:

> 行迈靡靡,
>
> 中心摇摇。

这是写迁都时心中的难受。又说:

> 悠悠苍天,
>
> 此何人哉!

此即《桑柔》"谁生厉阶,至今为梗"之意。崔述以为"未乱而预忧之……在东迁之前",实在是错的。因为从全篇看来,确是"已乱而追伤之"之诗。又如《兔爰》说:

> 我生之初尚无为。
>
> 我生之后,
>
> 逢此百罹。
>
> 尚寐无吪!

崔述说,"其人当生于宣王之末年,王室未骚,是以谓之'无为'。既而幽王昏暴,戎狄侵陵;平王播迁,家室飘荡:是以谓之'逢此百罹'。"这是不错的。宣王卒于西历前七八二年,平王迁都在前七七〇年;此人若生于前八世纪之初年,到此时约三十岁。俯仰身世,不禁感慨系之,故宁愿"无觉""无聪",与《桧风》之《隰有苌楚》及《小雅》之《苕之华》相同。但最深刻的却要算《葛藟》:

> 谓他人父,
>
> 亦莫我顾。……
>
> 谓他人母,
>
> 亦莫我有。……
>
> 谓他人昆,
>
> 亦莫我闻。

这显然是乞丐的诗。即在现代的都会中,我们若在街上走过,便可听见"老爷! 太太!"的惨叫声。这位"诗丐"也是乱世的牺牲品之一,我们可藉以窥见当时社会的情状。

此外有几首言情的诗也值得我们注意。《君子于役》与《采葛》是描写离别的。丈夫行役在外,其妻在家里看见——

> 鸡栖于埘,
>
> 日之夕矣,

牛羊下来。

万物都归宿了,独有丈夫还不回来,"如之何勿思"? 此诗即景生情,"羌无故实,亦自可传"。《采葛》是说别离之中,度日如年;一天不看见,便如"三月"——"三秋"——"三岁"! 凡尝过别离滋味的人,当能懂得这首诗的意义。这两首别诗以外,如《大车》是写要爱而不敢爱的;故只得以"皦日"自誓,而希望将来的"同穴"。《中谷有蓷》是一大悲剧。我们读了,似乎听得一片女子的哭声:

> 有女仳离,
>
> 条其啸矣。
>
> 条其啸矣,
>
> 遇人之不淑矣。

遇人不淑,古今同慨,此诗音调至为凄怆。全篇用"矣"字助词,颇有深意。"矣"字表示完成,表示过去,意思是说这事到了生米煮成熟饭的时候了,无可挽回了。因为时世的关系,这些情诗都带着悲音。

卫风

卫风的范围有二:(1) 指自《淇奥》至《木瓜》十篇,是《毛诗》的编次,也是"卫风"二字最普通的意义。(2) 兼指《邶》《鄘》《卫》三十九篇而言,是魏源的主张,以为邶鄘为卫邑名,故当合并。对于这个问题,我们不用赘说;因为我们在上文已证明邶鄘另有风诗,不过现在已经亡了;现在的邶鄘二风是从《卫风》中分去冒名的,应当仍旧回到《卫风》。故我们所谓《卫风》,是包括三十九篇而言。这是一个很可惊异的数目。为何《卫国》存诗最多,我们不能解答。我们所当注意的,便是穆姬(许穆夫人)的诗。女诗人之确凿可征者,此为第一人。这是中国文学史上一件大事。诗篇的特别多,和女诗人的产生,便使《卫风》在十一《国风》中占有最重要的位置。

我们现在先研究这位女诗人,略述她的生平。她是卫懿公蒸于宣姜而生的,有兄二(戴公、文公),有姊二(齐子及宋桓夫人)。她的生年不可考。但我们知道宋桓公娶她的阿姊是在西历前六七五年。我们假定她的阿姊嫁时年二十,她少四年上下,则当生于前六九〇年(周庄王七年)左右。她幼年即已蜚声列国:许国也求她,齐国也求她。懿公将与许,她反对,说:

> 诸侯之有女子,所以系援于大国也。许小而远;齐大而近。使边疆有寇戎之事,赴告大国,妾在,不犹愈乎?(《列女传》引)

这可见她爱国的热忱,也可见她有先知之明。结果却是失败了。她嫁于许,在前六七〇年(周惠王七年)左右。旧说许是四岳之裔,男爵。她的夫婿名新臣,即位不知在何年。婚后约十年,惠王十七年冬十二月,她的祖国亡于狄;她多方营救,卒得齐宋之助而复国于楚邱。她的作品即产生于此时。又四年(惠王二十一年,前六五六年),她的夫婿从齐桓公伐楚,即是有名的召陵之役。是年夏,新臣卒于师,依"死王事加二等"例,以侯礼葬,谥穆公。嗣君名业,大约是她的儿子。时夫人年三十余,或者尚在。她的阿兄戴公死的很早,文公则死于周襄王十七年(前六三五年),时她年五十余。我们假定寿六十岁上下,大约卒于前六三〇年(襄王二十二年)。总结上文,作一年表:

纪　年		穆姬	历史的	纪　事	
西历	中历			传记的	文学的
前六九〇年	庄王　七年	一		穆姬生。	
前六七五年	惠王　二年	一六		姊桓姬嫁。	
前六七一年	六年	二〇		嫁许男新臣。	
前六六〇年	一七年	三一	狄灭卫。		作《泉水》。
前六五九年	一八年	三二	卫文公即位。		作《载驰》《竹竿》。
前六五六年	二一年	三五	齐桓公率诸侯伐楚。	夫新臣卒,子业即位。	
前六三五年	襄王　一七年	五六	卫文公卒。		
前六三〇年	二二年	六一		穆姬卒。	

她的作品,我们假定有三篇,计六十八句,二百七十五字。《载驰》之为她所作,《左传》有明文;我们细看本文,认为可以置信。还有《泉水》《竹竿》两篇,就内容看来,也可认为穆姬所作。此说创于何楷,由魏源证实之。他的《诗古微》《卫风答问》里说:

> 今考出宿饮饯之地,"思须与漕"之言,与《载驰》之驱马归唁,"言至于漕"相应,明即上篇"控于大邦"之旨。首章言卫国新破,思之不止,故欲遣使谋于同姓之国以救之。(《左氏》曰,"汉阳诸姬,楚实尽之。"又曰,"其弃诸姬,亦可知已。"皆指同姓。)次章三章皆设言谋及诸姬之事。"出宿于沬,饮饯于祢",言欲使曹以适齐也。遣使自许国出而宿于沬水之上,将求助于曹。(沬,古济字,济水东出于陶丘之北,曹国所治。)因以告救于齐,则齐人当饯送之于祢也。(今兖州府曹州有大祢泽。)"诸姑伯姊"则指齐桓宫内之诸姬。考《左氏》,桓公夫人曰王姬,内嬖如夫人者六,有长少二卫姬,及郑姬密姬,而齐子即长卫姬也。其后齐桓卒使武孟(公子无亏)帅师戍曹,又合诸侯封卫于楚丘。武孟即齐子所出,而卫之甥也。殆夫人遣使于齐子之力欤?"出宿于干,饮饯于言",欲使唁邢而后归卫也。《隋志》,邢州内丘县有干言山。使者自齐地"出宿于干",既唁邢合谋,则可归卫,而邢人饯之于言地矣。……其先适曹,次适齐,次适邢,而"遄臻于卫",皆设言遣使求援之次第。"不遄有害",言得毋有害我此事而使之不遂者乎? 卒章"思须与漕",乃直言本旨。须城在楚丘东南,漕后为白马,皆今滑县地。时戴公庐此,故思之悠悠。

这是证明《泉水》内容与当时史迹及地点均吻合,故可认为她的作品。魏源又说:

> 《竹竿》则作于卫难已定之后,故其词多与《泉水》出入,而较不迫切。彼曰"毖彼泉水,亦流于淇";此曰"泉源在左,淇水在右"。且二诗皆曰"女子有行,远父母兄弟";末章皆曰"驾言出游,以写我忧"。

这是证明《竹竿》与《泉水》内容相同，可认为一人所作。我们虽没有"南山可移，此案不可移"的铁证，但至少总可说，这个"《载驰》《泉水》《竹竿》均为穆姬所作"的假设，是丝毫没有阻碍的。

这三篇在中国文学史上占有极重要的位置，是不用怀疑的。穆姬可说是妇女文学的始祖。《泉水》一篇仅二十余句，竟用十一次地名；然而我们读了，并不觉得复沓，也不觉得枯燥。这是因为她的笔力能够运用它们。较之唐代诗人"点鬼簿"（多用人名）及"算博士"（多用数目字）的讥评，其相去多远？《载驰》在当时，一定很传诵的，对于卫国的助力也很大。篇中表情，婉而有致，很能表现出一个"善怀"的"女子"的风度。然而技术最高的却要算《竹竿》。魏源曾说：

> 盖卫自渡河徙都以后，其河北故都胥沦戎狄，山河风景举目苍凉。是以泉源淇水，曩所游钓于斯，笑语于斯，舟楫于斯者，望克复以何时，思旧游兮不再。一篇之中，三致意焉。词出一人，悲同隔世。

这很能说出这位女诗人的心理。懂得了这一点，方能认识这篇诗的价值。

《卫风》与《郑风》并称淫诗，其实是不对的。与《郑风》相似的是《陈风》，不是《卫风》。《卫风》三十九篇中，言男女情者不满十篇。其中有写女性美的，如《君子偕老》及《硕人》是；有记密约的，如《静女》及《桑中》是；有述弃妇的，如《谷风》及《氓》是；有叙别情的，如《伯兮》是；有誓守义的，如《柏舟》是。它们篇数虽少，但几乎篇篇都是佳构。组织最完密的要算那两篇弃妇诗。在十一《国风》中，除《七月》外，这两篇算最长了。它们叙述从前的幸福及现在的痛苦，步伐整饬，有大小《雅》里的作品的风格。所以我们疑惑它们的作者大约是受过训练的诗人。表情最深刻的要算《柏舟》和《伯兮》。旧说《柏舟》指共姜，不知是否。就诗意看来，并无夫死之意。或者这位女子的母亲不许她与意中人结婚，故矢之以死。即此看来，情义之坚实为三百篇中言情诗之冠。《伯兮》的女子因夫出征,竟至不施膏沐,"首如飞蓬"。此即司马迁"女为悦己者容"的意思,亦是别诗中之别开生面者。词句最香艳的要算那两篇写女性美的诗。它们所写的都是贵族女子。拿云喻发,拿柔荑喻手,拿凝脂喻肤,拿蝤蛴喻领,拿瓠犀喻齿,拿蛾喻眉——这些到后代都变成滥用的陈言,但仍可看出创始者的慧心。至于《静女》和《桑中》或者要被斥为淫诗(如《左传》"桑中之喜"一语),但《静女》描写情人心理,颇能刻画入微,而《桑中》的音节又异常和谐(略似《汉广》每章下半截)。总之,除女诗人的作品外,这几篇在《卫风》中是最有价值的诗。

当前七世纪时,狄人异常猖獗。鲁庄公三十二年伐邢;闵公二年,入卫;僖公十年,灭温;十四年,侵郑;十八年,救齐;其年冬,又伐卫。卫首当其冲,受害最深。而且政治不贤良,社会不安宁,故我们读《卫风》其余几篇,觉得有一种悲观的空气笼罩着。我们随便举几个例:

> 忧心悄悄,
>
> 愠于群小。(《柏舟》)
>
> 心之忧矣,
>
> 曷维其已!(《绿衣》)
>
> 不我以归,
>
> 忧心有忡。(《击鼓》)
>
> 出自北门,
>
> 忧心殷殷。(《北门》)
>
> 心之忧矣,
>
> 之子无裳。(《有狐》)

这都是贤者不得志的诗,使我们读了,也觉得无可奈何。激烈的人便要高声诅咒了:

> 父兮,母兮,
>
> 畜我不卒!(《日月》)
>
> 莫赤匪狐!

　　莫黑匪乌！（《北风》）

　　所可道也，

　　言之丑也！（《墙有茨》）

　　人之无良，

　　我以为君！（《鹑之奔奔》）

　　人而无仪，

　　不死何为！（《相鼠》）

　　这样大胆的说话，是卫国诗人的特色。

　　《卫风》在十一国风中占有最重要的位置，是无容讨论的。但有一件事，我们应当附带说一说。我们当知古诗中"也"字等于惊叹号及疑问号，表示高亢的情感的。卫风用此字最多（共五十一次），所以它们的音调与别的《国风》大异。这是我们应该特别注意的。

唐风

　　在东迁后的《国风》中，以王卫唐三《风》为最早。周成王封弟虞为唐侯，在太行山恒山之西。境内有晋水，故子燮改国号曰晋。今所传《唐风》大都是前七八世纪的作品。其中有史迹可考者只《扬之水》一篇。西历前七四四年，昭侯封季弟成师于曲沃，渐有尾大不掉之势。前七三八年，潘父杀昭侯而纳成师，不克，昭侯子孝侯立。前七二三年，曲沃庄伯（成师子）杀孝侯，立孝侯子郤为鄂侯。鄂侯经哀侯传至小子，在前七○五年为曲沃武公（庄伯子）所杀，立哀侯弟湣。至前六七八年，武公灭晋侯湣，自立为晋侯。这六七十年的递嬗情形，我们可从史书上看出；这时候人民的心理的倾向，我们可从《扬之水》里看出，假使旧说可信的话。此外便与此事无关系，序说完全附会到晋侯身上去，是错误的。

　　我们读《唐风》，总觉得它的颜色是很黯淡的。例如《蟋蟀》及《山有枢》都是表现及时行乐的意思：

　　今我不乐，

日月其除。(《蟋蟀》)

子有饮食，

何不日鼓瑟？(《山有枢》)

这已经不是健全的思想了，下文又有这几句：

无已大康？

职思其居！(《蟋蟀》)

宛其死矣，

他人入室！(《山有枢》)

方说享乐，却又恐怕太安乐，又想及死后，真是旧说所谓"其风俗忧深思远"了。

这一点，我们也可从几篇写爱的诗上看出。有写父母方面的，如《鸨羽》。其作者大约是一个有至性的小官僚，既在外从政，便不能在家侍奉父母了。有写兄弟方面的，如《杕杜》。其意义与《常棣》相仿佛，以为无论何人都没有同胞那样可靠。就技术上说，这首不如《常棣》之宛转。有写夫妇方面的，如《葛生》。这是一首悼亡诗：

冬之夜，

夏之日：

百岁之后，

归于其室。

冬日夜长，夏日日长，故冬举其夜，夏举其日：在长日或长夜无聊之时，最易想及已亡的"予美"，故如此说。(参看《世说新语》所载袁羊与刘恢的故事。)

《唐风》全体除《扬之水》外只有一篇《绸缪》是表示快感的。这是一首描写野合的诗。"绸缪束薪"示其地，"三星在天"示其时。在这种境地得与意中人畅叙，当如何的欣幸呢？故说：

今夕何夕，

> 见此粲者?
>
> 子兮,子兮,
>
> 如此粲者何?

喜悦之意溢于言表,与《陈风·东门之池》及《郑风·野有蔓草》相似。它冲破了《唐风》黯淡的空气。

齐风

平王东迁之四十九年入春秋,以后的两世纪半便名春秋。《国风》之半是作于春秋的前半期(前七二〇—六〇〇)的。其中较早的是《齐风》《魏风》(都在前七〇〇年左右)。《齐风》中《南山》《敝笱》《载驱》三首,旧说是刺襄公文姜兄妹淫乱之事。他们的证据仅"齐子""鲁道"等字样。但齐女嫁给鲁君的却不在少数。故序说《载驱》为文姜事,而魏源则据《易林》而认为哀姜,其实都无确据。就本文看来,似乎是初嫁时赞颂之诗,与《硕人》相似。但《南山》有这几句:

> 既曰归止,
>
> 曷又怀止? ……
>
> 既曰告止,
>
> 曷又鞠止?

我们由此可知"话里有因",但若定为文姜事,尚无多大的证据。

其实我们所当注意的,是几篇情诗。例如《鸡鸣》一篇,旧说均误,崔述等都未能改正。我们以为一二章的"朝"字及三章的"会"字,并非指群臣来朝。朝即晨,"朝既昌矣"与"东方明矣"同义。《说文》,"昌,日光也";《广雅释言》,"昌,光也",均可证。"朝既盈"之盈,读若《礼运》"是以三五而盈"之盈,疏"谓月光圆满",此处指日光而言。"会"字非名词,乃连词;《公羊传》隐公元年谓"会,及,暨,皆与也",可证。全诗为对话体,每章前二句是一个人的话,后二句另是一个人的话:

> [甲说:]鸡既鸣矣!

　　　　　　朝既盈矣！

　　[乙说:]匪鸡则鸣，

　　　　　　苍蝇之声。

　　[甲说:]东方明矣！

　　　　　　朝既昌矣！

　　[乙说:]匪东方则明，

　　　　　　月出之光。

　　[甲说:]虫飞薨薨，

　　　　　　甘与子同梦。

　　[乙说:]会且归矣，

　　　　　　无庶予子憎。

这样分别观之，便更易了解。就辞句看来，甲大约是女，乙大约是男。甲再三催乙走，因为天已亮；乙则多方推托，说时候还早。甲没法，只好仍然"同梦"；但也不能长久，乙终于归去了。所以这是一首绝妙的私奔的诗。一个提心吊胆，一个留恋不去，神情真是逼肖。

　　此外还有几篇，我们也当附带说一说。《著》的意义，旧说是刺不迎亲；南方风俗，常于新娘到时歌此篇。其实它与结婚并无关系。胡适说它与朱余庆的:

　　妆罢低声问夫婿:

　　"画眉深浅入时无?"

相似，是不错的。朱余庆原意虽非言情，然描写女子娇媚之态颇与《著》差不多。我们觉得齐国的女子颇与郑国的女子相近。朱熹说，"《郑》皆为女惑男之语。"不错，《郑风》情诗之主动者大都是女。《郑风》以外，便要算《齐风》了。《齐风》情诗之主动者也是女多于男。除《鸡鸣》与《著》外，如《东方之日》说:

　　彼姝者子，

　　在我室兮。

> 在我室兮，
> 履我即兮。

此篇本事与《鸡鸣》相似。又如《甫田》说：

> 婉兮，娈兮，
> 总角丱兮。
> 未几见兮，
> 突而弁兮。

大约初别时，年尚幼，乃一总角之少年；末两句乃想象之词，其意若曰，"别已久了，此时若突然相见，则必为戴弁的成人了。"从前两章上看来，此首是写女性的单相思。若把末两句认作真语，全诗的价值也无从显露了。

魏风

《魏风》与《齐风》差不多同时。每篇的时代不能确定，但魏为晋所灭是在惠王十六年，故知总是春秋初年的作品。在十一《国风》中，风格最统一的，莫如《魏风》。现存的虽只有七篇，但篇篇都是社会或政治状况的反映，并且篇篇都有很高的价值。

《葛屦》与《伐檀》都是为劳动者抱不平的。他们一天工作到晚，仅乃得饱；富翁养尊处优，反而"庖有肥肉，厩有肥马"。故《伐檀》说：

> 不稼不穑，
> 胡取禾三百廛兮！
> 不狩不猎，
> 胡瞻尔庭有悬貆兮！

这便是杜甫所谓"朱门酒肉臭，路有冻死骨"的社会，怪不得诗人要讥其"素餐"了。《葛屦》是写女工的：

> 纠纠葛屦，

　　可以履霜。

　　掺掺女手,

　　可以缝裳。

　　要之襋之,

　　好人服之。

天天替别人缝衣,自己却在寒天还穿着葛屦,怪不得诗人要讥其"褊心"了。

　　《硕鼠》及《十亩之间》都是避世的。政治不良,民不聊生,于是想另找乐土:

　　逝将去女,

　　适彼乐土!

　　乐土! 乐土!

　　爰得我所!(《硕鼠》)

这是多么激烈的话! 在《国风》中,的确可以独树一帜的。这乐土是怎样一个地方呢? 在诗人的想象中,这乐土是这样的:

　　十亩之间兮,

　　桑者闲闲兮,

　　行与子还兮。(《十亩之间》)

地方不求大,十亩便够;居民无别事,只务农桑。我们因此便联想到陶潜的桃花源了。桃花源的理想是由政治的不良与社会的不安宁而产生的。不过陶诗的语气没有《硕鼠》那么激烈,其描写则较《十亩之间》更详细罢了。

　　还有两首——《园有桃》及《陟岵》——也可藉以窥见当时政治与社会的情状。《园有桃》与《黍离》相似:

　　心之忧矣,

　　我歌且谣。

> 不知我者，
>
> 谓我士也骄。

这位诗人没有《硕鼠》那么激烈，不过长歌当哭而已，"其谁知之?"《陟岵》是在苛政之下，表现骨肉之爱的：

> 父曰，"嗟! 予子!
>
> 行役夙夜无已! ……"
>
> 母曰，"嗟! 予季!
>
> 行役夙夜无寐! ……"
>
> 兄曰，"嗟! 予弟!
>
> 行役夙夜必偕! ……"

第二章的"季"字，不仅为换韵起见。朱熹说，"季，少子也；尤爱怜少子者，妇人之情也。"这是不错的。近来有人说《国风》每篇仅一章是原文，其余几章都是乐工任意加的，恐怕没有什么根据。

在这里，我们要发生一个问题：为何别国诗人都不及魏诗人之先觉呢? 如《伐檀》《硕鼠》等篇，在《诗经》中简直找不到第二首。我们想魏国的历史一定可供我们解决此问题，可惜书阙有间，我们无从详细知道。这一点是我们研究古代文学的人同引为憾事的。

郑风

《郑风》二十一篇中，言情诗占过半数，前人大都设法遮掩，曲解作"刺忽"或"闵乱"等。即姚际恒等头脑较清楚的，亦不能免。其实言情并不是一个罪恶，我们何必因此而埋没许多好诗呢? 我们现在依着体裁分为三种：一种是用女子口吻的，一种是用男子口吻的，一种是男女互相赠答的。

女子口吻的情诗中，有几首的态度非常轻浮。例如：

> 不见子都，
>
> 乃见狂且! (《山有扶苏》)

　　　　子不我思，

　　　　岂无他人？(《褰裳》)

　《朱传》以前一首为"淫女戏其所私者"之诗，意思是说，"今乃不见子都，而见此狂人，何哉?"后一首可见她用情之不专，可说是"人尽夫也"的一个实例。但也有比较的郑重些的，如：

　　　　彼狡童兮，

　　　　不与我言兮。

　　　　维子之故，

　　　　使我不能餐兮。(《狡童》)

　　　　挑兮，达兮，

　　　　一日不见，

　　　　如三月兮。(《子衿》)

这个女子总算能够认识爱情的意义，故态度也庄重些，然还忘不了"狡童"之称，"挑""达"之辞。故这一类诗的杰作终推《将仲子》：

　　　　将仲子兮：

　　　　无逾我里！

　　　　无折我树杞！

　　　　岂敢爱之？

　　　　畏我父母！

　　　　仲可怀也，

　　　　父母之言，

　　　　亦可畏也！

她请求仲不要来，因为父母要干涉。这样欲爱而不得爱，是多么可怜呵！

　　男子口吻的情诗，篇数较女子口吻的为少(这是朱熹认为《郑风》劣于《卫风》的一点)。其中有两篇最可注意。一篇是《野有蔓草》：

　　　　有美一人，

> 清扬婉兮；
>
> 邂逅相遇，
>
> 适我愿兮。

这是叙野合的，写男子心满意足的神情颇与《唐风·绸缪》相似。还有《出其东门》是表示男性的贞操的：

> 出其东门，
>
> 有女如云。
>
> 虽则如云，
>
> 匪我思存。
>
> 缟衣綦巾，
>
> 聊乐我员。

这便是"虽有姬姜，无弃蕉萃"（《庄子》所引逸诗）之意。在见异思迁、得新忘旧的风气里，这篇诗是很可贵的。

此外，还有几篇记男女赠答之词的。例如《东门之墠》，第一章是男女疏远后，男子责女子的话（"茹藘"指女，与《出其东门》同），怪她不肯接近。第二章是女子自解之词（句法与《王风·大车》相仿佛），意思是说，"我是很思念你的，不过你自己不来罢了。"《溱洧》则更有趣味：

> 溱与洧方涣涣兮，
>
> 士与女方秉蕑兮。
>
> 女曰："观乎？"
>
> 士曰："既且。"
>
> "且往观乎！
>
> 洧之外洵訏且乐。"
>
> 维士与女，
>
> 伊其相谑，
>
> 赠之以勺药。

吴敬梓说是夫妇同游,但也许是异性的朋友们同游,我们无从断定。

曹风

　　《曹风》仅四篇,与《桧风》一样。魏源说《候人》是讥共公女宠之多,也许是的。《下泉》与《永鸤鸠》或为恭维桓文之诗;时周室已无实力,小国不能自保,惟有求助于大国而已。但我们所要注意的是《蜉蝣》。我们推想此处也许是比喻人生的。蜉蝣是一种朝生暮死的昆虫,却有很华丽的外表——"衣裳楚楚","采采衣服"。这是喻人生在表面上虽然可爱,其实是很短促的。故说:

　　　　心之忧矣!

　　　　於我! 归处!

此处"於我"二字与《秦风·权舆》"於我乎"同义,是一种慨叹字。

陈风

　　《陈风》与《郑风》《曹风》同为《国风》中最晚之诗。我们在上文说,《国风》中唯《郑风》多言情诗。除《郑风》外,前人多以《卫风》相比拟,实是大错。和它相似的,只有《陈风》。《陈风》十四篇中几乎全是言男女情的。这与当时的风俗有关系。《汉书·地理志》说:

　　　　武王封胡公于陈,妻以元女太姬。妇人尊贵,好祭祀用巫。故俗好巫鬼,击鼓于宛丘之上,婆娑于枌树之下,有太姬歌舞遗风。

这与匡衡所谓"陈夫人好巫而国多淫祀"相合。我们再看《楚辞·九歌》《招魂》等篇,可知南方祭祷歌舞,远不如《周颂》之庄严,而其风俗也渐趋于淫靡。

　　《宛丘》与《东门之枌》正是描写这一类风俗的诗:

　　　　无冬无夏,

　　　　值其鹭羽。(《宛丘》)

> 不绩其麻，
>
> 市也婆娑。（《东门之枌》）

这样的热心于歌舞，是很骇人听闻的。又如：

> 洵有情兮，
>
> 而无望兮。（《宛丘》）
>
> 视尔如荍，
>
> 贻我握椒。（《东门之枌》）

这几句与《郑风》里几篇淫诗相仿佛，后二句尤有猥亵的嫌疑。（章炳麟解"荍"为大头菜。）

其余的情诗可分为快乐的与悲伤的两种。快乐的如《东门之池》三言"淑姬"，可见其倾倒备至。《东门之杨》似乎是祝新婚的：

> 东门之杨，
>
> 其叶牂牂。
>
> 昏以为期，
>
> 明星煌煌。

从"牂牂""煌煌"两个静词上，可看出一种蓬勃的生气，灿烂的景色。不言祝颂，而祝颂之意自见。（这两篇与《东门之枌》俱言"东门"，恐有特别的关系，现在却无从考知。）

悲伤的几篇的技术是比较的高明些。《防有鹊巢》是描写男性的嫉妒的：

> 谁侜予美，
>
> 心焉忉忉！

情不深，不能妒，故这一首在《国风》中实是别开生面的。但音调最动人的是《月出》。戴溪说，"沉溺于情，不能自克，至于缴绕憔悴而不可支，《月出》之类是也。"（《续吕氏读诗记》）试看原文：

> 月出皎兮，

> 佼人僚兮,
>
> 舒窈纠兮,
>
> 劳心悄兮。

此诗全篇中如首章之"皎""佼""僚""窈""纠""劳""悄",次章之"皎""佼""㜎""忧""受""劳""慅"及三章之"照""佼""燎""夭""绍""劳""惨(懆)"等二十余字,都有声韵上的关系,使我们读了,不期然的感到一种忧愁幽郁的不能自抑的烦闷。这是《陈风》的杰作,也是三百篇中情诗的杰作。

章五 二南

二南的时代与地点

上文已将《诗经》的《颂》《雅》《风》三体研究了,最后我们要研究《二南》。《二南》一向附入《国风》内,合称"十五",我们已经证明这是错误的,所以《二南》当独立研究。这一点在认识《二南》的真相上关系很大。但还有关系更大的,那便是《二南》的时与地的问题。

关于这一问题,我们的答案是:

> 《二南》是东迁后的楚诗。

这一点与旧说相差太远,不能不略加说明。我们先说明《二南》是什么地方的产品,其次再说明《二南》是什么时候的产品。

为读者便利计,我们把《二南》二十五篇说及地名的字句录后:

(1) 在河之洲。(《关雎》)

(2) 南有樛木。(《樛木》)

(3) 南有乔木。(《汉广》)

(4) 汉有游女。(《汉广》)

(5) 江之永矣。(《汉广》)

(6) 遵彼汝坟。(《汝坟》)

(7) 南涧之滨。(《采蘋》)

（8）陟彼南山。（《草虫》）

（9）在南山之阳。（《殷其雷》）

（10）江有汜。（《江有汜》）

这里所举地名，最北是河，最南是江，其余便是河与江之间的汝水汉水。诗中屡及"南"，即《韩诗》所谓南郡，亦在河与江之间。由此可知《二南》产生于现在的河南南部及湖北北部，完全在楚民族的范围以内。

现在我们可以来讨论《二南》的时代。因为《二南》常为孔丘所称道，又位于三百篇之首，于是便加上"后妃之德""文王之化"一派谬话，而一般读者便认它们为文王时诗，伪礼书也说它们是最古的乐章。但我们仔细研究一下，知道这二十五篇中没有一篇可以证明是文王时诗，并且没有一篇可以证明是西周时诗。同时，可以证明是东迁后作的却有许多篇：

（1）《汝坟》。崔述云，"此乃东迁后诗。'王室如燬'即指骊山乱亡之事。'父母孔迩'即承上章'君子'而言。汝水之源在周东都畿内。"（《读风偶识》）

（2）《甘棠》。此篇说及召伯。《左传》《史记》均谓指武王成王时之召公奭，后人都承其误而不知。我们知道解释古书的方法，最好是拿本书中的文句来互相发明。《诗》三百篇中，召伯之名凡三见。一见于《召南》之《甘棠》。再见于《小雅》之《黍苗》：

> 悠悠南行，
> 召伯劳之。

三见于《大雅》之《崧高》：

> 王命召伯，
> 定申伯之宅。

这里都是指《江汉》征淮夷之召穆公虎，是宣王时人。又有召公之名，凡二见。一见于《大雅》之《江汉》：

> 文武受命，
>
> 召公维翰。

再见于《大雅》之《召旻》：

> 昔先王受命，
>
> 有如召公，
>
> 日辟国百里。

这个召公，方是武王成王时之召公奭。我们看了这几个例证，便知《甘棠》之召伯，当然是召虎了，哪能妄指为召公？召伯立大功于南方，遗爱在人，故有《甘棠》之诗。召伯卒于何时，不可考知；我们可假定与宣王崩时相近，约在西历前七八〇年顷。此诗必作于他死后，假定其距离为十年，则作于西历前七七〇年顷，恰当东迁之始。

（3）《何彼秾矣》。篇中有平王之谥，当作于桓王之时。（旧说以"平王"指文王。章潢说，"若必指为文王时，非特不当作正义，而太公尚未封齐，则齐将谁指乎？"）

所以，我们大胆把《二南》的时代从西周初年移后至东周初年。

而且，我们拿文学史的眼光来亲察《二南》，也觉得它非到东周不能产生。我们知道《二南》是楚诗，楚是个与周异源的新兴民族（另详下文），它的文化程度远在周民族之下。现存的楚诗最早者大约在纪元前五、六、七世纪（均详下文），那么《二南》的时代怎么会在东迁以前呢？

二南的内容与技术

我们懂得了《二南》的时代与地点，然后能够懂得它的内容与技术。就内容而论，《二南》二十五篇可以分成五类：一，恋歌；二，别诗；三，写女性生活的诗；四，祝颂诗；五，关于政治的诗。以下便依次叙述。

恋歌凡五篇：《关雎》、《汉广》、《标有梅》、《江有汜》及《野有死麕》。其中《标有梅》最别致，是描写一个待嫁女子的心理。她很迫切的要求恋人来娶她，越早越好。首章说：

> 求我庶士，
> 迨其吉兮。

这尚有择日之意。次章说：

> 求我庶士，
> 迨其今兮。

这便不用择日。而末章说：

> 求我庶士，
> 迨其谓之。

她简直想亲身去催促了。《关雎》与《野有死麕》都是男子的求婚诗。《关雎》以音乐歆动女子：

> 窈窕淑女，
> 琴瑟友之。……
> 窈窕淑女，
> 钟鼓乐之。

《野有死麕》以礼物献媚女子：

> 野有死麕，
> 白茅包之。
> 有女怀春，
> 吉士诱之。

《汉广》似乎是描写单相思的，但并没有成功，故说：

> 汉有游女，
> 不可求思。

他只希望当她出嫁时，能够替她服务：

> 之子于归，

言秣其马。

这种情意是如何的诚恳呢?《江有汜》大约是三角恋爱失败者的诗。他目见恋人与别人结婚(诗中"之子归"即《桃夭》《鹊巢》之"之子于归",指子女出嫁而言),失望之余,只得自己安慰自己,说:

> 不我以,
> 其后也悔。

这真可算得怨而不怒了。

别诗凡四篇:《卷耳》、《汝坟》、《草虫》及《殷其雷》。其中《卷耳》与《殷其雷》都是闺中念远之作,其丈夫都行役在外。不过《殷其雷》是直陈自己希望丈夫归家之意:

> 振振君子,
> 归哉! 归哉!

而《卷耳》却是假托丈夫在外思家的情景:

> 陟彼崔嵬,
> 我马虺隤。
> 我姑酌彼金罍,
> 惟以不永怀。

这便更深刻,更能动人了。《汝坟》与《草虫》是预想相见后的愉悦,以陪衬别离中的痛苦:

> 未见君子,
> 惄如调饥。……
> 既见君子,
> 不我遐弃。(《汝坟》)
> 未见君子,
> 忧心忡忡。
> 亦既觏止,

我心则降。(《草虫》)

这里"君子"二字显然都指丈夫,但前人常有以《汝坟》之"君子"为指当时执政的,实属错误。我们知道《汝坟》是乱离时的诗,一家骨肉分散了,自然盼望团聚,与他人何涉?

描写女性生活的诗凡六:《葛覃》、《芣苢》、《采蘩》、《采蘋》、《行露》及《小星》。《葛覃》叙妇人归宁:

> 言告师氏,
> 言告言归。
> 薄汙我私,
> 薄浣我衣;
> 害浣害否,
> 归宁父母。

《采蘩》叙妇女采蘩:

> 于以采蘩?
> 于沼于沚。
> 于以用之?
> 公侯之事。

《采蘋》叙女子祭祖:

> 于以奠之?
> 宗室牖下。
> 谁其尸之?
> 有齐季女。

《行露》叙女子拒婚:

> 谁谓女无家?
> 何以速我讼?
> 虽速我讼,

亦不女从。

《小星》叙贱女自叹薄命：

> 肃肃宵征，
>
> 抱衾与裯，
>
> 实命不犹！

这都很明显的，不用细说。我们最要注意的是《芣苢》：

> 采采芣苢，
>
> 薄言采之。
>
> 采采芣苢，
>
> 薄言有之。

方玉润说：

> 读者试平心静气涵泳其诗，恍听田家妇女三三五五，于平原绣野，风和日丽中，群歌互答，余音袅袅，若远若近，忽断忽续，不知其情之何以移而神之何以旷！则此诗可不必细绎而自得其妙焉。唐人《竹枝》《柳枝》《櫂歌》等词类多以方言入韵语，自觉其愈俗愈雅，愈无故实而愈可以咏歌。即汉乐府《江南曲》一首"鱼戏莲叶"数语，初读之亦毫无意义，然不害其为千古绝唱，情真景真故也。知乎此，则可与论是诗之旨矣。(《诗经原始》)

此说为戴溪(《续吕氏读诗记》)所创，经他发挥尽致，不用我们再引申了。

祝颂诗凡六：《桃夭》《樛木》《螽斯》《麟之趾》《鹊巢》《何彼秾矣》。《桃夭》与《鹊巢》都是颂新娘的诗。但《鹊巢》仅描写奁赠之盛：

> 之子于归，
>
> 百两御之。

而《桃夭》则并致勤勉之词：

> 之子于归，

宜其室家。

故后者意义较前者为更深远。《樛木》一篇,方玉润说是"祝所天":

乐只君子,

福履绥之。

但我们不能断定是女子的口吻,若与《小雅》中的《鸳鸯》对看,则这篇也许是颂新郎的。《螽斯》祝子女之多:

宜尔子孙,

绳绳兮!

《麟之趾》祝子女之秀:

麟之子,

振振公子。

于嗟麟兮!

就文学的技术上看来,这两篇都不高明。《何彼襛矣》是赞颂女性美的:

何彼襛矣,

唐棣之华?

曷不肃雍,

王姬之车?

这是以"华"喻王姬之色。因全文无言情分子,故不能列入恋歌。

关于政治的诗凡四:《兔罝》、《甘棠》、《羔羊》及《驺虞》。《甘棠》是纪念召穆公的:

蔽芾甘棠,

勿翦勿伐,

召伯所茇。

这一点已详上文。《兔罝》是赞武官的:

> 赳赳武夫，
>
> 公侯干城。

《羔羊》是赞文官的：

> 退食自公，
>
> 委蛇委蛇。

这两篇很易了解。但《驺虞》则误解颇多。旧说以驺虞为义兽来比文王，真是不伦不类。诗云：

> 彼茁者葭，
>
> 壹发五豝，
>
> 于嗟乎驺虞！

这显然是写畋猎的，与文王何涉？

以上略述《二南》的内容，最后我们要估计它在诗史上的位置。我们都知道孔丘曾经再三称道《二南》。例如在《泰伯》里说：

> 师挚之始，《关雎》之乱，洋洋乎盈耳哉！

这里是拿《关雎》来代表《二南》的。又在《八佾》里说：

> 《关雎》乐而不淫，哀而不伤。

我们的情感不外哀乐两种，诗歌表现这两种情感能够不至过度，能够恰如其分，便是上品。他又在《阳货》里向伯鱼说：

> 女为《周南》《召南》矣乎？人而不为《周南》《召南》，其犹正墙面
>
> 而立也与！

孔丘这样恭维《二南》，实在是独具只眼。我们以为古代哲学家中，只有三个人是真能懂得文学的：一是孔丘，一是朱熹，一是王夫之。他们说话不多，而句句中肯。不过孔丘的恭维，却生出恶影响来。一般腐儒以为如此佳作，非文王时不能有，于是《二南》的真意义与真价值反被埋没了。这且不去管它，我们只问：为何《二南》在三百篇中占有特殊地位而常为

人所称道？我们以为这是因它所凭借的音乐与《风》《雅》《颂》不同之故。现在分几点去说明：

第一，我们应该知道"南音"是一种特别的音乐。《吕氏春秋·音初篇》说：

> 禹巡省南土，涂山氏之女乃令其妾候禹于涂山之阳。女乃作歌，歌曰，"候人兮猗!"实始作为南音。周公召公取风焉，以为《周南》《召南》。

这种传说自然是不可靠的，但至少可证明东周时已承认南音的位置。《左传》中也说到"南音"与"南风"：

> 晋侯观于军府，见钟仪，问之曰，"南冠而絷者谁也?"有司对曰，"郑人所献楚囚也。"……使与之琴，操南音。（成公九年）
>
> 晋人闻有楚师。师旷曰，"不害! 吾骤歌北风，又歌南风；南风不竞，多死声，楚必无功。"（襄公九年）

这可证明南音与北音是绝不相同的。

第二，我们应该知道南音远胜于北音。《说苑·修文篇》引孔丘向冉有说的话：

> 夫先王之制音也，奏中声，为中节，流入于南，不归于北。南者生育之乡，北者杀伐之域。故君子执中以为本，务生以为基。故其音温和而居中，以象生育之气；忧哀悲痛之感不加乎心，暴戾淫荒之动不在乎体。夫然者乃治化之风，安乐乐为也。彼小人则不然。执末以论本，务则以为基。故其音湫厉而微末，以象杀伐之气；和节中正之感不加乎心，温俨恭庄之动不存乎体。夫杀者乃乱亡之风，奔北之为也。昔舜造南风之声，其兴也勃焉，至今王公述而释。纣为北鄙之音，其废也忽焉，至今王公以为笑。

这自然未必真是孔丘的话，但他说南音象生育是很对的。

我们若再三讽诵《汉广》《芣苢》等篇，有训练的耳朵总能听出音节之

舒徐和缓,似含有无限乐观分子在内。章潢说的好:

> 诗之在《二南》者,浑融含蓄,委婉舒徐,本之以平易之心,出之
> 以温柔之气,如南风之融物,而物皆畅茂。凡人之听其言者,不觉其
> 入之深而感化育于其中也。

这一段描写二南的音节,真能深入显出。我们因而联想到《御览》八十一引孔丘赞箫韶的话:

> 温润以和,似南风之至。其为音如寒暑风雨之动物,如物之动
> 人,雷动兽禽,风雨动鱼龙,仁义动君子,财色动小人。

这里接连用七个比喻来描写动人之深,很可移赞《二南》。

卷二 中代诗史 篇三 李白时代

章一 导论

历史的背景

现在我们要研究唐诗了。依习惯,常常分唐诗为四个时期:七世纪初年至八世纪初年为初唐,八世纪初年至八世纪中年为盛唐,八世纪中年至九世纪中年为中唐,九世纪中年至十世纪初年为晚唐。这种分法并不完全恰当。例如李白与杜甫,因为年代相近,故同列入盛唐;其实李白是承前的,杜甫是启后的。完全属于两个不同的时期。所以,我们废弃旧说,另外分为前后两期:前期自唐初至李白止,后期自杜甫至唐末止。这两期的分界是七五五年的安史之乱。此次变乱在唐诗上的意义,一向被忽略着。胡适是第一个注意这一点的人。他在《白话文学史》第十四章里说:

> 这次大乱来的突兀,惊醒了一些人的太平迷梦。有些人仍旧过
> 他们狂醉高歌的生活;有些还抢着贡谀献媚,做他们的《灵武受命

颂》、《凤翔出师颂》；但有些人却觉悟了，变严肃了，变认真了，变深沉了。

又说：

> 开元天宝是盛世，是太平世；故这个时代的文学只是歌舞升平的文学，内容是浪漫的，意境是做作的。八世纪中叶以后的社会是个乱离的社会；故这个时代的文学是呼号愁苦的文学，是痛定思痛的文学，内容是写实的，意境是真实的。

这个变迁是很明显的。在这变迁以前，我们称为李白时代，变迁以后称为杜甫时代。

现在我们先述李白时代的历史背景。

我们知道，七五五年以前的唐代，是个光荣的历史。当七世纪初年，隋炀帝浪迹江南的时候，北方群雄并起，知名者有王薄、窦建德、杜伏威、辅公祐、李子通、朱粲、林士弘、徐圆朗、高开道等。而隋室的命官，如罗艺、刘武周、梁师都、薛举、李轨、沈法兴、宇文化及、王世充、李渊等，也都割据一方以称雄。李渊为西凉武昭王暠七世孙，时方留守太原，以拒突厥不利，炀帝遣使者执诣江都，渊及子世民等遂称兵自立。炀帝欲保江东，但不久为宇文化及所弒。同时李渊次第平定各方面割据的群雄，而建立一个统一的唐帝国。这是汉帝国以后唯一的大帝国。太宗（世民）是个英雄，高宗玄宗也都是有为之主。他们次第征服东西突厥、铁勒、高丽、百济、高昌、龟兹、吐火罗、昭武九姓、吐谷浑、党项、吐蕃，等等。而且太宗时的房玄龄与杜如晦，玄宗时的姚崇与宋璟，也都是一代名相。所以，在安史之乱以前，可说是一帆风顺。其中虽有几次后妃的事变，也还无很大的损害。

同时，他们又都注意于文学的提倡。唐代的太宗有点像汉代的武帝。他初建秦邸，即开文学馆，设十八学士。及即位，于殿左置弘文馆，有空便来讨论典籍，杂以文咏。他承齐梁遗风，好作艳诗。虞世南虽谏他，然自己的诗亦沿声律之体。《大唐新语》说武后时——

> 大搜遗逸,四方之士应制者向万人。

诗人如李峤、张说、宋之问、沈佺期、李适等都引来预修《三教珠英》。她游洛南龙门,诏从臣赋诗,先成者赐锦袍。中宗亦然。他于正月晦日幸昆明池赋诗,群臣应制者百余篇,结彩楼于殿前,命昭容评选。那时京城里正月望日,热闹极了:

> 金吾弛禁,特许夜行,贵游戚属及下俚工贾无不夜游,马车骈阗,人不得顾。王主之家,马上作乐以相夸竞。文士皆赋诗一章以纪其事,作者数百人。(谢无量引《大唐新语》,胡适说《唐代丛书》本无此条。)

这一种沉酣于娱乐中的风气,到玄宗时而观止。他在东宫时,已搜罗女乐;即位后,每在勤政楼谦设酺会,必令太常乐立部伎与坐部伎依点鼓舞;又于听政之暇,教太常乐工子弟三百人为丝竹之戏,号梨园弟子。他自己精音乐,能正乐工之误,又制新曲四十余。——这是渔阳鞞鼓惊破《霓裳羽衣》以前的太平景象。

大概安史之乱以前的状况,有点像建安黄初时。当时一般文人围绕着曹氏父子,虽亦为古诗的黄金时代,然终没有正始以后那样深刻。唐代前半与后半的异点亦然。

李白时代的鸟瞰

现在我们述一述唐代前期的诗歌的概况。在最初数十年中,承齐梁诗之后,有两种不同的派别:一是反对齐梁的,一是继承齐梁的。前者以王绩、王梵志及陈子昂三人为代表。后者以四杰(王勃、杨炯、卢照邻、骆宾王)、沈(佺期)宋(之问)及杜审言七人为代表。隋唐间扰乱的局面把王绩迫上了酒徒的生活,这种生活使他崇拜阮籍陶潜,因而他的诗的风格也超过齐梁而回到魏晋。陈子昂是第一个正式宣言反对齐梁的。王梵志是个最近方发现的白话诗人(他的作品在唐宋时似很风行,但六七百年来渐渐埋没了),显然与齐梁异趣的。四杰的诗使五律与七言诗完成,宋沈的诗使七言的律绝完成,都是对于诗的形式方面有贡献的。四杰还有两种特点——一是音节的婉媚,一是字句的秀丽——对齐梁诗可说青胜于蓝。沈宋诗除形式外毫无足取,杜审言则较高明一点。我们知道了这十位诗人,则对于初唐的诗已可了然了。

到了八世纪的前半期,诗坛上便热闹得多了。最重要的是王维一派和岑参一派。我们先说王维。他是一位可与李(白)杜(甫)鼎足而立的诗人。他爱用"静""澹""远""闲"一类字样,而这几个字也可以代表他的风格。他戴上一副闲静的眼镜,去观察大自然,来在笔端写出,便成一种特殊的风格,这风格于五言诗为宜——这可举《辋川集》为代表。同派诗人很多,较重要者为孟浩然、储光羲、裴迪、丘为、綦毋潜、祖咏等。孟浩然是一个与王维齐名的诗人。他的风格完全与王维一样,但有两个小的异点:王维集中尚有不少的七言诗,其中也有脍炙人口的,但孟浩然则几乎全是五言的,此其一;孟浩然较之王维,更喜用骈偶的句子,此其二。储光羲也是王维的嫡派,但也有不同处,第一他喜欢仿民歌的句调,第二他多以田园为歌咏的对象。裴迪以下四人的地位比较的低些,风格则都迫近王维,只有祖咏的一部分的作品稍近于岑派。

岑派自以岑参为首。岑参与高适齐名,但就诗而言则高远不如岑。岑诗特点有三:一,长于七言,二,喜写战争,三,风格雄放。这都与王派相反的——王派是长于五言,喜写自然的美,风格澹远。岑参若写风定是大风,写雪定是大雪,或是大热大寒,总之与王派不同。高适可说是岑参的嫡派,但也略有不同处:岑参固然长于七言,但五言诗也有不少的佳作,至于高适则几乎没有一首好的五言诗。此外,王昌龄、王之涣、李颀等都可算是岑派诗人。二王长于乐府,所作七绝大都可歌。其歌咏战争的几篇,与岑参略有异点;岑诗大都是赞美战争的伟大的,二王则大都是诅咒战争的罪恶的。李颀的诗也有点诅咒战争的意味。此外,他还擅长写音乐。

这时期最伟大的诗人是李白。他的诗有一部分近于王派,如《望终南山》《访戴道士》《敬亭独坐》等。又有一部分则近于岑派,如《战城南》

《北风行》《庐山谣》等。由此可知,他是兼擅两派之长的。他一方面要像王派隐士那样提着酒壶去赏鉴自然的美,一方面要像岑派豪士那样喝醉了去上马杀贼,所以他的诗中常常以酒为题材,如《襄阳曲》《下终南山》《江上吟》等。但是他既不是真隐士,又不是真豪士,酒对于他只是消愁忘饥的工具而已。落魄的身世,迫他走上颓废的路,饮醇酒不已,又加以近妇人。他的诗中多描写女性的佳作,如《清平调》《行乐词》《长相思》等。他的作品最可以代表唐代前半期的诗坛——七五五年安史之乱以前的诗坛。

以下我们便分章叙述。

章二　初唐诗人

反齐梁派

初唐的一百年中——从西历七世纪初年到八世纪初年——产生的诗人很多。其作品至今尚在者,恐亦在三百人以上。我们现在自然不能一一细述,只选出比较重要的几位讲一讲。齐梁诗有一种特殊的风格,是不用说的。初唐诗人便因此而有不同的两派:

(1)王绩、王梵志、陈子昂等——他们是违反齐梁的风尚的,我们称为反齐梁派。

(2)"四杰"及沈佺期宋之问等——他们是继承齐梁而加以发挥的,我们称为准齐梁派。

以下我们便依次分述。

王绩(西历五八五——六四四年)是唐代最早的诗人,字无功,绛州龙门(今山西河津附近)人。他是王通之弟,通生于陈后主至德二年,通弟凝亦绩之兄,可知绩大约生于隋文帝开皇中。自幼"性简放,不喜拜揖",所以不管家事,也不参与乡族的庆吊冠昏。大业四年(六〇八年),举孝悌廉洁,授秘书省正字。他不愿在朝,求为六合丞,以嗜酒劾去。时在隋唐之际,天下大乱,叹曰:

　　罗网在天,吾且安之!

他家有田十六顷,又有隐者仲长子光为邻,便决意还乡里。子光病瘖,两人未尝交语,而对酌甚欢。他有时率奴婢种黍酿酒,养凫莳花,有时乘牛经酒肆,留数日不返,有时读读《老》《庄》《周易》,有时住在北山东皋著书。他的壮年,便在这样的生涯中度过。唐武德初(六二〇年左右),他以前官待诏门下省,或问待诏何乐,他说:

　　良酝可恋耳。

照例日给酒三升,侍中陈叔达特给他一斗,时称斗酒学士。贞观初(六三〇年左右),以疾罢。时太乐署史焦革家善酿酒,他求为丞,吏部不许,他固请。革死后,其妻尚送酒不绝;岁余又死,他说:

　　天不使我酣美酒邪?

于是弃官去,述革酒法为经,又采杜康仪狄以来善酒者为谱;立杜康祠,以革配享。他能饮至五斗不乱,著《五斗先生传》,又著《醉乡记》以次刘伶《酒德颂》;人有以酒邀者,无贵贱必往。刺史崔喜请相见,他不睬。老友杜之松为刺史,请讲礼,他也不去。暮年想续成其兄凝所撰《隋书》,但没有完成。贞观十八年卒,遗命薄葬,并且志其墓。集五卷,诗存五十余首。

　　我们读了王绩的传,便知他是一个酒徒。诗集中"酒"字凡十九见:

　　(1) 酒劝后园春。(《田家》之二)

　　(2) 平生唯酒乐。(《田家》之三)

　　(3) 月照芳春酒。(《山中叙志》)

　　(4) 散诞时须酒。(《薛记室收过庄见寻》)

　　(5) 桂树凌云浊酒杯。(《北山》)

　　(6) 满甕莹春酒。(《春日》)

　　(7) 家丰松叶酒。(《采药》)

　　(8) 无人送酒来。(《九月九日赠崔使君善为》)

（9）问君梅酒外。(《独坐》)

（10）只为酒家笑。(《过酒家》之一)

（11）对酒但知饮。(《过酒家》之四)

（12）惭愧酒家胡。(《过酒家》之四)

（13）山中春酒熟。(《山中别李处士》)

（14）偏宜酒甕香。(《初春》)

（15）还向酒家来。(《题酒店壁》)

（16）山酒漉陶巾。(《尝春酒》)

（17）莺啼酒甕春。(《被召谢病》)

（18）不如多酿酒。(《独酌》)

（19）从来作春酒。(《看酿酒》)

此外暗示饮酒者尚多，如云"相逢一醉饱"(《田家》之一)，"时取醉消愁"(《赠程处士》)，"春酿煎松叶"(《赠学仙者》)，"此日长昏饮"(《过酒家》之二)，"竹叶连槽翠"(《过酒家》之三)，等等，不及遍举。总之，王绩的诗的唯一的题材是"酒"。

因此，我们诗人所想慕的，便是阮籍陶潜一般人了。试举他的诗为例：

阮籍生涯懒，

嵇康意气疏。……

草生元亮径，

花暗子云居。(《田家》之一)

尝爱陶渊明，

酌醴焚枯鱼。(《薛记室收过庄见寻》)

庚桑逢处跪，

陶潜见人羞。(《晚年叙志示翟处士》)

谁知彭泽意，

更觅步兵垆。(《赠学仙者》)

135

> 阮籍醒时少，
> 陶潜醉日多。（《醉后》）
> 且逐刘伶去，
> 宵随毕卓眠。（《戏题卜铺壁》）
> 野觞浮郑酌，
> 山酒漉陶巾。（《尝春酒》）

而且王绩之留连酒家及为酒而求太乐署丞，与阮籍求为步兵及醉卧垆边何异；至于他不喜拜揖，不乐在朝，自号五斗先生，更显然是仿着五柳先生的。

　　以上似闲话而实重要。王绩因嗜酒而崇拜阮陶，更因崇拜阮陶而使他的作风超脱齐梁而复于魏晋。例如《古意》六首，我们很容易知道是受阮籍《咏怀》的影响。第一首说：

> 幽人在何所？
> 紫岩有仙躅，
> 月下横宝琴，
> 此外将安欲？……
> 百金买一声，
> 千金传一曲。
> 世无钟子期，
> 谁知心所属？

以下五首分咏竹、龟、松、桂、凤五物为喻。其用意与阮籍咏东陵瓜、木槿花等等完全相同，都是发挥"膏火自煎熬，多财为患害"的意思的。至于陶潜的影响，更是不消说得。我们随便举一些例子：

> 忆我少年时，
> 携手游东渠，
> 梅李夹两岸，

花木何扶疏。(《薛记室收过庄见寻》)
晚岁聊长想,
生涯太若浮。
归来南陌上,
更坐北溪头,
古岸多磐石,
春泉足细流。(《晚年叙志示翟处士》)

此外如写菊花(《赠李征君大寿》、《九月九日赠崔使君善为》及《黄颊山》等),写耕种(《田家》、《采药》及《秋夜喜遇王处士》等),都是受陶的影响的明证。陶潜是中世纪的唯一大诗人,在当时却未为人所注意,他的地位是到唐以后才显著的。而在唐代诗人中,王绩是第一个承受他的影响的。

总之,隋末的纷乱把王绩迫上了酒徒的路,酒徒的生活又引他的诗回到魏晋以上。如果我们承认齐梁是诗的厄运,那么他对于唐诗的贡献也可明白了。

王梵志(生卒未详)是一位与王绩差不多同时的白话说理诗人。唐宋时人都知道他。然自十三世纪以来,沉晦者六七百年。最近胡适作《白话文学史》,表彰了一下,方渐为人知。

关于王梵志及其诗的参考资料,胡适搜集得下列八种:

(1) 无住《语录》(敦煌本《历代法宝记》);

(2) 冯翊《桂苑丛谈》(《唐代丛书》初集);

(3) 《太平广记》卷八十二;

(4) 胡仔《苕溪渔隐丛话》前集卷五十六;

(5) 费衮《梁溪漫志》卷十;

(6) 陈善《扪虱新话》五;

(7) 慧洪《林间录》下;

(8) 晓莹《云卧纪谭》上;

此外,我们还可补加一种:

(9) 释皎然《诗式》"骇俗"。

今抄录时代最早、记述最详的一条于后:

> 王梵志,卫州黎阳人也。黎阳城东十五里有王德祖者,当隋之时,家有林檎树,生瘿大如斗。经三年,其瘿朽烂;德祖见之,乃撤其皮;遂见一孩儿抱胎而出,因收养之。至七岁,能语,问曰:谁人育我?
>
> 及问姓名,德祖具以实告:因林木而生,曰"梵天"——后改曰"志"——我家长育,可姓王也。
>
> 作诗讽人,甚有义旨,盖菩萨示化也。(《桂苑丛谈》)

胡适说,"此虽是神话,然可以考见三事:一为梵志生于卫州黎阳,即今河南濬县。一为他生当隋文帝时,约六世纪之末。三可以使我们知道唐朝已有关于梵志的神话,因此又可以想见王梵志的诗在唐朝很风行,民间才有这种神话起来。"(《白话文学史》第十一章)关于他的生年,《太平广记》引《史遗》作"隋文帝时",故此处说是六世纪末年;若依冯翊泛说"隋时"则也许是七世纪初年。

他的诗集,胡适搜得四种本子:

(1) 汉乾祐二年己酉(九四九)樊文昇写本。

(2) 己酉年(大概也是乾祐己酉)高文□写本。

(3) 宋开宝三年壬申(按开宝五年为壬申,西历九七二;三年为庚午)阎海真写本。

(4) 汉天福三年庚戌(汉天福只有一年,庚戌为乾祐三年,九五〇)金光明寺僧写本。

诗集共三卷:前三种本子均系第一卷,而阎写本为最完全;后一种为第三卷;其第二卷缺。他的作品大都是说理的小诗,如:

> 梵志翻著袜,
>
> 人皆道是错。

> 乍可刺你眼,
> 不可隐我脚。
> 城外土馒头,
> 馅草在城里。
> 一人吃一个,
> 莫嫌没滋味。

又如:

> 世无百年人,
> 强作千年调。
> 打铁作门限,
> 鬼见拍手笑。

大抵都可发人深省,然而谓之格言则可,谓之诗则不可。我们拿末首"世无百年人"与乐府《西门行》及古诗"生年不满百"来对照,便知格言与诗的分别了。

如果梵志在诗史上占得一个位置,原因决不是他的说理诗,而是下列几首描写他的"贫而乐"的生活的诗:

> 吾有十亩田,
> 种在南山坡。
> 青松四五树,
> 绿豆两三窠。
> 热即池中浴,
> 凉便岸上歌。
> 遨游自取足,
> 谁能奈我何!

又如:

> 草屋足风尘,

床无破毡卧。

客来且唤入，

地铺稿荐坐。

家里元无炭，

柳麻且吹火。

白酒瓦钵藏，

铛子两脚破。

鹿脯三四条，

石盐五六课。

看客只宁馨，

从你痛哭我！

拿朴素的白描诗句，来写自由而快乐的生涯，在诗史上是很难得的作品。梵志固未提纂宗尚魏晋，而他的诗显然与齐梁以来的诗异趣的。

最后，我们要论列公然提倡"汉魏风骨"而鄙弃"齐梁间诗"的陈子昂（西历六五六—七〇二年）。他字伯玉，梓州射洪人（今四川射洪附近）。他是富家子，年十八未知书。后感悔，苦节读书，尤善属文。高宗末（六八三？年）入京举进士，而不为人知。有卖胡琴的，价百万，子昂竟买了来，观者惊问。他说：

"余善此。"

"可得闻乎？"

"明日可入宣阳里。"

到时，他备了酒肴，说：

蜀人陈子昂有文百轴，不为人知。——此贱工之技，岂宜留心！

便击碎胡琴而以文章分赠客人。一日之内，名满都下。京兆司功王适见他的《感遇诗》三十八首，惊曰：

> 此子必为天下文宗矣!

及请交子昂。其为时人推重如此。及高宗崩,他上书讨论山陵的地址,武后奇其才,召见金华殿。子昂貌柔野,少威仪,而占对慷慨,遂擢麟台正字。垂拱初(六八六?年)他劝兴明堂太学。后召见,赐笔札。他曾向中书省条上利害,讨论吐蕃问题、生羌问题。后复召见,迁右卫胄曹参军。及后称皇帝(六九〇年),他上《受命颂》以媚后。遭母丧,去官;服终,擢右拾遗。会武攸宜讨契丹,以子昂为参谋;但意见不合,徙署军曹。圣历初(六九八?年)以父老解官。父元敬,曾举明经,宫文林郎。时为县令段简所辱,寻卒。子昂居丧哀痛。段简又欲害子昂,家人纳钱二十万缗,简薄其赂,捕子昂,竟死狱中,时年四十三。他全集十卷,今存诗一百二三十首。子光复亦善属文,终商州刺史,孙易甫简甫皆位御史。

韩愈说:

> 国朝盛文章,
> 子昂始高蹈。

《唐书》本传也说:

> 唐兴,文章承徐庾余风,天下祖尚。子昂始变雅正。

两个"始"字证明子昂在唐代文学上地位之重要。他对于诗的主张详见《与东方公书》:

> 文章道弊,五百年矣。汉魏风骨,晋宋莫传,然而文献有可征者。仆尝暇时观齐梁间诗,采丽竞繁,而兴寄都绝,每以永叹。思古人常恐逦逶颓靡,风雅不作,以耿耿也。
>
> 一昨于解三处,见明公咏孤相篇,骨端气翔,音情顿挫,光英朗练,有金石声。遂用洗心饰视,发挥幽郁。不图正始之音,复睹于兹,可使建安作者,相视而笑。

由此可知他主张:(1)诗要骨端气翔,而不要彩丽竞繁;(2)推崇建安正始,而菲薄晋宋齐梁。这显然是继承王绩一派的。

我们先看他的《感遇诗》三十八首。它们的内容和形式显然与他的主张是一致。我们知道南朝诗的内容方面,大都是浅薄而滥调的艳情,故有"宫体"之称;形式方面大都是雕琢而空泛的骈句,故有"新体"之称。这个"诗＝宫体＋新体"的风尚,陈子昂是完全反对的。他的《感遇诗》第一不言情,第二不对偶。我们举两首为例:

> 兰若生春夏,
> 芊蔚何青青!
> 幽独空林色,
> 朱蕤冒紫茎。
> 迟迟白日晚,
> 袅袅秋风生。
> 岁华尽摇落,
> 芳意竟何成!(其二)
> 本为贵公子,
> 平生实爱才,
> 感时思报国,
> 拔剑起蒿莱。
> 西驰丁零塞,
> 北上单于台,
> 登山见千里,
> 怀古心悠哉!
> 谁言未忘祸,
> 磨灭成尘埃?(其三十五)

这种诗真当得起"骨气端翔,音情顿挫"的评语。我们可以推想张说许为"天下文宗",多半是指这种与齐梁相反的风格。

然而我们也不能把他太恭维了。《感遇》以外的诗,实未能称是。我们细读他的全集,实在找不出多少好诗。固然他对于"不咏艳情"的信条似乎很能遵守,全集中的确没有一首有"宫体"嫌疑的诗。但是"新体诗"却已成为当时很流行的体裁,且渐进而成为律绝,所以他的诗中有许多可以说是"五律"或"五绝"的诗。而这些五律或五绝却没有一首是高明的。说也奇怪,比较为我们所爱读的,倒是在几首近于"骚体"的杂言诗。例如《春台引》:

> 感阳春兮生碧草之油油,
> 怀宇宙以伤远,
> 望高台而写忧,
> 迟美人兮不见,
> 恐青岁之遂遒。……
> 愿一见而道意,
> 结众芳之绸缪。
> 曷余情之荡漾,
> 嘱青云以增愁!
> 怅三山之飞鹤,
> 忆海上之白鸥。

然而杰作终要推《登幽州台歌》:

> 前不见古人,
> 后不见来者。
> 念天地之悠悠,
> 独怆然而涕下!

寥寥四句,自然而极悲壮。在子昂诗中,这是最脍炙人口的一首。

这一派,我们现在举王绩、王梵志、陈子昂三人为例。初,唐太宗承宫体余风,"戏作艳诗"。虞世南谏道:

> 圣作虽工,体制非雅。上之所好,下必随之。此文一行,恐致风

靡。而今而后,请不奉诏。

太宗很嘉许他恳诚,赐绢五十匹。其实虞世南的诗仍是齐梁一派的。同时魏徵的《述怀》,"犹有古意",然作品不多。到王陈方有可述者,后来张九龄寒山等,便为盛唐的一分子了。

准齐梁派

其次我们要述继承齐梁的一派了。这一派以"四杰"为中坚。四杰是:王勃、杨炯、卢照邻、骆宾王。今先分述他们的事迹,然后合论他们的作品。

王勃(西历六五〇—六七六年)是王绩的侄孙,字子安。父福畤,为通长子。勃六岁即能属文,构思无滞。九岁得颜师古注《汉书》读之,作《指瑕》十卷以摘其失。他与兄勔、勮才藻相类,父友杜易简(审言之弟,甫之族祖)常称之曰:

> 此王氏"三珠树"也!

他年十四岁时,太常伯刘祥道巡行关内,他上书自陈,祥道表于朝,对策高第,授朝散郎。(此据杨炯《王子安集序》,与《新唐书》本传略异。)沛王闻其名,征为侍读,论次《平台抄略》十篇,书成,颇为王所爱重,赐帛五十匹。以事忤高宗,斥出府,遂客剑南。咸亨初(六七〇年),三府交辟,以疾辞。闻虢州多药草,求补参军。恃才傲物,为同僚所嫉。时官奴曹达抵罪,匿勃所,勃惧事泄,便杀了他。事觉,勃当诛,会赦,除名。时父任雍州司功参军,因此左迁交阯令。勃往省,道出钟陵,都督大宴滕王阁,勃作序,即是很有名的《滕王阁序》。后渡海溺水,悸而卒,年未满三十。(他的生年旧说贞观二十二年,但他的《春思赋》自叙咸亨二年二十二岁,当据以改正。)

杨炯(西历六五〇—七〇〇?年),华阴人(今陕西华阴附近),为高祖时右卫将军杨虔威的侄孙。他幼聪敏,博学,善属文。显庆五年(六六〇年),炯年十一,待制弘文馆。上元三年(六七六年),应制举,补校书

郎。仪凤中(六七六？年)太常博士苏知几以公卿以下冕服,请别立节
文。炯上书诋之,由是竟寝知几所请。永隆二年(六八一年),炯与宋之
问同为崇文馆学士,迁詹事司直。武后初称制(六八五？年),坐从祖弟
神让犯逆,左转梓州司法参军。秩满,选授盈川令。炯至宫,为政残酷,
人吏动不如意,辄榜杀之。如意元年(六九二年)七月望日,宫中出盂兰
盆,分送佛寺。则天御洛南门,与百寮观之,炯献《盂兰盆赋》,词甚雅丽。
不久,卒于官。他听人家称王杨卢骆为四杰,说:

> 吾愧在卢前,耻居王后。

张说说:

> "耻居王后",信然。"愧在卢前",谦也。

卢照邻(西历六三七—六九〇？年),字升之,幽州范阳人(今河北大
兴附近),为陇州刺史卢光乘之弟。年十余岁,从曹宪王义方授《苍雅》及
经史,博学善属文。初授邓王府典签。王有书十二车,照邻披览,略能记
忆,王甚爱重之,向人说:

> 此即寡人相如也。

后拜都新尉,因染风疾去官,居太白山中,得方士玄明膏,饵之。会父丧,
号呕,丹辄出,由是疾益甚。客东龙门山,布衣藜羹,友人时供其衣药。
疾甚,足挛,一手又废,乃徙居阳翟之具茨山下。买园数十亩,疏颍水周
舍。复豫为墓,偃卧其中。他自以为"当高宗时尚吏,己独儒;武后尚法,
己独黄老;后封嵩山,己已废",便作《五悲》以自明。病既久,不堪其苦,
尝与亲属执别,遂自投颍水而死,时年四十。

骆宾王(西历六四〇？—六八四？年),婺州义乌人(今浙江义乌附
近)。少善属文,七岁即能赋诗,尤妙于五言。尝作《帝京篇》,当时以为
绝唱,但落魄无行,好与博徒为伍。初为道王府属,尝使自言所能,宾王
不答。后为武功主簿。裴行俭为洮州总管,表宾王掌书奏,不应。高祖
末(六八二？年)调长安主簿。武后时(六八四年),坐赃左迁临海丞,怏

快不得志,弃官而去。时徐敬业在扬州起兵讨武后,署宾王为府属,军中书檄都是他作的。武后读檄文,但嬉笑,读至"一抔之土未干,六尺之孤安在!"很惊异的问:

> 谁为之?

有人告以宾王作檄,后责问:

> 宰相安得失此人!

敬业败,伏诛,宾王亡命,不知所终。现在南通的狼山上有骆宾王墓,真伪不可考。

以上略述四杰的事迹,现在我们要论到他们的诗了。他们的诗有下列四种特点:

(1) 七古的成立。五言古诗自三国以后,已盛极一时,而七言古诗却是到唐代方才兴盛的。依我们观察,七古正式成立之功应该归之四杰。在他们以前,如王绩,如王梵志,都没有七言诗留传下来,而四杰的杰作却大半是七言的。例如王勃的《滕王阁》:

> 滕王高阁临江渚,
> 佩玉鸣鸾罢歌舞。
> 画栋朝飞南浦云,
> 珠帘暮卷西山雨。
> 闲云潭影日悠悠,
> 物换星移几度秋。
> 阁中帝子今何在?
> 槛外长江空自流。

又如卢照邻《长安古意》的名句:

> 得成比目何辞死,
> 愿作鸳鸯不羡仙。

其末段说:

> 寂寂寥寥扬子居,
>
> 年年岁岁一床书。
>
> 独有南山桂花发,
>
> 飞来飞去袭人裾。

这些虽不能算第一流的诗,却可代表七言诗的成熟期。而且在当时
都是传诵很广的,其影响之大可知。七言古诗的兴盛,其原因自然非常
复杂,而四杰提倡之功却是不可埋没的。(他们中唯杨炯无七言诗。)

(2)五律的成立。我们在上文曾详论过"新体诗",而这些新体诗却
全是五言的。所以律诗和绝句都是五言的先成立而七言的后成立。其
中除五绝早已成立外,五律到四杰也成立了。例如杨炯的《从军行》:

> 烽火照西京,
>
> 心中自不平。
>
> 牙璋辞凤阙,
>
> 铁骑绕龙城。
>
> 云暗凋旗画,
>
> 风多杂鼓声。
>
> 宁为百夫长,
>
> 胜作一书生。

又如骆宾王的《在狱闻蝉》:

> 西陆蝉声唱,
>
> 南冠客思侵。
>
> 那堪玄鬓影,
>
> 来对白头吟?
>
> 露重飞难禁,
>
> 风多响易沉。

> 无人信高洁，
>
> 谁为表予心？

在四杰集中，五律多者占二分之一，少者亦在四分之一以上。格律之严与篇数之多，都可奠定五律的基础。

以上两种特点是形式方面的，已可看出是继承齐梁的了。以下再讲内容方面的两种特点：

（3）音调的婉媚。我们都知道南朝诗人对于诗的音节方面是特别注意的，而四杰的诗的音节方面似乎更得力于六朝的新乐府。我们试举王勃的《采莲曲》为例：

> 桂棹兰桡下长浦，
>
> 罗裙玉腕轻摇橹。
>
> 叶屿花潭极望平，
>
> 江讴越吹相思苦。
>
> 相思苦，
>
> 佳期不可驻。
>
> 塞外征夫犹未还，
>
> 江南采莲今已暮。
>
> 今已暮，
>
> 采莲花，
>
> 渠今那必尽倡家？
>
> 官道城南把桑叶，
>
> 何如江上采莲花？

这里叠句"相思苦""今已暮"使全诗音节婉转得多。更可注意的是诗的转韵。例如上文以"家""花"相协，"叶"字非韵，而下文即协"叶"韵，如：

> 莲花复莲花，
>
> 花叶何稠叠。
>
> 叶翠本羞眉，

> 花红强如颊。

这不是偶然的。即如这段"眉"字非韵,而下文又协"眉"韵:

> 佳人不在兹,
>
> 怅望别离时。
>
> 牵花怜其蒂,
>
> 折藕爱连丝。

所以从"桂棹兰桡"至"爱连丝"二十一句的韵式是:aabaaacaad—deddefeffgf。"爱连丝"与以下十二句中也有同样的例。此外如卢照邻《长安古意》末段:

> 专权意气本豪雄,
>
> 青虬子燕坐春风。
>
> 自言歌舞长千载,
>
> 自谓骄奢凌五公。

这里"载"字非韵,下文却协"载"韵:

> 节物风光不相待,
>
> 桑田碧海须臾改。
>
> 昔时金阶白玉堂,
>
> 即今唯见青松在。

这样在上段非韵的句末暗示下段的韵,可使读者感到音调的格外婉转,格外柔媚。

(4) 字句的秀丽。四杰的诗的字句的秀丽是人们都知道的。其中尤以王勃为最,现在也不暇遍举。我们略摘些杨炯的丽句:

> 影浓山树密,
>
> 香浅泽花疏。(《和石侍御山庄》)
>
> 露文沾细草,
>
> 风影转高花。(《早行》)

> 露纹埋落照，
>
> 风物澹归烟。(《和郑校雠内省眺瞩思乡怀友》)

又如骆宾王的：

> 蝉鸣稻叶秋，
>
> 雁起芦花晚。(《在江南赠宋五之问》)
>
> 舟移疑入镜，
>
> 棹举若乘波。(《畴昔篇》)
>
> 分念娇莺一种啼，
>
> 生憎燕子千般语。(《代女道士王灵妃赠道士李荣》)

以上随便抄了些写景写情的句子，都可证明他们有一种特殊的风格。郗云卿说他们"文词齐名，海内称焉，号为四杰，亦云卢骆杨王四才子"。马端临也说"文辞齐名，海内称王杨卢骆四才子，亦曰四杰"。他们的诗的确有相同的特点，蔚为初唐诗坛重要的一派。

其次我们讲"沈宋"。

沈佺期(西历六五〇？—七一四年)，字云卿，相州内黄人(今河南内黄附近)。高宗上元二年(六七五年)及进士第。由协律郎迁通事舍人，预修《三教珠英》。再转给事中，考功员外郎，受赃，劾未究。会张易之败，遂长流驩州。稍迁台州录事参军。中宗神龙中(七〇六？年)入计，得召见，拜起居郎，兼修文馆直学士。后历中书舍人，太子詹事。开元初卒。

宋之问(西历六五〇—七一二年)，一名少连，字延清，汾州人(今山西汾阳附近)，一云虢州弘农人(今河南灵宝附近)。高宗时东台详正学士令文之子。高宗上元二年(六七五年)进士。初征令与杨炯分直内教，后授洛州参军，转尚方监丞，左奉宸内供奉，预修《三教珠英》。及张易之败，贬泷州参军。未几，逃还，夤缘得擢为鸿胪主簿。中宗景龙中(七〇八？年)转考功员外郎，又与杜审言等同为修文馆学士。后以知贡举时赇饷狼藉,贬越州长史,睿宗时配钦州,先天中赐死。

《旧唐书·文苑传》说:

〔沈佺期〕与宋之问齐名,时人称为"沈宋"。

《新唐书·文艺传》说:

魏建安后迄江左,诗律屡变。至沈约庾信以音韵相婉附,属对精密。及〔宋〕之问沈佺期又加靡丽,回忌声病,约句准篇,如锦绣成文。学者宗之,号为沈宋。

所以他们二人显然与四杰接近。不过就他们作品本身讲,实在没有什么价值可言。仅仅在诗体的完成上,稍有一点功绩。原来唐代诗人所作在形式上可分为六种,这六种成立的先后大约如下表:

诗 体		成 立 期	
五言	古 诗	魏 晋	
	绝 句	齐 梁	
	律 诗	四 杰	初唐
七言	古 诗		
	绝 句	沈 宋	
	律 诗		

沈宋所以能在诗史上占篇幅者在此。

现在我们举一点七言绝句的例子:

北邙山上列坟茔,

万古千秋对洛城。

城中日夕歌钟起,

山上唯闻松柏声。(沈佺期《北邙》)

可怜冥漠去何之?

独立丰茸无见期。

君看水上芙蓉色,

恰似生前歌舞时。(宋之问《伤曹娘》)

151

再举一点七言律诗的例子：

> 卢家少妇郁金香，
>
> 海燕双栖玳瑁梁。
>
> 九月寒砧催木叶，
>
> 十年征戍忆辽阳。
>
> 白狼河北音书断，
>
> 丹凤城南秋夜长。
>
> 谁为含愁独不见，
>
> 更教明月照流黄。（沈佺期《独不见》）
>
> 离宫秘苑胜瀛洲，
>
> 别有仙人洞壑幽。
>
> 岩边树色含风冷，
>
> 石上泉声带雨秋。
>
> 鸟向歌筵来度曲，
>
> 云依帐殿结为楼。
>
> 微臣昔忝方明御，
>
> 今日还陪八骏游。（宋之问《三阳宫石淙侍宴应制》）

这些诗虽然不是第一流的好诗，然可表示七绝七律到此已成熟了。

四杰沈宋以外，如上官仪、杨师道、刘希夷、张若虚等风格也相近，我们无暇细述。其中有一位杜审言，是大诗人杜甫之祖，与沈宋齐名，时代和风格都极近，我们应该附带说一说。

杜审言（西历六四五？—七〇八年），字必简，襄州襄阳人（今湖北襄阳附近）。高宗咸亨元年（六七〇年）登进士，为隰城尉，累转洛阳丞，坐事贬吉州司户参军。恃才謇傲，甚为时辈所疾。因事坐狱，免官，还东都。武后召见，拜著作佐郎，迁膳部员外郎。中宗神龙初（七〇五？年）坐与张易之交往，流峰州。寻召授国子监主簿，加修文馆直学士。卒年

六十余。他的诗似乎较沈宋高一点,然最重要的还在助成七言律绝之
体,我们各举一首为例:

> 知君书记本翩翩,
> 为许从戎赴朔边。
> 红粉楼中应计日,
> 燕支山下莫经年。(《赠苏书记》)
> 今年游寓独游秦,
> 愁思看春不当春。
> 上林苑里花徒发,
> 细柳营前叶漫新。
> 公子南桥应尽兴,
> 将军西第几留宾?
> 寄语洛城风日道,
> "明年春色倍还人。"(《春日京中有怀》)

上文述了王绩至杜审言十人。初唐一百年的诗坛,即此已可了然。
下文我们便要研究盛唐了。

章三　王维及其派

王维

在七世纪的末年和八世纪的初年,中国产生了几位大诗人,于是便
造成所谓"盛唐"的局面。"唐诗"到此已有了一百年的酝酿,应该有点新
的发展了。盛唐诗人的总数,实不在初唐下。在本章里我们先研究王维
一派的诗人。

王维(西历七○一——七六一年),字摩诘,太原祁人(今山西祁县附
近)。父处廉,终汾州司马,徙家于蒲,遂为河东人(今山西蒲县附近)。
九岁知属辞,与弟缙齐名。年十五以后,作诗存者甚多,如《题友人云母
障子》诗、《过秦王墓》诗、《洛阳女儿行》、《九月九日忆山东兄弟》诗、《哭

祖六自虚》诗等。开元七年(七一九年),他十九岁,赴京兆府,试解举头。
《李陵咏》《桃源行》《清如玉壶冰》诗等即作于是年。关于这次"解头",
《集异记》有一段传说:

> 维未冠,文章得名,妙能琵琶。春之一日,岐王引至公主第,使
> 为伶人,进主前。维进新曲,号《郁轮袍》,并出所为文。主大奇之,
> 令宫婢传教,召试官至第,谕之作解头登第。(《唐诗记事》卷十
> 六引)

此事新旧《唐书》均未载,但未必尽诬,因为当时风气是这样的(看李颀
《送康洽入京进乐府歌》便知)。不久,他便以进士擢第(开元九年,一说
十九年)。

于是他开始做官了。初为大乐丞,后坐累,谪济州司仓参军。妻亡,
不再娶,孤居三十年。开元二十二年(七三四年),张九龄为中书令,擢维
为右拾遗。二十五年,为监察御史,在河西节度使幕中。天宝元年(七四
二年),为左补阙,迁库部郎中。会遭母丧,柴毁骨立,几不胜丧。十一
年,服除,拜文部郎中,迁给事中。时弟缙任侍御史,武部员外。《旧唐
书》本传说:

> 维以诗名盛于开元天宝间。昆仲宦游两都,凡诸王驸马豪右贵
> 势之门,无不拂席迎之。宁王薛王待之如师友。

本传又载一件故事:

> 人有得奏乐图,不知其名。维视之曰:《霓裳》第三叠第一拍也。
> 好事者集乐工按之,一无差。咸服其精思。

这可证明他精于音乐和绘画。维一身兼诗画音乐三长,所以誉望日隆,
到处"拂席"了。

正在这优游两都的时候,安禄山反了(西历七五五年)。玄宗出幸,
他扈众不及,为贼所获。他服药取痢,伪称瘖病。禄山怜之,拘于洛城普
施寺,迫为给事中。一天,禄山大宴凝碧宫(一作池),召梨园诸工合乐,

诸工皆泣。他知道了,作诗寄慨。贼平,维以此诗减罪,责授太子中允。寻迁太子中庶子,中书舍人,后拜给事中,时乾元元年(七五八年)。翌年,转尚书右丞,他年已五十九岁了。性本好佛,晚年尤甚。得宋之问蓝田别墅,有华子冈、欹湖、竹里馆、柳浪、茱萸沜、辛夷坞诸胜。尝与裴迪书说:

> 夜登华子冈,辋水沦涟,与月上下。寒山远火,明灭林外。深巷寒犬,吠声如豹。村墟夜舂,复与疏钟相间。此时独坐,僮仆静默,每思曩昔携手赋诗。当待春中卉木蔓发,轻鯈出水,白鸥矫翼,露湿青皋,青雉朝雊。倘能从我游乎?

可见其晚景颇极闲适。上元二年七月卒,年六十一。(《旧唐书》记其卒年为乾元二年七月,《新唐书》为上元初。然集中尚有作于上元二年的诗文,故现在假定为上元二年七月。)

我们读王维的诗,读到这几句:

> 寂寥天地暮,
> 心与广川闲。(《登河北城楼》)
> 我心素已闲,
> 清川澹如此。(《青溪》)

便好似找到了开发王维的诗的钥匙了。这钥匙便是个"静"字。我们细翻全集,知道我们的诗人最爱用"静"字。试举二十条为例:

(1) 静观素鲔。(《酬诸公见过都》)

(2) 野旷寒山静。(《奉和圣制登降圣观与宰臣等同望应制》)

(3) 寒山静秋塞。(《奉和圣制送不蒙都护兼鸿胪卿归安西应制》)

(4) 守静解天刑。(《赠房卢氏琯》)

(5) 夜静群动息。(《春夜竹亭赠钱少府归蓝田》)

(6) 闲门昼方静。(《林园即事寄舍弟纮》)

（7）夜静群动息。（《秋夜独坐怀内弟崔兴宗》）

（8）静言深溪里。（《自大散以往深林密竹磴道盘曲四五十里至黄牛岭见黄花川》）

（9）月明松下房栊静。（《桃源行》）

（10）洒空深巷静。（《冬晚对雪忆胡居士家》）

（11）晚年唯好静。（《酬张少府》）

（12）静者亦何事。（《淇上田园即事》）

（13）谷静泉逾响。（《奉和圣制幸玉真公主山庄因题石壁十韵之作应制》）

（14）山静泉逾响。（《赠东岳焦炼师》）

（15）谷静惟松响。（《游感化寺》）

（16）谷静秋泉响。（《东溪玩月》）

（17）闲居日清静。（《沈十四拾遗新竹生读经处同诸公之作》）

（18）山中习静观朝槿。（《积雨辋川庄》）

（19）夜静春山空。（《鸟鸣涧》）

（20）绿艳闲且静。（《红牡丹》）

唯其能静，故他能领略到一切的自然的美，而成陶潜以后唯一的伟大的自然诗人。

苏轼说：

> 维诗中有画，画中有诗。

这是批评王维的诗的一句名言。怎样叫做"诗中有画"？那就是说，他长于描写自然的美。我们试看王维的全集，他的杰作都是这一方面的。他《赠裴十迪》诗说：

> 风景日夕佳，
> 与君赋新诗，
> 澹然望远空，
> 如意方支颐。

这四句是王维的自画像——一个闲静的诗人,在鉴赏自然的美。我们看他赋的"新诗":

> 倚杖柴门外,
>
> 临风听暮蝉。
>
> 渡头余落日,
>
> 墟里上孤烟。(《辋川闲居赠裴秀才迪》)
>
> 流水如有意,
>
> 暮禽相与还。
>
> 荒城临古渡,
>
> 落日满秋山。(《归嵩山作》)
>
> 行到水穷处,
>
> 坐看云起时。
>
> 偶然值邻叟,
>
> 谈笑无还期。(《终南别业》)

这大概与他的绘画有关系。他本是诗人兼画家,尝自己说,"前身应画师",所以使他的诗更趋于成功。

在"诗中有画"的作品中,我们特别要提出《辋川集》来讲一讲。《辋川集》是他与他的朋友题咏辋川别业景物的诗,共五绝二十首。自序说:

> 余别业在辋川山谷,其游止有孟城坳,华子冈,文杏馆,斤竹岭,鹿砦,木兰砦,茱萸沜,宫槐陌,临湖亭,南垞,欹湖,柳浪,栾家濑,金屑泉,白石滩,北垞,竹里馆,辛夷坞,漆园,椒园等;与裴迪闲暇各赋绝句云。

我们抄脍炙人口者两首于后:

> 空山不见人,
>
> 但闻人语响。
>
> 反景入深林,

> 复照青苔上。(《鹿砦》)
>
> 独坐幽篁里,
>
> 弹琴复长啸。
>
> 深林人不知,
>
> 明月来相照。(《竹里馆》)

五绝的体裁最适宜于写一刹那的影像。王维以五言著,而尤长于短诗。我们再附带举两首《辋川集》以外的五绝:

> 山中相送罢,
>
> 日暮掩柴扉。
>
> 春草明年绿,
>
> 王孙归不归?(《送别》)
>
> 君自故乡来,
>
> 应知故乡事。
>
> 来日绮窗前,
>
> 寒梅著花未?(《杂诗》)

这些不是写景,而是抒情。但是他所表的情是如此飘渺而恬淡,其风格与所取的景是一致的。

他这种淡远闲静的风格,或许有点佛教的影响。他名"维"字"摩诘"便表示他的偏嗜,而且《唐书》本传及《国史补》也说他好释氏。不过他的几首谈禅的说理诗,却不高明得很,尤其是与胡居士酬应的几首:

> 了观四大因,
>
> 根性何所有?
>
> 妄计苟不生,
>
> 是身孰休咎?(《胡居士卧病遗米因赠》)

这种诗前不如王梵志,后不如寒山拾得,实在是王维诗的下乘。

最后,我们要谈一谈他的乐府诗。他早年所作,大都是七言的乐府。

如《桃源行》《洛阳女儿行》等,也都脍炙人口。不过它们只是平妥而已,并不是很重要的作品。而且乐府到魏晋以后,文人所作大都不能入乐,与徒诗无异。唐人所歌的,律诗或绝句为多。最著名的自然是《送元二使安西》一首:

> 渭城朝雨浥轻尘,
>
> 客舍青青柳色新。
>
> 劝君更尽一杯酒,
>
> 西出阳关无故人。

此诗入乐后,改称《渭城曲》或《阳关曲》。白居易说:

> 相逢且莫推辞醉,
>
> 听唱阳关第四声。(《对酒》)

刘禹锡说:

> 旧人唯有何戡在,
>
> 更与殷勤唱渭城。(《与歌者》)

其为人推重如此。其余如《红豆生南国》《秋风明月苦相思》等篇,据尤袤《全唐诗话》(卷一)的记载,李龟年曾在湘中采访使筵上唱过,也都是"王维所制"的绝句。

王派诗人

从王维的诗题上,我们知道他的朋友有:(1) 李颀(《赠李颀》),(2) 祖咏(《赠祖三咏》),(3) 裴迪(《赠裴十迪》),(4) 苑咸(《苑舍人能书梵字兼达梵音皆曲尽其妙戏为之赠》),(5) 高适(《送高适弟耽归临淮作》),(6) 綦毋潜(《送綦毋潜落第还乡》),(7) 丘为(《送丘为落第归江东》),(8) 储光羲(《待储光羲不至》),(9) 钱起(《留别钱起》),(10) 孟浩然(《哭孟浩然》),(11) 房琯(《赠房卢氏琯》),(12) 殷遥(《哭殷遥》),(13) 卢象(《与卢象集朱家》),(14) 崔兴宗(《秋夜独坐怀内弟崔兴宗》),

等等。这些都是当时知名的诗人,并且都有作品流传至今。不过其中有一部分,他们的风格与王维不同,我们在别处另讲;还有一部分,他们的地位比较低些,我们可以略过不讲。所以,现在所谓"王派诗人",只选出风格相近而地位较高者六人:孟浩然、裴迪、储光羲、丘为、綦毋潜及祖咏。

孟浩然(西历六八九—七四〇年),字浩然,襄阳人(今湖北襄阳附近)。四十岁以前,隐居鹿门山。到四十岁,方游京师。尝于太学赋诗,有句云,"微云澹河汉,疏雨滴梧桐"。一座嗟伏,无敢抗,尤为王维张九龄所称道。一日,王维邀入内署,忽玄宗至。他匿居床下,维以实告帝。玄宗很高兴,说:

> 朕闻其人而未见也,何惧而匿!

于是命他出来,并问他做什么诗。他自诵所作诗,诵至"不才明主弃"一句,玄宗说:

> 卿不求仕,而朕未尝弃卿。奈何诬我!

应进士,不第,还襄阳。採访使韩朝宗约他同到京师,欲荐诸朝。适有故人至,剧饮欢甚,便忘却朝宗的约。有人提起,他说:

> 业已饮,遑恤他!

朝宗生气,便先走了,他也不悔。张九龄为荆州,辟置于府,不久罢归。王昌龄游襄阳,他病疽将愈,食鳝疾动,卒于冶城南园,年五十二。

浩然的性格,可于王士源的《孟浩然集序》见之。他说:

> 骨貌淑清,风神散朗。

又说:

> "浩然"清发,亦其自名。

又说:

行不为饰,动以求贞,故似诞。游不为利,期以放性,故常贫。

总之,与陶潜王维是很相近的。我们再抄一点他的著名的诗句于后:

山光忽西落,

池月渐东上。

散发乘夜凉,

开轩卧闲敞。

荷风送香气,

竹露滴清响。(《夏日南亭怀辛大》)

山暝听猿愁,

沧江急夜流。

风鸣两岸叶,

月照一孤舟。(《宿桐庐江寄广陵旧游》)

移舟泊烟渚,

日暮客愁新,

野旷天低树,

江清月近人。(《宿建德江》)

这三个例是代表五古、五律、五绝三种体裁。孟浩然是长于五言的。他的全集计二百六十七首,七言的仅二十首。不过这二十首中有一首《夜归鹿门歌》(七古)却也是脍炙人口的作品。

他与王维有不同的地方吗?前人颇多注意到这个问题,如《麓堂诗话》《艺圃撷余》等。但他们的批评似太抽象。我们引胡适的话:

孟浩然的诗有意学陶潜,而不能摆脱律诗的势力,故稍近于谢灵运。(《白话文学史》第十三章)

这话是不错的。例如开卷第一首:

世禄金张贵,

官曹幕府贤。……

高操回落日,

平楚散芳烟。(《从张丞相游南沈城猎戏赠裴迪张参军》)

李梦阳评道:

调杂,非古非律。(日本刊本《王孟诗集引》)

又如《寄天台道士》五言八句,日本近藤元粹说:

是盖古诗协声律者耳,恐非律诗。

这都可以证明胡适的话。即就数量言,五古共五十多首,五言律绝则有近二百首,也可见我们诗人的偏重。这是王孟的异点。

储光羲(西历七〇七—七六〇? 年),字光羲,兖州人(今山东滋阳附近)。他初为太学生,到开元十四年(七二六年)严黄门知考功,便以高第中进士,又诏中书试文章。他与崔国辅、綦毋潜、王昌龄、常建同时,顾况说他的"声价隐隐辐轹诸子"。他初为沈水尉。迁下邽及安宜尉,不久退隐终南。后来拜太祝,未上,迁监察御史。殷璠称他的"政论十五卷,《九经分义疏》二十卷,言博理当,实可谓经国之大才",可见他不仅以诗见称。禄山乱(七五五年),他不幸陷贼。贼平,下狱。出狱后,贬至冯翊,寻卒。

他的诗,显然是属于王维孟浩然一派的。我们略举几首为例:

垂钓绿湾春,

春深杏花乱。

潭清疑水浅,

荷动知鱼散。

日暮待情人,

维舟绿杨岸。(《钓鱼湾》)

日暮长江里,

相邀归渡头。

> 荷花如有意,
>
> 来去逐船流。(《江南曲》之三)

然而与王孟又有异点。这异点可分两方面去说明。第一,他的诗是很近于民歌的,也许是有意的以民歌为师。例如:

> 山北饶朽木,
>
> 山南多枯枝。(《樵父词》)
>
> 泽鱼好鸣水,
>
> 溪鱼好上流。(《渔父词》)
>
> 不言牧田远,
>
> 不道牧波深。(《牧童词》)
>
> 浊水菱叶肥,
>
> 清水菱叶鲜。(《采菱词》)
>
> 蒲叶日已长,
>
> 杏花日已滋。(《田家即事》)
>
> 北山种松柏,
>
> 南山种蒺藜。(《同王十三维偶然作》)

这种句调是王孟所无的。第二,他的诗的材料,特别注重田园生活。在他以前如陶潜,也曾歌咏过农夫农妇,储光羲则更向这方面努力。例如《田家即事》"蒲叶",《田家杂兴》八首,《田家即事答崔二东皋作》四首,《田家即事》"桑柘"等,都是。其中最重要的是《田家杂兴》,我们举几段作例:

> 不能自力作,
>
> 黾勉娶邻女,
>
> 既念生子孙,
>
> 方思广田圃。(其一)

这几句真是道尽田舍翁的心事,若非诗人自己是从农家出来,是不易做出这种好诗的。又如：

> 满园种葵藿，
> 绕涯树桑榆。
> 禽雀知我闲，
> 翱集依我庐。（其二）
> 逍遥阡陌上，
> 远近无相识。
> 落日照秋山，
> 千岩同一色。（其三）

这一点影响到后来的范成大等，为王孟所不及。

总之，王孟储三人中，王最丰腴，储最朴质。王乃贵族的隐士，孟为落魄的文人，而储则如能文的农夫。

王派诗人以孟储为最重要，其余只是配角的小诗人而已。这些配角中间，裴迪与王维的关系最为密切。他是关中（今陕西）人，生于西历七一六年，卒年无从考知，他的一生事迹，我们知道的也很少。我们只知道他与王维、崔兴宗、李颀、杜甫为友，在天宝后（西历七五五年?）做过罗州刺史及尚书省郎。他一生最重要的时候，便是早年与王崔同居终南相唱和的时候。他的作品流传至今者以《辋川集》为主，共五绝二十首（与王维等），集外仅九首（其中《西塔寺》一首是杨慎伪造的）。我们举几首为例：

> 日夕见寒山，
> 便为独往客。
> 不知深林事，
> 但有麏麚迹。（《鹿砦》）
> 趺石复临水，
> 弄波情未极。
> 日下川上寒，

浮云澹无色。(《白石滩》)

这都是集里的。其余如《木兰柴》《宫槐陌》《南垞》等及集外的《送崔九》《献王维》等首,也都是很有意境的作品。不过我们要注意:他虽晚年与杜甫为友,然他的作品却丝毫未受杜的影响。

丘为(生卒无考),苏州嘉兴人(今浙江嘉兴附近)。我们知道他做过太子右庶子,事母以孝称,享年很高(九十六岁),与王维刘长卿为友,此外便无从考知。他的诗今存十三首。我们举第一首的一段为例:

绝顶一茅茨,
直下三十里。
扣关无僮仆,
窥室唯案几。……
虽无宾主意,
颇得清净理。
兴尽方下山,
何必待之子。(《寻西山隐者不遇》)

此首风格迫近王孟,其余则未能称是。又如《左掖梨花同王维皇甫冉赋》一首:

冷艳全欺雪,
余香乍入衣。
春风且莫定,
吹向玉阶飞。

此与王维还算相近,而与储孟则相距甚远。这大概是个人环境的关系。

綦毋潜(生卒无考),字季通(一作孝通),荆南人(今湖北南部)。开元十四年(西历七二六年)登进士第,由宜寿尉入为集贤待制,迁右拾遗,终著作郎。他的诗今存二十余首,我们举《春泛若邪溪》为例:

幽意无断绝,

> 此去随所偶。
>
> 晚风吹行舟，
>
> 花路入溪口。
>
> 际夜转西壑，
>
> 隔山望南斗。
>
> 潭烟飞溶溶，
>
> 林月低向后。
>
> 生事且弥漫，
>
> 愿为持竿叟。

这种态度完全是属于王派的。不过有几首实在不大高明，尤其是与僧道酬应的几首，如《题栖霞寺》《茅山洞口》等。这一点，也可说与王维同病。

祖咏（生卒无考）也是王维的朋友，洛阳人（今河南洛阳附近），为开元十二年（西历七二四年）进士。其余，我们便无所知。他的作品存者较多，技术也较与潜为高。例如：

> 终南阴岭秀，
>
> 积雪浮云端。
>
> 林表明霁色，
>
> 城中增暮寒。（《终南望余雪》）

王派诗人中，除储光羲外，只有祖咏注意到田家生活：

> 旧居东皋上，
>
> 左右俯荒村。
>
> 樵路前傍岭，
>
> 田家遥对门。（《田家即事》）

但是他并不是王储的嫡派。他有一首很著名的律诗，便可代表另一种风格：

> 燕台一去客心惊，

　　　　萧鼓喧喧汉将营。

　　　　万里寒光生积雪，

　　　　三边曙色动危旌。

　　　　沙场烽火连天月，

　　　　海畔云山拥蓟城。

　　　　少小虽非投笔吏，

　　　　论功还欲请长缨。(《望蓟门》)

这显然非王派的本色，而有点近于高岑了。(参看下文论高岑风格的一段。)

　　总结上文，我们可以说王维一派的作品，有下列三种特点：

　　(1) 诗的形式，以五言为主。

　　(2) 诗的内容，注重自然的美。

　　(3) 诗的风格，取澹远而摒雄放。

最可注意的是，他们都身经安史之乱，然而作品里丝毫未有时代的反映。这是他们与杜甫大异之点。

章四　岑参及其派

岑参

　　王维一派诗人以外，还有岑参一派，这一派的风格题材都与王维等完全不同。从前都是以岑参与高适并列，称为"高岑"。但我们细看他们的诗，觉得高适远不如岑参。所以我们升岑参为这派的领袖，而降高适与其他几位风格较近的诗人为"岑派诗人"。

　　现在我们先述岑参。

　　岑参(西历七一五—七七〇年)，南阳人(今河南南阳附近)。曾祖文本，祖父长倩，伯父羲，都在唐初做到大官。他早岁孤贫，能自砥砺，遍览史籍，尤工缀文。每一篇出，人人传写，拟于吴均何逊。登天宝三年(七四四年)进士第,官右率府兵曹参军,转右威卫录事参军。至德中(七五六? 年)任宣议郎,试大理评事,并监察御史,充安西节度判官,入为右补阙。他频上书章,指斥权佞,改为起居郎。寻出为虢州长史,又改太子中允,并殿中侍御史,充关西节度判宫。代宗未即位时(七六〇? 年)总戎陕服,委以书奏之任。不久,入为祠部考功二员外郎,转虞部库部二正郎,又出为嘉州刺史。杜鸿渐镇西川,表为从事,以职方郎中并侍御史列为幕府。未几,使罢,寓居于蜀,旋卒。集八卷,今编五卷或四卷。

他的诗就形式方面论,是长于七言而短于五言的。他的杰作,几乎全是七言。我们随便举几首较短的作例子:

> 妇姑城南风雨秋,
> 妇姑城中人独愁。
> 愁云遮却望乡处,
> 数日不上西南楼。
> 故人薄暮公事间,
> 玉壶美酒琥珀盘,
> 颍阳新草今黄尽,
> 醉卧君家犹未还。(《题匡城周少府厅壁》)
> 梁园日暮乱飞鸦,
> 极目萧条三两家。
> 庭树不知人去尽,
> 春来还发旧时花。(《山房春事》)

七言诗经四杰的提倡,渐渐成立。然而王孟一派是不注重七言的,幸有岑参一派在这方面努力,方不至中衰下去。这是岑诗的第一种特点,也是岑王两派第一种异点。

再就内容方面论,他是用全副精神来描写战争的。大概岑参有点瞧不起白面书生而羡慕壮武的将军。例如他说:

> 丈夫三十未富贵,

安能终日守笔砚?(《银山碛西馆》)

怜君白面一书生,

读书千卷未成名。(《与独孤渐道别长句》)

所以,他写战争并不是诅咒战争的惨酷,而是赞颂战争的伟大的:

朝登剑阁云随马,

夜渡巴江雨洗兵。(《章和杜相公发益昌》)

台上霜风凌草木,

军中杀气傍旌旗。(《九日使君席奉饯卫中丞赴长水》)

日落辕门鼓角鸣,

千群面缚出蕃城。

洗兵鱼海云迎阵,

秣马龙堆月照营。(《献封大夫破播仙凯歌》)

而杰作终要推《轮台歌》:

轮台城头夜吹角,

轮台城北旄头落。……

上将拥旄西出征,

平明吹笛大军行。

四边伐鼓雪海涌,

三军大呼阴山动。……

古来青史谁不见?

今见功名胜古人。

这一类歌咏战争的诗,不消说是从古代《鼓吹》《横吹》演出来的。然而古乐府中实在诅咒多于赞颂,恰与岑参相反。至于王孟,则简直不大应用这一类的题材。这是岑诗的第二种特点,也是岑王两派第二种异点。

这形式与内容便养成一种特殊的风格。就风格方面论,他是取动不取静,取雄放而不取澹远。例如他写风:

轮台九月风夜吼，

一川碎石大如斗，

随风满地石乱走。（《走马川行》）

又如他写雪：

北风卷地白草折，

胡天八月即飞雪。

忽然一夜春风来，

千树万树梨花开。（《白雪歌》）

又如他写热：

侧闻阴山胡儿语，

西头热海水如煮。……

蒸沙烁石然虏云，

沸浪炎波煎汉月。（《热海行》）

又如他写寒：

晻霭寒氛万里凝，

阑干阴崖千丈冰。

将军狐裘卧不暖，

都护宝刀冻欲断。（《天山雪歌》）

又如他写歌：

君不闻胡笳声最悲？

紫髯碧眼胡人吹，

吹之一曲犹未了，

愁杀楼兰征戍儿。（《胡笳歌》）

又如他写舞：

回裾转袖若飞雪，

> 左铤右铤生旋风。
>
> 琵琶横笛和未匝,
>
> 花门山头黄云合。(《田使君美人舞如莲花北铤歌》)

又如他写马:

> 枥上看时独意气,
>
> 众中牵出偏雄豪。……
>
> 草头一点疾如飞,
>
> 却使苍鹰翻向后。(《卫节度赤骠马歌》)

又如他写将军:

> 盖将军,真丈夫,
>
> 行年三十执金吾,
>
> 身长七尺颇有须。(《玉门关盖将军歌》)

我们引这七八段,表示他的诗的风格是一致的——取动不取静,取雄放不取澹远。这是岑诗的第三种特点,也是岑王两派的第三种异点。

这样一位诗人,真可以领袖一派而与王孟对峙了。(前人拿他比何逊吴均,称他"缛""丽",真是不知所云。)

岑派诗人

以上略述岑参的诗,现在我们要述他同派的诗人。这些诗人中,有些与岑参是朋友,如高适王昌龄等,有些怕还不相认识,如李颀王之涣等。以下我们逐一讨论。

高适(西历七〇〇?—七六五年),字达夫,渤海蓨人(今河北沧州附近)。父从文位终韶州长史。适少时不事生业,至以丐自给,也没有人赏识他。直到四十多岁,他才注意文章,学做诗。数年之间,渐为好事者所传诵。宋州制史张九皋奇之,荐有道科,中第。调封丘尉,不得志,去位客游河右。河西节度使哥舒翰表为左骁卫兵曹参军,掌书记。安禄山乱,召翰讨贼,拜适左拾遗,转监察御史。翰败,适奔行在,迁侍御史,擢谏议大夫,赐绯鱼袋。适负气敢言,权近侧目。七五六年,永王璘反,他兼御史大夫,扬州大都督府长史。寻以李辅国故,左迁太子少詹事。未几,蜀乱,出为蜀州刺史,迁彭州。七六二年,代崔光远为成都尹,剑南西川节度使。代宗即位(七六三年),御吐蕃无功,召还为刑部侍郎,转散骑常侍,加银青光禄大夫,进封渤海县侯,食邑七百户。卒赠礼部尚书,谥曰忠,有集二十卷。

关于他的诗,我们不必多说话。他是岑参的嫡派,一切都迫近岑参。我们只消举一些例子来证明:

> 大漠穷秋塞草腓,
>
> 孤城落日闻兵稀,
>
> 身当恩遇常轻敌,
>
> 力尽关山未解围。(《燕歌行》)
>
> 宅中歌笑日纷纷,
>
> 门外车马如云屯。
>
> 未知肝胆向谁是?
>
> 令人却忆平原君。(《邯郸少年行》)
>
> 营州少年爱原野,
>
> 狐裘蒙茸猎城下。
>
> 虏酒千钟不醉人,
>
> 胡儿十岁能骑马。(《营州歌》)

这里,形式是七言,内容是战争(或与战争相近的材料),而风格是雄放——这不是与岑诗一般无二吗?

但是他们有一个虽不重要而很明显的异点——这异点使我们把久已并称的高岑分出一个高低来。我们知道这一派不以五言诗和律诗见长,高适在这一方面确是不高明,但是岑参在这方面却还有相当的价值。例如《登慈恩寺浮图》一首,是他们二人同作的,试如录一段于后,以资比较：

　　　　塔势如涌出，
　　　　孤高耸天宫。
　　　　登临出世界，
　　　　磴道盘虚空。……
　　　　秋色从西来，
　　　　苍然满关中。
　　　　五陵北原上，
　　　　万古青濛濛。（岑参）
　　　　登临骇孤高，
　　　　披拂欣大壮。
　　　　言是羽翼生，
　　　　迥出虚空上。……
　　　　秋风昨夜至，
　　　　秦塞多清旷。
　　　　千里何苍苍，
　　　　五陵郁相望。（高适）

同作此题的还有杜甫、薛据、储光羲等，沈德潜说，岑诗只有杜甫可比，不
但高适及不来，储光羲也及不来，是不错的。至于岑的律诗，我们可摘出
许多佳句：

　　　　弓抱关西月，
　　　　旗翻渭北风。（《奉送李太保充渭北节度使》）
　　　　归梦秋能作，
　　　　乡书醉懒题。（《浐水东店送唐子归嵩阳》）
　　　　白发悲花落，
　　　　青云羡鸟飞。（《寄左省杜拾遗》）
　　　　三年绝乡信，

173

六月未春衣。(《临洮客舍》)

但是高适的律诗,却拙劣者多。如《送李少府赠峡中王少府贬长沙》一首,未尝不脍炙人口,然"连用四地名,究非律诗所宜"(沈德潜)。至于排律,如《真定即事奉赠韦使君》之类,更是不堪一读了。由此我们知道岑的方面较高适多,才气也较高适大。

现在我们要讲王昌龄与王之涣。

关于高适与二王,《集异记》载有一段故事:

> 开元中,之涣与王昌龄高适齐名,共诣旗亭,贳酒小饮。有梨园伶官十数人会宴,三人因避席隈映,拥炉以观焉。俄有妙妓四辈,奏乐皆当时名部。昌龄等私相约曰,"我辈各擅诗名,每不自定甲乙。今者可以密观诸伶所讴,若诗入歌词之多者,为优。"初讴昌龄诗。次讴适诗,又次复讴昌龄诗。之涣自以得名已久,因指诸妓中最佳者曰,"待此子所唱,如非我诗,即终身不敢与子争衡。"次至双鬟发声,果讴"黄河……"云云,因大谐笑。诸伶诣问,语其事。乃竞拜,乞就筵席。三人从之,饮醉竟日。(《全唐诗》卷九引)

二王的事迹,我们知道的很少。昌龄(西历六九八—七六五?年),字少伯,京兆人(今陕西长安附近),一说江宁人(今江苏南京附近)。开元十五年(西历七二七年)登进士第,补秘书郎。二十二年(七三四年)中博学宏词科,调汜水尉,迁江宁丞。晚节不护细行,贬龙标尉。世乱,还乡里,为刺史闾丘晓所杀。之涣,并州(今山西太原附近)人,西历六九五年生,卒年无考。他与兄之咸、之贲皆有文名。天宝间(七四二—七五五年),与崔国辅郑沪等迭相唱和,名动一时。

上文曾说,高岑的诗与古乐府有点源渊。二王则似乎专向乐府方面努力。例如《集异记》所唱王之涣的一首:

黄河远上白云间,

一片孤城万仞山。

羌笛何须怨杨柳,

春风不度玉门关。(《凉州词》)

这首气魄很大而神韵不竭,所以是岑派作品中之上乘。他存诗仅六首,
全是绝句。除上列一首外,其脍炙人口者,尚有两首:

　　　白日依山尽,

　　　黄河入海流。

　　　欲穷千里目,

　　　更上一层楼。(《登鹳雀楼》)

　　　杨柳东风树,

　　　青青夹御河。

　　　近来攀折苦,

　　　应为别离多。(《送别》)

不过前一首有气魄而乏神韵,后一首有神韵而无气魄,不能与《凉州词》
相比,可证明他不长于五言。

　　唐人绝句本多协律,而王昌龄尤以绝句著称。如《集异记》所称的
两首:

　　　寒雨连江夜入吴,

　　　平明送客楚山孤。

　　　洛阳亲友如相问,

　　　一片冰心在玉壶。(《芙蓉楼送辛渐》)

　　　奉帚平明金殿开,

　　　且将团扇共徘徊。

　　　玉颜不及寒鸦色,

　　　犹带昭阳日影来。(《长信秋词》)

此外脍炙人口者尚多:

　　　秦时明月汉时关,

　　　万里长征人未还。

但使龙城飞将在,

不教胡马度阴山。(《出塞》)

闺中少妇不知愁,

春日凝妆上翠楼。

忽见陌头杨柳色,

悔教夫婿觅封侯。(《闺怨》)

昨夜风开露井桃,

未央宫高月轮高。

平阳歌舞新承宠,

帘外春寒赐锦袍。(《殿前曲》)

这些诗都明白如话而含蓄无尽,所谓"深入浅出"者便是,所以是绝句中的"神品"。而《出塞》一首,更可证明他是高岑的嫡派。

以上略论二王的绝句。之涣在绝句外便无诗,昌龄则尚有几首佳作,我们也该提一提。最重要的是歌咏战争或其他类似的题材的几首:

昔日长城战,

咸言意气高。

黄尘足今古,

白骨乱蓬蒿。(《塞上曲》)

疟病驱来配边州。

仍披漠北羔羊裘,

颜色饥枯掩面羞,

眼眶泪滴深两眸。

思还本乡食犛牛,

欲语不得指咽喉,

或有强壮能咿嗳,

意说被他边将仇。(《箜篌引》)

秋风鸣桑条,

> 草白狐兔骄。
>
> 邯郸饮来酒未消,
>
> 城北原平掣儿雕。
>
> 射杀空营两腾虎,
>
> 迥身却月佩弓弰。(《城傍曲》)

不过昌龄与岑参有一个异点。上文曾说岑诗多赞美战争,昌龄则不然。他固然也有美诗,然讽刺者似居多数。《箜篌引》全文很长,主意确是"非战",这也是值得我们注意的。

最后,我们讨论李颀。李颀(西历六九○—七五一? 年),东川人(今云南东川附近),家居颍阳(今河南许昌附近)。开元十三年(西历七二五年)中进士第,官新乡尉。他喜欢饵丹砂,与王维、綦毋潜、王昌龄、崔颢等为友。有集一卷,《全唐诗》编他的诗为三卷。

盛唐七言诗的作家中,李颀也是最重要的一个。他的七言诗在形式方面有一个特点。全都差不多是几首七绝合成的。我们试举较短的《送从弟游江淮》为例。第一段四句是:

> 都门柳色朝朝新,
>
> 念尔今为江上人。
>
> 穆陵关带清风远,
>
> 彭蠡湖连芳草春。

我们要注意两点:一,后二句必须对仗,二,本段押平韵,下段必换仄韵。如:

> 泊舟借问西林寺,
>
> 晓听猿声在山翠。
>
> 浔阳北望鸿雁回,
>
> 溢水东流客心醉。

这里后二句也是偶句。但末段虽又换平韵,而偶句则可不用。如:

> 须知圣代举贤良，
>
> 不使遗才滞一方。
>
> 应见鄱阳虎符守，
>
> 思归共指白云乡。

这种例子很多，如《古从君行》《缓歌行》《欲之新乡答崔颢綦毋潜》《送康洽入京进乐府歌》《送刘十》《送陈章甫》等都是。同时诗人之作，如高适的《古大梁行》、岑参的《卫节度赤骠马歌》、王维的《夷门歌》等，也都如此，只没有李颀那么显著罢了。

内容方面，他也喜欢歌咏战争。五言的如《塞下曲》"黄云"，"少年"，《古塞下曲》等，七言的如《古意》《古从军行》等。其中《古从军行》最佳：

> 野营万里无城郭，
>
> 雨雪纷纷连大漠。
>
> 胡雁哀鸣夜夜飞，
>
> 胡儿眼泪双双落。
>
> 闻道玉门犹被遮，
>
> 应将性命逐轻车。
>
> 年年战骨埋荒外，
>
> 空见蒲桃入汉家。

这里意境与见解都近王昌龄《箜篌引》，而与高岑略异。所以沈德潜说，"东川比高岑多和缓之响"，其说亦通。此外，他还擅长描写音乐。例如：

> 一声已动物皆静，
>
> 四坐无言星欲稀。（《琴歌》）
>
> 忽然更作渔阳掺，
>
> 黄云萧条白日暗。
>
> 变调如闻杨柳春，
>
> 上林繁花照眼新。（《听安万善吹觱篥歌》）

而最有价值的是《听董大弹胡笳》：

> 董夫子,通神明,
>
> 深松窃听来妖精。……
>
> 川为净其波,
>
> 鸟亦罢其鸣。……
>
> 幽音变调忽飘洒,
>
> 长风吹林两堕瓦。
>
> 逆泉飒飒飞木末,
>
> 野鹿呦呦走堂下。

这真是写音乐的作品中的杰作,值得我们注意。

最后,我们说明岑参一派的特点如下:

(1) 诗的形式,以七言为主。

(2) 诗的内容,注重战争或类似的材料。

(3) 诗的风格,取雄放而摒澹远。

但是我们要知道,他们与王派有一相同之点,便是作品中并无安史之乱的痕迹。无论对战争是歌颂或诅咒,他们都缺乏"深刻"。他们只是诗人笔下的理想,放言高论,而并无一点实际生活的反映。这也是岑派诗人与杜甫不同之点。

章五　李白

李白传略

我们在上文说,李白以外的盛唐诗人,可分两派。一派以王维孟浩然为代表,一派以高适岑参为代表。他们两派在内容、形式及风格上的异点,我们业已详细论述。而地位站在他们两派之上,能兼擅两派之长的,是大诗人李白。现在我们先述一述他的生平。

李白(西历七〇一——七六二年),字太白,因为传说他的母亲梦长庚而生他的。他自述系出陇西汉将军李广后,于凉武昭王暠为九世孙。隋末(六一〇年左右),其先世以事徙西域,隐易姓名,故漏于属籍。神龙初(七〇五—七〇六年),遁还广汉,因侨为郡人,其父即自名为客。此时白已五六岁,所以他的籍贯当然是西域。然而千余年来,异说纷纭,至今竟尚无定论。有的说他是金陵人,有的说他是陇西人,有的说他是四川人,有的说他是山东人。金陵之说,是据他《上安州裴长史书》的自述;其实这是他远祖的籍贯,与他自身无涉。陇西之说,他自己也说过(见《上韩荆州书》及《赠张相镐》诗),李阳冰《草堂集序》及魏颢《李翰林集序》均同;但这是他家未徙西域以前的住址,决不能说是他的籍贯。四川之说,有指广汉者(如刘全白《唐故翰林学士李君碣记》及范传正《翰林学士李公新墓碑》),有指蜀郡者(如曾巩《李太白集序》),有指绵州者(如《舆地广记》及《成都古今记》),有指巴西者(如《新唐书·李白传》),不能断定;但白不生于四川是可以断定的,至多承认这是他家侨居的地方,而不能说是籍贯。山东之说,是据杜甫《薛端薛复筵前简薛华醉歌》及元稹《唐故检校工部员外郎杜君墓志铭序》的,《旧唐书·李白传》亦如此说;不过就他的全集看来,寄寓山东则有之,但绝不是他的故乡(而且杜诗"山东"别本作"东山")。所以,我们据他生年早于还蜀之年而定他是西域人。

白幼即聪颖,当全家还蜀时,他已能诵《六甲》,十岁通诗书,观百家。稍长,能作赋,好剑术,尝手刃数人。年二十,礼部尚书苏颋出为益州长史,他于路中投刺,颋待以布衣之礼,谓群僚曰:

> 此子天才英丽,下笔不休;虽风力未成,且见专车之骨;若广之以学,可以相如比肩。

与逸人东岩子隐于岷山之阳,郡守闻而举二人以有道科,并不起。后出游襄汉,南泛洞庭,东至金陵扬州,更客汝海;还憩云梦故相许师圉家,以孙女妻之,遂留安陆者十年。他在《上安州裴长史书》里自叙道:

> 曩昔东游维扬,不逾一年,散金三十余万,有落魄公子悉皆济之。此则是白之轻财好施也。又昔与蜀中友人吴指南同游楚,指南

死于洞庭之上。白禫服恸哭,若丧天伦,炎月伏尸,泣尽而继之以血,行路闻者悉皆伤心,猛虎前临坚守不动,遂权殡于湖侧。便之金陵,数年来观筋肉尚在,白雪泣持刃躬身洗削,裹骨徒步负之而趋,寝兴携持无辍身手,遂丐贷营葬于鄂城之东。故乡路遥,魂魄无主,礼以迁窆,式昭朋情。此则是白存交重义也。

开元二十三年(七三五年),他游太原。识郭子仪于行伍中。不久,又到齐鲁,寓任城,与孔巢父、韩准、裴政、张叔明、陶沔等,会于徂徕山,酣饮纵酒,号"竹溪六逸"。大概他四十岁以前,都是遨游天下,逍遥自在的时候。

到了他四十二三岁时(天宝初年),他游会稽,与道士吴筠共居剡中。既而筠应召赴长安,因玉真公主之力,与他同待诏翰林。(此事见魏颢的序及宋本《旧唐书》的传,似较贺知章推荐之说为更可信,参看胡适《白话文学史》第十二章。)自此以后,他便牵入政治旋涡了。起初他草《答蕃书》及《宣唐鸿犹》等,甚蒙称许。轶事流传颇多,略录数条于后:

(1)上皇豫游,召白。白时为贵门邀饮,比至,半醉。令制《出师诏》,不草而成,许中书舍人。(魏颢《集序》)

(2)李白在翰林,多沉饮。玄宗令撰乐词,醉不可待,以水沃之。白稍能动,索笔一挥十数章,文不加点。(李肇《国史补》)

(3)尝因官人行乐,……遂命召白。时宁王邀白饮酒,已醉,既至,拜舞颓然。……即遣二内臣掖扶之,命研墨濡笔以授之,又令二人张朱丝栏于其前。白取笔抒思,略不停缀,十篇立就,更无加点。(孟棨《本事诗》)

(4)李白名播海内,玄宗于便殿召见,神气高朗,轩轩若霞举,上不觉忘万乘之尊。因命纳履,白遂展足与高力士曰,"去靴!"力士失势,遽为脱之。(段成式《酉阳杂俎》)

(5)开元中,禁中初重木勺药。……上曰,"赏名花,对妃子,焉用旧乐词为?"遂命龟年持金花笺宣赐翰林供奉李白,立进《清平调》

词三章。……遂促龟年以歌。太真妃持玻璃七宝盏,酌西凉州蒲桃酒,笑饮歌意甚厚。上因调玉笛以倚曲,每曲遍将换,则迟其声以媚之。太真妃饮罢,敛绣巾重拜上。……会高力士终以脱靴为深耻,异日太真妃重吟前词,力士戏曰,"比以妃子怨李白深入骨髓,何反拳拳如是?"太真妃惊曰,"何翰林学士能辱人如斯?"力士曰,"以飞燕指妃子,是贱之甚矣!"太真妃深然之,上尝三欲命李白官,卒为宫中所捍而止。(韦叡《松窗录》)

他在长安未显发的原因,亦有归之张垍者(如魏颢的序),但最重要的恐怕是他的脾气与此不合,他当时与贺知章、汝阳王琎、崔宗之、裴周南等,浪迹纵酒,称为"酒中八仙"。如何能不碰壁呢?

第二次因牵入政治旋涡而碰壁的,是关于永王璘的事。初,白留长安既不得意,就从祖陈留采访大使彦允,请北海高天师授道篆于齐州紫极宫。自此以后,浮游四方,北抵赵魏燕晋,西涉邠岐商于,至洛阳,南游淮泗,再入会稽。因家寓鲁中,故时往来齐鲁间。前后十年中,惟游梁宋最久。天宝十三载(七五四年),他游广陵,与魏颢相遇,遂同舟入秦淮,上金陵;与颢相别,复往来宣城诸处。翌年,霹雳一声,安禄山反,玄宗奔蜀,肃宗即位灵武。时永王璘为荆州大都督,至是诏以璘为山东南路及岭南黔中江南西路四道节度采访等使。璘本是玄宗第十六子,见江南富庶,又有部下怂恿,遂有独立之志。恰好李白自宣城游溧阳,至剡中,又入庐山,永王璘重其才名,辟为都督府僚佐,一同东下。此事前人或加责难,或为辩护;但从各种记载看来,事实是真的,殊不必辩护;而且做玄宗之子的僚佐,于理也无不通,也用不着责难。但不久,永王璘兵败,他亡走彭泽,坐系浔阳狱。宣慰大使崔涣及御史中丞宋若思为之推复清雪,若思率兵赴河南,释其囚,使参谋军事,并上书荐白才可用,不报。乾元元年(七五八年),终以永王事长流夜郎,遂泛洞庭,上三峡,至巫山。一说本当诛,因郭子仪请解官以赎,故减为流罪,未知信否。他尚未至夜郎,遇赦得释,还憩江夏岳阳,又到浔阳及金陵,往来邀游于宣城历阳二郡间。宝应元年(七六二年),李阳冰为当涂令,白往依之。四月,代宗立,广拔淹滞,拜他为拾遗。但到十一月,他也病终了。

他的家庭,我们也该附带说一说。初娶于许,不久卒,又合于刘,刘诀,次合于鲁一妇人,终娶于宋(宋或作宗)。有子三人,长伯禽,即明月奴,次颇黎,幼名天然。有女一,名平阳。

总结上文,作为一表:

纪　年				纪　事	
西历	中历	李白	历史的	传记的	文学的
七〇一年	唐武后长安元年	一		李白生于西域。	王维生。
七〇五年	中宗神龙元年	五	武后死。	全家迁还广汉。	
七一〇年	睿宗景云元年	一〇	韦后弑中宗。	白能通诗书,观百家。	
七一五年	玄宗开元三年	一五		好剑术,观奇书,能作赋。	岑参生。
七二〇年	八年	二〇		谒益州长史苏颋,备受奖饰。	
七二五年	十三年	二五		游云梦,故相许师圉以孙女妻之。	
七三五年	二三年	三五		游太原。	
七四〇年	二八年	四〇			孟浩然卒。
七四二年	天宝元年	四二		游会稽,与道士吴筠共居剡中;筠以召赴阙,荐白,得供奉翰林。	
七四四年	三载	四四		以谗见疏,至陈留受道箓。	
七五四年	十三载	五四		游广陵,秦淮,金陵,宣城等处。	
七五五年	十四载	五五	安禄山反。		
七五六年	肃宗至德元载	五六	永王璘有异志。	游庐山,永王辟白为僚佐。	
七五七年	二载	五七	永王兵败。	白亡走彭泽,坐系浔阳狱。	

（续表）

纪　年				纪　事		
西历	中历	李白	历史的	传记的		文学的
七五八年	乾元元年	五八		流夜郎。		
七五九年	二年	五九		末至，遇赦，还至浔阳。		
七六一年	上元二年	六一		游金陵，往来宣城历阳二郡。		王维卒。
七六二年	宝应元年	六二	四月肃宗卒，代宗即位。	至当涂，代宗拜为拾遗，十一月以疾卒于当涂。		

李白的诗

现在我们要讨论他的作品。在一般读者们的意识中，李白是一个与杜甫齐名的大诗人，是唐代两位并列的诗坛柱石。但是他们有一个根本的异点：杜甫是启后的，李白是承先的。我们在上文曾说，李白兼擅王维、岑参两派之长——不错，他的确可集过去诗人技术的大成的。

我们先举一点近于王派的例子。这一类是五言的多，现在就"五古""五律""五绝"三体各录一首于后：

> 出门见南山，
> 引领意无限：
> 秀色难为名，
> 苍翠日在眼。
> 有时白云起，
> 天际自舒卷。
> 心中与之然，
> 托兴每不浅。
> 何当造幽人，
> 灭迹栖绝巘。（《望终南山寄紫阁隐者》）
> 犬吠水声中，

桃花带雨浓。

树深时见鹿，

溪午不闻钟。

野竹分青霭，

飞泉挂碧峰。

无人知所去，

愁倚两三松。(《访戴天山道士不遇》)

众鸟高飞尽，

孤云独去闲。

相看两不厌，

只有敬亭山。(《敬亭独坐》)

李白是个"五岳寻山不辞远"的人，足迹几遍天下，所以集中多咏自然美的作品。与王派仔细比较起来，我们也许可以说李诗的意境不如王派之静，颜色不如王派之淡，然就大体看来，总算是很接近的。

其次再举一点近岑派的例子：

匈奴以杀戮为耕作，

古来惟见白骨黄沙田。

秦家筑城避胡处，

汉家还有烽火然！

烽火然不息，

征战无已时，

野战格斗死，

败马嘶鸣向天悲，

乌鸢啄人肠，

衔飞上挂枯树枝：

士卒涂草莽，

将军空尔为！(《战城南》)

此类诗,集中尚多。他好像没有一定的见解,有时候赞美战争(如《塞下曲》),与高岑同,有时候诅咒战争(如上列一首),与二王同。但他很爱以战争为题材,却是很明显的。此外,如写风雪:

> 日月照之,何不及此,
> 惟有北风号怒天上来。
> 燕山雪花大如席,
> 片片吹落轩辕台。
> 黄河捧土尚可塞,
> 北风雨雪恨难裁!(《北风行》)

写山水:

> 登高壮观天地间,
> 大江茫茫去不还。
> 黄云万里动风色,
> 白波九道流雪山。(《庐山谣》)

以及其他:

> 噫吁戏,危乎高哉!
> 蜀道之难难于上青天!
> 蚕丛及鱼凫,
> 开国何茫然。
> 尔来四万八千岁,
> 不与秦塞通人烟。(《蜀道难》)
> 吾欲攀龙见明主,
> 雷公砰訇震天鼓。
> 帝旁投壶多玉女,
> 三时大笑开电光,
> 倏烁晦冥起风雨。(《梁甫吟》)

列缺霹雳，

岳峦崩摧，

洞天石扇，

訇然中开，

青冥浩荡不见底，

日月照耀金银台。(《梦游天姥吟留别》)

从这些例子看来，气魄之大，简直驾高岑而上之。

这样我们不是说李白模拟王派岑派，也不是说王派岑派继承李白的余绪。他们是同时的。我们的意思是说，盛唐诗人可分两派，而李白则兼擅其长。但是我们知道，豪放之士固要"醉卧沙场"，隐逸之士也爱"举杯邀月"，所以我们的诗人便常常以酒为题材。例如：

鸬鹚杓，

鹦鹉杯，

百年三万六千日，

一日须倾三百杯！(《襄阳曲》)

长歌吟松风，

曲尽河星稀。

吾醉君复乐，

陶然共忘机。(《下终南山遇斛斯山人宿置酒》)

美酒尊中置千斛，

载妓随波任去留。(《江上吟》)

花间一壶酒，

独酌无相亲，

举杯邀明月，

对影成三人。(《月下独酌》)

黄金白璧买歌笑，

一醉累月轻王侯。(《忆旧游寄谯郡元参军》)

> 处世若大梦,
> 胡为劳其生?
> 所以终日醉,
> 颓然卧前楹。(《春日醉起言志》)
> 抽刀断水水更流。
> 举杯消愁愁更愁,
> 人生在世不称意,
> 明朝散发弄扁舟。(《宣州谢朓楼饯别校书叔云》)

其实呢,李白也不是真豪士,也不是真隐士,所以他喝酒既不去上马杀贼,也不仅吟风弄月。他只是要"消愁",要"忘机"而已。然而机不能忘,愁也难消,只落得几首颓废的好诗留在人间,感动了千余年来的无数读者。

"饮醇醪,多近妇人"——这是自魏公子无忌以来一般颓废者的常套,李白亦不能免。上列《江上吟》及《忆旧游》二诗,已暗示及此,集中多缘情之作,更是明证。例如很著称的《清平调》:

> 云想衣裳花想容,
> 春风拂槛露华浓。
> 若非群玉山头见,
> 会向瑶台月下逢。(其一)

传说这是在醉中写出的歌咏杨贵妃的作品。同样以宫中作对象的,还有《行乐词》:

> 迟日明歌席,
> 新花艳舞衣。(其二)
> 笑出花间语,
> 娇来竹下歌。(其四)

其他描写女性的诗,如:

咳吐落九天，

随风生珠玉。(《妾薄命》)

卷帷望月空长叹，

美人如花隔云端。(《长相思》)

这些意境都是很高的，不落齐梁至初唐的绮靡滥调。他自己也说，"自从建安来，绮丽不足珍"，他是能取前人所长而弃前人所短的。

皮日休说得好：

歌诗之风，荡来久矣。大抵丧于南朝，坏于陈叔宝。然今之业者，苟不能求古于建安，即江左矣；苟不能求丽于江左，即南朝矣。或过为艳伤丽病者，即南朝之罪人也。吾唐来有业是者，言出天地外，思出鬼神表，读之则神驰八极，测之心怀四溟，磊磊落落，真非世间语者，有李太白。(《刘枣强碑》)

李白才气之大，使他的作品无施不可，为陶潜以后的大诗人，替中衰的诗坛恢复起来。不过，我们要注意，他虽经安史之乱，而他的作品丝毫未受此事的影响。这是盛唐诗人之所同，直到杜甫方开个新局面。

《中国文学史简编（修订本）》（节选）

第六篇　鸦片战争到五四运动的文学

历史的背景

　　一八四〇年的鸦片战争，在祖国历史上是一件划时代的大事。那时欧美许多国家已经进入资本主义社会的自由竞争阶段，其经济侵略以商品输出为主要形式。腐败无能的清王朝打了一系列的败仗，被迫订了许多不平等条约，于是外国商品便大量地倾销进来。结果破坏了中国封建社会的小农业和小手工业相结合的自给自足的自然经济的基础，同时也促进了中国商品经济杠杆的发展，给资本主义的发生和发展造成了一定的条件，使中国封建社会变为半封建半资本主义的社会。

　　后来世界资本主义进入帝国主义阶段，垄断代替了自由竞争，其经济侵略也从以商品输出为主转到以资本输出为主了。帝国主义者在中国操纵了军政大权，掌握了经济命脉，抢着办工厂、设银行、开矿、筑路，阻碍了中国生产力的发展，使中国的经济成为帝国主义经济的一个构成部分，丧失了独立自主的能力。所以中国实际上就成为半殖民半独立的国家了。

在这半殖民地半封建的状况下,中国残存的封建势力与外来的帝国主义互相勾结起来,为非作歹。国内软弱的资本主义获得发展,萌芽了新的阶级即无产阶级,而各阶级间关系也有所变化。

在这种形势下,中国人民不断地起来英勇反抗,向国外的侵略者和国内的统治者进行坚决的斗争,从不同的方面努力自强,来改善祖国的濒危的境地。在一八四○——八四二年的第一次鸦片战争以后,接着有一八五一——八六四年的太平天国农民革命运动,一八五六——八六一年的第二次鸦片战争,一八八四——八八五年的中法战争,一八九四年的中日战争,一八九八年的戊戌变法,一九○○——九○一年的义和团反帝运动,一九一一年的辛亥革命。直到一九一九年五四运动的前夜,八十年中,中国人民不屈不挠、前仆后继地从事于旧式的资产阶级民主主义革命的工作,其主要任务就是反对封建主义和帝国主义。

但是旧民主主义革命的结果只能是失败。例如太平天国革命坚持了十四年之久,规模既比较大,影响又比较广,但它仍旧是一个没有先进工人阶级领导的旧式农民战争,终于不能抵抗清王朝的反革命军队和美英法侵略分子的联合进攻。又如戊戌变法要求的是资产阶级的民主权利,但这种不彻底的改良主义道路是决走不通的,而且也果然没有走通。同样,辛亥革命由于中国资产阶级的软弱性,虽然摧毁了清王朝的政权,可是在为帝国主义所支持的北洋军阀面前,却充分地显示出无能。要完成这个民主革命,并且在民主主义革命胜利后过渡到社会主义社会,只有在中国工人阶级及其先锋队中国共产党领导下,才有可能。一九一九年的五四运动正标志着这个旧民主主义革命和新民主主义革命的分界。

从一八四○年到一九一九年的旧民主主义革命时期,在中国古典文学发展过程中是最后一个阶段。这时优秀的作家都是站在人民一面的,至少是同情人民的,优秀的作品都能够在一定程度上反映着人民的要求,反映着革命的斗争,因而对历史起着推进的作用。同时,另外也有些为反动势力服务的作家与作品,那就成为时代的渣滓与糟粕了。

由于广大读者的需要和印刷条件的便利,这时期出现了不少文艺性的期刊,如梁启超主编的《新小说》、李宝嘉主编的《绣像小说》、冷笑主编的《新新小说》、吴沃尧与周桂笙主编的《月月小说》、黄摩西主编的《小说林》等。这里边不仅发表创作的和翻译的小说,也刊载剧本、弹词、论文等等。这些作品的质量虽然不平衡,但这些杂志在当时确也建立了启蒙的功绩。

总之,在这个时期的文化战线上,充分体现了资本阶级的新文化和封建社会的旧文化的斗争。资产阶级思想虽然有同封建思想作斗争的革命作用,可是因为中国资产阶级的无力和世界已经进入帝国主义时代,所以资产阶级思想只能打几个回合,不久就退却、腐化,而宣告失败了。

鸦片战争与太平天国前后的文学

现在我们先讲十九世纪中叶及后期的作家们。

十九世纪初年,英、美、法等资本主义国家先后侵入老大的清帝国,而输送鸦片为其毒辣的手段之一。腐朽的清政府厉行闭关自守政策,妨碍了社会的发展,相反地却放任了鸦片的输入,让它日益增多。在地主阶级进步分子坚决抵抗的主张下,爆发了鸦片战争。战争的结果虽然是失败了,但反侵略的历史意义是巨大的,而且不能不在当时的文学写作上留下深刻的影响。

当时主要的作家有龚自珍、张维屏、林则徐、魏源、朱琦等人。龚自珍,字定庵,仁和(今浙江杭州)人,一七九一年生,一八四一年死。他的思想和当时一般开明的、爱国的士大夫的思想是一致的,他的公羊学说具有一定的进步意义。他在《咏史》诗里说:"避席畏闻文字狱,著书都为稻粱谋。"这正沉痛地说出了鸦片战争前夜知识分子的艰难处境,不妨视为他自己写作的环境。他用尖锐奇悍的文笔,写成一些表达政治改革要求的议论文如《平均篇》,也写成一些主张个性自由的杂文如《病梅馆记》,而后者尤为人所传诵。他因文人画士凭自己的主观,使梅树都变成病态,所以决心以五年为期,来治疗自己所买的三百盆的病梅,并且说:

"乌乎！安得使予多暇日，又多闲田，以广贮江宁、杭州、苏州之病梅，穷予生之光阴以疗梅也哉！"梅在这里显然是比喻，比喻受摧残者。他的诗的重要内容是：对人民痛苦的同情，社会剧变即将到来的预感，在令人窒息的气氛中的苦闷与彷徨，如《自春徂秋偶有所触拉杂书之漫不诠次得十五首》为例证："黔首本骨肉，天地本比邻；一发不可牵，牵之动全身。圣者胞与言，夫岂夸大陈？四海变秋气，一室难为春。……贵官勿三思，以我为杞人。"（其二）他的《小病寄家书》《为儿谣》等篇，写深厚的亲子之爱，也极动人。他爱用寄托而隐蔽的表现手法，语言虽微嫌生涩，却极有力。他的词如《点绛唇》（《十月二日马上作》）、《卜算子》（"曾在曲阑干"）等，无论抒情或写景，都独辟蹊径，自出心裁；在《鹊桥仙》（秦淮有访）、《点绛唇》（补记四月之游）里，写的人物形象，也都历历在目。在鸦片战争前后的作家中，他的成就应是少有的。

张维屏，字子树，广东番禺人，一七八○年生，一八五九年死。他曾于一八三○年与林则徐、魏源等组织宣南诗社，参加者大都是当时比较进步的知识分子。他自己所写的《松声诗略》里边，富有现实意义的作品占多数。其中如《三将军歌》《越台江海书愤》《三元里》等，都能形象地体现着鸦片战争中的激昂的斗志。《三元里》说："家室口庐须保卫，不待鼓声群作气；妇女齐心亦健儿，犁锄在手皆兵器。"人民反侵略的力量，在这里充分表现出来了

林则徐，字少穆，福建侯官人，一七八五年生，一八五○年死。他是人所共知的反对鸦片输入的中坚人物。为了捍卫祖国，他曾受到昏庸的统治者的残酷的处分。他的散文不讲究古文义法，从自己的生活实践、政治斗争出发，写出有血肉、有锋芒的文章。较著称者如《拟谕英咭唎国王檄》说："试思夷人若无鸦片带来，则华民何由转卖，何由吸食？是奸夷实陷华民于死，岂能独予以生？彼害人一命者尚须以命抵之，现鸦片之害人，岂止一命已乎？"此外如《附奏东西各洋越窜夷船严行惩办片》《查勘矿厂情形试行开采疏》等，不独具体体现了作者的爱国热情，而且能使读者衷心信服。诗也不落凡响。谪戍伊犁时的作品，如《出嘉峪关感赋》

《戏为塞外绝句》等篇，不独展开塞外的雄伟而荒凉的风景画面，也活跃着作者的旷达而坚定的形象。

魏源，字默深，湖南邵阳人，一七九四年生，一八五六年死。他是当时反对外国侵略最激烈的作家之一，在诗歌与散文方面都有成就。他的《古微堂诗钞》中有不少的优秀作品，而《前史感》与《后史感》尤值得重视。"从来御寇须门外，谁溃藩篱错六州？……前时但说民通寇，此日翻看史纵夷。"(《前史感》)"频颊士气骄夷气，翻使江防亟海防。……几回白土山头望，曾记元戎退岛师。"(《后史感》)这种自高度的爱国热情产生的对统治阶级的鞭挞，正说出广大人民心里的话。他的散文和他的诗歌一样的成功。他的六十卷的《海国图志》是一部非常有意义的著作，自序说："古之驭外夷者，诹以敌形，形同几席；诹以敌情，情同寝馈。"他这部书就是为了了解敌形与敌情而作，接着他又警告我们说："此兵机也，非兵本也；有形之兵也，非无形之兵也。"什么是"无形"的"兵本"呢？他引明人的话来说明："欲平海上之倭寇，先平人心之积患。"这就给后来的革命志士以一定的启发。其他如传诵一时的《筹海篇》上下两篇，内容充实，语言精练，在当时散文作品中不能不推为上品。即在带有拥护清政权的色彩的《神武记》中，也还有"变古""便民"的进步内容。

朱琦，字伯韩，广西桂林人，一八〇三年生，一八六一年死。他的《来鹤山房诗稿》极为时人所推重，其中多记鸦片战争时事，如《朱副将歌》《吴淞陈老将歌》《老兵叹》等。他的诗常常含蓄有余，尖锐则不足，但有时也颇深刻："岂料坚主和，无复识国体。……开门谁揖盗，一误那可悔！……忠义乃在民，苟禄亦可耻。"(《感事》)这是因为他能够较正确地认识人民的高贵品质与统治阶级的丑恶面貌。

在第一次鸦片战争以后不久，爆发了轰轰烈烈的太平天国农民革命运动。那时候，领导上曾提出了改革文学的具体意见。洪仁玕在《钦定军次实录》里说："……吟花咏柳之句，六代故习，故言无补；与其读之而令人拘牵义，不如不读。"又说："不得一词娇艳，毋庸半字虚浮；但有虔诚之意，不须古典之言。"又说："不得用'龙德''龙颜'及'百灵承运''社稷''宗庙'等妖孽字样；至祝寿浮词，如'鹤算''龟年''岳降''嵩生'及'三生有幸'字样，尤属不伦，且涉妄诞。"这些议论的可贵，首先是纠正了作品思想内容上的毛病，其次也指导了作品的语言。革命者的文学方向毕竟与地主阶级进步知识分子是不同的。虽然当时诗文流传不多，但就现在能见到而又比较可信的看来，显然可以令人耳目一新。其中如石达开的《白龙洞题壁》诗："挺身登峻岭，举目照遥空。……剑气冲星斗，文光射日虹。"革命志士的英雄气概，跃然纸上。又如李秀成的《诫李昭寿书》与《致张洛行书》等，也都是富有现实意义的作品，而《诫李昭寿书》中的"情义既绝，各路之妖可缓诛，惟胜保与尔势必先诛"一段，尤能动人地说出他对叛徒惩处的坚决。

十九世纪下半期，流行一些鲁迅先生所谓"狭邪小说"，如陈森的《品花宝鉴》（刻于一八五二年）、魏秀仁的《花月痕》（有一八五八年序）、俞达的《青楼梦》（一八七八年作）之类，其中韩邦庆的《海上花列传》较佳。韩邦庆，字子云，江苏松江人，一八五六年生，一八九四年死。他的主要作品是《海上花列传》，发表在一八九二年出版的杂志《海上奇书》上。全书描写上海妓院中的生活，人物对话全用吴语，为的是要"合当时神理"。作者根据自身的经验，生动地揭发当时官僚地主阶级轻薄子弟，以及租界上的富商巨贾，如何在花天酒地的生活中，进行一切欺骗狡诈、自私自利的勾当。虽然他对于陷于不幸境地的妇女缺乏同情，但在叙事写人、反映社会面貌方面，却有一定的成功。

同时还流行一些所谓"侠义小说"，如出现于十九世纪七十年代的《三侠五义》，八十年代的《小五义》《续小五义》等。它们都说是石玉昆所述，他的事迹不详，鲁迅先生疑为"咸丰时说话人"。在这一类小说中，《三侠五义》是比较可取的一部。它以民间关于包公的传说为基础，塑造了几个侠客义士的形象，基本上体现了被压迫者申冤的愿望。这些人虽然被赋予了超人的本领，但在他们性格的刻画上，以及他们周围的形形色色的社会生活的描述上，总算还能够给读者以真实的感觉。

从这两类作品可以看出，当时有一部分人士面临着鸦片战争到戊戌变法前夜的动荡局面,在摸索寻求出路时却走了弯路。不过,尽管作者们在思想意识上有落后的一面,但是只要他们能多少接触到现实的边缘,他们的作品还是有可取之处的。

戊戌变法与辛亥革命前后的文学

其次,我们研究十九世纪末、二十世纪初的作家们。戊戌变法前后,配合着政治上的改良主义运动,在文学上也出现了一些改良的主张。当时搞诗歌的改良工作的人,自命为"诗界革命",他们的诗歌自称为"新派诗"。这群人中的骨干分子,是谭嗣同、夏曾佑、黄遵宪……诸人;他们都直接间接与戊戌变法有关系,新派诗的作家同时也就是搞新政、新学的,所以这种诗又称为"新学之诗"。一般地说,他们对于旧体裁如律诗、绝句等,是保留的;即有所改变,也是有限的。他们主张旧体裁与新材料相结合。所谓新材料有两种:一种是新的题材,如林纾的《闽中新乐府》的《破蓝衫》《兴女学》等;一种是新的词汇,如谭嗣同《听金陵说法诗》中的"喀私德""巴力门"等。梁启超在《饮冰室诗话》中要求"能镕铸新理想以入旧风格",主张作品中不但要有"新名词",还要有"新意境",就是这一派的基本理论。由于时代的局限,他们所谓"新理想""新意境"实在是不够深刻的。

在这些新派诗人中,黄遵宪比较杰出。遵宪,字公度,广东嘉应人,一八四八年生,一九〇五年死。他认为"今之世异于古,今之人亦何必与古人同";所以如果学习古人诗文,也要批判地学习,打破宗派成见。对于诗的题材与语言,他都主张予以扩大;古人所不会歌咏过的,我们可以歌咏;方言俗语都可以吸收入诗,与古书中的语言同样应用,而且提倡用写散文的手法来写诗。他这些主张都在自己的作品中实践了,如《今别离》《番客篇》《山歌》等,都是这样。他用这种新的语言,生动地反映了十九世纪下半期一系列的历史事件——中法战争、中日战争、八国联军战争等等。在中法战争中,冯子材是一位胜利的英雄,我们的诗人予以热情的歌颂:"手执蛇矛长丈八,谈笑欲饮匈奴血。……闪闪龙旗天上翻,道咸以来无此捷!"(《冯将军歌》)对于中日战争的失败,他一再发出沉痛的歌唱:"一将拘囚一将诛,万五千人作降奴!"(《悲平壤》)"城头逢逢雷大鼓,苍天苍天泪如雨,倭人竟割台湾去!"(《台湾行》)他虽然不懂得义和团的反帝意义,但对国都的被侵却深致悲痛:"登城不见黄旗影,独有斜阳咽暮笳。"(《京师》)这些作品固然还不能算作"诗界革命",可是它们显然有几个值得注意的特点:第一,与国内外政治、社会的现实密切结合;第二,字里行间经常洋溢着爱国主义思想;第三,语言丰富而自然。这三点都是应该肯定的,它们多少预示着诗的新时代的到来。

散文方面的改良运动不及诗歌方面那样蓬勃,但也产生了一些优秀的作者如谭嗣同等,其中最值得注意的是所谓"新文体"的提倡者梁启超。启超字卓如,广东新会人,一八七三年生,一九二八年死。他的散文学过晚汉魏晋,学过桐城派。后来因为变法失败,逃到日本,办《清议报》《新民丛报》,作政治宣传文章,就开创了这种"新文体"。这种文章在内容上是宣传政治方面的改良主义,在风格上既不似汉魏,也不似桐城,而是对过去有所继承,有所改变,以达到解放的目的。梁启超自己曾指出"新文体"的优越性是:一来平易畅达,时常掺杂偶语、韵语,或外国语法,服从写作的需要,不受拘束。二来条理明白,感情丰富,对读者有说服感动的力量。这种文体的出现,马上受到对现状不满的人的热烈欢迎,同时却也为保守派所仇视,斥为下流。实际上,这种文体在当时历史条件下,确有一定的成就。它粉碎了过去所谓义法与戒律,比古文更大众化,使活在人民口中的语言与写在纸上的文章逐渐接近。这就减少了读者的困难,扩大了作品的效果,而获得空前的流行。就连守旧者也不得不承认:"一纸风行,海内观听为之一耸。"

梁启超对于小说还有些新的看法。由于小说主要是从都市娱乐场所,在市人阶层的要求下发展开的,所以过去士大夫对小说一直是内心爱好,表面轻视。这种传统的错误的观点,梁启超是反对的。他喊出了"小说界革命"的口号,强调了小说的政治意义与教育价值。在他的《论小说与群治之关系》里,他认为"小说有不可思议之力",所以无论"欲新一国之民",或"欲新道德""欲新宗教""欲新政治""欲新风俗""欲新学艺",以至于"欲新人心""欲新人格",都必须先"新小说"。他的结论是："欲改良群治必自小说界革命始。"他自己也写过一部反映立宪运动的《新中国未来记》。不消说，这个"小说界革命"是和"诗界革命"一样地失败了，但在当时有深刻影响是不能否认的。

这时的小说家们对于清政府的腐朽和外国的侵略都是痛恨的，所以都想以创作为打击敌人、挽救祖国的武器。这时的作品多数是暴露政治黑暗，批判社会病态，抵抗外人侵略；一句话，就是要求改变这个半封建半殖民地的现实。当时主要的作家有刘鹗、李宝嘉、吴沃尧与曾朴。

刘鹗，字铁云，江苏丹徒人，生于一八五〇年左右，死于一九一〇年左右。他未尝没有爱国爱民的思想，可是对于封建帝王及资本主义国家还存在一些幻想，对于"北拳南革"还有恐惧，所以在他的小说《老残游记》里就交织着进步的与落后的成分。但是不可否认，他所刻画的那些自命清廉而实际上却给老百姓制造冤狱的人物形象，如玉贤、刚弼等，却是相当成功的。对于自然景色及某些生活片段的描述，如第二回写大明湖的风景与白妞黑妞的说书之类，也一向为读者所喜爱。

李宝嘉，字伯元，江苏武进人，一八六七年生，一九〇六年死。他写的小说以《官场现形记》与《文明小史》最好。《文明小史》发表于他在二十世纪初年所主编的杂志《绣像小说》上。它广阔地反映了清末在维新运动中、在帝国主义侵略下的旧中国的形形色色，讽刺了封建知识分子对于"文明"的误解，揭发了外国传教人员的横行霸道，特别鞭挞了对外屈服献媚，对人民则残酷压榨的统治阶级。虽然书中描写不免有夸张失实之处，但的确能在一定程度上体现新与旧的冲突与转变。《官场现形记》针对封建官僚的昏庸、卑鄙、贪婪、残暴，痛加谴责，把他们比为仇人、强盗、畜生，笔触极其尖锐而辛辣。不过有些部分是掇拾流行的官场笑柄而成的，所以在人物的塑造上显得有点粗糙、一般化。小说外，他的《庚子国变弹词》对于义和团的革命意义不能理解，但对于官吏的腐败，外兵的残暴，却能写得详尽、动人。

  吴沃尧,字研人,广东南海人,一八六七年生,一九一〇年死。他写的小说很多,如反映鸦片战争的《黑籍冤魂》、反映义和团与八国联军的《恨海》、反映立宪运动的《立宪万岁》等等。最著称者当推《二十年目睹之怪现状》,发表于二十世纪初年的杂志《新小说》上。作者抨击的对象,除官僚外兼及商人和文士;而一般冒充风雅的所谓才子的丑态,尤其写得淋漓尽致。他说二十年中所遇见的人不外三类:一是"蛇虫鼠蚁",二是"豺狼虎豹",三是"魑魅魍魉"。因为憎恶之深,所以用笔有点夸大;但全书的结构,却是比较紧凑的。他还写了剧本《乌烈士殉路》,主脚因清政府将铁路权让与英国,就愤恨吐血而死。演出后,群众爱国热情突然高涨,开会集款,帮助修铁路,最后反动政府也被迫取消前议了。

  曾朴,字孟朴,江苏常熟人,一八七一年生,一九三五年死。他的《孽海花》发表在二十世纪初年的杂志《小说林》上,写作的目的是要借主脚彩云作线索,大力反映自中法、中日战争以来数十年中政治与社会的变革,但没有写完。他在书中所表现的思想比当时其他著名小说都要进步些、激烈些,因为里边包含着相当明显的革命倾向。他指出科举制度是历代专制帝王束缚知识分子最毒辣的手段,他同情孙中山诸人的斗争,也赞同明亡以后的秘密会社。他对当时的黑暗的政治和腐朽的官僚生活分析批判得比较深刻,写作技巧也达到一定的高度,能够把当时统治阶级及其帮闲们的丑恶嘴脸都生动地揭露在读者面前,而成为清末最杰出的小说之一。

  当时不少人在提倡翻译外国小说,来作为政治宣传的帮助、翻译小说数量较多的是林纾,他用古文译了一百七十多种。他不通外国文,从挑选作品到口译都依靠别人,所以在原作的选择与内容的理解上都不免有错误,但这种工作的收获却值得重视。首先可以使中国知识分子接触到西洋文学,初步认识了一些外国的文学巨匠。其次可以引起中国作家向西洋杰作学习,从取材到结构和描写上都能得到一定的启发,因而推进了小说的发展。

  当时一般人所翻译的大都是英法的作品,但林译小说中也有七种是俄国的。林纾以外,吴梼等人也翻译了普希莹(普希金)、莱芒托夫(莱门忒甫)、托尔斯泰、溪崖霍夫(奇霍夫)、高尔基的小说。鲁迅早年也曾用文言翻译过迦尔洵、契诃夫、梭罗古卜、安特来夫的作品。这对缩短中俄人民间的距离是有帮助的。

最后论当时的戏剧。

上文已经讲过,到鸦片战争前夜,杂剧和传奇都衰落了。鸦片战争以后,由于政治的、经济的、社会的剧变,这种古剧在内容和体制上都有所变化。在杂剧方面,产生了揭露鸦片毒害的瞿园(袁祖光?)的《暗藏莺》,讽刺维新党的硕果的《一家春》,歌颂秋瑾英雄事迹的吴梅的《轩亭秋》与庞树柏的《碧血碑》等。在传奇方面,富有现实意义的作品更多,如钟祖芬的《松稳居》反映鸦片战争,惜秋与旅生的《维新梦》反映维新运动,陈季衡的《武陵春》反映八国联军的侵略,还有讽刺清政府的静庵的《安乐窝》与寰镜庐主人的《鬼怜寒》,歌颂秋瑾与徐锡麟烈士的《六月霜》(《嬴宗季女》)、《轩亭血》(啸庐)、《轩亭冤》(湘灵子)、《开国奇冤》(华伟生)、《皖江血》(孙雨林)、《苍鹰击》(伤时子)。这些作品都紧密地结合着当时的现实,充分地体现了作者们的爱国主义精神。在结构与格律上,常常破除了传统的老套。它们可以说是古剧的光荣的余波。

地方戏正在繁荣。瞿秋白同志说得好:"'乾嘉以降'不久,昆曲的轻歌曼舞的绮梦,给红巾长毛的'叛贼'捣乱了,给他们的喧天动地的鼙鼓震破了。……在同光之世,我们就渐渐、渐渐的听着那昆曲的笙笛声离得远了、远了,一直到差不多听不见。而'不登大雅之堂的'乱弹——皮黄,居然登了大雅之堂。"(《乱弹代序》,《瞿秋白文集》卷,页二五三)继承着鸦片战争以前的《庆顶珠》《借靴》等名剧的优秀传统,各地区都盛行着一些富于反抗性、批判性的戏剧。著名的丑脚演员刘赶三为了痛恨李鸿章丧师辱国,于演剧时自编新词予以抨击,竟至入狱。戊戌变法前后,汪笑侬曾编过《博浪椎》《长乐老》《哭祖庙》《桃花扇》等剧,对群众的爱国主义思想都起着鼓动作用。五四运动前夜,京剧巨匠梅兰芳等已经开始编演新剧,改进艺术。这个工作在教育群众与发展戏剧上是有相当意义的。

作为地方戏的一个重要支派,当时流行一些歌唱时事的新戏。它们仍是由韵文与散文两部分组织成的,不过韵文部分是从二黄和各地杂曲发展而来的。这种新戏是在当时现实的要求下产生的,它们都负担着政治的和教育的宣传任务。例如新广东武生的《黄萧养回头》,就是叙述革命党人黄萧养参加救国运动的经过。上文所讲吴沃尧的《邬烈士殉路》也是这类作品。

在这些时事新戏的影响下,逐渐产生了话剧。十九世纪末年,上海的学生尝试着演出话剧《官场丑史》,讽刺当时政治的黑暗。到二十世纪初年,汪优游等组织了文友会,可以说是中国第一个业余话剧团,编演《捉拿安得海》《江西教案》《军事改良》《家庭改良》《教育改良》等剧。接着湖南的教师王钟声等组织春阳社,留日学生欧阳予倩等组织春柳社,演《黑奴吁天录》《茶花女》等外国故事。他们一面热爱艺术,一面也多少有点革命的意识。春柳社员任天知回国后,和王钟声合办一所戏剧学校通鉴学校;后来在辛亥革命前后,成立一个剧团进化团,编演《共和万岁》等剧,称为"天知派新剧"。其他类似的组织,也还不断地产生。话剧与话剧团的兴盛,主要是由于群众对于舞台表现生活现实的强烈愿望。同时群众在感情上也欢迎那些激昂慷慨的台词,反映着革命的要求,鞭挞着腐败的政治。不过当时的话剧家大都还没有艺术为政治服务的自觉性,所以后来在以袁世凯为首的北洋军阀统治下,他们大都不得不抛却新的内容而只保存新的体裁,结果就不能发展下去了。

总之,这个时期的文学上一系列的改革工作,都和当时政治上一切革命运动与改良运动一样,由于缺乏先进的工人阶级的思想领导,结果不能不失败。要使祖国的诗歌、散文、小说、戏剧面目一新,却有待于五四运动以后的新民主主义革命时期。正如"孙中山在绝望里遇到了十月革命与中国共产党"一样,祖国文学的发展在"马克思列宁主义这个放之四海而皆准的普遍真理"指导下走进了新的阶段。

文学专题研究

"二南"研究

"二南"的时代

我们研究十一《国风》，知道它们是环绕着东都的。豳、秦在其西，魏、唐在其北，卫、齐在其东，郑、陈、桧、曹在其南。因迁都的关系，文化中心点也向东南移动，故现在的河南一省实为古代诗歌最盛的地方。同时楚国渐渐强盛——"汉阳诸姬，楚实尽之"，"周之子孙封于江汉之间者，楚尽灭之"——文化的程度也渐渐地增高。在东周之世，实在是一个楚民族与周民族对峙的局面。流风所被，遂产生震古烁今的《楚辞》。在《楚辞》以前，有"二南"做它的先导。

"二南"是东迁后的南方文学，这是很明显的。只因它常为孔子所称道，又位于"三百篇"之首，于是便加上"后妃之德""文王之化"一派谬说，而一般读者便认它们为文王时诗，伪礼书也说它们是最古的乐章。但我们仔细研究一下，知道这二十五篇中没有一篇可以证明是文王时诗，并

---

① 《国风》普通都说是十五。但"二南"是独立的，应该提出来，故十五《国风》便缩为十三《国风》（崔述《读风偶识》即如此标题），自王静安先生创《邶》《鄘》二风有目无诗之说（见《观堂集林》卷十五《北伯》《鼎跋》），于是十三《国风》再缩为十一《国风》。

且没有一篇可以证明是西周时诗。同时,可以证明是东迁后作的却有许多篇:

(1)《汝坟》。崔述说:"此乃东迁后诗。'王室如毁'即指骊山乱亡之事。'父母孔迩'即承上章'君子'而言。汝水之源即在周东都境内。"(《读风偶识》)

(2)《甘棠》。此篇说及召伯。《左传》《史记》均谓指武王、成王时之召公奭,后人都承其误而不知。我们知道解释古书的方法,最好是拿本书中的文句来互相发明。《诗》三百篇中,召伯之名凡三见。一见于《召南》之《甘棠》。再见于《小雅》之《黍苗》:"悠悠南行,召伯劳之。"三见于《大雅》之《崧高》:"王命召伯,定申伯之宅。"这里都是指《江汉》征淮夷之召穆公虎,是宣王时人。又有召公之名,凡二见。一见于《大雅》之《江汉》:"文武受命,召公维翰。"再见于《大雅》之《召旻》:"昔先生受命,有如召公,日辟国百里。"这个召公,方是武王、成王时之召公奭。我们看了这几个例证,便知《甘棠》之召伯,当然是召虎了,哪能妄指为召公?召伯立大功于南方,遗爱在人,故有《甘棠》之诗。召伯卒于何时,不可考知。我们可假定与宣王崩时相近,约在公元前七八〇年顷。此诗必作于他死后,假定其距离为十年,则作于公元前七七〇年顷,恰当东迁之始。[①]

(3)《何彼秾矣》。篇中有平王之谥,当作于桓王之时。(旧说以"平王"指文王。章潢说:"若必指为文王时,非特不当作正义,而太公尚未封齐,则齐将谁指乎?")

即用文学史的眼光来观察,长江流域的诗歌非到东周以后是不能发展的,正与黄河流域的诗歌不能在周代以前繁盛一样。世界上无论哪一种学术、哪一种文艺,都是循序渐进、有迹可寻,"决不是劈空从天上掉下来的"。所以我们讲《诗经》把"二南"放在最后。懂得了这一点,我们再进而讨论"二南"的特点。

[①] 梁任公先生见此稿,批道:"大约'伯'之名颇晚出,召伯、郇伯、申伯等皆西周中叶后乃有。"

"二南"的地点

在"三百篇"中,"二南"这是最可注意的,也可说是价值最大的。关于这一点,后文另有详细的说明。现在所要讨论的是,"二南"为何能在"三百篇"中取得最高的位置?其原因非一。最重要的有二:一是它产生的地点,一是它所凭借的音乐。这两点实在是"二南"所独有的特点。这特点便使它与其余二百八十篇截然不同。

如今先讨论产生"二南"的地点。为便于读者起见,我们把"二南"二十五篇说及地点的字句录后:

(1)《关雎》:"在河之洲。"

(2)《樛木》:"南有樛木。"

(3)《汉广》:"南有乔木。"

(4)《汉广》:"汉有游女。"

(5)《汉广》:"江之永矣。"

(6)《汝坟》:"遵彼汝坟。"

(7)《采蘋》:"南涧之滨。"

(8)《草虫》:"陟彼南山。"

(9)《殷其雷》:"在南山之阳。"

(10)《江有汜》:"江有汜。"

我们从此可知产生"二南"的地点是今湖北及河南的南部。诗中所谓"南",即《韩诗》所说的南郡(《水经注》引),在今湖北北部。

据此,我们可以说"二南"的地点比什么都好。黄河流域一带景物萧瑟,山不秀,水不明,花木虫鸟之迹几绝。长江流域则不然,有嵩高衡岳的大山,有汝汉江湘的长流,有方九百里的云梦泽,有坼吴、楚浮乾坤的洞庭湖。鹤唳猿啸,水流花放,无一非文学的绝好资料。如星,如雷,如露,一切自然界的现象,"二南"中大都说及。我曾统计过,二十五篇中说及动植物的,凡八十五处。就量而言,已经是很可惊异了。别的如《卫风》四十篇,说及的仅六十余处;《郑风》二十一篇,说及的仅三十余处。《雅》《颂》中则更少。所以我说这是"二南"特点之一,也是"二南"位置提高的原因之一。

"二南"的音节

"二南"的第二个特点,也是它位置提高的第二个原因,是在它所凭借的音乐。不过说到这一点,我们便感困难。因为"二南"距今至少已有二千五百年,当时的乐调乐谱现在是无从知道了。如今仅就古代各种记载上,可约略考求"二南"的音节。第一,我们应该知道"南音"是一种特别的音乐。①《吕氏春秋·音初》篇说:

> 禹巡省南土,涂山氏之女乃令其妾候禹于涂山之阳。女乃作歌,歌曰:"候人兮猗!"实始作为南音。周公、召公取风焉,以为《周南》《召南》。

这种传说自然是不可靠的,但可证明东周实已承认南音的位置。《左传》中也说到"南音"与"南风":

> 晋侯观于军府,见钟仪,问之曰:"南冠而絷者谁也?"有司对曰:"郑人所献楚囚也。"……使与之琴,操南音。(成公九年)
> 晋人闻有楚师。师旷曰:"不害!吾骤歌北风,又歌南风;南风不竞,多死声,楚必无功。"(襄公十八年)

这可证明南音与北音是绝不相同的。

第二,我们应该知道南音远胜于北音。《说苑·修文》篇引孔子向冉有说的话:

> 夫先王之制音也,奏中声,为中节,流入于南,不归于北。南者

---

① 《南》为诗体之一,与《风》《雅》《颂》并列为四。这一点,我在《诗史》第三篇第一章内另有详细的说明,此处不复赘述。

生育之乡,北者杀伐之域。故君子执中以为本,务生以为基。故其
音温和而居中,以象生育之气;忧哀悲痛之感不加乎心,暴戾淫荒之
动不在乎体。夫然者乃治存之风,安乐之为也。彼小人则不然,执
末以论本,务刚以为基。故其音湫厉而微末,以象杀伐之气;和节中
正之感不加乎心,温俨恭庄之动不存乎体。夫杀者乃乱亡之风,奔
北之为也。昔舜造南风之声,其兴也勃焉,至今王公述无不释。纣
为北鄙之音,其废也忽焉,至今王公以为笑。

这自然未必真是孔子的话,但他说南音象生育是很对很对的。[①]

我们若再三讽诵《芣苢》《汉广》等篇,有训练的耳朵总能听出音节之
舒徐和缓,似含有无限乐观分子在内。章潢说得好:

> 诗之在"二南"者,浑融含蓄,委婉舒徐,本之以平易之心,出之
> 以温柔之气,如南风之融物,而物皆畅茂。凡人之听其言者,不觉其
> 入之深而感化育于其中也。

这一段描写"二南"的音节,真能深入显出。我们因而联想到《御览》卷八
十一引孔子赞《箫韶》的话:

> 温润以和,似南风之至。其为音如寒暑风雨之动物,如物之动
> 人,雷动禽兽,风雨动鱼龙,仁义动君子,财色动小人。

这里接连用七个比喻来描写动人之深,很可移赞"二南"。

"二南"的内容

我们懂得了"二南"的特点,再进而看它的内容。我的意思,拟把这
二十五篇分成五类:第一类是恋歌,如《关雎》;第二类是别诗,如《卷耳》;
第三类是写女性生活的,如《葛覃》;第四类是祝颂的,如《桃夭》;第五类
是关于政治的,如《兔罝》(前四类都与女性有关系,这是我们应该注意

的）。如今分类依次叙述。

恋歌凡五篇，即《关雎》《汉广》《摽有梅》《江有汜》《野有死麕》是。其中《摽有梅》最别致，是描写一个待嫁女子的心理的。她很迫切地要求意中人来娶她，越早越好。首章说"迨其吉兮"，尚有择日之意；次章说"迨其今兮"，便不用择日；末章说"迨其谓之"，简直想亲身去催促了。《关雎》与《野有死麕》都是写男子的求婚的，一以音乐歆动她，一以礼物媚她（胡适之先生说南欧常以音乐做求婚的工具，可证《关雎》非结婚诗，我国司马相如的故事也可助证）。《汉广》似乎是描写单相思的，并没有成功，故说"游女不可求"。他只希望当她出嫁时，能够替她秣马。这种情意是如何的诚恳呢？《江有汜》似乎是三角恋爱失败者的话。他目见意中人与别人结婚（诗中"之子归"即《桃夭》《鹊巢》之"之子于归"，指女子出嫁而言），失败之余，只得自己安慰自己，说她将来是要懊悔的。这真是怨而不怒，深得"温柔敦厚"之教了。

别诗凡四篇，即《卷耳》《汝坟》《草虫》《殷其雷》是。《卷耳》与《殷其雷》都是闺中念远之作，其夫大都行役在外。不过《殷其雷》是直陈自己希望丈夫归家之意，《卷耳》的二、三、四章却是假托其夫在外奔波而念家的情景，有"举杯消愁愁更愁"的意思，其描写是更深刻些，更能动人些。《汝坟》与《草虫》是拿相见后的愉快来反衬别离时的痛苦的。未见的时候便"惄如调饥"，"忧心忡忡"；既见后便"我心则夷"，而希望"不我遐弃"了。我们应该注意诗中"君子"二字。胡适之先生说《诗经》中的"士"字与西洋中古文学中的 Knight 相似，我以为"君子"二字亦然。这字在中文大都译作"武士"，其实含有"女性保护者"的意思。《汝坟》一、二章的句法与《草虫》完全相同，然前人大都误解"君子"为当时的从政者。其实《汝坟》是乱离时的诗，一家骨肉由离散而团聚，自然喜不自胜，与他人何涉？

描写女性生活的诗凡六，即《葛覃》《芣苢》《采蘩》《采蘋》《行露》《小星》是。《葛覃》叙妇人归宁，《采蘩》叙妇女养蚕，《采蘋》叙待嫁女子的祭祖，《行露》叙女子拒婚，《小星》叙贱女自叹薄命，都是很明显的，不用细说。我们最当注意的是《芣苢》。方玉润评道：

> 读者试平心静气涵泳此诗,恍听田家妇女三三五五,于平原绣野、风和日丽中,群歌互答,余音袅袅,若远若近,忽断忽续,不知其情之何以移而神之何以旷！则此诗可不必细绎而自得其妙焉。唐人《竹枝》《柳枝》《棹歌》等词类,多以方言入韵语,自觉其愈俗愈雅,愈无故实而愈可以咏歌。即汉乐府《江南曲》一首"鱼戏莲叶"数语,初读之毫无意义,然不害其为千古绝唱,情真景真故也。知乎此,则可与论是诗之旨矣。

这说为戴肖望所创,经方氏发挥尽致,不用我引申了。

祝颂的诗凡六,即《桃夭》《樛木》《螽斯》《麟之趾》《鹊巢》《何彼秾矣》是。《桃夭》与《鹊巢》都是颂新娘的诗。但《鹊巢》仅描写奁赠之盛,《桃夭》则并希望其"宜家""宜室""宜人",意义较为深远。《樛木》一篇,方氏说是"祝所天",但我们不能断定是女人的口吻,所以我疑心是颂新郎的(其体裁及内容可与《鹊巢》《鸳鸯》对看)。《螽斯》祝子女之多,《麟之趾》祝子女之秀;就文学的技术方面来看,这两篇都不高明。《何彼秾矣》是赞颂女性美的——拿唐棣、桃李来比喻——本可归入恋歌,然细看全文,实无言情分子,序说"美王姬"一语很可采用。诗人只盛夸其家世——"平王之孙,齐侯之子"——并且对于贵族表相当的敬意。

关于政治的诗凡四,即《兔罝》《甘棠》《羔羊》《驺虞》是。《甘棠》是纪念召穆公虎的诗,上文已详细说过。《兔罝》是赞武官的诗,《羔羊》是赞文官的诗:这都是很明显的。《驺虞》则误解颇多。旧说以"驺虞"为义兽来比喻文王,真是不伦不类。三家诗以"驺虞"为掌鸟兽之官,似稍近是。方氏说:"若一发而中五犯,则仁心又安在乎?"故此诗或是讽刺田猎过度的作品。

"二南"在诗史上的位置

我们在上文曾说,"二南"在"三百篇"中有特殊的位置。第一个认识它的是孔子。他在《论语》内曾经再三地称道"二南"。例如在《泰伯》

里说:

> 师挚之始,《关雎》之乱,洋洋乎盈耳哉!

这是拿《关雎》来代表"二南"的。又在《八佾》里说:

> 《关雎》乐而不淫,哀而不伤。

我们的情感不外哀、乐两种,诗歌表现这两种情感能够不至过度,能够恰如其分,便是上品。他又在《阳货》里向伯鱼说:

> 女为《周南》《召南》矣乎? 人而不为《周南》《召南》,其犹正墙面而立也与!

孔子这样恭维"二南",实在是独具只眼。我常以为古代哲学家中,只有两个人是真能懂得文学的:一是孔子,一是朱子。他们说话不多,而句句中肯。

孔子的恭维的影响是很大的,于是后人大都认"二南"为神圣的作品。但腐儒盲从的结果,却误以为"二南"非文王时不能产生,非文王的家里不能产生,便处处牵涉到"文王之化""后妃之德"上去,弄得乌烟瘴气、触目皆是,真是"二南"的大不幸。殊不知文学是后胜于前,平民胜于贵族;"二南"所以特出,就因为它是较晚的民间诗歌,而不是最古的贵族作品。

但我们最要注意的是"二南"与《楚辞》的关系。我以为中国文学史上最重大的问题,文学史家必须解释清楚的问题,便是屈原问题。屈原是中国文学之父。他为何不生于鲁,不生于郑,不生于晋? 为何产生于文化最迟的楚? 我们虽然知道屈原以前有《越人歌》一类民歌,然而《卫风》有四十篇之多,岂不更能产生大诗人? 这的确是一个难题。但是我们现在知道"二南"——为《诗经》的"骄傲"的"二南"——即产生于屈原的故乡。他的故乡有最妍丽的环境,有最优美的音乐,又有最丰富的文学遗产,于是便产生大诗人屈原。所以古代若没有"二南",则文学史必为之减色不少。我们研究"二南"时,万万不要忘记它是从《诗经》时代"转到"《楚辞》时代"的媒介。

(原载《国学论丛》一九二七年六月第一卷第一号)

屈原评传

一 任职与去职

> 惟党人之偷乐兮，路幽昧以险隘。岂余身之惮殃兮？恐皇舆之
> 败绩。忽奔走以先后兮，及前王之踵武。荃不揆余之中情兮，反信
> 谗而齌怒。
>
> ——《离骚》

春秋时楚武王子瑕食采于屈（在今安徽淮河流域），他的子孙就以地名做氏。四百年后（公元前七四〇年—公元前三四〇年），有一个屈原，为中国最早的大诗人。《史记·屈贾传》及《新序·节士》篇里说他名平，字原。《卜居》《渔父》又称他为屈原，却没有提及"平"字。这已是可疑了。他又在《离骚》里自叙道：

> 皇鉴揆余于初度兮，肇锡余以嘉名：名余曰正则兮，字余曰
> 灵均。

《楚辞集注》引高平说："原故名平而字原也。正则、灵均，各释其义，以为美称耳。"这说似近牵强。试问屈原在此处为何不把名字正式说出呢？

蒋骥《山带阁注楚辞》引某人说:"古人有小名,有小字……盖屈原名平,而正则、灵均,则其小名小字也。"按小名至今尚存。但屈原时有无此风,则不可知。我们现在所知道的,如司马相如名犬子,谢灵运名客儿,庾信名兰成,都在屈原之后;即陆龟蒙的《小名录》,也是从秦代起的。而且小名外还有什么小字,则更不知其所本。故这说怕也靠不住。对于这样一位大诗人,竟连名字也弄不清楚,这是我们爱文学者同引为憾事的。

他在《离骚》里又说:

> 摄提贞于孟陬兮,惟庚寅吾以降。

《尔雅》说:"太岁在寅曰摄提格。"朱熹因此处省去"格"字,便说不是指年。但这个字的省与不省,大约是没有关系的。东汉光武帝建武三十年,张纯奏说,"今摄提之岁……",这年恰是甲寅年,而"格"字也省去。由此可知屈原的确生于寅年。《史记·十二诸侯年表》的末年(周敬王四十三年,公元前四七七年)是甲子年;自此推算下来,则公元前三五五年是丙寅,公元前三四三年是戊寅,公元前三三一年是庚寅。依《史记》,楚怀王十六年(公元前三一三年)绝齐时,屈原已被谗去职了;若他生于公元前三三一年,则此时年仅十九岁:故这个生年绝不能成立。又依我仔细研究的结果,知道他死于顷襄王九年(公元前二九○年)左右;若他生于公元前三五五年,则他投水时年已近七十岁了:可见这个生年也不妥当。若我们定公元前三四三年(这年是周显王二十六年,楚宣王二十七年)为他的生年,则楚绝齐时为三十一岁,死时为五十四岁,便很近情理了。

屈原生的地方,我们并不知道。《水经注》说:"秭归县……北一百六十里有屈原故宅,累石为屋基。"(秭归在今湖北西部)但杜甫在夔州时所做的《最能行》末段说:

> 若道士无英俊才,何得山有屈原宅?

这又与《水经注》不同。林云铭说:"少陵当日虽在夔州,而屈原宅却在荆州府之归州;以归州当春秋时亦夔子国故地,因举全夔而总言之。非谓夔州府有屈原宅也。"这说恐怕是错的；因为杜甫不过述他舟行夔峡时的杂感，哪里远想及春秋时夔子的国界呢？而且杜诗与《水经注》都是不能作考证的根据的，我们正不必勉强去调和这两说。而且即使知道了屈原宅确在何处，也不能说这就是他生的地方。故关于这一点，我们只好阙疑了。

他家庭里的人，我们知道得很少。《离骚》述他的父亲叫伯庸，不知是名是字。这篇还提及"女媭"。《说文》引贾侍中说，楚人呼姊为媭，王逸也说这是屈原的姊姊。清人梁章钜的《文选旁证》引张云璈引《楚辞集解》云："媭者，贱妾之称，比党人也。婵媛，妖态也。"《旁证》又引朱绶说："以下文'众不可户说'观之，则女媭自宜以党人解之。若内被姊詈，不得归之于众也。"我未见《楚辞集解》，故不知这种注解的根据，但我可断定他有些误会。《文选》的《西京赋》"增婵娟以此豸"句的薛注说："婵娟此豸，姿态妖蛊也。"《集解》之训"婵媛"为"妖态"大约是由此而误会的。但"婵娟"与"婵媛"不同——古人大都训"婵媛"为"牵引"或"连引"——故不能相混。朱氏的话也不对。"众不可户说"不是屈原的话，而是女媭的话，"众"即指当时的党人。故我以为还是贾、王二氏之说是更近理些。

除了父与姊以外，其余便无从查考了。他二十岁前的生活，我们也不知道。但他是楚国的贵族，他的生活总是一种很安适的富有诗意的贵族生活。从他的作品中看出，他在这时总学得了许多古代掌故及种种神话——司马迁也说他"博闻强志"。

二十岁以后，便是他投身政界的时候了。《史记》说他做左徒。左徒是左右拾遗之类的官，只次于令尹。我想屈原虽贵族，恐未必能凭空做到。他任左徒之前，当然是先任了几时较低的官职了。但这种官吏生涯的开始也不至太迟（因为他是贵族），我们定在他二十一二岁就是了。他任左徒的时代，《史记》里没有说，但我们可从《新序》里得到一些暗示。《节士》篇说：

> 秦欲吞灭诸侯，并兼天下。屈原为楚东使于齐，以结强党。秦

> 国患之,使张仪之楚,货楚贵臣……

张仪至楚是怀王十六年的事。怀王十六年以前,齐、楚亲善的唯一的事迹便是怀王十一年的纵约。屈原能与这回纵约有关系,可见他这时已在左徒之位了。由此可知他任左徒必在怀王十年左右。

这是他一生最幸福的时代。怀王是一个中庸之主:他自己没有才识,不能积极地有所贡献于国家;但也不至十分为恶,所以也能消极地让屈原去整理国务。屈原具有办事的能力与热诚,"明于治乱,娴于辞令"。遇到这个机会,他的爱国心正好如愿以偿:"入则与王图议国事,以出号令;出则接遇宾客,应对诸侯。"这时他总有许多关于政治上的文字,却都没有传下来。依我看来,《九章》中有一篇《橘颂》大概是这时的作品。

前人对于这篇的时代有两种说法:

(一) 在顷襄王放逐他到江南后。这是王逸的主张。他以为《九章》都是"屈原放于江南之野"时的作品;《橘颂》是《九章》之一,故也在此时。赞成此说者很多。

(二) 在怀王朝被谗后。清人姚鼐说:

> 鼐疑此篇尚在怀王朝初被谗时所存,故首言"后皇",末言"年岁虽少",与《涉江》"年既老"之时异矣。而"闭心自慎"之语,又若以辨释上官所云"每一令出,平伐其功"之为诬也。(《古文辞类纂》卷六十一)

王氏以为《九章》九篇是一个时期内的作品,其谬误现在知道的人很多了;但对于《橘颂》仍不敢有异议者,因为"文辞浑然,莫可究诘"(蒋骥语)。但我们如今却可不必管它了。姚说以内容作根据,好像很可信,但也不免流于附会。屈原不过以为橘树"受命不迁""深固难徙",以为它"行比伯夷""可师长",故作这篇来赞它。全文中并无一些被谗去职的暗示;所谓"闭心自慎",也是指橘树而言;若是指自己,则下文的"可师长"一语便讲不通。这篇与顷襄王时的放逐固然是无关,但与怀王时的谗言又有什么干系呢?

我把它定为这时的作品的理由是：(1) 屈原所以要作诗，不过要写出他胸中的怨愤，故他的作品里大都充满着牢骚话；因为他是一个性急而量窄的人，故谈不到什么"涵养"。这《橘颂》里既无牢骚话，便可证明不作于失意后了。(2) 后人对于屈原的作品，崇拜的无可无不可；昭明太子在《文选》里削了几首，便受谤至今。屈原在中国文学史上特殊的位置，我们是不用怀疑的；但依我个人的观察，他的作品中也有些不很高明。别的且不谈，只就《橘颂》而论，我觉得有两种很重要的缺点，使我们无从赞美。这一点也可证明这篇是他壮年的未成熟的作品。

那两种重要的缺点是什么呢？第一是诗思的窘狭。屈原的诗思本来是很丰富的，而在这篇里却特别地窘狭。试看他已经说了"受命不迁"，下文还说"独立不迁"，还说"苏世独立"；已经说了"深固难徙，更一志兮"，还说"深固难徙，廓其无求兮"。说来说去，并没有添出新的意思来，可不令人失望吗？我们的意思并不是不许诗人用重复的语句与回环的咏叹。打开《诗经》一看，便知道"三百篇"中大都是有些重复的。我们随便举一个例罢：

> 南有乔木，不可休思。汉有游女，不可求思。汉之广矣，不可泳思。江之永矣，不可方思。
>
> 翘翘错薪，言刈其楚。之子于归，言秣其马。汉之广矣……
>
> 翘翘错薪，言刈其蒌。之子于归，言秣其驹。汉之广矣……
>
> （《周南·汉广》，依《韩诗》）

我们读了，不但不觉其可厌，反觉余韵悠然不尽。我们须知：重复的语句与回环的咏叹不但不是艺术上的缺点，实在是诗人表情手段之一。但在《橘颂》里却完全不是这么一回事，因为这篇本来没有什么浓厚的情绪可表，故我们不能说这些重复是著者故意用来表情的。

第二个缺点是抽象话太多。我们读了这篇，并不觉得有什么动人之处，并不能感受到什么深刻的印象，便是为了这一点。例如：

> 闭心自慎，终不失过兮；秉德无私，参天地兮。

这几句竟可以入宋代道学先生们的诗集里去了！屈原本想用具体的橘树象征抽象的高尚人格，故处处把橘树当作人类看待，与西洋古典派诗人用"人格化"(Personification)的方法一样。但文学手腕不纯熟，故不能使我们得到什么明了的观念。我们试拿《离骚》来比较一下，便觉相差甚远：

> 吾令凤鸟飞腾兮，继之以日夜；飘风屯其相离兮，率云霓而来御。

> 吾令鸩为媒兮，鸩告余以不好；雄鸠之鸣逝兮，余犹恶其佻巧。

这里也是把凤鸟、飘风、云霓、鸩、鸠等物当作人类看待，但因为没有抽象话，故二千余年后的读者还可想象那来御的飘风或鸣逝的雄鸠。但我们读了《橘颂》，却不能想象橘树怎样的"可任道"，怎样的"参天地"。相形之下，《橘颂》自然见拙了。

这种地方很可把这篇的时代暗示给我们知道。但这既是一种壮年的尝试的作品，我们也不必责备求全。而且这是屈原的诗人生涯的出发点，同时又可反映他的高尚的人格，故研究屈原的人也不该忽略这篇。

屈原做了左徒，怀王很信任他。有一次，怀王托他造《宪令》。当他起草还没有完了的时候，上官大夫看见了，便要抢夺。屈原不肯给他。他本来与屈原"争宠而心害其能"。他在怀王面前总已说过几次毁坏屈原的话了。这回屈原又激怒他，他便跟怀王说："王使屈平为令，众莫不知。每一令出，平伐其功曰：'以为非我莫能为也！'"怀王竟信了这个谗言，把信任屈原的心思完全打消，并且削去他的职位。

《史记·屈原传》说："王怒而疏屈平。"后人惑于这个"疏"字，便以为"只是疏而不任，未夺其位"。但司马迁在下文里明明说："是时屈平既疏，不复在位。"由此可知他所谓"疏"，即是不在位。而且屈原在《离骚》里不是说得很明白的吗？他说：

> 余虽好修姱以鞿羁兮，謇朝谇而夕替。既替余以蕙纕兮，又申之以揽茝。

试问：要是没有去职，又怎样能说是"替"呢？（古书大都训"替"为"废"。）

依《史记》，这回去职的时代总在怀王十六年楚绝齐以前。我想大约在怀王十三四年，上距做左徒时约有三四年，因为非此必不至引起群小的深怨。这时屈原已年近三十岁了。

屈原既因谗言而去职，他"嫉王听之不聪也，谗谄之蔽明也，邪曲之害公也，方正之不容也，故忧愁幽思而作《离骚》"。"离骚"二字的解释很多，当以班固"离，犹遭也；骚，忧也"之说为最妥。《文选旁证》引《项氏家说》引《楚语》伍举曰："德义不行，则迩者骚离，而远者距违。"（此见《国语》的《楚语上》的第五条。）《旁证》又引王伯厚说："伍举所谓'骚离'，屈平所谓'离骚'，皆楚言也。"这是不错的。

依《史记》，《离骚》即是此次被谗后的作品。后来，班固、王逸等人仍之。但《新序》里却有一种异议，以为是怀王十六年放逐后的作品。《新序》有时本来可补《史记》之不足（如怀王十六年放逐事），但在这篇的时代上，我们便觉不如《史记》之更合理了。一来呢，《离骚》本文只说"替"，并未提及放逐。二来呢，其中还有旁人劝他离郢都而他不肯的话。这两点便可证明《新序》所说之不确。其所以致误者，大约因《离骚》的时代与初放的时代太相近也（初放在怀王十六年，详后）。

后人公认《离骚》为他的杰作。因为要尊重他，后人便于篇名下加一"经"字，再于别篇篇名下加一"传"字。传是释经的；难道我们可说《橘颂》或《天问》是释《离骚》的吗？而王逸竟因此误认"经"字也是篇名原有的字，可见这种尊称是无益有害的。

这篇可分为两段：第一段至记女媭的话为止，于真的事实中夹些抒情的话；自陈辞重华以下为第二段，借理想的事实来表情。"乱曰"以后几句是总结全文的。"乱者，乐节之名……凡作篇章既成，撮其大要，以为乱辞也。"

他叙真的事实是从他的世系叙起的，次叙他的生年月日及他的名字。接下便说他怎样地汲汲于求学修德，怎样地愿把国君引到正道上去。可是怀王太不中用，一有那些偷乐的"党人"来离间，便"悔遁而有他"了。他心上固然非常烦恼，但又不愿"从俗富贵以偷生"，故想退避以修"初服"。不料女婆却极端反对这个办法。她怪他鲧一般的婞直,怪他"判独离而不服"。

我们读这一段时,应该注意他的思想的变迁。他的最初的目的大约是要立名,故在失败后追叙道:

> 忽驰骛以追逐兮,非余心之所急;老冉冉其将至兮,恐修名之
> 不立。

因此,他要在政治上活动。但他是一个感情很丰富的人,故既入了政界,便与国君结了不解缘了:

> 岂余身之惮殃兮? 恐皇舆之败绩!
> 指九天以为正兮,夫唯灵修之故也!

或者有人要怪他眼光太狭,只知道有国君。其实在君主时代,若没有国君的信任,便什么事都不行;国君之于屈原,不过是一种必要的工具,故我们不能以此责他。但"先君而后身","专惟君而无他",却是那些党人所痛恨的,故他终于被谗去职了。然而他终不肯屈服:

> 亦余心之所善兮,虽九死其犹未悔!
> 虽体解吾犹未变兮,岂余心之可惩!
> 宁溘死以流亡兮,余不忍为此态也!("此态"指党人之态。)

这是何等坚介的精神! 但他越是倔强,那些党人越是要排斥他,故他只得这样自慰了:

> 苟余情其信姱以练要兮,长颔颔亦何伤!
> 不吾知其亦已兮,苟余情其信芳!

只这么无聊地自慰还不中用,故想出去游历。

他虽说要往观四荒,可是他并没有出去游历;《离骚》后半篇所叙的游历,很容易看出是理想的。我想出游计划的打消,一来大约由于他阿姊的劝阻,二来或者因为他也像王莽一样的"不能无为",故还舍不下这政治中枢的郢都。因此,他便只在《离骚》里叙些理想。他先济沅、湘以

南征,因为要就重华而陈辞。重华就是舜,屈原便向他述他以后的事——禹、启、羿、浞、浇、桀、汤、纣等人的事。末了还带及自己的苦境。陈辞完了,便从苍梧——舜葬的地方,出发到上帝处;途经县圃、咸池、扶桑等地。他的扈从有羲和、望舒、飞廉、鸾皇、雷师、凤鸟、飘风、云霓,等等;可是帝阍不肯开门。没法想便转向白水、阆风、春宫、穷石、洧盘等处,求宓妃一流的女神或二姚一流的贤女,但终于无结果。经了两番绝望之后,他自然要到灵氛及巫咸处问卜去了。但他们都劝他走,他便又到昆仑、天津、西极、流沙、赤水、不周、西海等处。正在这"陟升皇之赫戏"的时候,他"忽临睨夫旧乡";于是仆夫也怨了,马也不走了,他的游历终于不能继续了。因此,他便在"乱辞"里归到死的决心。

我们读了这一段,便可窥见当时一般人的见解。我想灵氛及巫咸的话也许就是屈原的朋友们劝他的话。一个劝他道:

> 思九州之博大兮,岂惟是其有女? 曰:"勉远逝而无狐疑兮,孰
> 求美而释汝?"

一个劝他道:

> 勉升降以上下兮,求榘矱之所同……苟中情其好修兮,又何必
> 用夫行媒?

这都是与贾谊的"瞵九州而相其君兮,何必怀此都也?"意思相同。劝他到其余各国去求用:这本是战国时很普通的思想。可是屈原竟不受时代思潮的影响,偏不肯走。他答灵氛道:

> 世幽昧以眩曜兮,孰云察余之善恶? ……览察草木其犹未得
> 兮,岂珵美之能当?

他以为世界上处处是黑暗的:楚国不能用,别国也未必能用。故不肯走,故虽走了也是走不前的。

这篇是一首近四百句的长诗,是中国诗史上一件很伟大的作品。我们不用咬文嚼字地评它,因为它自身可以介绍给一般读者。如今只指出

四种为一般人所不注意而为中国诗歌所少有的特点:

(一)自传式的体裁。这篇先叙远祖,次叙皇考,次叙生年月日,次叙自己的名字。这种奇怪的体裁,在中国诗歌里是很稀少的;而自汉以后的文人大都有散文的自叙,其源即出于此。我常以为这种体裁与杜甫《北征》"皇帝二载秋,闰八月初吉"的历史的体裁,都是中国诗坛上的怪物,我们绝不能忽视。

(二)神话。中国的诗歌很少以神话作根据的,这是与西洋诗歌大不同的一点。《诗经》的《大雅》及《商颂》里也略有一些,但最富于神话的要推到《楚辞》了。《离骚》《天问》《招魂》三篇中都有,但《离骚》的时代在最前,故更可注意。例如:

> 吾令羲和弭节兮,望崦嵫而勿迫。
>
> 前望舒使先驱兮,后飞廉使奔属。
>
> 吾令丰隆乘云兮,求宓妃之所在。
>
> 麾蛟龙使梁津兮,诏西皇使涉予。

这种例子也举不胜举。因这可把屈原的灿烂的理想反映出来,故觉可贵。

(三)人格化(Personification)。"人格化"便是把非人类的东西予以"人格"。例如:

> 吾令凤鸟飞腾兮,继之以日夜。飘风屯其相离兮,帅云霓而来御。
>
> 吾令鸩为媒兮,鸩告余以不好。雄鸩之鸣逝兮,余犹恶其佻巧。

我们在上文论《橘颂》处曾说,从这一点上看来,《离骚》远胜于《橘颂》。这两篇的时代相差至多不过二三年,于此可见屈原的文学技术进步之速了。这也许是他的逆境所玉成的,可算是"穷而后工"的一例了。

(四)隐喻(Metaphor)。隐喻是含蓄的比喻,无"如""若"等字的。例如:

> 扈江离与辟芷兮,纫秋兰以为佩。

杂申椒与菌桂兮,岂惟纫夫蕙茝?

朝饮木兰之坠露兮,夕餐秋菊之落英。

既替余以蕙纕兮,又申之以揽茝。

屈原所以要用这种隐喻的方法,大约因为与其用抽象的"仁义礼智"等字,不如用具体的"兰蕙菊茝"。这也是文学技术上的长处。

最后,我们再杂引些前人的评语,以见《离骚》魔力之大:

（一）淮南王安

《国风》好色而不淫,《小雅》怨诽而不乱;若《离骚》者,可谓兼之矣。上称帝喾,下道齐桓,中述汤、武,以刺世事,明道德之广崇;治乱之条贯,靡不毕见。其文约,其辞微,其志洁,其行廉,其称文小而其指极大,举类迩而见义远。其志洁,故其称物芳;其行廉,故死而不容自疏。濯淖污泥之中,蝉蜕于浊秽,以浮游尘埃之外,不获世之滋垢,皭然泥而不滓者也。推此志也,虽与日月争光可也。（见《史记·屈原贾生列传》,班固及刘勰所引与此略异。）

（二）班固

其文宏博丽雅,为辞赋宗。后世莫不斟酌其英华,则象其从容。自宋玉、唐勒、景差之徒,汉兴,枚乘、司马相如、刘向、扬雄,骋极文辞,好而悲之,自谓不能及也。

（三）王逸

智弥盛者其言博,才益多者其识远。屈原之词,诚博远矣。自终没以来,名儒博达之士,著造词赋,莫不拟则其仪表,祖式其模范,取其要妙,窃其华藻。所谓金相玉质,百世无匹,名垂罔极,永不刊灭者矣。

（四）刘勰

赞曰:

不有屈原,岂见《离骚》?惊才风逸,壮志烟高。山川无极,情理

实劳。金相玉式,艳溢锱毫。(《文心雕龙·辨骚》)

（五）宋子京

《离骚》为词赋之祖。后人为之,如至方不能加矩,至圆不能过规矣。(洪兴祖《楚辞补注》引)

二 初放与遇罚

> 有鸟自南兮,来集汉北。好姱佳丽兮,牉独处此异域。既茕独而不群兮,又无良媒在其侧。道卓远而日忘兮,愿自申而不得。望南山而流涕兮,临流水而太息。
>
> ——《抽思》

为了宪令事,怀王把屈原的左徒职免去。但这不过是他的逆境的第一幕罢了。刘向《新序·节士》篇说:

> 屈原为楚东使于齐,以结强党。秦国患之,使张仪之楚,货楚贵臣上官大夫、靳尚之属,上及令尹子兰、司马子椒,内赂夫人郑袖,共谮屈原。屈原遂放于外。

我在上文曾说,怀王十一年的纵约的主动者便是屈原。这纵约是秦国所最忌刻的,故屈原便成了秦国的眼中钉了。但怀王既很信任他,秦国也无可奈何。不料如今楚国自行替了屈原了,秦国有隙可乘了,于是"令张仪佯去秦,厚币委质事楚",更进一步地运动了上官大夫等人,把屈原放逐出去了。

《史记》未载此事,自然是司马迁的疏忽。《新序》这段记载是很可靠的。一来呢,秦国运动放他,依常理看来是可能的。二来呢,他的作品还可做旁证。他的《抽思》《哀郢》及《涉江》都叙述放逐时的情形,而它们竟表现出三种不同的背景来。例如《抽思》说:

> 有鸟自南兮,来集汉北。

> 望南山而流涕兮,临流水而太息。
>
> 狂顾南行,聊以娱心兮。

这明明是放在故都之北,故思乡时都是向南的。又如《哀郢》说:

> 民离散而相失兮,方仲春而东迁。
>
> 去故乡而就远兮,遵江、夏以流亡。
>
> 背夏浦而西思兮,哀故都之日远。

这明明是放在故都之东,故沿江、夏而向东行。又如《涉江》说:

> 乘鄂渚而反顾兮,欸秋冬之绪风。
>
> 乘舲船余上沅兮,齐吴榜而击汰。
>
> 入溆浦余僤佪兮,迷不知吾所如。

鄂渚在今武昌附近,溆浦在今湖南西部:可见这次是向西南行的。——既有种种不同的背景,便可断定他的放逐不止一次了。《哀郢》与《涉江》所记的都是顷襄王时事,我们放在后边说。《抽思》所记的却是怀王时事,因为这篇是怀王时的作品(详后)。怀王朝的放逐有两个可能的时期:一是十六年,一是二十四年,因为这两个都是亲秦政策实行时期。依《新序》,他的放逐是在张仪至楚时。张仪至楚是十六年的事。这十六年本是两个可能时期中的一个。故我们若定这年为屈原初放的时期,是一些阻碍也遇不着的。

至于这回放逐的地点,《抽思》里说得很明白:

> 有鸟自南兮,来集汉北。

汉北就是汉水之北,大约在现在河南省与湖北省的交界处。郢都在现在湖北荆州之北十里,恰在他放逐地点之南,故下文说"望南山而流涕",连他的灵魂也"南指月与列星"。但朱熹对于上边引的两句,却另有妙解。他说:"屈原生于夔峡而仕于鄢郢,是自南而集于汉北也。"这说谬误很多:(一)相距千余年,哪能确定原宅在何处?一句杜诗能作铁证吗?(二)即使屈原的确生于夔峡,但在鄢郢之西北(夔峡在西经六度之西,北纬三十一度之北;郢都在西经五度之东,北纬三十一度之南),哪能说"自南"?(三)鄢郢在汉水之南,哪能称为"汉北"?(四)若汉北即指鄢郢,下文何得有"惟郢路之辽远"一句? 由此可知朱说之无稽。

关于这地点上,还有一种异议。王逸注《哀郢》说:"怀王不明,信用谗言而放逐己。"姚鼐引申他的话说:"鼐疑怀王时放屈子于江南,在今饶信,地处郢之东,盖作《哀郢》时也。"这两说都起于误认《哀郢》的时代,我们在后边还有详细的讨论。

这一次放逐后的作品,现在所存的共有两篇:《抽思》及《悲回风》。我们先研究《抽思》的时代。屈原与怀王曾经共事好几年,而与顷襄王却一些政治上的关系也没有,故语句上很容易辨别出。例如说:

> 数惟荪之多怒兮,伤余心之忧忧。

这"多怒"自然指怀王的黜他、放他,与顷襄王是不相干的。又如说:

> 兹历情以陈辞兮,荪详聋而不闻。

这也是指怀王时事,因为屈原不曾向顷襄王"历情以陈辞"。又如说:

> 昔君与我成言兮,曰:"黄昏以为期。"羌中道而回畔兮,反既有此他志。

这几句可与《离骚》第十二节对看:

> 初既与余成言兮,后悔遁而有他。

顷襄王并没有任用过屈原,并没有什么成言,故可决定是指怀王。

其次,我们再研究《悲回风》的时代。历来研究屈原的人差不多没有一个人不说是再放后的作品。但我们试看这几句:

> 浮江、淮而入海兮,从子胥而自适;望大河之洲渚兮,悲申徒之抗迹。

屈原作品中说及淮与河的只有这次。我们知道他初放的地点是在汉北,恰在淮水发源处,而与黄河距离也近。因此,我以为《悲回风》一定是在

汉北作的。在再放后的作品里,他只说沅、湘了:

> 浩浩沅、湘,分流汩兮。
>
> ——《怀沙》
>
> 临沅、湘之玄渊兮,遂自忍而沉流。
>
> ——《惜往日》

这里所举地名的不同,便是铁证。

《抽思》时代的发现,我们应该感谢黄文焕。他的《楚辞听直》现在大约不存了,但他的同乡林云铭在《楚辞灯》里所定的《九章》的次序是本于黄氏的,故他的主张还可约略窥见。后来蒋骥注《楚辞》便是根据黄、林二氏的主张而略有变更(如《惜诵》《哀郢》等处)。这三人对于《楚辞》的最大贡献,便在拿作品本文来证明作品的时代,来考求著者的事实。他们的成绩在《九章》上最显著,《抽思》时代的发现即其一端,只没有把各种证据详细说明罢了。

但《悲回风》的时代为何一直误认到如今呢?我们要研究这一个原因,便要牵及这篇的音调上去了。朱熹论《九章》道:"今考其辞,大抵多直致,无润色,而《惜往日》《悲回风》又其临绝之音。"《惜往日》是再放后的作品,我们且不谈它。若说《悲回风》是临绝之音,显然是不对的,因为他死时距此至少有二十年之久。但这篇的音调的确非常能动人——这一层便很足以使我们把这篇的时代移后。

这篇的音调为什么能格外动人呢?我想这大概是用叠字的原故。我们试随便举出一段:

> 愁郁郁之无快兮,居戚戚而不可解……穆眇眇之无垠兮,莽芒芒之无仪……邈漫漫之不可量兮,缥绵绵之不可纡。愁悄悄之常悲兮,翩冥冥之不可娱。

我们读了这一段,仿佛在听追悼会里的歌声。最可注意的便是,这几个叠字与上一字大都是双声。如"穆眇眇""莽芒芒""邈漫漫""阒芒芒""缥翩翩""翼遥遥"等都是。此外如"缥绵绵"及"翩冥冥"虽都不是同母,却同是唇音。这种地方与这篇的音调都很有关系，都可引人把它的时代移后。

这篇的时代还有一个似是而非的反证。原文末段有这两句：

　　　借光景以往来兮，施黄棘之枉策。

王逸注道："黄棘，棘刺也。枉，曲也。言己愿借神光电景，飞注往来；施黄棘之刺以为马策。言其利用急疾也。"这是不错的。洪兴祖《补注》却以"黄棘"为地名，并引怀王二十五年秦、楚会盟黄棘事以实之，说："己所以假延日月，往来天地之间，无以自处者，以其君施黄棘之枉策故也。"此说若确，则《悲回风》的时代必在怀王二十五年以后。但我以为洪氏的注解实嫌牵强。那两句的下文是：

　　　求介子之所存兮，见伯夷之放迹。

此处必须依王注，上下文方能讲通；若以黄棘作地名，便讲不通了。从前注《楚辞》的人，如朱熹、戴震等，也都从王说，都以洪说为欠妥。故我说这反证是似是而非的。

张仪运动放逐屈原既成了功，于是可以为所欲为了。他劝怀王道："秦甚憎齐，齐与楚从亲。楚诚能绝齐，秦愿献商于之地六百里。"怀王贪六百里之地，"信左右之奸谋，听张仪之邪说，遂绝强齐之大辅"（《新序》）。怀王一方面便差人到秦国去受地。哪知张仪图赖道："仪与王约六里，不闻六百里！"使者回来，告知了怀王。怀王大怒，便兴师伐秦。秦国也发兵相抗，大败楚兵于丹淅，虏将屈匄，占据了楚国的汉中郡。怀王重新聚了全国的兵，再攻秦国，战于蓝田。魏国知道了，悄悄地来袭楚国，到了邓。这时怀王倒害怕了，连忙退回来；而齐国很恨楚国，不肯帮忙，故楚国大困。

这是十七年的事。"是时，怀王悔不用屈原之策，以至于此，于是复用屈原。"（《新序》）屈原既自汉北归国，怀王便差他到齐国去修好（《史记》未叙召回事，大约是司马迁的疏忽；但他在下文又叙屈原使齐事，便可证明召回是实）。次年，秦割汉中地与楚以和。怀王不愿得地，愿得张仪。张仪知道了,便同秦王说:"以一仪而易汉中地,何爱仪?请行。"张仪到了楚国,怀王便囚了他。但他却神通广大,赂用事者臣靳尚;尚替他设诡辩于怀王宠姬郑袖,说秦国将以美女赎仪;袖信了这句话,便到怀王处说情,怀王便把张仪放了回去。这时屈原正自齐归国,知道了这事,便"为王言张仪之罪",并谏道:"何不杀张仪?"怀王悔,连忙差人追张仪,却再也追不着了(《史记·张仪传》无怀王追仪事,也是司马迁的疏忽)。

怀王经了这一番教训,信任屈原的心又恢复了,故能听他的谏言而追张仪。我想他使齐归国后,总要担任些一官半职。《渔父》称他为三闾大夫;他任此职的时代大约就在使齐后。古书如《史记》《新序》等都未说及此事,但他任三闾大夫之在任左徒以后是可断言的;因为若在其前,则《渔父》必不会以前任官名相称;若与之同时,则《渔父》也不会以较低的官名相称。既可断定在后,则使齐后的几年自然是最可能的时期了。三闾大夫是管理王族三姓——屈、景、昭——的,与当时的政治无甚关系;故自任此职以后,数年中相安无事,未曾招人的妒忌。

话虽如此说,屈原对于二十三年的纵约,也未尝没有一些关系。却不料他的逆境的第三幕竟因此而开始了。我在上文说过,纵约是秦国所最忌刻的。现在又有纵约了,秦王便利用怀王的贪心厚赂他,请他到秦国迎妇;于是怀王就背了纵约,亲秦绝齐了。楚国的外交政策本来不外亲秦与亲齐两种,因为当时其余各国中唯秦、齐最强。如怀王十一年与二十三年的纵约,便可算亲齐政策的实现(二十三年的纵约长是齐湣王)。如十六年的许秦绝齐与二十四年的至秦迎妇,便可算是亲秦政策的实现。当时楚臣中,如受张仪贿赂的靳尚与劝怀王入秦的子兰,都可算是亲秦派。此外如吊怀王得商于的陈轸与谏怀王释张仪的屈原,都可算是亲齐派。屈原既主张亲齐,则对于这二十四年的背约自然要竭力谏阻了。但此时怀王已忘了十七年之辱,贪了秦国的厚赂而斥罚屈原了。这斥罚的结果便是《惜诵》。

《惜诵》说:

> 欲儃佪以干傺兮,恐重患而离尤。欲高飞而远集兮,君罔谓女
> 何之!

这是叙他进退两难的情景。由此可知这篇的时代并不在流放期内,否则绝不会有这种疑虑。原文又说:

> 忠何罪以遇罚兮,亦非余之所志也! 行不群以颠越兮,又众兆
> 之所咍也!

由此可知他这回是"遇罚"的、"颠越"的。原文又说:

> 所非忠而言之兮,指苍天以为正!

下文还拉五帝六神等来作证,表示他的话都是很忠心的,便可知他这回"遇罚"起于他的谏诤。总看起来,我们可知《惜诵》所说的是未流放时因谏诤而受罚的事。

由此看来,《惜诵》有两个可能的时代:一是怀王十五年以前,一是怀王十八年至顷襄王三年。这时他都没有放逐在外。但我们试看这几句:

> 故众口其铄金兮,初若是而逢殆。
> 欲释阶而登天兮,犹有曩之态也!
> 九折臂而成医兮,吾至今乃知其信然。

曰"初",曰"曩",曰"至今",可见作这篇时至少已是第二第三回的失败了。这一点便可证明第一个可能的时代实在是不可能的。在第二个时期内,又有两个可能的年代:一是二十四年绝齐时,一是二十九年入秦时,因为这都可引起屈原的谏诤。但二十四年既可引起他与怀王的冲突,则他的"遇罚"便不会迟至二十九年了。这便可证明《惜诵》必作于二十四年(公元前三〇五年)或略后。

关于《惜诵》的时代,有三种异说:

(一)在再放至江南后。这是王逸的主张,见《楚辞章句》。

(二)在怀王十六年绝齐时。这是林云铭的主张,见《楚辞灯》。

(三)在《离骚》前。这是蒋骥的主张,见《山带阁注楚辞》。王氏之

误误于不明文意,林氏之误误于未注意《新序》里的记载,蒋氏之误误于注意原文里"初""曩""至今"等字样。这都是显而易见的,不必细说了。

三 再放与自沉

> 民生禀命,各有所错兮。定心广志,余何畏惧兮?……知死不可让,愿勿爱兮。明告君子:吾将以为类兮。
>
> ——《怀沙》

怀王二十九年,秦昭王约他会于武关。怀王欲行。屈原(昭睢?)谏道:"秦,虎狼之国,不可信。不如无行。"而怀王幼子子兰劝他走:"奈何绝秦欢!"怀王信了儿子的话,便走了。既进了武关,秦伏兵绝其后,围了他以求割地。怀王不许,遂留于秦。太子横即位,便是顷襄王。顷襄王二年,怀王亡走赵,赵不敢纳;又回到秦国,便生了病。第三年,怀王死于秦,秦归其丧。此时两国国交完全断绝(其实不久又恢复了)。

这事的罪魁自然是子兰,而顷襄王反请他做令尹。这事便引起了全国人民的公愤,而屈原尤其是不满意,大约总说了些激烈的恨话。子兰听见了,大怒,便使上官大夫短屈原于顷襄王。顷襄王不加详察,便又放他出去。以常理测之,这事总在怀王死后不久,大约在顷襄王三年或四年,屈原年近五十了。

司马迁说他这回放逐是在江南。屈原作品中有一篇《涉江》,所记的路程是在江南的,大约便是这次放逐后的作品了。可是他记事却从鄂渚记起,便要引起我们的怀疑。试问他从郢都出发至溆浦,何须走到鄂渚呢(郢都在今湖北西部,鄂渚在今湖北东部,溆浦在今湖南西部)? 这个疑惑还得请《哀郢》来解释。这篇所记的路程是从郢都起,至夏浦为止。这夏浦与鄂渚是很相近的,都在现在的武昌附近。这一点便明明白白地告诉我们说,《涉江》所记的是接着《哀郢》而来的。由此可知,《哀郢》一定也是再放后的作品,而且一定在《涉江》之前(王逸与姚鼐认《哀郢》所记的是怀王时的放逐,一来没有注意到《哀郢》与《涉江》的衔接处,二来也没有注意到《抽思》里的记载)。我们现在叙述屈原这回放逐的路程,便是根据这两篇的。

《哀郢》说:

> 民离散而相失兮,方仲春而东迁。
> 出国门而轸怀兮,甲之朝吾以行。

由此便知他这回放逐是在二月里,可补《史记》之不足。至于在哪一个甲日,我们便无从考知了。这篇又说:

> 去故乡而就远兮,遵江、夏以流亡。
> 过夏首而西浮兮,顾龙门而不见。

由此可知他是从郢都沿水向东行的。他刚到了夏首,却已充满了别意,便要回首望龙门(楚都城门)了。夏首即中夏口,是夏水发源之地,万不可与夏口(即夏浦,为夏水入江之地)相混。《哀郢》又说:

> 背夏浦而西思兮,哀故都之日远。

夏浦即今之汉口。这是这篇所记的最东的地名了。至于他是否再向东去,我们无从考知;但《涉江》里的叙事既是从此继续下去的,可见他大约没有再向东走。

蒋骥在《山带阁注楚辞》里曾引下文"当陵阳之焉至兮"一句,证明屈原曾到现在的安徽的南部。这恐怕是错的。这句里的"陵阳"二字并非地名。一来呢,战国时并无名"陵阳"的地方,至西汉时始有,为丹阳郡十七县之一,在今安徽南部。这是铁证。二来呢,若"陵阳"确系地名,则下文不当有"南渡"字样;因为在陵阳附近的长江的方向是自西南向东北的。这也是一个很重要的证据。戴震以为这里"陵"是动词,"阳"为"阳侯"之省文,是以水神而借指大波浪的。故这与屈原的路程并无关系。

《思美人》大约就是这东行期内的作品。王逸等认为是再放后的作

品,不过与我的意见偶合,那是不足道的。林云铭、方晞原等人认为是放于汉北时作的。他们指出的证据是:

> 指嶓冢之西隈兮,与纁黄以为期。
>
> 吾且僃佪以娱忧兮,观南人之变态。
>
> 独荧荧而南行兮,思彭咸之故也。

嶓冢是山名,为汉水发源之地,因此他们便说这是放于汉北时作的。但屈原本想请造父为御者,来到这山的西麓去。造父相传为周穆王时善御的人,难道他真能替六百多年后的屈原做御者吗?可见这与《离骚》里向"宓妃"与二姚求婚是同样的理想,绝不能据以为证(这与《悲回风》里提及河、淮是不同的)。其余几句里有"南人""南行"等字样,林、方二氏便也认为作于汉北之证。其实这与《抽思》里的"南山""南指""南行"不同。《抽思》所说南行是要娱心的,故可证明作于故都之北;现在《思美人》里的南行是思彭咸的,便与郢都都无关了。又如《抽思》里望见南山便要流涕,那是思乡心的表现;但在《思美人》里看见南人的变态却说是娱忧的,便不近情理了。而且《抽思》说"望南山"是远望,《思美人》说"观南人"却是近观;一远一近,地位便迥异了。故林、方二氏之说是不能成立的。

我们若假定此篇为再放后作的,便比较地易于解释。"南人"是指楚国南鄙之人,屈原于无聊中以观他们的变态来娱忧是很近情理的事。所谓"南行"以思彭咸,大约因为南方有洞庭、沅、湘,处处可以达到他自沉的目的。但这篇作于再放时的最明显的证据是:

> 开春发岁兮,白日出之悠悠。吾将荡志而愉乐兮,遵江、夏以娱忧。

这几句可与《哀郢》对看:

> 民离散而相失兮,方仲春而东迁。去故乡而就远兮,遵江、夏以流亡。

这两段所述时地的相符,便可证明《思美人》确是作于再放东行时。

他既到了现在的湖北东部，大约又寓居了好几年，却终等不到召回的消息。正在这等得不耐烦的时候，《哀郢》便产生出来了。这篇前半部追叙出发时的路程及情景，后半部则表示要归返故乡。他说：

> 曼余目以流观兮，冀一反之何时？鸟飞反故乡兮，狐死必首丘。

这几句便是后来向西南行的张本。

《哀郢》的时代，我们在上文已讨论过。最早这样主张的，是清人蒋骥。林云铭以为这篇的时代还在《涉江》之后，与《怀沙》《惜往日》同时。这说的谬误是显而易见的。他大概是误于"至今九年而不复"一句。历来研究屈原的人差不多没有一个不以为这篇作于放逐后第九年上。林云铭把这篇的时代移后，大概是为了这一点；蒋骥把屈原死时定于顷襄王十五六年，也是为了这一点。他们两人都错了。《哀郢》的时代固然不能移后，屈原自沉的时候又何能迟至这个时候呢？我们在上文已证明他的生年是楚宣王二十七年了。自这年至顷襄王十六年共计六十一年（公元前三四三年—公元前二八三年）。六十多岁的风烛似的老逐臣还待他自沉吗？恐怕早就要与世长辞了！于是我们不得不怀疑到那一句里的"九"字上去了。

我们须知：古书中的"九"字大都是表无定数的静字（Indefinite Numeral Adjective）。我们试看屈原作品中用这字的几处：

> 指九天以为正。
>
> ——《离骚》
>
> 余既滋兰之九畹兮。
>
> ——同上
>
> 虽九死其犹未悔。
>
> ——同上
>
> 魂一夕而九逝。
>
> ——《抽思》
>
> 九折臂而成医兮。
>
> ——《惜诵》

又如《天问》里的"九重""九天""九子""九则""九首""九衢"——什么东西的数目总是"九"。我们再看《楚辞》以外的"九"字，如：

鹤鸣于九皋。

——《小雅·鹤鸣》

善守者藏于九地之下。

——《孙子》

善攻者动于九天之上。

——同上

若九牛亡一毛。

——司马迁《报任安书》

是以肠一日而九回。

——同上

自期三年归，今已历九春。

——曹植《杂诗》

以上不过随便举了一些；我们看了这十七个例子，很可知道"九"字并不指什么确定的数目，是一个夸张过甚的静字（参看汪中的《释三九》）。"至今九年而不复"的"九"字也是如此，不过表示他已经放逐了好几年了，并不说他确实放了九年。"九"字固然有时也用来表实数，但在这儿是不可能的：一来呢，他处于这种境地，未必能把年数记得很清楚；二来呢，他是一个好动的人，未必能忍耐这种生涯到八九年。至于他在那边究竟居了几年，我们无从考知，大约至多也不过四五年罢了。

《哀郢》的乱辞已说要返故乡，故顷襄王虽不召回他，他却自动地向西走了。《涉江》便是从此记起的。他说：

乘鄂渚而反顾兮，欸秋冬之绪风；步余马兮山皋，邸余车兮方林。

这一段叙未到洞庭时的路程（方林大约是鄂渚与洞庭间的地名）。他向西南走到与洞庭很相近处，便是一个两岔的歧路了。若仍沿长江走，便

回到郢都;若沿另一条水,便到洞庭。但他不敢到郢都,故终于到了这大湖里来了。他走得高兴,便一直向西南走,故说:

> 乘舲船余上沅兮,齐吴榜而击汰。
>
> 朝发枉陼兮,夕宿辰阳。
>
> 入溆浦余儃佪兮,迷不知吾所如。

沅水到了北纬二十八度南一些,便遇到辰水;辰阳大约是辰水之北、沅水附近的地名。枉陼不知在何处,但距辰阳总是很近的,因为屈原当时一日的水程该是没有多么远的。沅水再向南去,便又遇到溆水;现在的溆浦是在溆水之北,不知古时是否在此,但总也差不了许多。这是《涉江》中所记的最南的地名;他是否再向南行,我们无从考知。

《涉江》自然是这时的作品。这篇作品代表了两种不同的情绪。当他初走时,一方面因为等不到召回的消息而愤激,一方面又因走近郢都而踌躇满志。故他说起话来非常高亢:

> 被明月兮佩宝璐。世溷浊而莫余知兮,吾方高驰而不顾! 驾青虬兮骖白螭,吾与重华游兮瑶之圃。登昆仑兮食玉英。吾与天地兮同寿,与日月兮齐光! 哀南夷之莫吾知兮,旦余将济乎江、湘。

不料到后来越走越南,竟走到峻高蔽日的山中,又是幽晦多雨,又是霰雪无垠,于是屈原软化了,又回到忧谗畏讥的本来面目来了:

> 哀吾生之无乐兮,幽独处乎山中:吾不能变心以从俗兮,固将愁苦而终穷! ……与前世而皆然兮,吾又何怨乎今之人? 余将董道而不豫兮,固将重昏而终身!

这二段里"兮"字位置的变迁,也是值得注意的。它若在句中,则二字或三字一顿,音调便觉轻快;若在句末,则六字或七字一顿,音调便觉迟重。高亢的情绪必辅以轻快的音调,故前半篇的"兮"字便在句中;忧愁的情绪必辅以迟重的音调,故后半篇的"兮"字便在句末。由此可知,在屈原的诗歌里,形式与内容是完全调和的。后来模仿的人便乱用了。

他在溆浦一带寓居的时候是不会长久的,因为他南行本非心愿。他不久便返向北行,大约与在夏浦时向西南行是同样的要返归故乡。这回北行虽无明文,但他自沉于汨罗便是铁证。他到了洞庭,于是歧路又来了:一条是回到夏浦的,一条是回到郢都的。他既不必到前一处,又不敢回到后一处,便在洞庭附近找到一个汨罗做他追踪彭咸的捷径了。

在他自沉之前,有一段轶事很可表示他的志趣:

> 屈原既放,游于江潭,行吟泽畔。颜色憔悴,形容枯槁。渔父见而问之,曰:"子非三闾大夫欤? 何故至于斯?"屈原曰:"举世皆浊,我独清;众人皆醉,我独醒;是以见放。"渔父曰:"圣人不凝滞于物,而能与世推移。世人皆浊,何不淈其泥而扬其波? 众人皆醉,何不铺其糟而歠其醨? 何故深思高举,自令放为?"屈原曰:"吾闻之:新沐者必弹冠,新浴者必振衣。安能以身之察察,受物之汶汶者乎? 宁赴湘流,葬于江鱼之腹中;安能以皓皓之白,而蒙世俗之尘埃乎?"渔父莞尔而笑,鼓枻而去,乃歌曰:"沧浪之水清兮,可以濯我缨;沧浪之水浊兮,可以濯我足。"遂去,不复与言。

这篇便是所谓《渔父》。这虽不是屈原的作品(详后),但所记的话与屈原的思想并无抵触之处,故也不妨认为事实。

《怀沙》大约作于自洞庭南行至汨罗时,故说:

> 滔滔孟夏兮,草木莽莽。伤怀永哀兮,汩徂南土。

相传他自沉是在五月五日;这里说孟夏,可见是作于死前一月,故说得很决绝:

> 定心广志,余何所畏惧兮? ……知死不可让,愿勿爱兮。

他为何竟到这视死如归的境地呢? 因为他觉得已经是绝望了。他说:

> 夫惟党人之鄙固兮,羌不知余之所藏!
> 文质疏内兮,众不知余之异采;材朴委积兮,莫知余之所有。
> 重华不可遌兮,孰知余之从容!

　　　　世溷浊莫吾知，人心不可谓今。

因别人不知他的才德，故要排斥他，故既排斥了也不想召回他。到了这时，屈原认为没法想了，故终于自沉了。

　　据《史记》的《屈原传》，《怀沙》是他将自沉时的作品。我们只消把原文略读一下，便知司马迁说得不错；故对于这篇的时代，却是不必细说的。但我们须知：此外还有一篇也是将自沉时的作品。人们到将死时，常常要回想到这一生的事实；屈原自沉时，总也有一番回忆的。这回忆便是《惜往日》。他先叙从前的政绩，次述今日的放逐；于是又联想到百里、伊尹之幸而遇，子胥、介子之不幸而不遇。到末段，又想及那顷襄为君、子兰为令尹时的"背法度而心治"的政治，便觉亡国之祸悬于眉睫，故终于"自忍而沉流"了。

　　这篇是所谓《九章》中最后的一篇。《九章》是下列九篇的总称：

　　1.《惜诵》

　　2.《涉江》

　　3.《哀郢》

　　4.《抽思》

　　5.《怀沙》

　　6.《思美人》

　　7.《惜往日》

　　8.《橘颂》

　　9.《悲回风》

这是从前的次序。这次序是很不通的。我们现在已知它们各有各的时代了，试问这与时代不相符合的次序究竟是怎样一回事呢？把它们合在一起，原也没有什么关系；但王逸竟因此误认它们是同一时期内的作品，处处牵涉到放逐上去，便大上其当了。清代的《楚辞》学者渐渐地能够打破这一个束缚了，然而终不能不受这种不通的次序的影响。这是一件很可惜的事。《史记》只散称《哀郢》《怀沙》，东方朔的仿作只有七篇：此可证汉武帝时尚无《九章》之总称。我们如今不能再上它的当了。

这几篇在我们对于屈原一生事实的研究上，有很大的帮助。我们现在所有的关于屈原的记载，只有司马迁的《屈原传》。但这篇既夹杂了许多借题发挥的牢骚话，又有好几处阙文，故我们所得实在有限得很。好在有这所谓《九章》的几篇——尤其是《惜诵》《抽思》《思美人》《哀郢》《涉江》及《怀沙》等六篇——我们才能考出他受罚与初放、再放的各种事实。然而它们的价值也仅止于此。无论前人怎样恭维，我总觉得这几篇实在不能增高屈原在中国文学史上的位置。为什么呢？这是因为它们大都具有两种很重要的缺点：

（一）表情之单调。我们读《九章》时，常常觉得它说来说去只是"王听不聪，谗谄蔽明"一句话。如《惜诵》《思美人》《惜往日》《怀沙》及《抽思》的前半篇，哪一句不是说的这些话呢？这一点很容易使读者生厌。

（二）格言式的句子。《九章》里所含的格言是很多的。只就《怀沙》而言，我们可指出这几处：

> 刓方以为圆兮，常度未替。易初本迪兮，君子所鄙。
>
> 内厚质正兮，大人所盛；巧倕不斫兮，孰察其揆正？
>
> 非俊疑杰兮，固庸态也！
>
> 重仁袭义兮，谨厚以为丰。

又就《惜诵》一篇而言，我们可指出这几处：

> 言与行其可迹兮，情与貌其不变。故相臣莫若君兮，所以证之不远。
>
> 吾闻作忠以造怨兮，忽谓之过言；九折臂而成医兮，吾至今乃知其信然。

这都不能算为"真诗"。

这两种缺点是就《九章》全体说的。但这九篇原不该合在一起，故我们不能因多数有缺点而埋没那无缺点的少数。例如《哀郢》，便能摆去单

调的抒情,变而为叙事的诗;又如《悲回风》,便能撇开格言式的句子,进而以缥缈的理想来表情。例如:

> 糺思心以为纕兮,编愁苦以为膺;折若木以蔽光兮,随飘风之所仍。

又如:

> 上高岩之峭岸兮,处雌蜺之标颠。据青冥而摅虹兮,遂儵忽而扪天。吸湛露之浮凉兮,漱凝霜之雰雰。依风穴以自息兮,忽倾寤以婵媛。

我们再回看《惜诵》《思美人》等篇,便觉味同嚼蜡了(《悲回风》首段尚有"孰虚伪之可长"之类的句子,以后便没有了)。然而艺术上最见长的要算是《涉江》。这篇有《悲回风》里那种理想,又有《哀郢》里那种叙事,却没有其余各篇里那种呆板的情绪与呆板的语句。我在上文说过,这篇作品表现了两种不同的情绪。这两种表现,都是很真切的。我们读了前半篇,便觉得活现一个"慨当以忼"的人;我们读了后半篇,便觉得活现一个"忧谗畏讥"的人。尤其可使我们惊奇的便是,他竟能把这两种绝端相反的情绪容纳在一篇里,毫无牵强的痕迹。这一点不够使我们佩服吗?《九章》中能做《离骚》的"接武"的,只此一篇而已!

屈原还有一篇奇奇怪怪的作品,叫作《天问》。这篇作品有两大缺点:

(一)文义晦涩。篇中有几处很费解。例如:

> 昏微遵迹,佚狄不宁;何繁鸟萃棘,负子肆情?
> 中央共牧,后何怒?蜂蛾微命,力何固?

这几句所含的隐僻的典故,再博雅的人也要敬谢不敏了。此外如"靡蓱九衢""启棘宾商""白蜺婴茀""平胁曼肤"等句,谁也不能下一句满意的注释。这是第一个缺点。

(二)文理错乱。这篇作品并无结构,只是混说罢了。例如:

> 鲧何所营？禹何所成？康回凭怒，地何以东南倾？

这是史事与不相干的神话相连。又如：

> 登立为帝，孰道尚之？女娲有体，孰制匠之？
>
> 悟过更改，我又何言？吴光争国，久余是胜。

这是神话、史事与不相干的议论相连。这种上下文不相衔接之处，在《天问》里是很多的。这是第二个缺点。

从这两个缺点上，我们很可窥见《天问》的时代。我以为这一定是他极烦恼的时候随便诌起来的，而且也必非一时所诌的，否则作品绝不至这么拙劣。而王逸却说：

> 屈原放逐，忧心愁悴；彷徨山泽，经历陵陆；嗟号昊旻，仰天叹息。见楚有先王之庙及公卿祠堂，图画天地山川神灵，琦玮僪佹，及古贤圣怪物行事。周流罢倦，休息其下，仰见图画；因书其壁，呵而问之，以渫愤懑，舒泻愁思。楚人哀惜屈原，因共论述，故其文义不次序云尔。（《楚辞章句》）

这段话很好笑。既说"彷徨山泽，经历陵陆"了，怎么又见"先王之庙及公卿祠堂"呢？难道庙及祠堂是在山泽陵陆间的吗？既说是"先王之庙及公卿祠堂"了，怎么能任意"书其壁，呵而问"呢？庙及祠堂的尊严何在？可见这不过是汉代学究相传的谬说罢了，绝不能作证。不料梁任公先生竟根据这一点，说道：

> 我想这篇或是未放逐以前所作，因为"先王庙"不应在偏远之地。（见《屈原研究》，载一九二二年十一月《学灯》及《晨报附刊》）

但这篇作品若真作于未放时，则对于这篇艺术之拙劣，将怎样解释呢？而且屈原在这篇中竟怀疑到君主的来路，若他写作《天问》时尚未经历种种逆境，这种怀疑何从发生？（参看后文论本篇思想处）而且梁先生既根据了王逸的"见楚有先王之庙及公卿祠堂"两句，怎么又忘掉上文"屈原放逐"的明文呢？可见这更是附会之附会，不足置辩了。

《天问》虽费解而且无次序,但只消仔细研究一下,便知其内容不外这三种:

(一)关于自然界的。例如:

> 天何所沓? 十二焉分? 日月安属? 列星安陈?

(二)关于史事的。例如:

> 桀伐蒙山,何所得焉? 妹嬉何肆,汤何殛焉?

(三)关于神话的。例如:

> 雄虺九首,倏忽焉在? 何所不老? 长人何守?

以这样丰富的材料,既大部分是我们所不知道的,而又问得没有次序,遂使二千年来的读者不能明了它的意义,遂使柳宗元的《天对》也免不了种种牵强与附会。

这样杂乱的晦涩的问题合在一起,实在没有什么文学的价值,实在不能叫作"诗"。但若把这二百个问题分开来看,偶然也可以找得一些很有深意的话,可以推知屈原作这篇的原意。他想到那些恶因得善果的事情,便要问:

> 何肆犬豕而厥身不危败?
>
> 何变化以作诈而后嗣逢长?

他想到这国灭,那国强,这姓兴,那姓亡,便要问:

> 皇天受命,惟何戒之? 受礼天下,又使至代之?

从这些不平之鸣,我们很可窥见屈原的思想。他以为世界一切事情都有人主宰着,然而这个人的措置也有失当处,也有不可思议处,故他要发这些疑问了。但他的最深刻的疑问是:

> 登立为帝,孰道尚之?

在别篇里,他的思想集中于一个国君。但既到了这个地步,热心的屈原也要灰心了,故在那《怀沙》里便说了五、六个"莫余知",故在《天问》里便要进一步地对于君主发生根本上的疑问了。这个疑问是屈原思想所经路程的最后一点。

还有一点,我们也该注意。屈原作品中叶韵的格式是很单调的,但在《天问》里却不同了。我们归纳起来,可得五种:

第一式　例

——甲　遂古之初,

　——乙　谁传道之?

——丙　上下未形,

　——乙　何由考之?

第二式　例

——甲　圜则九重,

　——乙　孰营度之?

——甲　惟兹何功?

　——乙　孰初作之?

第三式　例

——甲　鲧何所营?

——甲　禹何所成?

　——乙　康回凭怒,

——甲　地何故以东南倾?

第四式　例

——甲　日安不到?

——甲　烛龙何照?

　——乙　羲和之未扬,

　——乙　若华何光?

第五式　例

——甲　雄虺九首,

——甲　倏忽焉在?

——甲　　何所不老？

——甲　　长人何守？

其中，字韵之叶否，均依清代学者们研究古音的结论而定。"甲""乙"等字是表叶与不叶的（甲与甲叶，乙与乙叶）；西文用字母，中文则只好用"甲""乙"。

此处，我们尚当注意一件事。《楚辞》中叶韵格式变化最多的，除《天问》外，首推《九歌》。我们若归纳《九歌》的叶韵格式，便知与《天问》完全一样，没有一些儿参差。这便是屈原所受《九歌》的影响之一例了（《九歌》的时代详后）。

《天问》虽是陆续诌起来的，但也可算是他的绝笔。不久他便自沉了。这自沉的来源很远。他在壮年所做的《离骚》里已说"愿依彭咸之遗则"，"吾将从彭咸之所居"了。后来放于汉北，处于河、淮、汉三大水之间，更要"从子胥而自适"，"悲申徒之抗迹"了。幸而不久便被召回，故没有实现。再放时亦水路居多，常常徘徊于洞庭、沅、湘之间，故彭咸、子胥、申徒等人的故事一刻也忘不掉。既久等不到召回的消息，他便决计实行自沉了。这个事实与地点的最早记载是贾谊的《吊屈原赋》：

> 仄闻屈原兮，自湛汨罗。

略后，庄忌的《哀时命》里也说：

> 子胥死而成义兮，屈原沉于汨罗。

这些话大概都是可靠的。汨罗在今湖南湘阴县之北。

相传他死于五月五日。《荆楚岁时记》说：

> 按五月五日竞渡，俗为屈原投汨罗日，伤其死，故并命舟楫以拯之……而观之《曹娥碑》云："五月五日时迎伍君，逆涛而上，为水所淹。"斯又东吴之俗，事在子胥，不关屈平也。

著者宗懔是晋人，已不能断定了。胡适之先生以为五月五日本是古代的节气（参看《史记·孟尝君列传》），后来把它"理性化"过，东部人便归之子胥,中部人便归之屈原。这是不错的。但《怀沙》是他将自沉时的作品,里边说及"孟夏",则他的自沉也许恰在这日。

他自沉究竟在哪一年呢?这个还得从他的作品中去推求。《哀郢》里"九年"二字之不可靠,我在上文已说过了;如今只能根据常理来推测,把推测的结果列表如下:

(再放第一年)二月自郢都沿江东行至夏浦。

(?第五年)自夏浦沿江西南行至洞庭,再沿沅水至溆浦。

(?第六年)自溆浦沿沅水东北行至洞庭。

(?第七年)四月自洞庭南行至汨罗。五月五日(?)自沉。这第七年便是顷襄王九年或十年,时屈原年已五十四五了。

四 余论

> 只眼须凭自主张,纷纷艺苑说雌黄。矮人看戏何曾见?都是随人说短长!
>
> ——赵翼《论诗》

我们研究屈原的人,在看完前人的主张以后,在立定自己的主张以前,应该先把下列两个问题弄得清清楚楚:

(一)屈原这人究竟有无?若有呢,究竟是何时人?

(二)哪几篇是屈原的作品?哪几篇不是?

我对于这两个问题的答案是:

(一)屈原这人是有的。他是战国时人。

(二)屈原的作品共十一篇:

1.《橘颂》

2.《离骚》

3.《抽思》

4.《悲回风》

5.《惜诵》

以上五篇作于怀王朝(即公元前四世纪末年)。

  6.《思美人》

  7.《哀郢》

  8.《涉江》

  9.《怀沙》

  10.《惜往日》

  11.《天问》

以上六篇作于顷襄王朝(即公元前三世纪初年)。还有十六篇,有人认为也是他作的,我却以为不是:

  12.《九歌》(十一篇)

  13.《远游》

  14.《卜居》

  15.《渔父》

  16.《招魂》

  17.《大招》

根据这两个答案,便生出上边两万字的《评传》。但这两个先决问题的答案,实有详细说明的必要;故附在《评传》之后,作为"余论"。

  要证明屈原这个人是有的,并且证明他是战国时人,并不是件困难的事。我们只消举一篇司马迁的《屈原传》便够了。我们现在所要讨论的,便在这篇传记的真伪上。胡适之先生曾举出两个理由来证明这篇传记不是司马迁作的:

  (一)传末有云:"及孝文崩,孝武皇帝立,举贾生之孙二人至郡守。而贾嘉最好学,世其家,与余通书,至孝昭时,列为九卿。"司马迁何能知孝昭的谥法? 一可疑。孝文之后为景帝,如何能说"及孝文崩,孝武皇帝立"? 二可疑。

  (二)《屈原传》叙事不明……既疏了,既不复在位了,又使于齐,又谏重大的事,一大可疑。前面并不曾说流放,出使于齐的人,又能谏大事的人，自然不曾被流放。而下面忽说"虽流放"，忽说"迁之"，二大可疑。"秦虎狼之国，不可信"二句，依《楚世家》，是昭雎谏的话。"何不杀张仪"一段，《张仪传》无此语，亦无"怀王悔，追张仪不及"等事。三大可疑。怀王拿来换张仪的地，此传说是"秦割汉中地"，《张仪传》说是"秦欲得黔中地"，《楚世家》说是"秦分汉中之半"。究竟是黔中是汉中呢？四大可疑。前称屈平，而后半忽称屈原，五大可疑。（均见《读楚辞》，原载《努力周报》增刊《读书杂志》第一期）

这一个攻击好像是很厉害，但我们只消仔细研究一下，便知道这七个疑点中有些是不能成立的，有些是很易解释的。

第一项理由所列两个疑点是可以成立的。但崔怀瑾先生曾指出传末几句是褚少孙补的（见《史记探源》），而胡先生却因这极小一部分而牵动全文，比较下来似以崔说为妥。

第二项理由的五个疑点都是不能成立的。今分段辩明于后：

（一）他是一个亲齐派，这便是他使齐的原因。到他归国时，拿特使的资格来谏，有何不可？

（二）《史记》中阙文和错简是很多的。所有上下文不很符合之处，都是为此。我们似乎不必因此而疑及本文的真伪。

（三）及（四）这都是记载上的互异，我们如今不能定孰是孰非，故不能借来证明这篇的伪造（而且《屈原传》的记载大都与《楚世家》相符合，只有《张仪传》独异。我们只能据以攻击《张仪传》而不当攻击《屈原传》）。

（五）这或者是胡先生没有细看原文，因为前半篇里也有称"屈原"的，如"怀王使屈原造为宪令"一句。且第一句就说"屈原者名平"，则原文当可互易。

由此可知这些反证都是似是而非的。

而且我们试思司马迁作《史记》时，是处于怎样的环境呢？他不是自比于文王的演《易》，左丘明的作《国语》吗？屈原的境遇与他自己很相类，他在《报任安书》里提及，又在《史记·自序》里提及。那么他在《史记》里给他一篇传记，不是一件很可能的事吗？（这篇里大部分是借题发挥的话，我们也该注意。）而且，我们即使撇开了这篇传记不谈，其余的证据还多着呢。除了《报任安书》与《史记·自序》以外，《楚世家》里也提及，《张仪传》里也提及。在司马迁以前的还有贾谊的《吊屈原赋》及庄忌的《哀时命》。难道这几篇都是伪造的不成？

以上都是就现存的关于屈原的各种记载上说明的。我们同时也可拿古代文学史来证明屈原的存在：我们可以看看屈原以前及以后的楚语文学的状况。

当公元前一一〇〇年的时候，现在的长江流域一带还是很荒芜的。故楚大夫析父追叙道："昔我先王熊绎，僻在荆山；筚路蓝缕，以处草莽；跋涉山林，以事天子。"（熊绎是周成王时的楚君。）这一带文化的发展，大约还在四五百年以后。《说苑》里载两首楚国的诗：一首是《子文之族》，约当公元前六五〇年；一首是《薪乎，菜乎》，约当公元前六〇〇年。前一首不过是押韵的散文，后一首才略有些咏叹的意思。我们把它抄在这里，作为楚语诗歌的起源：

> 薪乎，菜乎！无诸御己，讫无子乎！
> 菜乎，薪乎！无诸御己，讫无人乎！

这首分为两章，只换韵，不换意，与《国风》里的诗很相似，大约是靠得住的。此外可靠的楚语古诗还有这几首：

1. 《孙叔敖歌》（见《史记》）。
2. 《越歌谣》（"君乘车"，见《风土记》）。
3. 《渔父歌一》（"日月昭昭乎"，见《吴越春秋》）。
4. 《渔父歌二》（"日已夕矣"，同上）。
5. 《渔父歌三》（"芦中人"，同上）。
6. 《越人歌》（"今夕何夕兮"，见《说苑》）。

7.《庚癸歌》（"佩玉蕊兮"，见《左传》）。

8.《接舆歌》（"凤兮，凤兮"，见《论语》）。

9.《沧浪歌》（"沧浪之水清兮"，见《孟子》）。

10.《吴夫差时童谣》（"梧宫秋"，见《述异记》）。

这几首都载在冯惟讷的《古诗纪》里。冯氏还从《搜神记》《灵宝要略》《孔子家语》《琴苑要录》《瑟操》等书里引了十几首南方的诗，但恐怕是不很靠得住。《吴越春秋》里所载楚、越、吴的诗也有十多首，但我以为只有那三首《渔父歌》或者是可靠的。《述异记》本来也不可靠，但如"梧宫秋，吴王愁"这种自然而又悲壮的歌谣，也许是真的。《史记》里的《孙叔敖歌》虽名不副实，但这也许是司马迁的疏忽，当时总真正有一首的，故也列在里边。我们现在所能搜集的可靠的楚语古诗，尽于此了（但我们总该知道，所存的一定抵不到原有的十分之一；因为若无总集把它们聚起来，是很容易散失的）。那几首中除了《子文之族》《薪乎，菜乎》及《孙叔敖歌》三首以外，都是公元前五〇〇年左右的作品。它们可算做《离骚》等篇的远祖。

略后便有《九歌》发生。我们撇开了成见来研究这几篇，便知它们当分成三类：

（一）挽歌：《国殇》。

（二）祭歌：《东皇太一》《云中君》《东君》《礼魂》。

（三）恋歌：《湘君》《湘夫人》《大司命》《少司命》《河伯》《山鬼》。

因此，我们便知它们的地域也当分为三处。那时的战争大都在楚国的北部，第一类大约是此处的产品。第二类各篇有"上皇""寿宫""天狼""玉珥"等名词，可见绝非民间的祭歌，故可断定是楚国中部——郢都——的产品。第三类各篇常常提及洞庭、江、湘、沅、澧，《山鬼》的山景也与《涉江》相类，它们大概是楚国南部的产品。这十一篇是公元前五世纪、公元前四世纪的作品（详后），可算做《离骚》等篇的近祖。

我们研究屈原的人，心上总要问：像《离骚》那样伟大的作品为何在那时突然发生呢？这问题在从前是无人能答的。现在我们知道楚辞在屈原前已有了三四百年的酝酿,故《离骚》等篇之发生也成了势所必至的事了。这是用楚辞进化史来证明屈原的存在。

其次,我们再向后看看屈原以后五百年间的秦、汉文学。这一时期内的诗歌,可说全是受这位大诗人的影响。我们可把它们分成两类:

(一)模仿屈原的作品的文学。这类的东西是很多的,如东方朔的《七谏》、庄忌的《哀时命》、刘向的《九叹》、扬雄的《反离骚》、王逸的《九思》,等等,都是。

(二)从屈原的作品变化来的文学。我们都知道秦文学以刻石为最重要,汉文学以赋为最重要。其源都来自屈原。秦刻石是李斯一人的作品,他自己也是楚人,而他的先生荀卿又是屈原的私淑弟子。《楚辞》之为赋的祖宗,现在似已不成问题了——《艺文志》竟直接称屈原的作品为"赋"(汉赋的形式大都是把《楚辞》散文化过的,但如《吊屈原赋》《李夫人赋》《大人赋》《甘泉赋》《思玄赋》等篇的形式还与《离骚》一样)。试问这样伟大的影响,我们将怎样解释呢?在这儒学一尊的时代,相传为孔子手定的《诗经》在秦、汉文学上的影响却远不及《楚辞》。若非有屈原这样一位大诗人,若非把他的时代定在周末,我们竟索解无从了。

由此看来,屈原的存在及时代是无甚疑义的了。胡适之先生也知道只攻击《屈原传》还是不够,故再举两个理由来证明传说的屈原不会发生在秦、汉以前:

(一)屈原明明是一个理想的忠臣,但这种忠臣在汉以前是不会发生的,因为战国时代不会有这种奇怪的君臣观念。

(二)传说的屈原是根据于一种儒教化的《楚辞》解释的。但我们知道这种儒教化的古书解是汉人的拿手戏。(均见《读楚辞》)

第一条理由的反证很多,如比干、伯夷、介之推、申包胥等人的故事及《离骚》《楚虽三户》等篇诗歌都是(《离骚》之为战国时的作品,有许多方言可资考证,现在似已不成问题了;而且胡先生在《读楚辞》里也承认这一点的)。胡先生那条理由本来也能成立,因为战国时的君臣观念是比较地薄弱些。但时代思潮绝不能限制"旁逸斜出"的天才。至于第二条理由，却不能成立了。我们须知传说的根据的时代是不相干的。比如现在民间传说的诸葛亮是根据于千余年后的《三国演义》的，我们难道也去怀疑诸葛亮的时代？而且我们也可说这传说是根据于《离骚》的，因为这篇里确有许多思君的话。

我们说到此处，便又要联想到所谓"屈原传说"了。我们现在研究一切古代的诗歌，只能就文论文；对于原文里的话，也不该添出一些，也不该隐藏一些。后人把《九歌》及《橘颂》也附会了许多思君的话，那显然是不对的。但《离骚》及《九章》（除去《橘颂》）里思君的话，却是不可磨灭的事实，并不是出于腐儒的附会；若必要不承认这种传说，依我看来是不可能的事。胡先生打破道学的文学观念的精神我是很佩服的，只可惜有些矫枉过正了。我们总要除去一切偏见，方能产生公平的主张。

以上是说明我对于第一个先决问题的答案。

其次，我们再讨论屈原作品的问题。《汉书·艺文志》的《诗赋略》载屈原存赋二十五篇。这数目有三种算法：

（一）以《九歌》为十一篇，加《离骚》、《天问》、《九章》（九篇）、《卜居》、《渔父》、《远游》，共二十五篇。此说自王逸以下均宗之。

（二）以《九歌》为十篇（以《礼魂》为"送神之曲，为前十篇所通用"），除《离骚》等十四篇外，加《招魂》为二十五篇。此说为王船山所创。近人马其昶及梁任公有赞成此说的倾向。

（三）以《九歌》作九篇计（以《山鬼》《国殇》《礼魂》合成一篇），除《离骚》等十四篇外，加《大招》《招魂》二篇为二十五篇。此说为清人黄文焕所创，后来林云铭的《楚辞灯》及蒋骥的《山带阁注楚辞》仍之。
这三说都是由《九歌》篇数有伸缩的余地而起的。依我看来，在编辑《艺文志》时，屈原的作品或确有二十五篇；但依现在所存者考之，则至多只有十一篇。王船山、林云铭等人所加的《招魂》与《大招》尚有他项证据可证明不是屈原作的。此外二十五篇中，尚有十四篇的作者也颇可疑——这便是《九歌》（十一篇）、《远游》、《卜居》、《渔父》。因此，只剩了十一篇了。

《九歌》之非屈原的作品,胡适之先生首先在《读楚辞》里这么主张。他说:

> 《九歌》与屈原的传说绝无关系。细看内容,这九篇大概是最古之作,是当时湘江民族的宗教舞歌。

《九歌》是否全系"湘江民族的宗教舞歌",尚待商榷;但它们之为"最古之作",似乎是绝对的事实。胡先生当时并未详细说明,后来在我们的谈话里,他举出两条很重要的理由:

> (一)若《九歌》也是屈原作的,则《楚辞》的来源便找不出,文学史便变成神异记了。
>
> (二)《九歌》显然是《离骚》等篇的前驱。我们与其把这种进化归于屈原一人,宁可归于《楚辞》本身。

这都是用文学史的眼光来断定《九歌》的时代。我以为是很不错的。我们在上文虽已考出了《楚辞》的远祖,但那些楚语古诗大都产生于公元前七世纪、公元前六世纪。自此时至屈原,尚有二百多年,竟无可靠的诗歌留传下来。若说是年久失传,则为何前后都有,而独少此时期内的?我们若把《九歌》填补在内,则在楚辞进化史上自然更易解释了。但我们最该注意的是第二条理由。我们只消把《楚辞》约略研究一下,便可知《离骚》等篇确是从《九歌》演化来的。篇幅的扩张、内容的丰富、艺术的进步,都是显而易见的事实。我们若懂得一点文学进化的情形,便知这个历程绝不是一个人在十年二十年中所能经过的。齐、梁至初唐二百年间似律非律的诗歌,便是文体成立迟缓的妙例与铁证。即乐府之变为词,也经过了数百年的酝酿。故这不但是"与其"与"宁可",简直是"可能"与"不能"的话了。至于它们的时代,大约在公元前五世纪;因为从形式上看来,它们显然是楚语古诗与《离骚》间的过渡作品(参看上文述楚辞进化史的一段)。

《远游》的著者,一向以为是屈原。近来胡适之先生在《读楚辞》首先

怀疑过,但并未详细说明。我否认这篇的理由是:

(一)这篇所举人名大都为屈原时所无。例如韩众(即韩终),本是秦始皇时的方士,于三十二年同侯公、石生一起"求仙人不死之药"的(见《史记·秦始皇本纪》)。他的时代,便是此篇非屈原所作的铁证。

(二)这篇所表现的思想与别篇不一致。关于这一点,我分两层说:

(1)悲观的与乐观的。屈原是常常处于逆境的,故不免流于悲观。试看他作品中所叙理想的事情,没有一件不是失望的。他去见天帝,却见拒于阍人;他向宓妃一流的女神及二姚一流的贤女求婚,可是媒人不替他出力(见《离骚》);他要思美人时,浮云不替他寄言,飞鸟不替他致辞(见《思美人》)。他所做的梦是中道无杭、有志无旁的梦(见《惜诵》);他所见的景是幽晦多雨、霰雪无垠的景(见《涉江》)。他到后来绝望了,没法想了,故终以自沉了之。但到了《远游》里便不同了。他要见天帝,阍人便开门。他到了南疑,那些一辈子请不来的女神,如宓妃、湘灵、娥皇、女英、海若、冯夷,等等,都来歌着舞着。他在《离骚》里出游时望见故乡,便停住不走了,如今却得意洋洋地"指炎帝而直驰"。这岂是"颜色憔悴,形容枯槁"的"放子"的思想?

(2)入世的与出世的。屈原虽抱悲观,但他的思想却是入世的。他说:

> 亦余心之所善兮,虽九死其犹未悔!

——《离骚》

> 虽体解吾犹未变兮,岂余心之可惩!

——同上

这是何等积极的精神!他在初放后说:

> 惟郢路之辽远兮,魂一夕而九逝!

——《抽思》

> 介眇志之所惑兮,窃赋诗之所明。

——《悲回风》

他在再放后说：

> 背夏浦而西思兮，哀故都之日远！
>
> ——《哀郢》

> 卒没身而绝名兮，惜壅君之不昭。
>
> ——《惜往日》

这都表示他恋恋不舍的情绪。而《远游》里的话却处处与此相反。他说：

> 形穆穆以浸远兮，离人群而遁逸。

又说：

> 超氛埃而淑尤兮，终不反其故都；免众患而不惧兮，世莫知其所如。

又说：

> 春秋忽其不淹兮，奚久留此故居？

他不但绝口不谈时事，不念故国，且不愿返其故都，要离了人们到人们不知道的地方！他这时所欣慕的不是彭咸、申徒、子胥一般的人了。他：

> 闻赤松之清尘兮，愿承风乎遗则……奇傅说之托辰星兮，羡韩众之得一……轩辕不可攀援兮，吾将从王乔而娱戏。

这岂是"颜色憔悴，形容枯槁"的"放子"的思想吗？（《远游》里出世的话与《离骚》里出游的话不同，不可误认。他虽在《离骚》里历干天帝及宓妃等人，但他的目的是在"发"所"怀"的"情"的，并非求仙。故后来他虽听了巫咸、灵氛的话而"远逝"，但终于仆悲马怀，"蜷局顾而不行"了。）

我们固然不能不许屈原的思想变迁，但他的思想若真个归到出世乐观上去，则他尽可在洞庭、九嶷的湖光山色之间逍遥自在去，又何必自沉汨罗？又何必不绝地发许多牢骚话？我们若承认《远游》是他的作品，还得去否认自沉的事实，否认《哀郢》《怀沙》等篇的著者。既不能这样否认，便当逐此篇于《屈原集》之外了。

（三）这篇有抄袭司马相如《大人赋》之处。《远游》本来也有抄袭《离

骚》的地方,但屈原作品中重复处很多,不能助证我的假设,但抄袭《大人赋》的地方却是应该注意的。它的抄袭分两种:

(1) 袭《大人赋》的结构。《大人赋》的内容大约可分为这七段:一、远游的原因;二、车骑之盛;三、与东方神仙相周旋;四、与南方神仙相周旋;五、与西方神仙相周旋;六、与北方神仙相周旋;七、仙境的寂静。《远游》的内容也是如此,只在第二段里易些方士派的鬼话。

(2) 抄《大人赋》的词句。如《远游》的"悲时俗之迫隘兮,愿轻举而远游;质菲薄而无因兮,焉托乘而上浮",抄自《大人赋》的"悲世俗之迫隘兮,朅轻举而远游;乘绛幡之素蜺兮,载云气而上浮"。又如《远游》的"下峥嵘而无地兮,上寥廓而无天;视倏忽而无见兮,听惝恍而无闻",抄自《大人赋》的"下峥嵘而无地兮,上寥廓而无天;视眩泯而亡见兮,听惝恍而亡闻"。

这些是整段抄的。其余零碎的抄袭也很多,例如:

1. 餐六气而饮沆瀣兮,漱正阳而含朝霞。
2. 时暧曃其晼莽兮。
3. 祝融戒而跸御兮。
4. 使湘灵鼓瑟兮,令海若舞冯夷。

这几句抄自《大人赋》的:

1. 呼吸沆瀣,餐朝霞兮。
2. 时若薆薆将混浊兮。
3. 祝融惊而跸御兮。
4. 使灵娲鼓瑟而舞冯夷。

这不过略举几个例子,不及备录了。

从前读者大都以为这是司马相如抄屈原,但我以为这是不可能的。我的理由是:(一)相如是一个极有天才的文学家,必不至这般死抄古人的作品。(二)他自己以为《大人赋》胜于《子虚赋》及《上林赋》,更可证明这篇必不致如此死抄。(三)这赋是要献给武帝的,而武帝却是一个爱读辞赋而又长于辞赋的人,相如也不敢如此死抄。故我们可断定这篇是后人仿《大人赋》而作的,绝不可挤入《屈原集》中。

这几个疑点有一于此,即可逐这篇于《屈原集》之外,何况兼而有之呢?其为后人伪托,自无可疑。但东汉顺帝时王逸作《楚辞章句》已有此篇,故其出世也不能在此时以后。我想这大约是一个汉代的无名氏伪托的(这汉代是一个骚赋盛行时代,而这时的人又有一种作伪书的流行病——二千年来今古文学之争即起于此——故我这假设是很可能的)。

我们再看《渔父》与《卜居》。这两篇开口就说"屈原既放",显然是旁人的记载。(后人的记事虽也有假托第三位的口吻的,但那是因为误认《卜居》《渔父》为屈原的作品而模仿的,不能引以为证。例如白居易仿《诗序》而替自己的《新乐府》作序,我们难道可以借来证明《诗序》也是诗人自己作的?)清人崔述也曾怀疑过。他在《观书余论》(《考古续说》卷下)里说:

> 周庾信为《枯树赋》,称殷仲文为东阳太守,其篇末云:"桓大司马闻而叹曰……"云云。仲文为东阳时,桓温之死久矣;然则是赋作者托古人以畅其言,固不计其年世之符否也。谢惠连之赋雪也,托之相如;谢庄之赋月也,托之曹植:是知假托成文,乃词人之常事。然则《卜居》《渔父》亦必非屈原之所自作,《神女》《登徒》亦必非宋玉之所自作明矣。但惠连、庄、信其时近,其作者之名传,则人皆知之。《卜居》《神女》之赋其时远,其作者之名不传,则遂以为屈原、宋玉之所为耳。

这个怀疑是很不错的(《神女》《登徒》等篇之非宋玉的作品,证据甚多,我另有专论)。此外,我们尚可引些汉人的记载来作旁证:

(一)司马迁的《史记》,我们都知是杂掇从前的记载而成的,故常有直抄他书之处。即就《屈原传》而言,其前半篇我们都知抄自淮南王的《离骚传》。有时他也把所传之人的作品采入,假使他觉得有采入的必要。但遇到这种地方,他必加以说明。例如他把《怀沙》载入《屈原传》,却冠以"乃作《怀沙》之赋,其辞曰……"一句。这一个分别在《史记》里是没有例外的(或者有人说,《史记·司马相如列传》是抄相如的《自叙传》的,但也没有说明,可做这条通则的例外。这个却是误会。司马迁也许以《自叙传》作根据,但并未照抄。我的理由是:一、通篇用第三位的口吻,古时自叙无用此种体裁者。二、篇末说及相如之死。三、《汉书·司马迁传》及《扬雄传》中都说明是根据迁、雄的自叙的,而于《相如传》则并未说明,可作旁证。张溥辑《相如集》,把《史记》原文照抄,未免太疏忽了)。然而他把《渔父》载入的时候,便不然了。他先说"顷襄王怒而迁之",接下去便是《渔父》本文,却没有"乃作《渔父》之赋,其辞曰……"的说明。由此可知司马迁对于《渔父》,也只认为旁人的记载,故老老实实地抄入,正与抄《离骚传》一样。他并不认为所传之人的作品。

(二)王逸也不认《渔父》为屈原的作品。他序《渔父》说:

> ……(渔父)遇屈原川泽之域,怪而问之,遂相应答。楚人思念屈原,因叙其辞,以相传焉。(《楚辞章句》)

这话说得很明白,不用我引申了。他的话虽难信托,但我们再以《史记》参看一下,至少总可说:《渔父》与屈原的关系,汉代学者大都以为异于别篇与屈原的关系。

这虽只就《渔父》而言,但《卜居》的体裁与此相同,故举此可以喻彼。从体裁上既可看出不是屈原的作品,而前人又未这么承认,我们又何必硬送给他呢?我们认为周末汉初人的作品就是了。

《招魂》的著者自古以来即认为宋玉。直到明末才有王夫之、黄文焕二氏来疑它,以为是屈原的作品。后来林云铭、蒋骥等人都赞成这说。他们的最重要的理由是:

> 一、试问太史公作《屈原传赞》云:"余读……《招魂》……悲其志。"谓悲原之志乎?抑悲玉之志乎?(林云铭语)

《招魂》著者宋玉是屈原的后辈,故相传屈原便是被招者;确否虽不可知,但已可证明"悲其志"一语是很讲得通的了。而且这种随手拈来的

《传赞》，也绝不能当作铁证。此外，林云铭还提出两个疑点：

> 二、玩篇首自叙，篇末乱辞，皆不用"君"字而用"朕"字，断非出于他人口吻。

> 三、若系玉作……亦当仿古礼，自致其招之辞，不待借巫阳下招，致涉游戏。（见《楚辞灯》）

第一条理由，是一个很巧妙的遁词。他只举篇首篇末，却把中间一段本文搁置不提了。这本文里用"君"字处是很多的，例如：

1. 去君之恒干。
2. 舍君之乐处。
3. 君无上天些。
4. 君无下此幽都些。
5. 工祝招君。
6. 像设君室。
7. 侍君之闲些。

"自招"二字本来是很牵强的，何况又有这些"君"字来作反证呢？至于篇首的"朕"字及乱辞里的"余"字，本来是假托被招者的口吻。在本文里他当然正式称君，本文以外便可不这样了（也许是为避单调起见）。这种假托的例是很多的。《离骚》里女媭对屈原说：

> 众不可户说兮，孰云察余之中情？

这"余"字是代原为词的，并非女媭自指。又如《九辩》说：

> 悲忧穷戚兮独处廓，有美一人兮心不绎……愿一见兮道余意，君之心兮与余异。

这里两个"余"字便是著者代"有美一人"为词的（《诗·卷耳》第二、三、四章里的"我"字也是如此）。这种例子我也不多举了。而且即使我们退一百步而承认这篇确系"自招"，则我们为何不能说是宋玉自招，而一定要说是屈原自招呢？可见这一条理由实在是很薄弱的。至于他的后一项理由却更不能成立了：也许宋玉爱那么写法呢，我们如何能捉摸一个诗人的心理？近来郑沅又举出一条理由：

> 四、其中杂陈宫室饮食女色珍宝之盛，皆非诸侯之礼不足以当之。此岂宋玉、景差辈所能施之于其师者？（见《招魂非宋玉作说》，原载《中国学报》第九期）

故我们可说这篇是屈原招怀王的文字。其实这只能证明被招者不是屈原，却不能证明著者不是宋玉。屈原能招怀王，宋玉何独不能？（其实这篇也非招怀王，因为文中只说南打猎，而未说西行入秦。）最近梁任公先生又举出一条理由：

> 五、《招魂》的理想及文体，和宋玉其他作品很有不同处。（见《屈原研究》）

这条理由未免太空泛了。试问：宋玉的文体与理想是怎样的？屈原的文体与理想又是怎样的？《招魂》的文体与理想又是怎样的？我们必须把这三个问题弄得清清楚楚，然后方能根据文体与理想来断定《招魂》的著者。然而要解决这三个问题实在是很困难的，故梁先生也就含糊过去了。这能使人心服吗？而且拿理想与文体来作考证的根据实在是很危险的。《离骚》的文体与《天问》不同，《天问》的理想与《九章》不同（详前），然而不害其为一个人的作品（梁先生也承认它们同为屈原的作品）。

以上是辩明王、黄、林、郑、梁等人所举理由的不充足。其次，我再举出一个铁证来证明传说把这篇归于宋玉的可靠。原文的乱辞里有这几句：

> 献岁发春兮，汨吾南征……路贯庐江兮，左长薄。

庐江即今之青弋江，在安徽东南部（李兆洛说："《汉志》："庐江出陵阳东南，北入江。"《山海经·海内东经》："庐江出三天子都，入江。"《海内南经》："三天子鄣山在闽西。"注："在歙县东，浙水出焉。"按陵阳在今池州府石埭东北二里;庐江与浙江同出一山,浙江东流入海,庐江北流入江。然则庐江即今青弋江也。"读者可参看《李氏五种》内《地理沿革图》的附注;杨守敬的地图即从此说)。至于"南征"二字,前人大都以屈原放于江南来附会,却是大错的。原文下段里有这几句:

> 与王趋梦兮,课后先;君王亲发兮,惮青兕。

此外还有许多叙打猎的话,可见这实在指国君自国都出行到南方打猎去(我想当时必有一楚君南猎不返,词臣哀之,为作此篇;惜古代记载存者极少,无从质证耳)。这一点便可证明《招魂》的出世不会在楚考烈王二十二年(公元前二四一年)以前。今先把楚都的地点和时期列表于下:

(一)顷襄王二十一年以前——郢都——即今湖北江陵。

(二)顷襄王二十一年至考烈王十年——陈城——即今河南淮阳。

(三)考烈王十年至二十二年——钜阳——即今安徽阜阳。

(四)考烈王二十二年以后——寿春——即今安徽寿县。

江陵恰在青弋江之正西,显然不合于"南征"二字;淮阳与阜阳都在青弋江之西北,方向是合的,但距离太远;寿县也在其西北,方向已经合了,而距离又很近;故我以为《招魂》必作于徙都寿春后,方合于原文里的叙事。照此看来,他的出世必在考烈王二十二年以后了。此时屈原的身躯早已成了汨罗江底的沙泥,当然不能做这篇的著者了。宋玉是屈原的后辈,此时当然还在,故传说把这篇归于他是很合理的。

《大招》的著者在王逸时已不能明:有的说是屈原,有的说是景差。宋时朱熹定为景差(见《楚辞集注》)。他的理由虽不充足,他的结论却是可以承认的(详后)。自明末黄文焕以后,林云铭、蒋骥等人都归之于屈原。他们的理由是:

(一)人家所以把这篇归于景差,因为"《汉志》定著原赋二十五篇,今自《骚经》以至《渔父》已充其目矣"(朱熹语)。但《九歌》本不能作十一篇计(《山鬼》《国殇》《礼魂》三篇可合成一篇)，我们必加以《大招》《招魂》方合《汉书》之数。

（二）原文里有这几句：

> 魂乎，归来！定空桑只。
>
> 德誉配天，万民理只。

定乐器是国君的事，而配天又非国君不可，故所招的一定是个国君，不是屈原。怀王入秦不返，屈原一定有所表示，故这篇大约是他招怀王的文字(见《楚辞灯》)。

《艺文志》所载篇数之不可靠，《九歌》各篇之不能妄并，《招魂》之非屈原的作品，都是显而易见的；故第一条理由之不能成立，我们也不必多说了。至于第二条理由，却也不能成立。《大招》的意义是很惝恍的：如"德誉配天"等句好像说国君，"爵禄盛只"等句又像说人臣，而"发政献行"等句却君臣都说得通。故林氏若举些像说国君的句子来证明是屈原招怀王的作品，反对者也可举些像说人臣的地方来证明是景差招屈原的文字。这样地辩下去，可以一百年辩个不完，故绝不能据以为证。此外，我们还可举出一条理由来证明《大招》的著者必非屈原。我想，读过《楚辞》的人都能知道《大招》的结构与《招魂》是相同的。《招魂》先陈四方的危险，叫灵魂别混走；然后招他回来，说家中居室之美、侍婢之多，以及歌舞宴饮之乐。《大招》所说的也是如此。故这两篇中必有一篇是仿作。但哪一篇是仿作呢？要解决这问题，我们先说明两项：

（一）仿作必劣于原作。这是显而易见的。我们随便举几个例子罢：

1.《九辩》《九谏》《九怀》《九叹》《九思》《九咏》《九愁》《九愍》等较《九歌》《九章》何如？

2.《七激》《七兴》《七依》《七说》《七蠋》《七举》《七广》《七辩》《七启》《七释》《七训》《七华》《七海》《七模》《七命》《七徵》《七说》《七讽》等较《七发》何如？

3. 扬雄是个模仿大家。他的全集较《易经》《论语》《屈原集》《长卿集》等何如？

4. 束广微的《补亡诗》较《小雅》何如？

5. 所谓"西昆派""江西派"较李商隐、黄庭坚何如？

6. 所谓"前七子""后七子"较汉文唐诗何如？

这几个例子已经很够证明仿作之必劣于原作了。

（二）《大招》劣于《招魂》。《大招》的艺术上的劣点很多。我们且举一个最明显的例子。原文先说：

> 自恣荆楚，安以定只。

由此可知被招者是楚人。但下文叙国界及朝中情形处，却说：

> 北至幽陵，南交阯只，西薄羊肠，东穷海只。
>
> 三公穆穆，登降堂只；诸侯毕极，立九卿只。

这又不像说楚国了。原文又说：

> 德誉配天，万民理只。

这自然是指国君。但下文却说：

> 室家盈庭，爵禄盛只。

这又像说臣下了。这种模棱两可之处，是《招魂》所没有的。从这两点上，我们便知《大招》必系仿作，其时代必在《招魂》之后。故它的著者之为景差而非屈原，也是显而易见的了（我从前曾据"交阯""鲜卑"来把这篇的时代移至汉代。后承陈伯弢、朱逷先二先生告诉我说，这两名词已见《国语》《吕氏春秋》等书，故不能作证）。

以上是说明《九歌》《远游》《卜居》《渔父》《招魂》及《大招》等十六篇不是屈原的作品。除了这几篇，其余十一篇都是他作的。但对于《惜往日》及《天问》，却都有人怀疑过，我们如今再辩明几句。

曾国藩在戊午年（咸丰八年）的《日记》里说："《九章·惜往日》似伪

作,当著论辩之。"他的全集里却没有考证《惜往日》的文字。后来他在《经史百家杂钞》里指出这篇的疑点在这两句:

> 宁溘死而流亡兮,恐祸殃之有再。

他说:"此不似屈子之词,疑后人伪托也。"但这是因旧注而误会。我们可借顾炎武的话来辩明:

> 《九章·惜往日》"甘溘死而流亡兮,恐祸殃之有再",注谓"罪及父母与亲属"者,非也。盖怀王以不听屈原而召秦祸,今顷襄王复听上官大夫之谮而迁之江南;一身不足惜,其如社稷何?《史记》所云"楚日以削,数十年竟为秦所灭",即原所谓"祸殃之有再"者也。(《日知录》卷二十七)

这是不错的。"祸殃"是指楚国而言,并非指自己。这正与屈原的思想相符合,故曾氏之说是不能成立的。

近来胡适之先生在《读楚辞》里曾说《天问》是后人杂凑的,因为"文理不通,见解卑陋"。其实这篇确有许多很深刻的疑问,如:

> 登立为帝,孰道尚之?

之类,绝不是后代腐儒所能伪造的。至于文理的通不通,我们现在还不能断定,至多只能说它费解罢了。这种费解大半由于我们学识的狭陋。如"该秉季德""恒秉季德"二句,二千年来的学者谁也不能下一句满意的注释。自近人考得该、恒二人都是商代远祖后,意义方略可通。依此推测下来,《天问》的意义将来或有明了之一日。由此可知胡先生的怀疑是不能成立的。

对于屈原及其作品的种种问题的答案,至此已解释明白了。我很希望国内外研究《楚辞》的学者们细察上述的意见,加以引申、修改或反证。

十二,四,十八,于北京。

[附录]屈原年表

记年				记事		
西历	楚王	屈原	历史的	传记的	文学的
前三四三	宣王二七	一		一月庚寅日生。	
前三二二	怀王七	二二		任低级文官。	
前三一九	怀王一〇	二五		任左徒。	作《橘颂》。
前三一八	怀王一一	二六	六国合纵,楚怀王为约长。		
前三一五	怀王一四	二九		为宪令事,被谗去职。	作《离骚》。
前三一三	怀王一六	三一	楚许秦绝齐。	被谗,放于汉北。	作《抽思》及《悲回风》。
前三一二	怀王一七	三二	楚袭秦,大败。	召回;使于齐。	
前三一一	怀王一八	三三	怀王以汉中地易张仪,至复释之。	自齐返,谏释张仪。任三闾大夫。	
前三〇六	怀王二三	三八	六国复合,齐湣王为约长。		
前三〇五	怀王二四	三九	楚背约合秦。	谏合秦,不听。	作《惜诵》。
前二九九	怀王三〇	四五	怀王入秦不返,太子横即位。	谏入秦,不听。	
前二九六	顷襄王三	四八	怀王卒于秦。	被谗再放;二月沿江东行至夏浦。	作《思美人》及《天问》的一部分。
前二九三	顷襄王六	五一			作《哀郢》及《天问》的一部分。
前二九二	顷襄王七	五二		自夏浦沿江西南行,经洞庭入沅水,至溆浦。	作《涉江》及《天问》的一部分。
前二九一	顷襄王八	五三		自溆浦沿沅水东北行至洞庭。	作《天问》的一部分。
前二九〇	顷襄王九	五四		四月至汨罗。五月五日(?)自沉。	作《怀沙》《惜往日》及《天问》的一部分。

宋玉评传

（公元前二九〇？年——公元前二二二？年）

一 引 论

> 摇落深知宋玉悲，风流儒雅亦吾师。
>
> ——杜甫《咏怀古迹》

宋玉——他与屈原同为楚民族文学的柱石。但是，二千年来，好像不曾有过一篇正式的传记，也不曾有过一篇专治他的作品的论文。所以这篇《评传》一方面传其生平，一方面评其作品，大约这是这种工作的第一次尝试。

现在我们先叙一叙楚民族及其文学的略史，先明白产生宋玉的是什么样子的时代、什么样子的地方。

楚民族在古代史上，似乎是个独立的民族。在人类学家、考古学家未有科学上的证据诏示我们以前，自难妄下断语。然而我们从古代各种记载上推测下来，楚与周似无固定的君臣关系。中原诸侯对楚多存歧视之心，称楚多称"蛮夷"。我们随便举出《国语》上的几个例子：

（荣伯成劝鲁襄公别以楚师伐季氏说）若不克，君以蛮夷伐之，

而又求入焉，必不获矣。(《鲁语》下)

(栾武子向范文子说)今我任晋国之政，不毁晋耻，又以违蛮夷重之！〔韦注〕蛮夷，楚也。(《晋语》六)

(叔向同赵文子说)楚为荆蛮，置茅蕝，设望表，与鲜卑守燎，故不与盟。(《晋语》八)

(史伯对郑桓公说)当成周者，南有荆蛮、申、吕、应、邓、陈、蔡、随、唐。〔韦注〕荆蛮，芈姓之蛮，鬻熊之后。(《郑语》)

(夫差向董褐说)今非王室不平安是忧，亿负晋众庶，不式诸戎、狄、楚、秦。将不长弟，以力征一、二兄弟之国。(《吴语》)

(董褐对夫差说)今伯父有蛮荆之虞，礼世不续。(同上)

(董褐对夫差说)况蛮荆则何有于周室？(同上)

这几个例子已够证明周人视楚为外国了。此外，楚国国情与别国迥异者，更是不胜枚举。就官制言：

楚官多以尹为名。(《左传·庄公十八年》疏)

陈、楚名司寇为司败。(《左传·文公十年》注)

我们若看顾复初的《列国官制表》，便知楚国特有的官职多着呢。又就言语言：

众车入自纯门及逵市，县门不发，楚言而出。(《左传·庄公二十八年》)

楚人谓乳，谷；谓虎，于菟。(《左传·宣公五年》)

此外见于扬雄《方言》者尚多。方言不同自然不能就说是异族，然卫聚贤先生说西藏谓奶为谷，李济之先生说苗氏谓虎为于菟，那我们也可推想这确是与中原迥异的语言。又就服饰言：

晋侯观于军府，见钟仪，问之曰："南冠而絷者谁也？"有司对曰："郑人所献楚囚也。"(《左传·成公九年》)

陈灵公与孔宁、仪行父南冠以如夏氏，留宾不见。(《国语·周

语》中)

> 异人至，不韦使楚服而见。王后悦其状，高其知，曰："吾楚人也。"而自子之，乃变其名曰楚。(《国策·秦策》五)

《左传》《国语》都注道："南冠，楚冠。"《汉官仪》又说即汉之解豸冠，秦灭楚后以赐近臣，其特异可知。《国策》旧注以"楚服"为"盛服"，实误；观下文"吾楚人也"句，便知"楚服"犹言"胡服"。根据以上的记载，我们知道楚民族是一个与中原不同的民族。

我们研究宋玉而推论及此，似乎词费。但是，研究古代文学的人总该知道最难解决的便是屈、宋问题：这样震古烁今的大诗人，为何偏生于文化最迟的楚？如果我们把楚当作周天子属下整千诸侯国之一，这个问题自然难答。如果我们知道楚是一个与周为敌体的民族，则这一点便不成问题了。这是我们研究古代文学尤其是楚文学的人，所当牢记在心头的。

这个新民族起源的历史，我们不很知道。一来因为代久年湮，书阙有间。一来因为楚民族强盛后，要依附于中原的正统。《史记·楚世家》所载黄帝到鬻熊的世系，当然不可靠，不过成王封熊绎于楚，事或有之。迟起的新民族常有受早兴的旧民族之封的，如辽之于宋，清之于明然。当时长江流域一带大约是很荒芜的，如楚大夫析父追叙道：

> 昔我先王熊绎辟在荆山，筚路蓝缕以处草莽，跋涉山林以事天子。(《楚世家》)

其实这也不过是句门面话，他们并不甘心"事天子"。熊绎五传至熊渠，在夷王时甚得江、汉间民心，版图渐渐扩张到庸、鄂、扬、粤等处。他说：

> 我蛮夷也，不与中国之谥号！(《楚世家》)

遂封长子康为句亶王，中子红为鄂王，少子执疵为越章王。熊渠十二传至熊通(与平王同时)，命随人代请周天子尊楚未允，怒道：

> 蛮夷皆率服而王不加位，我自尊耳！(《楚世家》)

于是自称为武王。这是楚民族向周民族宣告独立的正式表示。武王以后,日益强盛;四传至庄王,观兵问鼎,不可一世。当时周民族属下的诸侯,如息、谷、蔡、邾、申、邓、黄、鄝、赖、萧、徐、江、舒、弦、道、英氏、项、顿、毛、郜、夔、庸、舒蓼、唐、舒庸、胡、许、陈、杞、吕、小邾、贰、罗、权、聃、蒋、沈、六、麇、不羹、房、鄀、郧、轸、绞、州、蓼、巢、柏、舒鸠、吴、越、鲁以及庐戎、群蛮、戎蛮、蛮氏等,无一不先后并于楚。故东周之世,实是楚民族的全盛时代。其版图之大,几包括现在的长江流域七省及山东、河南之半,而周民族则仅河北、山西、陕西三省与山东、河南之半而已;不但可以分庭抗礼,实有驾而上之之势。

以上略述楚民族由小而大的历史,由此便知它的地位实最宜于文学的发展。一切大山,一切大水,几乎全在它的范围以内。王船山在《楚辞通释·序例》里说:

> 楚,泽国也,抑山国也。其南沅、湘之交,叠波旷宇以荡遥情,而迫之以崟嵚戍削之幽菀。故推宕无涯,而天采蠹发,江山光怪之气莫能掩抑。出生入死,上震天□□□秦□江□□,皆此为之也。(侃按:原文"抑山国也"句在"其南沅、湘之交"句下,文意不贯,疑简错,特移正。末句脱误不可读。)

文学与自然界的关系是很大的,所以楚民族的版图若永远不扩大,则它便不能成一独立的团体,大诗人也不会产生于它的境内,而它的历史也永远不能在这里占篇幅了。而且因为陈、吴、越等国并入版图,楚民族的文学又得到一种滋养料。这便是"巫风"。《汉书·地理志》述陈国的风俗道:

> 周武王封舜后妫满于陈,是为胡公,妻以元女大姬。妇人尊贵,好祭祀,用史巫,故其俗好巫鬼。

《匡衡传》也说:

> 陈夫人好巫而民淫祀。

当时吴国地名也常有用"巫"字的。如《越绝书》：

> 巫门外冢者,阖庐冰室也。

> 巫枋城者,阖庐所置。

越国亦然：

> 巫里,句践所徙巫为一里。

> 巫山者,越魌福——巫之官也——死葬其上。

这可见当时"巫风"之盛。《商书》说明巫风的内容为"酣歌""恒舞"二种,这二种都是文学起源的原动力。我们看了楚文学的发展,便可认识楚君扩张版图的重要了。

楚民族的文学的发展,与它的国势的强盛是平行的。见存作品之最早者为东周初年的"二南"。这与旧说相差太远,故我们虽不能在此处详细考证,然也有略加说明的必要。第一,我们知道"南"是一种独立的诗体。原来"二南"是《诗经》的一部分,列入"十五国风"内。然自王质、程大昌以来,学者们大都承认"二南"的独立,承认它与《风》《雅》《颂》并列为四。第二,我们知道"二南"是东迁后的诗。旧说附会到文王身上去,然自魏源、崔述等人辞而辟之,学者们大都承认"二南"非西周诗;至于《何彼秾矣》之称"平王",更是的证了。第三,我们知道"二南"的产地是楚。诗中言及的地名有江、汉、汝、河、南等,可见这几篇的确是今河南、湖北二省的作品,均在楚民族辖境内。根据上列三条,我们说"二南"是楚文学的始祖。崔述说：

> 盖其体本起于南方,北人效之,故名以南。(《读风偶识》)

"南方"之意义如何？

> 南,草木至南方有枝任也。(《说文》"南"下)

> 南方者,任养之方,万物怀任也。(《白虎通·五行》)

> 南方者何也? 任方也。任方者,物之方任。(《御览·时序部》六引《书大传》)

我们知道"南""任"二字古通,"任"即"孕"字,有生长发育之意。所以"南"字同时也可代表"二南"的风格。章潢说得好:

> 诗之在"二南"者,浑融含蓄,委婉舒徐,本之以平易之心,出之以温柔之气,如南风之融物,而物皆畅茂。凡人之听其言者,不觉其入之深而感化育于其中也。

这一点便增高了"二南"在《诗经》中的位置。孔子曾再三恭维:

> 师挚之始,《关雎》之乱,洋洋乎盈耳哉!(《泰伯》)
>
> 《关雎》乐而不淫,哀而不伤。(《八佾》)
>
> 人而不为《周南》《召南》,其犹正墙面而立也与!(《阳货》)

这实在是独具只眼。楚文学既有超越的"二南"作根底,则后来产生震古烁今的《楚辞》也何疑!

被后人称为《楚辞》的几十篇中,以《九歌》为最早。在"二南"与《九歌》之间,各种古籍里还零零星星地记载着几篇诗歌。固然有些不甚可靠,然即就西汉以前书所载的而言,尚有七篇,差为可信:《说苑》载三篇,《新序》《论语》《孟子》《左传》各载一篇。《说苑》所载三篇的时代最早。一为《子文歌》,见《至公》篇;一为《楚人歌》,见《正谏》篇。这两篇都是公元前七世纪后半期的作品,与"二南"差不多同时,所以形式方面完全与《诗经》一样。《子文歌》是一篇很呆板的四言诗,技术很拙劣。《楚人歌》分二章,只换韵,不换意,极似"二南"中的《麟趾》《甘棠》《驺虞》等篇,虽有些咏叹的意思,然终非佳构。在它们略后些(约当公元前六世纪中叶),便有一篇极佳的《越人歌》出世,也是《说苑》所载,见《善说》篇。这是中国文学史上第一篇译诗,与汉唐蒙《柞都夷歌》及北朝高欢《敕勒歌》同为难得的名作。就技术上看来,它进步得多了。它的词句异常秀美,表情异常婉转。全篇体裁与屈、宋之作极相近,故更可注意。与这篇同时的是《徐人歌》,见《新序·节士》篇。全篇仅两句,是中国古代小诗之一,然命意浅显,乏婉转之致。但我们由此可知公元前六世纪中叶以后,楚民族的诗歌已完全脱离《诗经》的体裁,而另觅新的路径了。故屈、宋的成功是《徐人歌》《越人歌》两篇引出来的。到公元前五世纪的初年，又有三篇诗歌流传下来。其中有两篇是孔子在楚国所听见的。一为《接舆歌》，见《论语·微子》；一为《孺子歌》，见《孟子·离娄》。前一首表现南北思想的冲突，故《庄子·人间世》也载它，不过字句略有不同。后一首与《渔父》所记的歌词一样，我们尤当注意。还有一篇是《庚癸歌》，见《左传·哀公十三年》。这是一首讽刺诗，讥夫差不能与士卒同甘苦。该诗形式方面与《孺子歌》一样，共四句，一、三句末有"兮"字，二、四句末用韵。《离骚》《九辩》大都四句一节，即是从这两首诗歌学来的。——这是楚文学从《诗经》变到《楚辞》的历程。

现在我们要谈《九歌》了。《九歌》之为屈原以前的民间祭歌，是二千年来学者的公论。只因王逸觉得这样便与屈原没有关系了，于是便说是经过屈原的润饰的。这个问题，现在可以不了了之，因为我们已经知道《九歌》产生年代必在公元前四八九年至公元前四〇三年之间，与屈原当然没有关系（《左传·哀公六年》说楚昭王不祭河，而《九歌》的《河伯》却是祭河的；昭王卒于公元前四八九年，故知《九歌》必作于此年以后：可参看拙编《楚辞》卷首《引论》。《曲礼》孔疏，《春秋正义》及《玉海》均言战国时通行骑战，而《九歌》的《国殇》仍言车战；战国始于公元前四〇三年，故知《九歌》必作于此年以前：可参看陈斠玄先生《楚辞各篇作者考》）。所以《九歌》的作者大约是一位（或几位）公元前五世纪的无名诗人。他（或他们）一定是平民而非贵族，因为《九歌》中言情分子占多数，与《周颂》及《郊祀歌》绝不相同，而与六朝乐府《神弦歌》却完全一样。《神弦歌》是民间的祭歌，没有贵族的祭歌那样庄重严肃，故有"郎艳独绝""独处无郎"之句。我们拿各时代的各种祭歌来比较研究，便知《九歌》确为民间的祭歌了。全体包含十一篇，前十篇祭十个神，末一篇为前十祀所通用的"送神之曲"，恰如《离骚》之"乱"，《抽思》之"倡"，《佹诗》之"小歌"，《远游》之"重"，《九叹》之"叹"（此说为王船山所发，丁山阳、王壬秋及梁任公先生等都附和他）。就文学的艺术方面说，《九歌》有三种特点：一是词句非常秀美，一是理想非常高洁，一是表情非常真挚。这三个特点也可说是《楚辞》共有的特点。表情之真挚固为一切杰作所必具，然词句之秀美与理想之高洁，历代作家很少能比得上楚民族的诗人的。《九歌》对于楚文学的最大贡献即在此。我们当知楚文学之所以能自成一派，固有待于屈、宋之发挥光大，而《九歌》实开其端。屈原喜欢用美人、芳草之名，未始非《九歌》之所启示；故他写其忠君之思，而我们却不觉其酸腐。又如宋玉《招魂》之铺张扬厉，也可说是从《湘夫人》"荪壁兮紫坛"和《东君》"缅瑟兮交鼓"二段上学来的。总之，在《九歌》以前的作品如"二南"等，还未脱周民族文学的格式。《越人歌》以后方有新的发展，然皆零章断句，不易引起人家的注意，而且也不是最成熟的作品。故楚民族文学开创的始祖终要推《九歌》。

楚文学有了"二南"、《九歌》等丰厚的遗产，于是产生大诗人屈原。他一生的事迹，我们知道得很少。然因许多学者竭力研讨的结果，我们的智识渐渐地丰富了。简言之：他名平，字原，小名正则，小字灵均，生于楚宣王二十七年（公元前三四三年）正月二十一日，卒于楚顷襄王九年（公元前二九〇年）左右。他是楚之贵族，幼年受充分的教育；"学而优则仕"，曾做过怀王时的左徒及三闾大夫。然而谗谄蔽明，方正不容，故一放汉北，再逐江南；深林杳冥，霰雪无垠，独处荒徼，郁郁寡欢，遂以五月五日自沉于汨罗。他的性格适得中庸之反——他既"有冰冷的头脑，能剖析哲理；又有滚热的感情，终日自煎自焚"，故在政治上大失败，在文学上大成功。这个因果关系的消息，我们可在他的作品中参透。他的作品据《汉书·艺文志》说是二十五篇，然以存者考之，至多只有《离骚》《天问》及《九章》之半差为可信，余均后人拟作（参看拙编《屈原》卷首《评传》及《楚辞》卷首《引论》）。然即就《离骚》言，便是古代诗坛上唯一的抒情杰作。他在中国文学史上，占有优越的位置，是不用怀疑的。他是中国最早的大诗人。在他以前，无论是周民族或楚民族，许多诗歌的作者大都是无名氏；即幸而姓名未失传，其作品至多不到一百句，所以我们不易看出全部作品风格的真面目，作者的个性也没有深刻的表现。有之，自屈原始。二千年来，所谓"读书人"几乎没有一个不读他的作品的，读了也没有一个不崇拜的。二千年来无数作家,没有一个不受屈原的影响的,没有一个不以屈原作模范的。所以扬雄以屈原比孔子,所以李白说屈原死了便"无堪与言",所以苏轼说他终身"企慕而不能及万一者"只有一个屈原。从他的作品里,产生出赋,产生出骈文,产生出七言诗。直到最近翻译西洋诗还应用他的体裁。"其衣被词人,非一代也。"(刘勰《文心雕龙·辨骚》)二千年来,他的作品几乎含有宗教的魔力,变成神圣不可侵犯的著作。到了端午节,竞渡角黍之风普遍了全国。这一个令节,几为他一人所独占。在长江流域一带,连穷乡僻壤都会有他的庙宇。这一种福气,是没有第二个文学家能够赶得上的。

自他以后,楚民族的文学空气陡然浓厚。流风所被,遂产生一大群诗人。司马迁在《屈原贾生列传》里说:

> 屈原既死之后,楚有宋玉、唐勒、景差之徒者,皆好辞而以赋见称。

《汉志·诗赋略》载唐勒赋四篇,说是"楚人";宋玉赋十六篇,说是"楚人,与唐勒并时,在屈原后也";景差赋未著于录,《古今人表》则有"景瑳"之名("瑳"与"差"通):此三人皆彰彰可考。不过景差之赋既亡于班固之时(朱熹以《大招》为差作,实误);而唐勒赋四篇又亡于王逸之时(因《楚辞章句》不载);只有宋玉的作品尚有存者,所以前人对于《楚辞》常以屈、宋并称。如以词喻之,"二南"如古乐府,《九歌》如唐五代小令,而屈、宋则南北两宋也。我们研究楚民族文学的人,于研究屈原之后,不可不连带研究研究宋玉。

二 宋玉的生平

> 怆怳懭悢兮去故而就新,坎廪兮贫士失职而志不平,廓落兮羁
>
> 旅而无友生,惆怅兮而私自怜。
>
> ——宋玉《九辩》

现在我们要替宋玉的生平做一个详细的叙述。如上文所说，这种工作是二千年来第一次的尝试。而且，我们对于宋玉的事迹也知道得太少。如今姑就我所知道的唐以前关于宋玉的记载，杂抄二十余段于后，以供参阅：

宋玉因其友见楚相，楚相待之无以异，乃让其友。友曰："夫姜桂因地而生，不因地而辛；女因媒而嫁，不因媒而亲。子之事王未耳，何能于我？"宋玉曰："不然。昔日，齐有狡兔，尽一日而走五百里；使之瞻见指注，虽良狗犹不及狡兔之尘。若摄缨而纵绁之，瞻见指注与？……《诗》曰：'将安将乐，弃予如遗。'"（侃按：此为见存的宋玉传记材料之最早者。末段宋玉答语不甚可解，似有阙文。）

——《韩诗外传》卷七

屈原既死之后，楚有宋玉、唐勒、景差之徒者，皆好辞而以赋见称。然皆祖屈原之从容辞令，终莫敢直谏。

——《史记·屈原贾生列传》

楚威王问于宋玉曰："先生其有遗行邪？何士民众庶不誉之甚也？"宋玉对曰："唯，然，有之；愿大王宽其罪，使得毕其辞。客有歌于郢中者，其始曰《下里》《巴人》，国中属而和者数千人；其为《阳陵》《采薇》，国中属而和者数百人；其为《阳春》《白雪》，国中属而和者数十人而已也；引商刻角杂以流徵，国中属而和者不过数人；是其曲弥高者，其和弥寡。故鸟有凤而鱼有鲲：凤鸟上击于九千里，绝浮云，负苍天，翱翔乎窈冥之上，夫粪田之鷃岂能与之断天地之高哉？鲲鱼朝发昆仑之墟，暴鬐于碣石，暮宿于孟诸，夫尺泽之鲵岂能与之量江海之大哉？故非独鸟有凤而鱼有鲲也，士亦有之；夫圣人瑰意琦行，超然独处，世俗之民又安知臣之所为哉！"（侃按：《文选》所载《宋玉对楚王问》与此相似，不过"威"作"襄"，"邪"作"与"，《阳陵》《采薇》作《阳阿》《薤露》，"引商刻角"作"引觞刻羽"，"鲲"作"鲲"，"粪田"作"藩篱"。）

——《新序·杂事》第一

宋玉因其友以见于楚襄王,襄王待之无以异。宋玉让其友。其友曰:"夫姜桂因地而生,不因地而辛;妇人因媒而嫁,不因媒而亲。子之事王未耳,何怨于我?"宋玉曰:"不然。昔者,齐有良兔曰东郭逡,盖一旦而走五百里。于是齐有良狗曰韩卢,亦一旦而走五百里。使之遥见而指属,则虽韩卢不及众兔之尘;若蹑迹而纵绁,则虽东郭逡亦不能离。今子之属臣也,蹑迹而纵绁与?遥见而指属与?《诗》曰:'将安将乐,弃予如遗。'"(侃按:此条与《韩诗外传》相同,而文气较完备。)

——《新序·杂事》第五

宋玉事楚襄王而不见察,意气不得,形于颜色。或谓曰:"先生何谈说之不扬,计划之疑也?"宋玉曰:"不然。子独不见夫玄猿乎?当其居桂林之中,峻叶之上,从容游戏,超腾往来,龙兴而鸟集,悲啸长吟——当此之时,虽羿、逢蒙不得正目而视也。及其在枳棘之中也,恐惧而悼慄,危视而迹行;众人皆得意焉。此皮筋非加急而体益短也,处势不便故也。夫处势不便,岂可以量功校能哉?《诗》不云乎:'驾彼四牡,四牡项领。'夫久驾而长不得行,项领不亦宜乎?《易》曰:'臀无肤,其行趦趄。'此之谓也。"

——《新序·杂事》第五

宋玉赋十六篇。楚人,与唐勒并时,在屈原后也。

——《汉书·艺文志·诗赋略》

《九辩》者,楚大夫宋玉之所作也……宋玉者,屈原弟子也,闵惜其师忠而放逐,故作《九辩》以述其志。

——《楚辞章句·九辩序》

《招魂》者,宋玉之所作也……宋玉怜哀屈原忠而斥弃,愁懑山泽,魂魄放佚,厥命将落,故作《招魂》。

——《楚辞章句·招魂序》

楚襄王既游云梦,使宋玉赋高唐之事,将置酒宴饮,谓宋玉曰:"寡人欲觞群臣,何以娱之?"玉曰:"臣闻歌以永言,舞以尽意。是以论其诗不如听其声,听其声不如察其形。《激楚》《结风》《阳阿》之舞,材人之穷观,天下之至妙。噫,可以进乎?"

——傅毅《舞赋》

黄初三年,余朝京师,还济洛川。古人有言,斯水之神名曰宓妃。感宋玉对楚王、神女之事,遂作斯赋。

——曹植《洛神赋》

宋玉者,楚之鄢郢人也,故宜城有宋玉冢。始事屈原。原既放逐,求事楚友景差。景差惧其胜己,言之于王,王以为小臣。玉让其友。友曰:"夫姜桂因地而生,不因地而辛;美女因媒而嫁,不因媒而亲。言子而得官者,我也;官而不得意者,子也。"玉曰:"若东郭狻者,天下之狡兔也,日行九百里而卒不免韩卢之口;然在猎者耳。夫遥见而指纵,虽韩卢必不及狡兔也。若蹑迹而放,虽东郭狻必不免也。今子之言我于王,为遥指踪而不属耶?蹑迹而纵绁耶?"友谢之,复言于王。玉识音而善文,襄王好乐爱赋,既美其才而憎之似屈原也,曰:"子盍从俗,使楚人贵子之德乎?"对曰:"昔楚有善歌者,始而曰《下里》《巴人》,国中属而和之者数百人。既而曰《阳春》《白雪》《朝日》《鱼离》,国中属而和之者不至十人。含商吐角,绝伦赴曲,国中属而和者不至三人矣。其曲弥高,其和弥寡也。"(侃按:此段似删改《新序》之文而成者。)

——习凿齿《襄阳耆旧记》卷一

楚襄王与宋玉游于云梦之野,将使宋玉赋高唐之事,望朝云之馆。上有云气,举乎直上,忽而改容;须臾之间,变化无穷。王问宋玉曰:"此何气也?"对曰:"昔者先王游于高唐,怠而昼寝,梦一妇人:暧乎若云,焕乎若星,将行未至,如浮如停,详而视之,西施之形。王悦而问焉。曰:'我帝之季女也,名曰瑶姬;未行而亡,封巫山之台。精魂依草,实为茗芝,媚而服焉,则与梦期。所谓巫山之女,高唐之姬。闻君游于高唐,愿荐枕席。'王因幸之。"(侃按:今本《襄阳耆旧记》无此条,引见《太平御览》卷三九九。《渚宫旧事》卷三所引与此略异。)

——习凿齿《襄阳耆旧记》卷一

楚襄王游于兰台之宫,宋玉、景差侍。有风飒然而至,王乃披襟而当之曰:"快哉,此风!寡人所与庶人共者邪?"宋玉对曰:"此独大王之风耳,庶人安得而共之?"(侃按:自此以下至《高唐对》,旧说均认为宋玉自作,其实均系后人伪托,详下文。)

——《文选·风赋》

昔者,楚襄王与宋玉游于云梦之台,望高唐之观。其上独有云气,崒兮直上,忽兮改容,须臾之间,变化无穷。王问玉曰:"此何气也?"玉对曰:"所谓朝云者也。"

——《文选·高唐赋》

楚襄王与宋玉游于云梦之浦,使玉赋高唐之事。其夜王寝,果梦与神女遇,其状甚丽。王异之,明日以白玉……

——《文选·神女赋》

大夫登徒子侍于楚王,短宋玉曰:"玉为人体貌闲丽,口多微辞,又性好色,愿王勿与出入后宫。"王以登徒子之言问宋玉。玉曰:"体貌闲丽,所受于天也;口多微辞,所学于师也。至于好色,臣无有也。"

——《文选·登徒子好色赋》

楚襄王问于宋玉曰:"先生其有遗行与?何士民众庶不誉之甚也?"宋玉对曰:"唯,然,有之。愿大王宽其罪,使得毕其辞。"(侃按:此与上文《新序·杂事》第一所记相近,可参阅。)

——《文选·对楚王问》

楚襄王与唐勒、景差、宋玉游于阳云之台。王曰:"能为寡人大言者,上座。"

——《古文苑·大言赋》

楚襄王既登阳云之台,令诸大夫景差、唐勒、宋玉等并造《大言赋》毕,而宋玉受赏。王曰:"此赋之迂诞,则极巨伟矣,抑未备也……贤人有能为《小言赋》者,赐之云梦之田。"

——《古文苑·小言赋》

楚襄王时,宋玉休归。唐勒谗之于王曰:"玉为人身体容冶,口多微词;出爱主人之女,入事大王。愿王疏之。"

——《古文苑·讽赋》

宋玉与登徒子偕受钓于玄洲,止而并见于楚襄王。登徒子曰:"夫玄洲,天下之善钓者也,愿王观焉。"……宋玉进曰:"今察玄洲之钓,未可谓能持竿也,又乌足为大王言乎?"

——《古文苑·钓赋》

楚襄王既游云梦,将置酒宴饮,谓宋玉曰:"寡人欲觞群臣,何以娱之?"玉曰:"臣闻《激楚》《结风》《扬阿》之舞,材人之穷观,天下之至妙。噫,可以进乎?"(侃按:此实删改傅毅《舞赋》而成,参看上条。)

——《古文苑·舞赋》

楚襄王与宋玉游于云梦之野,望朝云之馆。有气焉,须臾之间,变化无穷。王问:"此是何气也?"玉对曰:"昔先王游于高唐,怠而昼寝,梦见一妇人。"(侃按:此见《文选》卷三十一江淹《杂体诗》"拟潘黄门《悼亡》"李善注引《宋玉集》,与《渚宫旧事》《太平御览》所引《襄阳耆旧记》相似。)

——《高唐对》(侃按:此题乃严可均所加。)

宋玉事楚怀王——友人言之王,王以为小臣。玉让友人。友曰:"姜桂因地而生,不因地而辛;女因媒而嫁,不因媒而亲也。"(侃按:此见《北堂书钞》卷三十三引,作者失名。)

——《宋玉集序》

据我的浅薄的学问,唐以前关于宋玉的记载似乎尽于此了。

我们看了上列的记载,便知道下列几件事:

(1)他是楚鄢人,冢在宜城。

(2)他与楚威王相问答。

(3)他为怀王小臣。

(4)他事襄王而不见察。

(5)他与襄王游云梦、高唐、兰台等处。

（6）他曾为楚大夫。

（7）他见楚相而待之无以异。

（8）他是屈原、玄洲、景差的弟子。

（9）他与唐勒、景差、登徒子同时。

（10）他识音，以赋见称，存十六篇。

但是，这几件都是事实吗？且不说别的，即就年代而言，威王于公元前三三九年即位，襄王卒于公元前二六二年，他既历事威、怀、襄三朝，其年龄几在一百岁以上。则我们对于这些史料，应分别审定其真伪也明甚。

我以为现在对于宋玉的事迹与年代，只能大约假定一下。第一，我们先讨论年代的假定。这当以《招魂》的年代为中心，因为在宋玉的一切事迹中，只有这一点是比较的有物观的证据的。宋玉作《招魂》在哪一年呢？我从前在《屈原评传》里曾有一段考证，今录于下：

> 原文的乱辞里有这几句："献岁发春兮，汩吾南征……路贯庐江兮，左长薄。"庐江即今之青弋江，在安徽东南部（李兆洛说："《汉志》'庐江出陵阳东南，北入江'；《山海经・海内东经》'庐江出三天子都，入江'；《海内南经》'三天子鄣山在闽西'，注：'在歙县东，浙水出焉。'按：陵阳在今池州府石埭东北二里；庐江与浙江同出一山，浙江东流入海，庐江北流入江。然则庐江即今青弋江也。"读者可参看《李氏五种》内《地理沿革图》的附注，杨守敬的地图即从此说）。至于"南征"二字，前人大都以屈原放于江南来附会，却是大错的。原文下段里有这几句："与王趋梦兮，课后先，君王亲发兮，惮青兕。"此外还有许多叙打猎的话，可见这实在指国君自国都出行到南方打猎去（我想当时必有一楚君南猎不返，词臣哀之，为作此篇；惜古代记载存者极少，无从质证耳）。这一点便可证明《招魂》的出世不会在楚考烈王二十二年以前。今先把楚国国都的地点和时期列表于下：
>
> （一）顷襄王二十一年以前——郢都——即今湖北江陵。
>
> （二）顷襄王二十一年至考烈王十年——陈城——即今河南淮阳。

（三）考烈王十年至二十二年——钜阳——即今安徽阜阳。

（四）考烈王二十二年以后——寿春——即今安徽寿县。

　　江陵恰在青弋江之正西，显然不合乎"南征"二字；淮阳与阜阳都在青弋江之西北，方向是合的，但距离太远；寿县也在其西北，方向已经合了，而距离又很近；故我以为《招魂》必作于徙都寿春后，方合于原文里的叙事。照此看来，他的出世必在考烈王二十二年（公元前二四一年）以后了。

假使他生于屈原自沉的一年（公元前二九〇年，参看我的《屈原评传》），到作《招魂》时年约五十左右。到楚亡时（公元前二二二年），他年已近七十，大约就死于此时了。这个生卒年代的假定，自然是纯粹根据常理来推测的，毫无其他佐证。然而与上列两种正史的记载——一是《史记》"屈原既死之后，楚有宋玉……"，一是《汉书》"宋玉……楚人……在屈原后也"——是非常符合的。那么他与威王、怀王有君臣关系，与屈原有师生关系，很易知道是后人的捏造了。至于他和襄王的关系，也不会像传说那么密切，因为到襄王末年他尚未满三十岁，而《高唐》《神女》等赋又是后人伪托的（详后）。

　　第二，我们再讨论事迹的假定。这一点可从《九辩》里钩出一些材料来。虽然《九辩》中有许多是模拟屈原的（见下文），然尚有大部分是宋玉自己的经历，较后人所记当为可信。这些可信的材料是：

　　怆怳忼悢兮去故而就新，坎廪兮贫士失职而志不平，廓落兮羁旅而无友生，惆怅兮而私自怜……时亹亹而过中兮，蹇淹留而无成……去家离乡兮来远客，超逍遥兮今焉薄？……岁忽忽而遒尽兮，恐余寿之弗将。悼余生之不时兮，逢此世之俇攘……食不偷而为饱兮，衣不苟而为温；窃慕诗人之遗风兮，愿托志乎"素餐"……无衣裘以御冬兮，恐溘死而不得见乎阳春……春秋逴逴而日高兮，然惆怅而自悲……岁忽忽而遒尽兮，老冉冉而愈弛……年洋洋以日往兮，老嵺廓而无处。

从这二十几句里，我们知道宋玉是楚国乡下的一位贫士，远走京邑，谋一个位置，以图温饱。不料就职不久，便失职了，于是便潦倒终身。上文所谓"失职"的职，大约即《宋玉集序》所谓"小臣"，是否即王逸所说的"大夫"则不可知。做"小臣"是在哪一年呢？这里我们不能连带把宋玉作《九辩》的年代考定一下。这一种考定是很困难的，现在只能根据《九辩》的内容来推测。例如上列几句便可给我们许多暗示。不过诗句常有不可拘泥的，如《离骚》说"老冉冉其将至"，其实屈原那时年仅三十；又如《惜誓》说"惜余年老而日衰"，其实贾谊死时也只三十余岁。所以我们至多只能说《九辩》作于宋玉中年，年三十至四十岁（公元前二六〇年—公元前二五〇年）之间。他作"小臣"的年代，大约与荀卿至楚为兰陵令时（公元前二五五年）相近。

总之，关于宋玉的生平，只有下列几点我们认为是差近事实的假定：

（1）他生平与屈原卒年相近。

（2）他与威、怀、襄三王无君臣关系。

（3）他与屈原等无师生关系。

（4）他做过小臣，与荀卿仕楚时相近。

（5）他不久失职，作《九辩》。

（6）他作《招魂》当在楚徙都寿春以后。

（7）他穷得很。

（8）他卒年与楚亡时相近。

三　宋玉的作品

结撰至思，兰芳假些；人有所极，同心赋些。

——宋玉《招魂》

宋玉的作品的总数，我们现在无从考知。据《汉书·艺文志》的《诗赋略》，他有赋十六篇，并未说及散文的著作。现在所存者，连真与伪，赋与散文合计仅十四篇。

王逸的《楚辞章句》载二篇：

（一）《九辩》；

（二）《招魂》。

萧统的《文选》载五篇：

（三）《风赋》；

（四）《高唐赋》；

（五）《神女赋》；

（六）《登徒子好色赋》；

（七）《对楚王问》。

无名氏的《古文苑》载六篇：

（八）《笛赋》；

（九）《大言赋》；

（十）《小言赋》；

（十一）《讽赋》；

（十二）《钓赋》；

（十三）《舞赋》。

严可均辑《全上古三代文》时，扬去《舞赋》而加入一篇：

（十四）《高唐对》。

依我看来，只有《楚辞章句》里的二篇或者真是宋玉作的，其余十二篇都有伪托的嫌疑。对于这种嫌疑，我们在后边另有详细的讨论。现在先就我认为真的二篇加以研究。

我们先研究《九辩》。

《九辩》与《离骚》同为古代诗坛上长篇的抒情杰作。通行本都因题名"九"而擅分为九章，亦有分为八章或十一章的，列表如下①：

---

① 表中的甲本指洪兴祖《楚辞补注》所说的"旧本"，乙本指洪兴祖《楚辞补注》本，丙本指朱熹《楚辞集注》本。

章数	甲　本		乙　本		丙　本	
	起　句	末　句	起　句	末　句	起　句	末　句
一	悲哉,秋之为气也!	蹇淹留而无成。	同前	同前	同前	同前
二	悲忧穷戚兮独处廓。	心怦怦兮谅直。	同前	同前	同前	同前
三	皇天平分四时兮。	步列星而极明。	同前	同前	同前	同前
四	窃悲夫蕙华之曾敷兮。	仰浮云而永叹。	同前	同前	同前	同前
五	何时俗之工巧兮?	冯郁郁其何极?	同前	同前	同前	同前
六	霜露惨凄而交下兮。	蹇淹留而踌躇。	霜露凄惨而交下兮。	信未达乎从容。	霜露惨凄而交下兮。	恐溘死而不得见乎阳春。
七	何泛滥之浮云兮?	妒被离而鄣之。	窃美申包胥之气盛兮。	恐溘死而不得见乎阳春。	靓杪秋之遥夜兮。	蹇淹留而踌躇。
八	愿赐不肖之躯而别离兮。	还及君之无恙。	靓杪秋之遥夜兮。	蹇淹留而踌躇。	何泛滥之浮云兮?	下暗漠而无光。
九	无	无	何泛滥之浮云兮。	亦多端而胶加。	尧、舜皆有所举任兮。	还及君之无恙。
十	无	无	被荷裯之晏晏兮。	妒被离而鄣之。	无	无
十一	无	无	愿赐不肖之躯而别离兮。	还及君之无恙。	无	无

这种分章完全是错误的。我们应该把这二百几十句合成一篇整个的长诗。理由有二:第一,全篇的"母题"不外因悲秋而发生身世之感,不如《九歌》每篇各祀一神;第二,《九歌》各篇另有标题,如《东皇太一》《云中君》等,而《九辩》则无之。所以我们主张取消分章。

《九辩》中感怀身世的诗句,有两种来源。第一是他自己的境遇,可以从古代记载里考知的。这一点,我们在上边已有详细的说明,此处不必赘叙了。第二是屈原作品的影响。屈原在当日负有很大的声望,而他的自杀尤其可以引起一般人的同情心和崇拜心。故他的作品一定是很通行的,宋玉自然不能不受他的影响。这一点,只看宋玉作品中抄袭屈原文句之多,便可证明了。今试把宋玉抄袭的地方和屈原的原文做一对照表于下,以便读者:

宋玉《九辩》	《屈原集》
(一)聊逍遥以相羊。	(一)聊逍遥以相羊。(《离骚》)
(二)何时俗之工巧兮, 背绳墨而改错?	(二与三)固时俗之工巧兮, 偭规矩而改错; 背绳墨而追曲兮, 竞周容以为度。(《离骚》)
(三)何时俗之工巧兮, 灭规矩而改凿?	
(四)老冉冉而愈弛。	(四)老冉冉其将至兮。(《离骚》)
(五)长太息而增欷。	(五)长太息以淹涕兮。(《离骚》)
(六)忠昭昭而愿见兮。	(六)忠湛湛而愿进兮。(《哀郢》)
(七)尧、舜之抗行兮, 瞭冥冥而薄天; 何险巇之嫉妒兮, 被以不慈之伪名?	(七)彼尧、舜之抗行兮, 瞭冥冥其薄天; 众逸人之嫉妒兮, 被以不慈之伪名。(《哀郢》)
(八)憎愠怆之修美兮, 好夫人之慷慨; 众踥蹀而日进兮, 美超远而逾迈。	(八)憎愠怆之修美兮, 好夫人之慷慨; 众踥蹀而日进兮, 美超远而逾迈。(《哀郢》)
(九)忽翱翔之焉薄?	(九)忽翱翔之焉薄?(《哀郢》)
(十)宁戚讴于车下兮, 桓公闻而知之。	(十)宁戚之讴歌兮, 齐桓闻以该辅。(《离骚》)
(十一)妒被离而鄣之。	(十一)妒被离而鄣之。(《哀郢》)
(十二)载云旗之委蛇兮。	(十二)载云旗之委蛇。(《离骚》)

由此可知这两位大诗人相互的关系是很深的,并可证明宋玉对于他的乡先辈是很崇拜的。

然而就在这些题材与屈原相近的地方,宋玉也能解开屈原的束缚,而努力说自己的话。例如:

悲忧穷戚兮独处廓,有美一人兮心不怿;去家离乡兮来远客,超逍遥兮今焉薄?

又如：

> 窃悲夫蕙华之曾敷兮，纷旖旎乎都房。何曾华之无实兮，从风雨而飞飏？以为君独服此蕙兮，羌无以异于众芳！

又如：

> 食不偷而为饱兮，衣不苟而为温；窃慕诗人之遗风兮，愿托志乎"素餐"。蹇充倔而无端兮，泊莽莽而无垠；无衣裘以御冬兮，恐溘死而不得见乎阳春！

从这些"自己的话"，我们很可窥见他和屈原不同之处。屈原是刚强的、激烈的。他遇着不如意的事，便说：

> 怀朕情而不发兮，余焉能忍而与此终古！（《离骚》）
> 世溷浊而莫余知兮，吾方高驰而不顾！（《涉江》）
> 邑犬群吠兮，吠所怪也！（《怀沙》）

这种高亢而近于咒骂的语气，在宋玉作品里是找不出的。他只有饮泣吞恨的无可奈何的话。所谓"温柔敦厚"，所谓"怨而不怒"，自然在此而不在彼。这是因为屈原是楚之同姓，休戚相关，突然被谗去职，远逐江、湘，自然悲愤不能自已；宋玉却是个穷乡僻壤的贫士，间关跋涉，谋个温饱，不料不能如愿，所以发之于诗歌。一个是失败的政治家，一个是落魄的文人。懂得了这个分别，方能了解《九辩》的内容，方能认识《九辩》的技术。

然而我们最该注意的是《九辩》中"悲秋"的部分。这是他作品中最成功的一部分，"宋玉悲秋"竟变成文学上的习语，亦可见他的魔力之大了。例如：

> 悲哉，秋之为气也！萧瑟兮草木摇落而变衰，憭慄兮若在远行，登山临水兮送将归！

王夫之称这几句为"千秋绝唱"。这种"悲歌可以当泣"的气概，真是"千秋绝唱"。他又唱道：

> 燕翩翩其辞归兮,蝉寂寞而无声,雁嗈嗈而南游兮,鹍鸡啁哳而
> 悲鸣……岁忽忽而遒尽兮,恐余寿之弗将;悼余生之不时兮,逢此世
> 之怔攘;澹容与而独倚兮,蟋蟀鸣此西堂……白日晼晚其将入兮,明
> 月销铄而减毁;岁忽忽而遒尽兮,老冉冉而愈弛。

在秋天的自然界里,他找得了自己,他了解了自己的命运。蟋蟀的哀鸣、鹍鸡的啁哳,变成了他的葬歌;草木的摇落、明月的销毁,变成了死神的启示。屈、宋并称至今,岂是偶然!

最后,我们讨论此诗的音节。我们分两方面去说明。第一是双声叠韵字。例如:

> 憯凄增欷兮薄寒之中人,怆怳懭悢兮去故而就新,坎廪兮贫士
> 失职而志不平,廓落兮羁旅而无友生,惆怅兮而私自怜。

这几句几乎字字都有声韵上的关系。此外如"蓟横槮""形销铄""中憯侧"以及"凄怆""增欷""从容",等等,真是举不胜举。第二是重文。例如:

> 乘精气之抟抟兮,骛诸神之湛湛,骖白霓之习习兮,历群灵之丰
> 丰,左朱雀之茇茇兮,右苍龙之躃躃,属雷师之阗阗兮,通飞廉之衔
> 衔,前轻辌之锵锵兮,后辎乘之从从,载云旗之委蛇兮,扈屯骑之容
> 容。计专专之不可化兮,愿遂推而为臧。

这两点都能使《九辩》的音节异常和谐,异常铿锵。

其次,我们再研究《招魂》。

《招魂》是古代诗坛上长篇的白描杰作,正如《离骚》《九辩》为抒情杰作一样。作者抓住了"招魂"的题目,恣意地描写一切可悲可怕可喜可悦的境地,衍成近三百句的长诗。旧说都误认为招屈原的魂,故处处附会到放逐上去。(朱熹又说招魂本死后之礼,"而荆楚之俗乃或以是施之生人",如果屈原活到《招魂》产生之时,他年已一百多岁了!)我以为"招魂"即我乡所谓"叫火"。譬如有人病了,家人以为他的"火"(魂)吓散了,便

由最亲近的人在夜深幽静之时,喊着病人的名字道:"某人归来!某人归来!"若病势严重,便特请巫觋为之,口中唱着有韵的词句。王逸说:

> 招者,召也。以手曰招,以言曰召。(《楚辞章句·招魂序》)

这尤其与我乡风俗吻合,因为"叫火"时也是以手做招徕的姿态的(家人"叫火"常手执扫帚,巫觋则另持别的器具)。听说这种风俗,北方便叫做"招魂"("招""叫"叠韵,"魂""火"双声)。宋玉所作,疑即这一类巫觋所唱的歌词(楚民族"巫风"本盛);与荀卿依"送杵声"来作二百八十句的《成相辞》,是同样的情形。

全篇可分为三大段。第一大段自"朕幼清以廉洁兮"至"不能复用"。这是全篇的引言,述招魂的原因的。起六句是借托被招者自述的话(被招者究竟是谁,我们无从考知;前人以为招屈原,是大错的。参看上文论《招魂》时代的一节,及下文论第三大段的一节)。接下便述上帝和巫阳的谈话,商议招魂的事:

> 帝告巫阳曰:"有人在下,我欲辅之。魂魄离散,汝筮予之。"巫阳对曰:"掌梦上帝其难从。若必筮予之,恐后谢之,不能复用。"

这段不是《招魂》精彩之处,但用神话来引到招魂上去,颇饶别致,似胜于《大招》那种直率的无味的叙述。

第二大段自"巫阳焉乃下招曰"至"魂兮归来,反故居些"。这是招魂的本文。这大段又分二小段。第一小段至"归来!归来!恐自遗灾些"止。这是分述楚国以外各处的危险,叫灵魂别混走。这描写共分"东方""南方""西方""北方""天""幽都"六部分,大都是近于神话的。例如描写南方道:

> 雕题黑齿,得人肉以祀,以其骨为醢些。蝮蛇蓁蓁,封狐千里些。雄虺九首,往来倏忽,吞人以益其心些。

又如描写天上道:

> 虎豹九关,啄害下人些。一夫九首,拔木九千些。豺狼纵目,往

来优优些；悬人以娭，投之深渊些；致命于帝，然后得瞑些。

这些描写大约根据古代楚民族的传说，或者加上些作者自己的想象力，但同时我们也不要忘记屈原的作品的影响。《九辩》的来源是《离骚》，《招魂》的来源却是《天问》。第一，《离骚》中虽也有羲和、飞廉、丰隆等神，但都是有人性的，屈原能和他们相周旋；《天问》里的却都是怪物，正与《招魂》相同，例如：

焉有石林？何兽能言？焉有虬龙，负熊以游？雄虺九首，倏忽焉在？……灵蛇吞象，厥大何如？

第二，《招魂》字句常有与《天问》相同的，如"雄虺九首""长人千仞"之类。第三，《天问》每句大都四字，《招魂》亦然。第二大段的第二小段从"魂兮归来，入修门些"起。这是分述楚国以内各种娱乐，叫灵魂快些归来。归来有精致的房屋：

高堂邃宇，槛层轩些；层台累榭，临高山些；网户朱缀，刻方连些；冬有突屋，夏室寒些。

屋内有漂亮的陈设：

砥室翠翘，挂曲琼些。翡翠珠被，烂齐光些……翡帷翠帐，饰高堂些。红壁沙版，玄玉梁些。

屋外有悦目的风景：

川谷径复，流潺湲些；光风转蕙，泛崇兰些……芙蓉始发，杂芰荷些；紫茎屏风，文缘波些。

还有讲究的饮食：

肥牛之腱，臑若芳些。和酸若苦，陈吴羹些……粔籹蜜饵，有餦餭些。瑶浆蜜勺，实羽觞些。

还有妙龄美女来歌着舞着：

> 姱容修态,絚洞房些;蛾眉曼睩,目腾光些……美人既醉,朱颜
> 酡些;娭光眇视,目曾波些。

还有种种消遣的把戏:

> 箟蔽象棋,有六博些;分曹并进,遒相迫些;成枭而牟,呼五白
> 些;晋制犀比,费白日些。

这种描写影响后世辞赋者至深。好的方面是铺张。无论哪一种描写总是"琐陈缕述,务穷其变态"(孙鑛语)。坏的方面是堆砌。他们的描写既是多多益善,所以最易犯这种毛病。几十个山名、水名、鸟兽名、花木名,莫名其妙地堆在一起,是辞赋家之通病。这种毛病之见于《招魂》——尤其是第二大段中的第二小段——者如下:

> 秦菁齐缕,郑绵络些……翡阿拂壁,罗帱张些;纂组绮缟,结琦
> 璜些……稻粢稆麦,挐黄粱些。

这几句里,名词似嫌太多。然而,小疵不掩大醇,像这样长篇的淋漓尽致的描写诗,总归是难得的杰作。在三千年的中国诗坛上,简直找不到第二首。我思索了许多时候,勉强举出《小雅》里的《宾之初筵》来相配,然而总觉得有些配不上;因为它夹杂了许多惹人生厌的议论,而《招魂》却是纯粹的描写。《豳风》的《七月》或者胜于《宾之初筵》,但它却与六朝乐府《月节折杨柳歌》同于描写田功之外兼有叙事抒情的分子。总之,你想在过去诗坛上找一首与《招魂》相似的诗,你一定要遇到失败的。在这里,我不能不向宋玉表示相当的敬意,因为他给我们留下一个纯粹的白描的唯一的杰作——《招魂》。二千年来的读者只知崇拜那伪托的《高唐赋》与《神女赋》,而不能赏识这篇"万中无一"(周德清语)的《招魂》,岂非怪事!

第三大段自"乱曰"至"魂兮,归来,哀江南"。这是全篇的总结束,述国君自国都南行打猎之事;表面上似与招魂无关,其实即招魂之本事。什么"本事"? 即我上文所说:"必有一楚君南猎不返,词臣哀之,为作此

篇。"我又说："惜古代记载存者极少，无从质证耳。"这一点，常有朋友们说是我的"臆说"。但是《国策·楚策一》明明有这么一段记载：

> 于是楚王游于云梦，结驷千乘，旌旗蔽日，野火之起也若云霓，兕虎嗥之声若雷霆。有狂兕牂车依轮而至，王亲引弓而射，一发而殪。

这可与下列几句对看：

> 青骊结驷兮齐千乘，悬火延起兮玄颜蒸……与王趋梦兮课后先，君王亲发兮惮青兕。

这里情景之迫近，词句之类似，是很显然的。《楚策》下文有这样一段谈话：

> 王抽旃旄而抑兕首，仰天而笑曰："乐矣，今日之游也！寡人万岁千秋之后，谁与乐此矣！"安陵君泣数行而进曰："臣入则编席，出则陪乘。大王万岁千秋之后，愿得以身试黄泉，蓐蝼蚁，又何如得此乐而乐之？"王大说，乃封坛为安陵君。

我们不能说这段谈话与《招魂》有何直接启示，也不是说这段记载便是《招魂》的本事；但是至少我们可以知道，上文所推测者并非纯粹的想象，是有成为事实的可能的。宋玉加这段乱辞，似有深意。我最爱末三句，以为非此不配结束这篇伟大的作品：

> 湛湛江水兮上有枫，目极千里兮伤春心，魂兮归来，哀江南！

最后，我们再研究宋玉作品的韵式。

《九辩》的韵式共七种，《招魂》的共九种。其中有三种是它们所共有的，故实得十三种。三句成节的有一种：

第一式		例
——	甲	湛湛江水兮上有枫，
——	甲	目极千里兮伤春心，
——	甲	魂兮归来，哀江南！

四句成节的有四种：

第二式　　　　　　例

——　　甲　　悲哉，秋之为气也！

——　　　乙　　萧瑟兮草木摇落而变衰，

——　　丙　　憭慄兮若在远行，

——　　　乙　　登山临水兮送将归。

第三式　　　　　　例

——　　甲　　悲忧穷戚兮独处廓，

——　　甲　　有美一人兮心不怿。

——　　甲　　去家离乡兮来远客，

——　　甲　　超逍遥兮今焉薄？

第四式　　　　　　例

——　　甲　　专思君兮不可化，

——　　甲　　君不知兮可奈何！

——　　　乙　　蓄怨兮积思，

——　　　乙　　心烦憺兮忘食事。

第五式　　　　　　例

——　　甲　　骥不骤进而求服兮，

——　　甲　　凤亦不贪喂而妄食。

——　　　乙　　君弃远而不察兮，

——　　甲　　虽愿忠其焉得！

五句成节的也有四种：

第六式　　　　　　例

——　　甲　　帝告巫阳曰：

——　　　乙　　"有人在下，

——　　　乙　　我欲辅之。

——　　丙　　魂魄离散，

——　　　乙　　汝筮予之。"

第七式　　　　　例

—　　甲　　巫阳对曰：

—　　　乙　　"掌梦上帝其难从。

—　　丙　　若必筮予之，

—　　丙　　恐后谢之，

—　　　乙　　不能复用。"

第八式　　　　　例

—　　甲　　魂兮，归来！

—　　乙　　去君之恒干，

—　　　丙　　何为乎四方些？

—　　丁　　舍君之乐处，

—　　　丙　　而离彼不祥些？

第九式　　　　　例

—　　甲　　三目虎首，

—　　　乙　　其身若牛些：

—　　丙　　此皆甘人。

—　　丁　　归来！归来！

—　　　乙　　恐自遗灾些。

六句成节的有二种：

第十式　　　　　例

—　　甲　　倚结轸兮长太息，

—　　甲　　涕潺湲兮下沾轼。

—　　甲　　慷慨绝兮不得，

—　　甲　　中瞀乱兮迷惑。

—　　甲　　私自怜兮何极！

—　　甲　　心怦怦兮谅直！

第十一式　　　　例

—　　甲　　当世岂无骐骥兮？

──	乙	诚莫之能善御，
──	丙	见执辔者非其人兮，
──	乙	故蹢跇而高去。
──	丁	凫雁皆唼夫梁藻兮，
──	乙	凤愈飘翔而高举。

七句成节的也有二种：

第十二式　　　　例

──	甲	泬寥兮天高而气清，
──	甲	寂寥兮收潦而水清，
──	甲	憯凄增欷兮薄寒之中人。
──	甲	怆怳懭悢兮去故而就新，
──	甲	坎廪兮贫士失职而志不平，
──	甲	廓落兮羁旅而无友生，
──	甲	惆怅兮而私自怜。

第十三式　　　　　例

──	甲	魂兮，归来！
──	乙	南方不可以止些！
──	乙	雕题黑齿，
──	乙	得人肉以祀，
──	乙	以其骨为醢些。
──	丙	蝮蛇蓁蓁，
──	乙	封狐千里些。

其中，字之叶否，以清代学者们研究古音的结果而定（参看附录《古音录》）。"甲""乙"等字是表叶与不叶的（甲与甲叶，乙与乙叶）。

四　余　论

只眼须凭自主张，纷纷艺苑说雌黄。矮人看戏何曾见？都是随人说短长！

　　　　　　　　　　　　　　　　——赵翼《论诗》

　　如上文所说，宋玉作品之存于今者共十四篇，我认为只有两篇是真的，其余十二篇都有伪托的嫌疑。现在我们就要讨论这个嫌疑。

　　我们先讨论那十篇赋。

　　第一，这几篇赋不像战国时所能产生的。我们试撇开宋玉的十篇，试看周末至汉初的一百年中的赋的进化史。最早是荀卿的《赋篇》（共《知》《礼》《云》《蚕》《箴》五篇），大都是很幼稚的。试看这第一篇的第一段：

> 皇天隆物，以示下民；或厚或薄，常齐不均；桀纣之乱，汤武之贤。湺湺淑淑，皇皇穆穆；周流四海，曾不崇日；君子以修，跖以穿室。大乎参天，精微而无形；行义以正，事业可成；可以禁暴足穷，百姓待之而后宁泰。臣愚不识，愿闻其名。

这是说理诗的下乘。它的形式以四言为主，和《诗经》很接近，而与《楚辞》则似乎没有什么关系。他虽到过楚国，但那时年事已高；以一个负盛名的北方老儒到南方去，自然未必便受多大的影响。故我以为赋的起源当以班固"古诗之流"之言为妥。赋与辞的混合，始于贾谊。贾谊本是荀卿的再传弟子（见《左传正义》引刘向《别录》），而他的境遇又与屈原很相似，时常寄居于屈原的故乡，故他的作品便袭荀卿的"赋"的名称，而用屈原的"辞"的形式。试看他的《吊屈原赋》说：

> 恭承嘉惠兮，待罪长沙：仄闻屈原兮，自湛汨罗；造托湘流兮，敬吊先生：遭世罔极兮，乃陨厥身。呜呼哀哉兮！逢时不祥，鸾凤窜伏兮，鸱鸮翱翔。

这种赋显然是屈、荀二人的作品的糅合（观"呜呼哀哉兮"句，便知贾谊学用"兮"字尚不如屈、宋之纯熟。司马迁、班固等人也称屈、宋的"辞"为"赋"，便为了这一点。然"辞""赋"既为南北二文体名，则"好辞而以赋见称"句即为不词）。这时已较荀卿进步得多了，但同时又受了屈原的束缚，司马相如便进一步用散文的形式了。例如他的《子虚赋》里子虚向齐王述楚国的云梦道：

> 臣闻楚有七泽，尝见其一，未睹其余也。臣之所见，盖特其小小者耳，名曰云梦。云梦者方九百里，其中有山焉。其山则盘纡弗郁，隆崇律崒，岑崟参差，日月蔽亏；交错纠纷，上干青云；罢池陂陀，下属江河。其土则丹青赭垩，雌黄白附，锡碧金银，众色炫耀，照烂龙鳞。其石则赤玉玫瑰，琳珉昆吾，瑊玏元厉，碝石碔砆。

这便是把荀、贾的作品"散文化"过，而仍保留其脚韵，有时连脚韵也没有。这一种文字不始于司马相如，例如晚周诸子及枚乘的《七发》便是如此的（无名氏的《卜居》《渔父》也是这一类的作品）。然而他们并没有称之为"赋"，作赋而用这一种体裁，相如是第一个。综上所述，可知赋的进化史可分三期：第一期代表为荀卿，那时尚未正式称赋（他只把《知》《礼》等篇合成《赋篇》，而无"知赋""礼赋"等名称），形式方面完全与《诗经》一样。第二期代表为贾谊，他已正式称赋，但他觉得《诗经》式的荀赋不足达意，于是改用《楚辞》的格式。第三期代表为司马相如，他觉得《楚辞》的格式还不十分自然，于是改成偶然有韵的散文，而同时也不废贾谊一派的格式（如《大人赋》《哀二世赋》等）。自此以后，赋的格式不外此二种，而荀卿一派则中绝了，因为太不适用了。这个递变之迹是很明显的。我们再回看宋玉的十篇赋。他的赋是怎样的？他并不与荀卿一样的用《诗经》式，也不与贾谊一样的用《楚辞》式，他却与司马相如一样的用散文式（有时一篇中杂用《楚辞》式及散文式，但甚少）。以时代最早的宋玉，竟用出身最晚的格式！这一点，在文学史家看来，是绝对不可能的。故我们不能不把这十篇的时代移后些，并且很大胆地说：假使它们确是宋玉所作，则这位"宋玉"绝不是战国时人。

第二，即使我们退一步承认这十篇是战国时人作的，它们也绝非楚国的产品。它们大都叙宋玉与楚襄王的谈话，或以谈话本身作赋，或由

谈话引出另一段文字。这些记载中说及襄王,必加一"楚"字。例如:

> 楚襄王游于兰台之宫。(《风赋》)
>
> 昔者楚襄王与宋玉游于云梦之台。(《高唐赋》)
>
> 楚襄王与宋玉游于云梦之浦。(《神女赋》)
>
> 楚襄王与唐勒、景差、宋玉游于阳云之台。(《大言赋》)
>
> 楚襄王既登阳云之台。(《小言赋》)
>
> 楚襄王时,宋玉休归。(《讽赋》)
>
> 宋玉与登徒子偕受钓于玄洲,止而并见于楚襄王。(《钓赋》)
>
> 楚襄王既游云梦。(《舞赋》)

只有《笛赋》是例外(然另有四伪证,详后),《登徒子好色赋》则无"襄"字:

> 大夫登徒子侍于楚王。

我们看了这几句,便不禁疑惑:宋玉既是楚人,何以赋中称襄王必冠以"楚"字?这一个疑问便引起我们研究古文学中称本国君主的体例。游国恩先生在《楚辞概论》里指出汉赋中称汉君的几处都不加"汉"字:

> 孝成帝时,客有荐雄文似相如者。(扬雄《甘泉赋序》)
>
> 孝成帝时羽猎,雄从。(扬雄《羽猎赋序》)
>
> 鲁灵光殿者,盖景帝程姬之子恭王余所立也。(王延寿《鲁灵光殿赋序》)

此外,我们还可补举几个例:

> 至于武、宣之世,乃崇礼官,考文章。(班固《两都赋序》)
>
> 故宣、成之世,论而录之。(同上)
>
> 同符乎高祖。(班固《东都赋》)
>
> 允恭乎孝文。(同上)
>
> 仪炳乎世宗。(同上。侃按:世宗即孝武帝。)
>
> 自孝武之所不征。(同上)
>
> 孝宣之所未臣。(同上)

其余与此同例者尚多，不及遍举。或者有人说，这些都是汉代的例子，不能借来证明周代的作品。那么，我们就举些周代的例子：

> 文王在上，于昭于天。(《大雅·文王之什》。侃按：《诗经》中说及文王者凡三十八处。)
>
> 长子维行，笃行武王。(同上。侃按：《诗经》中说及武王者凡九处。)
>
> 成王不敢康，夙夜基命宥密。(《周颂·昊天有成命》。侃按：《诗经》中说及成王者凡二处。)
>
> 平王之孙，齐侯之子。(《召南·何彼秾矣》)
>
> 景公死乎不与埋，三军之士乎不与谋。(《左传·哀公五年》引齐国《莱人歌》)

我们看了这几个例子，便可以说：假使这十篇确是宋玉所作，则这位"宋玉"绝不是楚人。

第三，即使我们再退一步承认这十篇是楚人作的，但它们的著者也绝不是一个姓宋名玉的人。我们在上文说过，这几篇大都叙宋玉与楚襄王的谈话。这种记载显然是第三者作的。例如《高唐赋》说：

> 昔者，楚襄王与宋玉游于云梦之台，望高唐之观。其上独有云气，崒兮直上，忽兮改容；须臾之间，变化无穷。王问玉曰："此何气也？"玉对曰："所谓'朝云'者也。"

没有成见的人如何能说这是宋玉自己作的！如果我们把上文所引扬雄《甘泉赋序》，依《高唐赋》而改成：

> 昔者，汉孝成帝时，客有荐扬雄文似相如者。

我们能相信这是扬雄的自叙吗？如果《高唐赋》真是宋玉自己作的，则当依《甘泉赋》而改成：

> 襄王与玉游云梦之台，望高唐之观。

这一点显而易见的事实，为常识所能判断，可惜二千年来的读者竟都惑于旧说，习焉而不察！崔述曾经说过：

> 周庾信为《枯树赋》，称殷仲文为东阳太守，其篇末云，"桓大司马闻而叹曰……"云云。仲文为东阳时，桓温之死久矣。然则是赋作者托古人以畅其言，固不计其年世之符否也。谢惠连之赋雪也，托之相如；谢庄之赋月也，托之曹植；是知假托成文，乃词人之常事。然则《卜居》《渔父》亦必非屈原之所自作，《神女》《登徒》亦必非宋玉之所自作，明矣。但惠连、庄信其时近，其作者之名传，则人皆知之。《卜居》《神女》之赋其时远，其作者之名不传，则遂以为屈原、宋玉之所作耳。（《考古续说》下《观书余论》）

这个怀疑是很不错的。这种假托是起源于荀卿。他的赋里大都是两个人的问答之辞，但究竟问答者是谁，却没有说明。这是文学技术幼稚之一证。贾谊便进步了，有主名了如《鵩鸟赋》便是叙鵩鸟与著者问答之辞的（但他自称为"余"，与《神女》《登徒》之称"宋玉"不同）。但这种自叙的格式还嫌受牵掣，故司马相如便改用假名，如"子虚""乌有公"之类。这也是文学技术的进步。最后，便有以历史的人物来借用的。但子虚、乌有公等名的假造是很明显的，人家看了，绝不会误认这赋即是子虚、乌有公做的。用了历史上的人物——这人物又是一个文学家——便会引起别人的误会了。这误会大约可分三个时期。最初，《神女》《登徒》著者的朋友们，自然知道这几篇不但不是宋玉所自作，而且所记宋玉的谈话与事实也不是真的。略后些，便有人认这谈话和事实是真的，故傅毅便想用《舞赋》来续《高唐赋》。最后，如《文选》及《文心雕龙》便直说是宋玉作的。自此以后，宋玉便冒了千余年的名，而那位原作者却湮没到如今！然而文中自称"宋玉"，也适足以证明作者并不姓宋名玉。

以上三条是我认这十篇赋为伪作的主要理由。我们须知它们始载于《文选》《古文苑》二书，而这两部便不是可靠的书。《文选》所录如子夏《诗序》及苏、李赠答五言古诗等，均系著名的伪作。《古文苑》则编辑太晚（大约出宋初人手），故伪作更多，如峄山石刻、柏梁诗等都是。我们万不可上它们的当。

其次,我们再就这十篇赋本身分别指出伪证:

先论《风赋》。其中有这几句:

> 清清泠泠,愈病析醒,发明耳目,宁体便人……动沙堁,吹死灰,
> 骇溷浊,扬腐余,邪薄入瓮牖,至于室庐。

刘大白先生指出,古音"醒"在青部,与"泠""人"之在先部者不叶,又"灰"在灰部,与"余""庐"之在模部者不叶,故断定为"汉代以后的人所伪托"。(《宋玉赋辨伪》)

次论《高唐赋》。此赋伪证有三。第一,王闿运说:

> 高唐邑在齐右,云梦泽在南郢,巫山在夔,三地相去五千余里。
> 合而一之,文意淆乱。(《楚辞释》附)

他这句本要完成他的谬说的(他以为《高唐赋》是宋玉述屈原连齐拒秦之策的),然我们可借以证明此赋为后人伪托,否则必不会把不相干的地名拉扯在一起。第二,篇末句说:

> 延年益寿千万岁。

这是汉乐府的滥调,例如:

> 千秋万岁乐无极。(《铙歌·上之回》)
>
> 延寿千万岁。(《上陵》)
>
> 令吾主寿万年。(《临高台》)
>
> 益如寿……大乐万岁……增寿万年。(《远如期》)
>
> 延寿命永未央。(《郊祀歌·赤蛟》)
>
> 悲吟皇帝延寿命。(《吟叹曲·王子乔》)
>
> 万岁期延年。(《瑟调曲·艳歌何尝行》)
>
> 延年万岁期。(《楚调曲·白头吟》)

这便可助证此赋系汉人手笔。第三,刘大白先生指出赋中四处与古韵不合的:

（1）古音"石"在铎部，与"会""磕""厉""滴""需""迈""喙""窜""挚"之在齐部者不叶。

（2）古音"志"在咍部，与"蹠"之在铎部，"盖""会""蔼""沛""蒂""籁""会""气""鼻""泪""瘁""砲""陨""追""益"之在齐部者不叶。

（3）古音"禽"在覃部，与"莘""神""陈"之在先部者不叶。

（4）古音"螭"在歌部，与"谐""哀"之在咍部者不叶。此亦后人伪托之证。

次论《神女赋》。其中有这几句：

> 茂矣美矣，诸好备矣，盛矣丽矣，难测究矣……似逝未行，中若肯首；目略微盼，精彩相授；志态横出，不可胜记；意离未绝，神心怖覆；礼不遑讫，辞不及究。

刘大白先生指出，古音"备"在咍部，与"究"之在萧部者不叶，又"记"在咍部，与"首""授""覆""究"之在萧部者不叶，故可证非宋玉作。

次论《登徒子好色赋》。赋中一则说：

> 天下之佳人莫若楚国，楚国之丽者莫若臣里。

再则说：

> 且夫南楚穷巷之妾，焉足为大王言乎？

一再言"楚"，实与上文所说"楚襄王"同样可疑。今录前年论《大招》《招魂》真伪的一段于下，以供参阅：

> 屈原、宋玉都是楚人，但他们的作品里却从来没有一个"楚"字。即就《招魂》而言，它说"修门"，说"庐江"，说"云梦"，却不曾说"楚"；又说《涉江》，说《采菱》，说《扬阿》，说《激楚》，却不曾说"楚"；又说"秦篝"，说"齐缕"，说"郑绵"，说"郑舞"，说"吴羹"，说"吴歈"，说"蔡讴"，说"郑、卫妖玩"，说"晋制犀比"，楚以外的国名几乎说完了，却不曾说"楚"！这是为什么？因为宋玉是楚人，故对于本国的地名、本国的歌名，都不说明，而对于他国的"篝""缕""歈"

"讴",则概加国名以示别。这一点是很明显的。然而《大招》便不同了。它一则曰"自恣荆楚",再则曰"和楚酪"。三则曰"和楚沥",四则曰"楚《劳商》"！在《大招》的著者看来,"荆楚"只与"代水"一样,"楚酪""楚沥"只与"吴酸""吴醴"一样,"楚《劳商》"只与"伏戏《驾辩》"一样。在《招魂》里,楚国的地位显然与他国不同。在《大招》里,楚国只是与"代、秦、郑、卫"同为诗人笔下的典故。(商务本《楚辞》卷首《引论》页四十八——四十九)

所以我们相信《登徒子好色赋》是与《大招》同为汉人伪托。

次论《笛赋》。此赋伪证有四。第一,赋中有这一段:

> 师旷将为《阳春》《北郑》《白雪》之曲,假涂南国,至于此山,望其丛生,见其异形,因命陪乘取其雄焉。宋意将送荆卿于易水之上,得其雌焉。

在这里,作者显然以宋意与师旷为同样的典故。然而荆轲刺秦王在楚负刍元年(公元前二二七年),宋玉时年已逾六十(参看上文),故宋意实是他的侄行,如何在他文章里用做典故呢？所以章樵说:

> 按史楚襄王立三十六年卒,后又二十余年方有荆卿刺秦之事,此赋宋玉所作邪？(《古文苑》注)

严可均也说:

> 按此赋用宋意送荆卿事,非宋玉作。(《全上古三代文》)

第二,赋中又有这两句:

> 吟《清商》,追流徵。

《清商》为汉乐府之一种,如《平调》《清调》《瑟调》等,当时所谓"《清商》三调"(《宋志》)是也。为什么叫"清商"呢？因为如《魏志》说"《清调》以商为主",故举一以概其余(后人大都以三调误入《相和》)。汉以后的诗中常常喜欢提起《清商》,如:

> 《清商》随风发，中曲正徘徊。（伪枚乘诗）
>
> 欲展《清商曲》，念子不能归。（伪苏武诗）

所以"清商"二字不能见于宋玉赋中。其实这两句大约是从《文选·对楚王问》"引商刻羽，杂以流徵"两句上模仿来的，然而作者不小心，把"引商"误作"清商"，于是便露出马脚来了。第三，乱辞说：

> 绝郑之遗，离南楚兮。

这与《登徒子好色赋》中"南楚穷巷之妾"句同样可疑。故游国恩先生说：

> 篇中有"南楚"一句，已经很可疑，何况出于可靠性极薄弱的《古文苑》？

第四，刘大白先生指出赋中四处与古韵不合的：

（1）古音"阜"在萧部，与"起""右"之在咍部者不叶。

（2）古音"明"在唐部，与"存"在痕部不叶，与"生""荣"之在青部者亦不叶。

（3）古音"楚"在模部，与"宝""道""老""好""受""保""茂"之在萧部者不叶。

（4）古音"靡"在歌部，与"手"在萧部，"齽"在屑部不叶，与"子""齿""起""徵"之在咍部者亦不叶。

此亦后人伪托之证。

次论《大言赋》《小言赋》。楚襄王说：

> 此赋之迂诞，则极巨伟矣，抑未备也。且一阴一阳，道之所贵；小往大来，剥复之类也。是故高卑相配而天地位，三光并照则大小备。

刘大白先生指出"备"古音在咍部，与"伟""贵""类""位"之在齐部者不叶，故亦后人伪托。

次论《讽赋》。《讽赋》前半篇模拟《登徒子好色赋》：

> 楚襄王时，宋玉休归，唐勒谗之于王曰："玉为人身体容冶，口多

微辞；出爱主人之女，入事大王，愿王疏之。"……玉曰："臣身体容冶，受之二亲；口多微辞，闻之圣人。"（《讽赋》）

　　大夫登徒子侍于楚王，短宋玉曰："玉为人体貌闲丽，口多微辞，又性好色，愿王勿与出入后宫。"……玉曰："体貌闲丽，所受于天也；口多微辞，所受于师也。"（《登徒子好色赋》）

后半篇模拟司马相如《美人赋》：

　　臣尝出行……独有主人女在……中有鸣琴焉，臣援而鼓之，为《幽兰》《白雪》之曲……来排臣户曰："上客，无乃饥乎?"……以其翡翠之钗，挂臣冠缨……又为臣歌曰："……君不御兮妾谁怨？日将至兮下黄泉。"玉曰："吾宁杀人之父，孤人之子，诚不忍爱主人之女！"（《讽赋》）

　　（臣）命驾东来……有女独处……曰："上客何国之公子？所从来无乃远乎?"遂设旨酒，进鸣琴，臣遂抚弦为《幽兰》《白雪》之曲。女乃歌曰："……有美人兮来何迟！日既暮兮华色衰……"玉钗挂臣冠……臣乃脉定于内，心正于怀；信誓旦旦，秉志不回；翻然高举，与彼长辞。（《美人赋》）

《登徒子好色赋》之不可信已如上述，则《讽赋》之伪托自不待言；而且竟抄袭到《美人赋》，那更是晚出之证（《美人赋》是否真出相如手，尚是问题）。

　　次论《钓赋》。《钓赋》的结构上，大约是从《风赋》脱胎来的。《风赋》以"大王之雄风"与"庶人之雌风"相对敷陈，《钓赋》则以"尧、舜、汤、禹之钓"与"水滨之役夫"并举为言，其模拟之迹是很显然的。而且其中有这一句：

　　昔殷、汤以七十里，周文以百里。

这显然抄自《孟子》的：

　　汤以七十里，文王以百里。

焦循《孟子正义》列举后人袭用这两句的，如《史记·平原君列传》、《韩诗外传》、陆贾《新语》、褚先生《答张夫子问》等，均汉人之作；又有《荀子·仲尼》篇，则是伪作。故《钓赋》之为后人伪托，由此益可证明。

最后论《舞赋》。这显然是夺自傅毅的。章樵说：

> 傅毅《舞赋》，《文选》已载全文。唐人欧阳询简节其辞，编之《艺文类聚》，此篇是也。后人好事者，以前有楚襄、宋玉相唯诺之辞，遂指为玉所作，其实非也。（《古文苑》注）

所以这篇的真伪，最是容易辨明。到严可均辑《全上古三代文》时，便干脆剔出了。

总之，这十篇赋，无论从哪一点观察，均可证实其为伪作。

其次，我们讨论《对楚王问》及《高唐对》二篇散文。

这两篇之入《宋玉集》，似乎起因于误会。《对楚王问》叙宋玉与楚襄王的谈话，与《新序·杂事第一》所载宋玉轶事相同（参看上文）。其体裁与《卜居》《渔父》相近，显然是第三者的记载，而被人误认为宋玉自己作的。古籍中这类记载甚多，如何能一起挤入《宋玉集》里呢！至于《高唐对》，内容与《高唐赋》首段差不多，不过字句微有不同，且多一段神女自述的话：

> 我，帝之季女，名曰瑶姬。未行而亡，封于巫山之台。闻王来游，愿荐枕席。

全文原见《文选》李善注引，称"宋玉集"，所以也许即《高唐赋》之异文。《渚宫旧事》有一段记载与此词句相近，云出《襄阳耆旧记》（今本《襄阳耆旧记》无此条），而《襄阳耆旧记》即系杂抄《新序》等书而成，所以也许为古籍所记宋玉逸事之一。这"异文"与"轶事"二说是比较合理的假设，都可证明非宋玉作，而严可均竟擅加"高唐对"之题，加入《宋玉集》内，真冒昧之至。

此外，上文论十篇赋的第二、第三两疑点，也可助证这两篇散文之为伪作。

现在我们对于伪托的原因及伪托的时代，要试探一下。

依我看来，伪托的原因可从两点去说明：

（1）文学的。我们须知辞赋假托于楚，是件很普通的事。如枚乘《七发》假托"吴客"与"楚太子"的谈话，司马相如的《子虚》《上林》也假托"楚使子虚发于齐"之事，均可证，盖自贾谊采用《楚辞》的格式来做赋以后，赋与楚国便结了不解之缘了。

（2）历史的。云梦是楚之瑰宝（观《国语》王孙圉答赵简子语可知），楚君又喜欢邀游于此（《国策·楚策》屡载游云梦事，《招魂》乱辞亦言及之），故这些伪赋中一则曰"游于云梦之台"，再则曰"游于云梦之浦"，三则曰"游于阳云之台"，四则曰"既游云梦"。但为什么不托屈原而托宋玉呢？这也很容易明白的。屈原是一位道貌岸然的政治家，对于儿女闲情，似非所解，而宋玉却是位风流自赏的文人，又有一篇精彩绝艳的《招魂》流传下来，所以"红粉赠与佳人"，宋玉便得到意外的收获。

至于伪托的时代方面，《舞赋》本是傅毅的作品，其时代不待说，而《对楚王问》及《高唐对》本不能算独立的单篇的作品，其时代也不必讨论，所以现在只注意其他九篇伪赋。我们自然不能指出某年某月为它们出世的时代，如今只根据我们所能搜集的材料来断定最早不得在某时以前，最迟不得在某时以后：

（1）最早的限度。我以为这九篇出世的时代最早不得在公元前一〇〇年（汉武帝即位第四十一年）以前。因为从体裁上看来，它们一定在司马相如以后（参看上文）。

（2）最迟的限度。最迟的限度便不易断定。就我们所知道的而论，自以《高唐赋》为最早，因为傅毅在《舞赋》里已说及了。次之便是《神女赋》，见曹植的《洛神赋》。再次之便是《登徒子好色赋》，阮籍《咏怀》所谓"倾城迷下蔡"大约指此。再次之便是《风赋》，晋代有湛方生、陆冲、李元充及王凝之等人拟作。再次之便是《大言赋》《小言赋》，傅咸有《小语赋》，昭明太子有《大言诗》《细言诗》，大约即仿此二赋。再次之便是《讽赋》，谢惠连《雪赋》所谓"楚谣以幽兰俪曲"大约指此。再次之便是《钓赋》，见《文心雕龙》的《诠赋》。最后是《笛赋》，《文选·洞箫赋》李善注曾引及。所以我们可以说,《文选》所载四篇为汉、魏人所伪托,《古文苑》所载五篇为六朝人所伪托,其余三篇则系后人误认。

我一方面怀疑人家认为真的十篇赋和二篇散文,同时却也有人怀疑我认为真的《九辩》和《招魂》。如今再辩明几句。

据我所知,怀疑《九辩》非宋玉作者有两起。一是焦竑:

> 《九辩》无哀师意,恐非宋玉作。(《文选旁证》引)

一是梁任公先生:

> 《释文》本何故以此篇置诸第二——在《离骚》之后《九歌》之前? ……夫第一篇及第三以下之二十余篇皆屈原作,而中间忽以非屈原作之一篇置第二,甚可异也……故吾窃疑《九辩》实刘向所编《屈赋》中之一篇。(《要籍解题》)

其实《九辩》中诚然无"哀师"的意思,这本来是王逸的谬说,我们正好因此而推翻王说,更何能借王说以否认宋玉为《九辩》的作者? 这种见解太好笑,我们也不必多辩了。至于《释文》的篇次,本不依作者的先后来排列的,如列《招隐士》于《招魂》前,列《惜誓》于《哀时命》后等,均可证。其所以次《九辩》于《离骚》之后、《九歌》之前,大约拘于《离骚》"启《九辩》与《九歌》"及《天问》"《九辩》《九歌》"二句,所以变成第二了,我们并不能因此便认为非宋玉作。

怀疑《招魂》的却很多。他们主张送给屈原。这说始于明末黄文焕的《楚辞听直》,继以林云铭的《楚辞灯》及蒋骥《山带阁注楚辞》;于是此说势力愈扩愈大,近人如郑沅、马其昶及梁任公先生等均为所惑。我从前曾列举他们的理由而加以解释,今录于下。

他们最重要的理由是:

> 试问太史公作《屈原传赞》云,"余读……《招魂》……悲其志",谓悲原之志乎? 抑悲玉之志乎? (林云铭语)

《招魂》著者宋玉是屈原的后辈,故相传被招者即屈原;确否虽不可知,但

已可证明"悲其志"一语是很讲得通的了。而且这种拈来的传赞,也绝不能当作铁证。此外,林云铭还提出两个疑点:

> 玩篇首自叙,篇末乱辞,皆不用"君"字而用"朕"字,断非出于他人口吻。

> 若系玉作……亦当仿古礼,自致其招之辞,不待借巫阳下招,致涉游戏。(均见《楚辞灯》)

前一条理由是一个巧妙的遁词。他只举篇首、篇末,却把中间一段本文搁置不提了。这本文里用"君"字处是很多的,例如:

> 去君之恒干。
>
> 舍君之乐处。
>
> 君无上天些。
>
> 君无下此幽都些。
>
> 工祝招君。
>
> 像设君室。
>
> 侍君之闲些。

"自招"二字本来是很牵强的,何况又有这些"君"字来作反证呢?至于篇首的"朕"字及乱辞里的"余"字,本来是假托被招者的口吻。在本文里,他当然正式称君,本文以外便可不这样了(也许为避单调起见)。这种假托的例是很多的。《离骚》里女媭对屈原说:

> 众不可户说兮,孰云察余之中情?

这"余"字是代原为辞的,并非女媭自指。又如《九辩》说:

> 悲忧穷戚兮独处廓,有美一人兮心不怿……愿一见兮道余意,君之心兮与余异。

这里两个"余"字便是著者代"有美一人"为辞的(《诗·卷耳》第二、三、四章里的"我"字也是如此)。这种例子我也不多举了。而且即使我们退一百步而承认这篇确系"自招",则我们如何不能说是宋玉自招而一定要说是屈原自招呢？可见这一条理由实在是很薄弱的。至于他的后一项理由却更不能成立了：也许宋玉爱那么写法呢，我们如何能捉摸一个诗人的心理？近来郑沅又举出一条理由：

> 其中杂陈宫室饮食男女珍宝之盛，皆非诸侯之礼不足以当之。此岂宋玉、景差辈所能施之于其师者？故我们可说这篇是屈原招怀王的文字。（见《招魂非宋玉作说》，载《中国学报》第九期）

其实这只能证明被招者不是屈原，却不能证明著者不是宋玉。屈原能招怀王，宋玉何独不能？（其实这篇也非招怀王，因为文中只说南行打猎，而未说西行入秦。）最近梁任公先生又举出一条理由：

> 《招魂》的理想及文体，和宋玉其他作品很有不同处。（见《屈原研究》，载一九二二年十一月《学灯》及《晨报副刊》）

这条理由未免太空泛了。试问：宋玉的文体与理想是怎样的？屈原的文体与理想又是怎样的？《招魂》的文体与理想又是怎样的？我们必须把这三个问题弄得清清楚楚，然后方能根据文体与理想来断定《招魂》的著者。然而要解决这三个问题实在是很困难的，故梁先生也就含糊过去了。这能使人心服吗？而且拿理想、文体来做考证的根据实在是很危险的。《离骚》的文体与《天问》不同，《天问》的理想又与《九章》不同（另详），然而不害其为一个人的作品。梁先生也承认它们同为屈原的作品（《屈原评传》页一三八——一四三）。

以上说明了黄、林、郑、梁等人所举理由的不充足。然而最重要的反证是《招魂》的时代。我们在上文已经证明这篇出世是在屈原死后五十年以后，故它的著者之为宋玉而非屈原，也是显而易见的了。

以上一万字的"余论"，是讨论那十四篇的著者问题的。但一个人的学力是有限的，自然未必能使反对者闭口无言，赞成者称心满意。一切讨论这问题的文字总能遇到作者最诚恳的欢迎和感谢。

十二年十二月初稿，于北京。

十七年八月改定稿，于上海。

[附录一] 宋玉年表

纪　年			纪　事		
西历	楚王	宋玉	历　史　的	传　记　的	文学的
前二九〇	顷襄王九	一	屈原自沉汨罗。	宋玉生。	
前二七八	顷襄王二一	一三	秦兵破郢,楚迁都陈。		
前二五五	考烈王八	二五	荀卿至楚为兰陵令。	为小臣,不久失职。	作《九辩》。
前二五三	考烈王一〇	三八	楚迁都钜阳。		
前二四一	考烈王二二	五〇	楚迁都寿春。		作《招魂》。
前二二二	负刍五	六九	秦灭楚。	宋玉卒。	

乐府古辞考

一 引　言

我们先问，什么是"乐府"？

《汉书》卷二十二说：

> （武帝）乃立"乐府"，采诗夜诵，有赵、代、秦、楚之讴。以李延年
> 为协律都尉，多举司马相如等数十人造为诗赋，略论律吕，以合八音
> 之调，作十九章之歌。

可见"乐府"本是一种官署名（按《周礼》"以八法治官府"注云："百官所居曰府。""乐府"即掌乐之官所居之处）。后人即以他们所搜集的诗歌叫做"乐府"，似乎不很妥当；但沿用已久，也不必改动了。

我们从班固的记载，知道当时所搜集的乐府可分两种：一种是民间的歌谣，一种是文人的作品。但这两种未必都能协乐器之律，故使李延年为协律都尉，把它们增删一下，或修改一下，使它们都能入乐。现在所存的乐府——尤其是《相和歌》中的《大曲》——除魏、晋乐所奏外，尚有"本辞"存在。我们若把本辞同魏、晋乐所奏的本子校对一下，便可发现许多修改或增删之处，便是这个缘故。

但"乐府"之名并不限于这种删改过的歌辞,亦有通晓音律的人能够自铸乐辞。李延年自己也曾造过二十八解新声《横吹》。又如《雅舞》中之《四时舞》便是汉文帝造的;《杂曲》中之《秦女休行》便是李延年造的。总之,凡可被之管弦者,均可名"乐府",故宋、元人的词曲集亦有借用"乐府"之名的(如赵长卿的词叫做《惜香乐府》,贺方回的词叫做《东山乐府》,刘子晖的曲叫做《藏春乐府》,周宪王的曲叫做《诚斋乐府》是也)。

但是到了后来,乐府的范围渐渐扩大了。不入乐的诗歌,也可依着作者自己的高兴而名为乐府。唐代之"新乐府",其尤著者也(这一类作品恐怕不始于唐,如曹植的《齐瑟行》及张华的《游侠篇》也是新乐府之流亚,不过至唐代始盛行罢了)。此风一开,后人做歪诗,只需在题目上加一"行"字或"吟"字,也居然叫做乐府了。

这三种都是创制的。此外还有模拟的。拟古乐府始于东汉,如东平王苍的《武德舞歌诗》及无名氏的《雁门太守行》是也。到了汉末曹氏父子,便大盛行了。他们的作品一概袭用古乐府的标题及音节,而内容则往往大相悬绝。因为古乐府的音节在那时尚可懂得,他们依其音节而作诗,正与后人填词一般。我们很可填《女冠子》而不述道情,填《河渎神》而不咏祠庙;他们也很可做《蒿里行》而不言哀挽,做《秋胡行》而不叙秋胡。这都是一样的道理。

还有一种拟作则并原有的标题也改去,单用其音节。最显著的便是历代的《鼓吹曲》。例如汉曲第一篇名《朱鹭》,魏改名《楚之平》,吴改名《炎精缺》,晋改名《灵之祥》,梁改名《木纪谢》,北齐改名《水德谢》,北周改名《玄精季》。余二十一曲也都如是。又如汉景帝改高祖之《武德舞》为《昭德舞》,宣帝又改景帝之《昭德舞》为《盛德舞》,都是这一类的拟作。

这两种拟作都是依着原作的音节的,故都可入乐。到了后来,古乐府的音节渐渐失传了,后人无所凭借了,于是便生出一种不能入乐的拟作来。我们试打开六朝人的诗集来一看,便随处可以发现些名存实亡的拟古乐府。这些作品虽与普通的五七言或杂言的古诗一样,但还用着原作的标题,故他们的作者还自称为"乐府"。

综观以上所述,可知乐府的界限非常混淆。模拟的、创制的、入乐的、不入乐的——什么都叫做"乐府"。故此时我们若想替它定一条满意的定义,实在是很困难的。况且前人从未做过这种工作,我们更无所凭借。如今且把上文所述"乐府"二字现行的意义,立成一表于下,使读者们易得一个概括的观念:

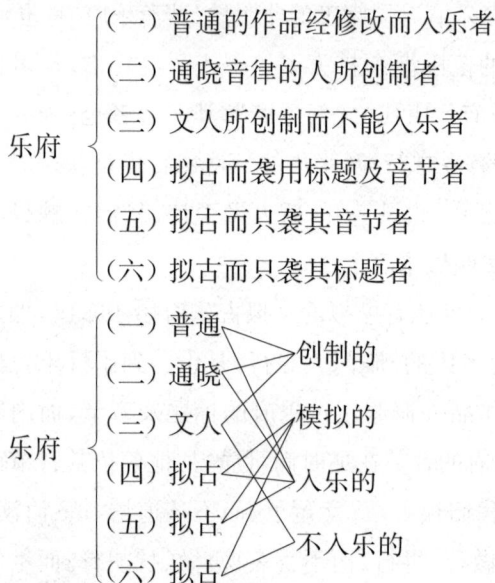

乐府
- (一) 普通的作品经修改而入乐者
- (二) 通晓音律的人所创制者
- (三) 文人所创制而不能入乐者
- (四) 拟古而袭用标题及音节者
- (五) 拟古而只袭其音节者
- (六) 拟古而只袭其标题者

乐府
- (一) 普通
- (二) 通晓
- (三) 文人
- (四) 拟古
- (五) 拟古
- (六) 拟古

创制的
模拟的
入乐的
不入乐的

我们再问,什么是"乐府古辞"?

"古辞"之名始见于《宋书》。它说:

> 凡乐章古辞今之存者,并汉世街陌谣讴,《江南可采莲》《乌生十五子》《白头吟》之属是也。(侃如按:此条亦见《晋书》;然《晋书》之成远在《宋书》之后,故以《宋书》为始见也。)

但此时只指《相和歌》。到后来郭茂倩编《乐府诗集》,便把这范围扩大起来,不以《相和歌》为限了。不过它对于这名词的应用很是随便。你说它限于汉代的罢,后来的《西洲曲》《长干曲》等却也叫做"古辞"。你说它限于无名氏罢,班固的《灵芝歌》却也叫做"古辞"。就大体看来,它大概限于汉代无名氏的作品,《西洲曲》及《灵芝歌》可算做偶然的例外。这种限制极不合理——我们固然反对无界限的混淆,但也不赞成不合理的限制。第一,汉代无名氏与三国、六朝的无名氏有何不同?为何以汉为限?第二,无名氏不过姓名失传罢了,根本上与姓名可考者何异?为何以无名氏为限?我想,假使依着沈、郭二氏那种用法,"古辞"之名还是取消了好。

然而这个名词究竟很可给我们利用的。我在上文说过,乐府的范围是非常混淆的;照现行的意义看来,无论是创制的、模拟的、入乐的、不入乐的,什么都叫做乐府。其中自然有许多是冒名的乐府。但沿用已惯了,若定要驱它们于乐府的范围以外,其实有些不便。故我想借用"古辞"之名来代表真的乐府,这样便不必缩小乐府的范围,而冒名的自然不致有"鱼目笑玉"之虞。质言之,我所谓"古辞"与"非古辞",便是"真乐府"与"假乐府"的分别。

但是"真乐府"与"假乐府"又怎样辨别呢?关于这一点,我提出两个条件:

(一)创制的;

(二)入乐的。

因为要"入乐的",故上文所述第三及第六两种便非我所谓"古辞"。又因要"创制的",故第四及第五两种也不得列于"古辞"。故"乐府"两字虽包含六种之多,而我这《古辞考》却只限于第一及第二两种。

以上说明本文的范围,其次再说明本文的方法。

本文的方法是分类的。我本拟分时代去做,但是在研究乐府的艺术时,时代固然是重要的;而在说明乐府的内容时,似乎用分类的方法好些。因为这样不但使读者对于"鼓吹""横吹""相和""清商"等名词易有明了的观念,而且此类与彼类的异同也便于说明了。

乐府的分类,以郭茂倩的《乐府诗集》最为完备。郭氏以前的分类大都是很简陋的。例如《隋书》卷十三所载汉明帝时所分的四品:

(一)大予乐;

(二)雅颂乐;

（三）黄门鼓吹乐；

（四）短箫铙歌乐。

又如《宋书》卷二十所载蔡邕的分类：

（一）郊庙神灵；

（二）天子享宴；

（三）大射辟雍；

（四）短箫铙歌。

这种分类的最大的缺点，便在只就政府日常所用的歌辞而言，却忽略了许多美妙的民间的乐府。而且蔡氏所谓"郊庙神灵"等，也不像一个名词，我们是不能采用的。

到了郭氏编《乐府诗集》的时候，便比较地像样了。他把乐府分为十二类：

（一）郊庙歌辞；

（二）燕射歌辞；

（三）鼓吹曲辞；

（四）横吹曲辞；

（五）相和歌辞；

（六）清商曲辞；

（七）舞曲歌辞；

（八）琴曲歌辞；

（九）杂曲歌辞；

（十）近代曲辞；

（十一）杂歌谣辞；

（十二）新乐府辞。

其中名词也有为古代所有的，如"鼓吹曲""横吹曲"之类；也有为郭氏所创的，如"杂曲""近代曲"之类（侃如按：《宋书》有"吴歌杂曲"之名，与郭氏所谓"杂曲"不同，故我们仍可说是郭氏所创的）。

但是我还有一个小小的异议：我以为《琴曲》《近代曲》《杂歌谣》及

《新乐府》四类可废。郭书所载《琴曲》大半根据《琴操》等书。《琴操》是第一部不可靠的书。郑樵说过：

> 《琴操》所言者，何尝有是事？琴之始也，有声无辞；但善音之人欲写其幽怀隐思而无所凭依，故取古人之悲忧不遇之事而以命操……顾彼亦岂欲为此诬罔之事乎？正为彼之意向如此，不说无以畅其胸中也。
>
> ——《通志·乐略》卷一

故《神人畅》《思亲操》等大都为后人所作，若遽指为尧、舜之词，则诬矣。又如《力拔山操》，《史记》只说"项王乃悲歌慷慨，自为诗"，则亦"杂歌谣"之流，似未能必其为"琴曲"。其他类此者尚夥，故我以为《琴曲》一类可废。至于《近代曲》之当废，则更为明显。茂倩自己说：

> 《近代曲》者，亦《杂曲》也。以其出于隋、唐之世，故谓之《近代曲》也。

这显然是宋人的口吻，我们生居今日，当然不必采用这个分别了。此外，《杂歌谣》及《新乐府》二类，我认为不是真乐府，因为它们犯了我的第二条件。我们试拿《相和歌》来对看，便可明白了。《相和歌》本是"汉世街陌讴谣"，后经乐工的修改，方能被之管弦。可见普通的歌谣未必即能入乐。至于《新乐府》，本是文人的玩意儿，大都是不入乐的。——此四类中，偶有非伪托而又能入乐的，则依《散乐》附入《舞曲》、《雅歌》附入《清商曲》之例，一概附入《杂曲》。因此，我以为乐府只应分为下列八种：

（一）郊庙歌；

（二）燕射歌；

（三）舞曲；

（四）鼓吹曲；

（五）横吹曲；

（六）相和歌；

（七）清商曲；

（八）杂曲。

此处《舞曲》移前的理由，是因为它性质与《郊庙歌》及《燕射歌》相近些。此八类中，《杂曲》似乎不很重要，故本文里只叙述《郊庙歌》至《清商曲》七类。

《孔雀东南飞》考证

自从前年冯沅君女士等把《孔雀东南飞》改成剧本以来，这首诗便渐渐地引起一般人的注意；也有研究焦仲卿是否真心殉情的，也有讨论小姑为何长得那么快的。然而很少有人对于它的技术上做系统的研究的，更没有人注意到它的著者及时代等问题上去的。依我的浅薄的学识，对于它的著者问题是无从解答；但对于它的时代上，我却有些小小的意见，或可供文学史家的参考。

此诗始见于《玉台新咏》卷一，题为《古诗为焦仲卿妻作》，著者为"无名人"，并有这样一篇短序：

> 汉末建安中，庐江府小吏焦仲卿妻刘氏，为仲卿母所遣，自誓不嫁。其家迫之，乃投水而死；仲卿闻之，亦自缢于庭树。时伤之，为诗云尔。（时下一有"人"字。）

徐陵列之于繁钦、曹丕之间，自然认为仲卿同时人所作。后来郭茂倩编《乐府诗集》，收入《杂曲歌辞》，称之为"古辞"，也认为汉人所作。七八百年来，并无异议。

去年四、五月间，竺震旦到北京。梁任公为了他，特地在师范大学讲"印度与中国文化之亲属的关系"；掘《晨报附刊》所载，中有这一段话：

  说中国诗歌和印度有关系，这句话很骇人听闻——连我也未敢自信为定论。但我总感觉：东晋时候所译出的印度大诗人马鸣菩萨的《佛本行赞》和《大乘庄严经》这两部名著，在我国文学界向有相当的影响。我们古诗从"三百篇"、汉魏的五言，大率情感主于温柔敦厚，而资料都是实现的。像《孔雀东南飞》和《木兰诗》一类的作品，都起于六朝，前此却无有（《孔雀东南飞》向来都认为汉诗，但我疑心是六朝的。我别有考证）。《佛本行赞》现在译成四本，原来只是一首诗，把佛一生事迹添上许多诗的趣味，谱为长歌，在印度佛教史上力量之伟大固不待言；译成华文以后，也是风靡一时，六朝名士几于人人共读。那种热烈的情感和丰富的想象，输入我们诗人的心灵中当不少。只怕《孔雀东南飞》一路的长篇叙事抒情诗，也间接受着影响罢？

据我所知，怀疑《孔雀东南飞》的时代的，这大约是第一次了。

  我从前读《孔雀东南飞》，也有些疑它不是汉诗。因为在东汉时，五言诗方渐渐地兴起（西汉五言诗全系伪托），为何到建安时忽有这种长篇的杰作？这一点在文学史家看来，确是一种"奇迹"；但那时还没有把此诗仔细研究过，故不曾正式地发表我的意见，只在师友间偶然谈及罢了。现在梁先生很大胆地说它不是汉诗，说它是六朝时受《佛本行赞》的影响而产生的，很使我高兴；况且他还说"别有考证"，可见一定有许多证据指示我们。不料到如今已有一年了，却不曾看见梁先生有考证此诗的文字发表；我还特地问过几位师友，他们都说未见此类文字。并且黄晦闻先生曾特地写信给他，请他指出证据，但至今尚未有回信来。或者他又要"今之我与昨日之我宣战"了吗？我想，此诗是否受印度的影响，不是一时所能解答的；但就它的内容看来，的确不是建安时的产品。如今把我的意见写出来，望读者们指教。

  第一，我们应该知道前人认《孔雀东南飞》为汉诗，是毫无根据的。他们大约误于序文"汉末建安中"一语。却不知这只能证明焦仲卿是汉末的人,他们夫妇殉情是汉末的事,但不能证明这篇长诗是汉末的作品。后代的文学家歌咏古代的事迹,是很普通的事。周代的诗人可以称颂后稷公刘的创业;元代的戏剧家可以描写明君王嫱的境遇;清代的小说家可以叙述武后婉儿的事实,那么,我们何能因《孔雀东南飞》叙汉末的事实,而武断它为汉诗呢? 这本是很明显的道理,可惜无人能够看透。

第二,即使他们迷信序文,却不知道序文中便有一个很大的破绽。焦仲卿是"庐江府小吏",这是序文告诉我们的。就诗中的叙事如:

> 我今且报府,不久当归还。

及:

> 我今且赴府,不久当归还。

等句来看,他的确是庐江土著。建安时的庐江在哪里呢? 据李兆洛、杨守敬们的考证,即在今江西北部及安徽西南部。但后来他们夫妇殉情后:

> 两家求合葬,合葬华山旁。

《尔雅》云:"华山为西岳。"在陕西中部。请问:鄱阳湖边的焦仲卿夫妇为何不远千里而葬于西岳华山呢?

这一点的确是讲不通的。我们要解释这个不通,便要联想到《清乐》中二十五首的《华山畿》,而《孔雀东南飞》的真时代也连带地发现了。《乐府诗集》卷四十六引《古今乐录》云:

> 《华山畿》者,宋少帝时《懊恼》一曲,亦变曲也。少帝时,南徐一士子从华山畿往云阳,见客舍有女子年十八九,悦之;无因,遂感心疾。母问其故,具以启母。母为至华山寻访,见女,具以闻;感之,因脱蔽膝,令母密置其席下,卧之当已。少日,果差。忽举席见蔽膝而抱持,遂吞食而死。气欲绝,谓母曰:"葬时,车载从华山度。"母从其意。比至女门,牛不肯前,打拍不动。女曰:"且待须臾!"妆点沐浴,既而出,歌曰:"华山畿! 君既为侬死,独活为谁施? 欢若见怜时,棺

> 木为侬开!"棺应声开,女透入棺;家人叩打,无如之何。乃合葬,呼
> 曰"神女冢"。(侃如按:《旧唐书·音乐志》云,"江南谓情人为欢",
> 女歌当指南徐士子言。)

这件哀怨的故事,在五、六世纪时是很普遍的,故发生了二十五篇的民
歌。华山畿的神女冢也许变成殉情者的葬地的公名,故《孔雀东南飞》的
作者叙述仲卿夫妇合葬时,便用了一个眼前的典故,遂使千余年后的读
者们索解无从。但这一点便明明白白地指示我们说,《孔雀东南飞》是作
于《华山畿》以后的。

第三,《孔雀东南飞》的破绽还不止这"合葬华山旁"一语。的确的,
此诗带着南北朝人的口吻太多了,我真不知前人为何一些也不注意。例
如他叙焦仲卿妻兰芝大归后,其兄迫令再嫁;兰芝一方面约仲卿"黄泉下
相见",一方面伪应其兄之请:

> 其日牛马嘶,新妇入青庐。

什么是"青庐"?段成式《酉阳杂俎》卷一《礼异》云:

> 北朝婚礼,青布幔为屋,在门内外,谓之"青庐",于此交拜迎妇。
> 夫家领百余人或十数人,随其奢俭,挟车俱呼:"新妇子,催出来!"至
> 新妇登车乃止。婿拜阁日,妇家亲宾妇女毕集,各以杖打婿为戏乐,
> 至有大委顿者。(原注:"婿,《说文》云,即'婿'字。")

"青庐"之为北朝结婚时的特别名词,我们还有一个旁证。《北史》卷八
《齐本纪》下云:

> 御马则藉以毡罽,食物有十余种,将合牝牡,则设"青庐",具牢
> 馔而亲观之。

这一段是叙述北齐幼主的豪奢的。他对待动物与人类一样,故各种禽兽
常有被封为仪同或郡君的。他对待马也是如此,故于牝牡将合时,也设
起"青庐"来,与人类结婚一般。"青庐"之名便是《孔雀东南飞》非汉诗的
铁证(黄晦闻先生是认它为汉诗的,也觉得这一点说不过去,故在《汉魏

乐府风笺》里把段成式"北朝"二字改为"北方"！但我们遍检《津逮秘书》及《崇文三十三种》等书，却不见哪一种本子是作"北方"的，故不能不说是黄先生的私见了）。

第四，《孔雀东南飞》叙述兰芝被迫许婚于府君后，府君便行聘礼：

> 交语速装束，骆驿如浮云。黄雀白鹄舫，四角龙子幡。婀娜随风转，金车玉作轮。踯躅青骢马，流苏金镂鞍。

此处所谓"龙子幡"也是南朝的风尚。《宋书》卷七十四《臧质传》云：

> 世祖至新亭即位，以质为都督江州诸军事……舫千余乘，部伍前后百余里，六平乘并施龙子幡。

此种妆饰，为以前所无。我们还有宋代的乐府可作旁证。《襄阳乐》第二首云：

> 上水郎担篙，下水摇双橹；四角龙子幡，环环江当柱。

《乐府诗集》卷四十八引《古今乐录》云：

> 《襄阳乐》者，宋随王诞之所作也。诞初为襄阳郡，元嘉二十六年仍为雍州刺史，夜闻诸女歌谣，因而作之。

随王与臧质时代相近，可见确系当时的风尚。这不又是《孔雀东南飞》非汉诗的铁证吗？（此外如前边所引"流苏金镂鞍"一句，《丹铅录》以为"自晋以后始"。我曾在《函海》里检到《丹铅杂录》，但与《丹铅录》不同，故不知杨氏的证据，不敢断定。又如"红罗复斗帐"一句与晋乐府《长乐佳》一首同，我亦疑非汉代的东西；但我没有旁证，也不敢断定。如今只把这两点记于此，虽不能助证我的假设，也可见此诗疑窦之多了。）

第五，我们再回到梁任公的话。他说什么"情感主于温柔敦厚，而资料都是实现的"。我们不知他何所指，但是长篇的叙事诗如《孔雀东南飞》之类，在中国的确是凤毛麟角。最重要的原因，便是中国诗人不能了解叙事诗的性质。例如苏轼便很看不起《长恨歌》，怪它"费教百言而后成"，"寸步不移，犹恐失之"，以为劣于杜甫的《哀江头》（司马光《迁叟诗话》)。然而《佛本行经》及《佛所行赞》(均在《大藏经·杂部》)便是"寸步不移,犹恐失之"的长篇叙事诗。《佛本行经》约一万二千句,有四言,有五言,有七言。它描写佛之出世,费五百余句,三千余言(《本行经》第一)。《佛所行赞》略短些,约一万句,全系五言。它描写波旬魔王的"魔军",连用三十多个"或"字,与《小雅·北山》末章相似(《所行赞》第三)。它们不但对于原有的事实"寸步不移"地写下来,还加上许多琐碎的枝节——富有文学趣味的枝节。《孔雀东南飞》亦然。它描写服饰及叙述谈话,都非常详尽,为古代诗歌里所没有的。这一点,我们不能不说是印度诗人的影响,假使没有宝云与无谶的介绍,《孔雀东南飞》也许到现在还未出世呢,更不用说汉代了。

由此可知,《孔雀东南飞》的的确确不是汉诗了,但究竟作于何时呢?

我们固然不能指定它作于哪一年,但可以指定一个可能的最短时期,指定它最早不得在某时以前,最迟不得在某时以后。

在上文,我们证明青庐是北朝的制度,龙子幡是南朝的制度,但不如华山神女冢之可断定为宋少帝时事。少帝于公元四二三年即位,翌年去位。《孔雀东南飞》之产生,大约不能在此时以前。

至于最迟的限度,自然是《玉台新咏》。但《玉台》究竟作于何时呢?《大唐新语》云:

> 梁简文为太子,好作艳诗,境内化之。晚年欲改作,追之不及,乃令徐陵撰《玉台新咏》以大其体。

此说不知何据。按《梁书》卷四云:

> (简文帝)雅好题诗,其序云:"余七岁有诗癖,长而不倦。"然伤于轻艳,当时号曰宫体。

可见并无晚年改作的话。又《陈书》卷二十六云:

> 梁简文在东宫,撰《长春殿义记》,使陵为序。

却并未说命陵撰《玉台》。况且《玉台》明明题"陈尚书左仆射太子少傅东海徐陵孝穆撰"，徐陵官衔很多，不题别的而只题此二个，当可证明此书的时代。按《陈书》卷二十六又云：

> 太建元年，除尚书右仆射，三年，迁尚书左仆射……后主即位，迁左光禄大夫，太子少傅，余如故。

《玉台》大约作于后主时。后主喜赋艳诗，较简文尤甚。《陈书》卷七云：

> 后主每引宾客对贵妃等游宴，则使诸贵人及女学士与狎客共赋新诗，互相赠答，采其尤艳丽者以为曲词，被以新声，选宫女有容色者以千百数，令习而歌之。

《隋书》卷十三云：

> （后主）又于《清乐》中造《黄骊骝》及《玉树后庭花》《金钗两臂垂》等曲；与幸臣等制为歌词，绮艳相高，极于轻荡；男女唱和，其音甚哀。

可见《玉台》的时代，后主较简文为更合理。徐陵死于后主至德元年，即公元五八三年。《孔雀东南飞》既载于《玉台》内，必不能在此年以后。

从公元四二四年至公元五八三年，恰是一百六十年。《孔雀东南飞》的出世，不能在这一百六十年以外。故我们若说它是齐梁（公元四七九年—公元五五七年）时人所作，不至十分错误的。至于要进一步地把一百六十年缩短为一百六十天，或考求著者的姓名和事迹，那只好让给将来的"《孔雀东南飞》的专家"了。

十四，四，二十三，于北京。

（原载于《学灯》一九二五年五月七日—八日）

《中古文学系年》（节选）

（卷首公元前五三年至前一年）

汉宣帝甘露元年（公元前五三年）　扬雄一岁。

扬雄生。

《汉书》卷八十七上《扬雄传上》："扬雄字子云，蜀郡成都人也。其先出自有周伯侨者，以支庶初食采于晋之扬。因氏焉。不知伯侨周何别也。扬在河、汾之间，周衰而扬氏或称侯，号曰扬侯。会晋六卿争权，韩、魏、赵兴而范、中行、知伯弊。当是时，逼扬侯，扬侯逃于楚巫山，因家焉。楚汉之兴也，扬氏溯江上，处巴江州，而扬季官至庐江太守。汉元鼎间避仇，复溯江上，处岷山之阳曰郫，有田一壥，有宅一区，世世以农桑为业。自季至雄，五世而传一子，故雄亡它扬于蜀。"颜师古注："晋灼曰：《汉名臣奏》载张衡说云：晋大夫食采于扬，为扬氏；食我有罪而扬氏灭，无扬侯；有扬侯则非六卿所逼也。师古曰：晋说是也，雄之自序谱牒盖为疏谬，范、中行不与知伯同时灭，何得言当是时逼扬侯乎？"王先谦补注："钱大昕曰：张、晋、颜诸人皆讥子云自序谱牒为疏谬。以予考之，扬氏之先出自有周伯侨，初非出于羊舌。且羊舌食采之杨从木，此文从扌。其云扬侯者，非五等之侯，如邢侯张侯之类耳。六卿争权之时，安知不别有扬侯畏逼而奔楚者乎？王念孙曰：段玉裁云：此传为录雄自序，不增改一字。'赞曰：雄之自序云'乃总上一篇之辞。唐初《自序》已无单行本，故

324

师古注特就赞首一语明之。刘贡父《汉书注》云:扬氏两族,赤泉氏从木,子云自叙其受氏从扌,而杨修书称'修家子云',又似震族。贡父所见雄《自序》,必是唐以后伪作。雄果自序其受氏从扌不从木,《汉书音义》及师古注必载其说。何唐以前并无是说,至宋而乃有之? 且班氏用序为传,但曰其先食采于杨,因氏焉,杨在河、汾之间。考《左传》,霍、杨、韩、魏皆灭于晋,羊舌肸食采于杨,故亦称杨肸,其子食我亦称杨石。《汉志》河东郡杨县即杨侯国,说《左传》《汉书》家未有谓其字从扌者,则雄何得变其受氏之始而从扌也? 修与雄姓果不同字,断不曰'修家子云',以启临淄侯之嗤笑也。作伪自序者,但因班氏'无他杨于蜀'一语,不知师古注但云'蜀诸姓杨者皆非雄族',不云诸姓杨者皆从木,与雄从扌异也。《广韵》扬字注不言姓,杨字注则云姓,出宏农、天水二望,本自周宣王子尚父,幽王邑诸杨,号曰杨侯,后并于晋,因为氏。然则姓有杨而无扬甚明。案:段说至确。景祐本、汪本、毛本,杨扬二字杂出于一篇之中,明监本则皆改为杨。其分见于各志各传者,景祐本、汪本、毛本从木者尚多,而监本则否。余考汉郎中郑固碑云,君之孟子有杨乌之才,乌即雄之子也,而其字从木,则雄姓之不从扌益明矣。先谦曰:……扬杨字同。王说是也。《汉书》从扌从木之字多通作,不能枚举,而各本又复互异。杨扬通作,如扬州,景祐本、汪本多作杨,明监本全书皆作扬。《左传》之扬干,汲古本表作杨干。本书之杨恽,见于《宣纪》者作杨恽,与各传同,闽本作扬恽。《高纪》之杨熊,汲古本《樊哙、夏侯婴、伍被传》作扬熊。《李寻传》之扬光辉,汲古本作杨光辉。足证此书二字通写,元无一定。今汲古本《扬雄传》作扬,诸志传多作杨,证以雄自序世系,其从木不从扌,又何疑乎?"《唐书》卷七十一下《宰相世系表》:"杨氏出自姬姓,周宣王子尚父封为杨侯。一云:晋武公子伯侨生文,文生突,羊舌大夫也。又云:晋之公族食邑于羊舌。"《元和姓纂》卷五:"周武王第三子唐叔虞之后,至晋出公逊于齐,生伯侨,归周,天子封为杨侯,子孙以国为氏。一云:周宣王曾孙封杨,为晋所灭,其后为氏焉。或曰:周景王之后。"

关于生年,周寿昌《汉书注校补》卷四十八说:"据此书,雄卒于莽之天凤五年戊寅,年七十一。则雄生适当宣帝甘露元年戊辰。"曾朴《补后汉书艺文志并考》卷十:"案《书钞》九十四引'子云以甘露元年二月戊寅鸡鸣生,天凤五年四月癸丑晡卒,葬安陵坂上,弟子侯芭负土作坟,号曰玄冢。'(九十二引同。《艺文类聚》,《御览》五百五十,《长安志》引侯芭作侯苞)称扬氏家牒。"据《汉书》卷八《宣帝纪》:元年二月丁巳许延寿卒,四月丙申太上皇庙火,则戊寅当在三月中。又查陈垣先生《中西回史日历》,天凤五年四月无癸丑,癸丑是三月初四或五月初五,可证家牒不可靠。不过他的生年是没有问题的,虽然卒年有人怀疑过(详后)。

一九二四年重修《四川乐山县志》卷二《区域》一:"府志:子云,江原人;初迁沐川(今屏山地);继迁犍为,居子云山,在犍为东南十五里,扬雄故宅在焉;再迁成都金花寺(见《名胜志》《屏山县志》《方舆考略》《蜀水经》);按当云,再迁乐山,四迁成都。"方志所言常不可靠,姑抄于此,以广异闻。

甘露二年(公元前五二年) 扬雄二岁。

甘露三年(公元前五一年) 扬雄三岁。

甘露四年(公元前五〇年) 扬雄四岁。

黄龙元年(公元前四九年) 扬雄五岁。

元帝初元元年(公元前四八年) 扬雄六岁。

初元二年(公元前四七年) 扬雄七岁。

初元三年(公元前四六年) 扬雄八岁。

初元四年(公元前四五年) 扬雄九岁。

初元五年(公元前四四年) 扬雄十岁。

永光元年(公元前四三年) 扬雄十一岁。

永光二年(公元前四二年) 扬雄十二岁。

永光三年(公元前四一年) 扬雄十三岁。

永光四年(公元前四〇年) 扬雄十四岁。

永光五年(公元前三九年) 扬雄十五岁。

建昭元年(公元前三八年)　扬雄十六岁。

建昭元年(公元前三八年)　扬雄十六岁。

建昭二年(公元前三七年)　扬雄十七岁。

建昭三年(公元前三六年)　扬雄十八岁。

建昭四年(公元前三五年)　扬雄十九岁。

建昭五年(公元前三四年)　扬雄二十岁。

竟宁元年(公元前三三年)　扬雄二十一岁。

成帝建始元年(公元前三二年)　扬雄二十二岁。

建始二年(公元前三一年)　扬雄二十三岁。

建始三年(公元前三〇年)　扬雄二十四岁。

建始四年(公元前二九年)　扬雄二十五岁。

河平元年(公元前二八年)　扬雄二十六岁。

河平二年(公元前二七年)　扬雄二十七岁。

河平三年(公元前二六年)　扬雄二十八岁。

　　刘歆为黄门郎,受诏与父向领校秘书。

　　《汉书》卷三十六《楚元王传》:"楚元王交,字游,高祖同父少弟也……景帝即位,以亲亲封元王宠子五人:子礼为平陆侯,富为休侯,岁为沈犹侯,执为宛朐侯,调为棘乐侯……初休侯富既奔京师,而〔元王孙〕王戊反,富等皆坐免侯,削属籍。后闻其数谏戊,乃更封为红侯……富子辟彊等四人供养,仕于朝……辟彊字少卿……为光禄大夫,守长乐卫尉,时年已八十矣。徙为宗正,数月卒。〔辟彊子〕德,字路叔……昭帝初,为宗正丞……徙大鸿胪丞,迁太中大夫,后复为宗正……守青州刺史,岁余,复为宗正,与立宣帝,以定策赐爵关内侯,地节中,以亲亲行谨厚,封为阳城侯……子向坐铸伪黄金,当伏法,德上书讼罪,会薨……赐谥缪侯。"

　　又《刘向传》:"向字子政,本名更生。年十二,以父德任为辇郎。既冠,以行修饬,擢为谏大夫……复拜为郎中、给事黄门,迁散骑、谏大夫、给事中……擢为散骑、宗正、给事中……免为庶人……召拜为中郎,使领护三辅都水。数奏封事,迁光禄大夫……诏向领校中《五经》秘书……以向为中垒校尉……向三子,皆好学。长子伋,以《易》教授,官至郡守。中子赐,九卿丞,蚤卒。少子歆,最知名。"

又《刘歆传》:"歆字子骏。"歆生年史无明文,以一生事迹推之,当生于公元前五〇年左右。

《刘歆传》又说:"少以通《诗》《书》,能属文召,见成帝,待诏宦者署,为黄门郎。河平中,受诏与父向领校秘书,讲六艺、传记、诸子、诗赋、数术、方技,无所不究。"又卷九十八《元后传》:"河平二年……大将军〔王〕凤用事,上遂谦让无所颛。左右常荐光禄大夫刘向少子歆通达有异材。上召见歆,诵读诗赋,甚说之,欲以为中常侍,召取衣冠。临当拜,左右皆曰:'未晓大将军。'上曰:'此小事,何须关大将军?'左右叩头争之。上于是语凤,凤以为不可,乃止。"据《成帝记》,向于三年奉命校中秘书。歆于二年以凤故未拜,则为郎当亦三年事,时歆年二十余。

> 河平四年(公元前二五年) 扬雄二十九岁。
>
> 阳朔元年(公元前二四年) 扬雄三十岁。
>
> 阳朔二年(公元前二三年) 扬雄三十一岁,桓谭一岁。
>
> 扬雄作《反骚》《广骚》《畔牢愁》及《天问解》。

《汉书》卷八十七上《扬雄传上》:"雄少而好学,不为章句,训诂通而已,博览无所不见。为了简易佚荡,口吃不能剧谈,默而好湛深之思。清静亡为,少耆欲,不汲汲于富贵,不戚戚于贫贱,不修廉隅以徼名当世。家产不过十金,乏无儋石之储,晏如也。自有大度,非圣哲之书不好也。非其意,虽富贵不事也。顾尝好辞赋。先是时,蜀有司马相如,作赋甚弘丽温雅,雄心壮之,每作赋,常拟之以为式。又怪屈原文过相如,至不容,作《离骚》,自投江而死,悲其文,读之未尝不流涕也。以为君子得时则大行,不得时则龙蛇,遇不遇命也,何必湛身哉!乃作书,往往摭《离骚》文而反之,自岷山投诸江流以吊屈原,名曰《反离骚》;又旁《离骚》作重一篇,名曰《广骚》;又旁《惜诵》下以至《怀沙》一卷,名曰《畔牢愁》。"王先谦补注:"王念孙曰:离字涉上下文而衍(下文独载《反离骚》同),曰《反骚》,曰《广骚》,其篇名皆省一离字。《后汉书·梁𫠆传》:感悼子胥屈原以非辜沉身,乃作《悼骚赋》。《应奉传》:追愍屈原,因以自伤,著《感骚》三十篇。篇名皆省一离字,义与此同也。《文选·头陀寺碑文》注引作《反离骚》,离字亦后人依误本《汉书》加之。其《魏都赋》注、《赠秀才入军诗》注、《陈情表》注、《与嵇茂齐书》注、《运命论》注、《辩命论》注,皆引作《反骚》。又《江水》注、《后汉书·冯衍传》注,旧本《北堂书钞·艺文部》八(陈禹谟本加离字)、《艺文类聚·杂文部》二,《白帖》六十五、八十六,《御览·文部》十二、百,《卉部》三,亦皆引作《反骚》(《吴氏刊误补遗》引此文作《反骚》,则吴所见本尚无离字)。"严可均《全汉文》卷五十二《反离骚》注:"《文选·陆机吊魏武帝文》注引此题作《释愁》。"又《铁桥漫稿》卷六《重编扬子云集序》:"其《广骚》《畔牢愁》仅见篇名,似即《反骚》之子目。"

《反骚》有"汉十世之阳朔"句,晋灼注:"十世数高祖吕后至成帝也,成帝八年乃称阳朔。"可见《反骚》等篇作于阳朔中。阳朔共四年,始于公元前二四年,雄三十岁,至公元前二一年,雄三十三岁止,今姑系于本年。

又王逸《楚辞章句》卷三《天问叙》:"昔屈原所作凡二十五篇,世相教传,而莫能说《天问》,以其文义不次,又多奇怪之事。自太史公口论道之,多所不逮。至于刘向、扬雄援引传记,以解说之,亦不能详悉,所阙者众,日无闻焉。"因此,姚振宗《汉书艺文志拾补》卷三有"扬雄《天问解》"一条,此解疑作于此时。

桓谭生。

《后汉书》卷二十八上《桓谭传》:"桓谭字君山,沛国相人也。父成帝时为太乐令。"

刘汝霖先生《汉晋学术编年》卷三页七十一:"阳朔……二年……桓谭生……按《御览》二百十五引桓谭《新论》曰:'余年十七,为奉车郎。'《北堂书钞》一百二引桓谭《仙赋》曰:'余少时为奉车郎,孝成帝出祠甘泉河东……'《后汉书·桓谭传》载谭以起明堂之年出为六安郡丞,道卒,年七十余。《续汉·礼志》,立明堂乃中元元年之事,是谭卒于中元元年也。考《前汉书·成帝纪》,帝以绥和二年(成帝末年)祠甘泉河东。若其时君山年十七岁,为奉车郎,则卒年为七十九岁。移前则年过八十,移后则与成帝不相及,故由其年推知生于此年。"前人对于桓谭生年似未言及,刘先生的考证是可从的。胡三省、钱大昕等人认为他作六安郡丞不在中元元年,下文另详论。

> 阳朔三年(公元前二二年)　扬雄三十二岁,桓谭二岁。
>
> 阳朔四年(公元前二一年)　扬雄三十三岁,桓谭三岁。
>
> 鸿嘉元年(公元前二〇年)　扬雄三十四岁,桓谭四岁。
>
> 鸿嘉二年(公元前一九年)　扬雄三十五岁,桓谭五岁。
>
> 鸿嘉三年(公元前一八年)　扬雄三十六岁,桓谭六岁。
>
> 鸿嘉四年(公元前一七年)　扬雄三十七岁,桓谭七岁。
>
> 永始元年(公元前一六年)　扬雄三十八岁,桓谭八岁。
>
> 永始二年(公元前一五年)　扬雄三十九岁,桓谭九岁。
>
> 永始三年(公元前一四年)　扬雄四十岁,桓谭十岁。
>
> 扬雄作《县邸铭》《王佴颂》《阶闼铭》《成都城四隅铭》《绵竹颂》《蜀都赋》及《蜀王本纪》。

严可均《全汉文》卷五十二载雄《答刘歆书》:"而雄始能草文,先作《县邸铭》《王佴颂》《阶闼铭》及《成都城四隅铭》,蜀人有杨庄者为郎,诵之于成帝,成帝好之,以为似相如,雄遂以此得外见。"《文选》卷七《甘泉赋》李周翰注:"扬雄家贫好学,每制作慕相如之文,尝作《绵竹颂》;成帝时直宿郎杨庄诵此文,帝曰:'此似相如之文。'庄曰:'非也,此臣邑人扬子云。'帝即召见,拜为黄门侍郎。"杨庄荐雄在元延元年(详后),故《县邸铭》及《绵竹颂》等篇当作于永始中(永始元年扬雄三十八岁,四年四十一岁)。至于他自称"始能草文",那显然是自谦之辞,这几篇未必即作于他幼年。

《全汉文》卷五十一载雄《蜀都赋》,卷五十三载《蜀王本纪》,疑当作于离蜀去京之前,故附于此。本纪据《隋书》卷三十三《经籍志》二著录一卷,严可均辑得二十余条。姚振宗《汉书艺文志拾补》卷五:"按常道将《序志》所言,知扬雄书中羼有祝元灵、燕脊之语,后人无以别之。"

> 永始四年(公元前一三年) 扬雄四十一岁,桓谭十一岁。
>
> 元延元年(公元前一二年) 扬雄四十二岁,桓谭十二岁。
>
> 扬雄至京师。

《汉书》卷八十七上《扬雄传上》:"孝成帝时,客有荐雄文似相如者。上方郊祠甘泉泰畤、汾阴后土,以求继嗣,召雄待诏承明之庭。"又卷八十七下《扬雄传下》:"初,雄年四十余,自蜀来至游京师,大司马车骑将军王音奇其文雅,召以为门下史,荐雄待诏。岁余,奏《羽猎赋》,除为郎,给事黄门,与王莽、刘歆并。"

这里第一段是扬雄的自序,第二段是班固的补充。对于第一段,旧注说:"宋祁曰:刘良曰,客则杨庄也,雄文则《线竹颂》也。"钱大昭《汉书辨疑》卷二十:"杨庄,《华阳国志》卷十二作尚书郎杨壮。李周翰注《文选》(卷七)亦作杨庄,作壮者避汉明讳改。"王先谦补注:"官本考证云:《线竹颂》当作《绵竹颂》。《文选》李善注:诸以材术见知,直于承明,待诏即见,故曰待诏焉。"(参看上文)

关于第二段,因为王音卒时雄年三十九,所以有主张音为根之误者,亦有主张四为三之误者。前者如《通鉴》卷三十二《考异》:"按雄自序云:上方郊祠甘泉泰畤,召雄待诏承明之庭,奏《甘泉赋》,其十二月奏《羽猎赋》。事在今年(元延元年),时王音卒已久,盖王根也。"后者如周寿昌《汉书注校补》卷四十八:"阳朔三年己亥王音始拜大司马车骑将军,雄年三十二,永始二年丙午音薨,雄年三十九,与书中所云四十余自蜀游京师为王音门下史语不合。寿昌案:古四字作亖,传写时由三字误加一画,应正作三十余始合(案本书《五行志》吴王濞封有四郡,顾炎武校正曰:四郡当作三郡,古四字积画而成,与三易混,犹《左传》陈蔡不羹三国为四国

也,此汉以前三三误书之证)。"钱大昕《三史拾遗》卷三也以为"游京师之
年尚未盈四十"。就校勘学上讲,三误为四易,根误为音,骠误为车(王根
为骠骑将军)难。但我们不能同意周寿昌的主张,因为如果扬雄待诏在
永始二年(前一五年)正月音卒之前,那么为何三年十月复甘泉祠,四年
正月幸甘泉,他都无所贡献,直至元延二年(前一一年)始作赋? 不过我
们也不同意王根的假定,因为根于元延元年除夕前不久方迁大司马骠骑
将军(《汉书》卷十九下《百官公卿表下》载王商"十二月乙未迁为大司马
大将军",我们虽不知庚申为何日,但上距乙未已二十六日),而扬雄于次
年正月即献赋,未免太匆促了。因此,我们假定王音非王根之误,而是王
商之误。《汉书·百官公卿表下》载:永始二年"二月丁酉特进成都侯王
商为大司马卫将军",四年"十一月庚申大司马商赐金安车驷马免",元延
元年"正月壬戌成都侯商复为大司马卫将军,十二月乙未迁为大司马大
将军",商与音、根同为成帝的母舅,同而"十侯五大司马"之列,所以班固
误记了,那不是后人传写之误。

王商与杨庄的推荐,据班固"岁余,奏《羽猎赋》"来推算,应该在元延
元年,正是商"复为大司马"之时。《通鉴考异》说奏赋在元年是错的
(详后)。

元延二年(公元前一一年) 扬雄四十三岁,桓谭十三岁。

扬雄作《甘泉赋》,大病。又作《河东赋》《羽猎赋》及《赵充国
颂》,除为郎,给事黄门。

《汉书》卷八十七上《扬雄传上》:"上方郊祠甘泉泰畤、汾阴后土,以
求继嗣,召雄待诏承明之庭。正月,从上甘泉,还奏《甘泉赋》以风……其
三月,将祭后土,上乃帅群臣横大河,凑汾阴。既祭,行游介山,回安邑,
顾龙门,览盐池,登历观,陟西岳以望八荒,迹殷周之虚,眇然以思唐虞之
风。雄以为临川羡鱼不如归而结网,还,上《河东赋》以劝……其十二月
羽猎,雄从,以为:昔在二帝三王,宫馆台榭沼池苑囿林麓薮泽,财足以奉
郊庙,御宾客,充疱厨而已,不夺百姓膏腴谷土桑柘之地。女有余布,男

有余粟,国家殷富,上下交足,故甘露零其庭,醴泉流其唐,凤凰巢其树,黄龙游其沼,麒麟臻其囿,神爵栖其林。昔者禹任益虞而上下和,草木茂;成汤好田而天下用足;文王囿百里,民以为尚小;齐宣王囿四十里,民以为大:裕民之与夺民也。武帝广开上林,南至宜春、鼎胡、御宿、昆吾,旁南山而西至长杨、五柞,北绕黄山,濒渭而东,周袤数百里;穿昆明池,象滇河,营建章、凤阙、神明、驱娑、渐台、泰液,象海水周流方丈、瀛洲、蓬莱。游观侈靡,穷妙极丽;虽颇割其三垂以赡齐民,然至羽猎田车戎马,器械储偫,禁御所营,尚泰奢丽夸诩,非尧、舜、成汤、文王三驱之意也。又恐后世复修前好,不折中以泉台,故聊因《校猎赋》以风。"又《扬雄传下》:"明年,上将大夸胡人以多禽兽。秋,命右扶风发民入南山,西自褒斜,东至弘农,南歐汉中,张罗网罝罘,捕熊罴豪猪虎豹狖玃狐菟麋鹿,载以槛车,输长杨射熊馆。以网为周阹,纵禽兽其中,令胡人手搏之,自取其获,上亲临观焉。是时,农民不得收敛。雄从至射熊馆,还,上《长杨赋》。聊因笔墨之成文章,故藉翰林以为主人,子墨为客卿,以风。"又卷十《成帝纪》:"建始元年……十二月,作长安南北郊,罢甘泉汾阴祠……〔永始三年〕冬十月庚辰,皇太后诏有司复甘泉泰畤、汾阴后土……四年春正月,行幸甘泉,郊泰畤……三月,行幸河东,祠后土……〔元延〕二年春正月,行幸甘泉,郊泰畤。三月,行幸河东,祠后土……冬行幸长杨宫,从胡客大校猎……四年春正月,行幸甘泉,郊泰畤……三月,行幸河东,祠后土……〔绥和〕二年春正月,行幸甘泉,郊泰畤……三月,行幸河东,祠后土。丙戌,帝崩于未央宫。皇太后诏有司复长安南北郊。"我们拿《扬雄传》和成帝纪对看,自然得到个结论:这四篇赋作于元延二年正月、三月、十二月及次年秋。

过去学者们早就见到这一点。例如梁章钜《文选旁证》卷九:"雄奏赋以自序考之,而后元延二年为是。"又如朱珔《文选集释》卷二十三引姚范:"雄既奏《甘泉赋》,又云三月以祭后土奏《河东赋》,其十二月羽猎,雄从,作《羽猎赋》:事皆在元延二年无疑也。"又如王先谦《汉书补注》卷八十七上引沈钦韩:"奏赋当在元延二年,与纪文方合。"

问题是在李善所引《七略》。《文选》卷七《甘泉赋》注引:"《甘泉赋》,永始三年正月待诏臣雄上。"又卷八《羽猎赋》注引:"《羽猎赋》,永始三年十二月上。"又卷九《长杨赋》注引:"《长杨赋》,绥和元年上。"关于《河东赋》,姚振宗《汉书艺文志拾补》卷三说:"按《河东赋》,永始三年三月上者,《七略》佚其文,故今不具也。"这些年月与纪传均不合,所以李善有时"疑《七略》误",有时"疑班固误",不敢断定。而沈钦韩则说:"又疑《七略》篇当时文,不当有失;或雄自叙止据奏御之日,秘书典校则凭写进之年,故参差先后也。"(王先谦《汉书补注》卷八十七下引)事实上,沈说至多可应用于《长杨赋》,但已经有点勉强了,因为我们不能了解元延二年"奏御"的赋,为何要在四年之后的绥和元年方"写进"。至于《甘泉》《羽猎》两赋,则沈说简直不通,元延二年"奏御"的赋,怎么在四年前的永始三年已经"写进"了? 若说"奏御"即在永始而非元延,那也不合事实。因为据上文所引《成帝纪》,永始三年十月始复泰畤,四年正月始幸甘泉,在三年的正月怎么会作《甘泉赋》? 因此,我们认为李善所见《七略》恐怕不是原文。

关于《甘泉赋》,《补注》又说:"沈钦韩曰:《御览》五百八十七引桓子《新论》曰,予少时见扬子云丽文高论,不量年少,猥欲逮及,尝作《山赋》,用思大剧,而立感动发病。子云亦言,成帝至甘泉,诏使作赋,为之卒暴倦卧,梦具五脏出地,以手收之,觉大少气,病一岁余。李善注《甘泉赋》引《新论》云:雄作《甘泉赋》始成,梦肠出,收而内之,明日遂卒。此文有脱误(《御览》他卷所引亦与《文选》注同,吴曾《能改斋漫录》疑之)……先谦曰:卒盖病之误字。"梁章钜《文选旁证》卷九:"《能改斋漫录》云:孝成帝时行幸甘泉,据《汉记》是永始四年正月,扬雄死于王莽天凤五年,经历哀、平两帝,年代甚远,安有赋成明日遂卒之事! 按本书《文赋》注引《新论》曰:成帝祠甘泉,诏雄作赋,思精苦困倦小卧,梦五脏出外,以手收而纳之,及觉,病惝悷少气。二注不同,当以后注为正。马总《意林》所采《新论》亦云:子云作《甘泉赋》卒暴遂倦卧,梦五脏出地,以手收纳之,及觉气病一年。盖子云因作赋而病,未尝因病而卒也,此注卒字或是病字之误。余曰：善注驳扬雄不当作《剧秦美新》，非不知雄死王莽之世，此条或后世传写致误；或遂据此注谓子云未及仕莽，则痴人说梦矣。"朱珔《文选集释》卷二十三："《甘泉赋》注引《新论》云……《文赋》注引《新论》云……二注不同，当以后注为正，盖子云因作赋而病，未尝因病而卒也。前注'明日遂卒'，卒字殆传写之误；不特非《新论》本文，并非〔李〕善注之旧也。何义门以《新论》出于后人附益者，乃未检《文赋》注之故。"朱珔《文选集释》卷二十三："又案后人以雄为卒于成帝时者，多据《甘泉赋》标题下〔李〕善注引《新论》，言作赋明日遂卒，故云……得此〔《养新录》〕而雄之死在仕莽后益明矣。"这一字之误关系扬雄出处甚大，故详录诸家辨正的话于此。

和这几篇赋同作于本年的，还有《赵充国颂》。《汉书》卷六十九《赵充国传》："初充国以功德与霍光等列，画未央宫。成帝时，西羌尝有警，上思将帅之臣，追美充国，乃召黄门郎扬雄，即充国图画而颂之。"所谓西羌之警，大约指乌孙。《汉书》卷九十六下《西域传下》："时大昆弥雌栗靡健，翕侯皆畏服之，告民牧马畜无使入牧，国中大安和翕归靡时。小昆弥末振将恐为所并，使贵人乌日领诈降，刺杀雌栗靡。汉欲以兵讨之而未能，遣中郎将段会宗持金币与都护图方略，立雌栗靡季父公主孙伊秩靡为大昆弥，汉没入小昆弥侍子在京师者。久之，大昆弥翕侯难栖杀末振将，末振将兄安日子安犁靡代为小昆弥。汉恨不自责诛末振将，复使段会宗即斩其太子番丘。还，赐爵关内侯。是岁，元延二年也。"（卷七十《段会宗传》略同）

> 刘歆作《甘泉宫赋》。

严可均《全汉文》卷四十载歆《甘泉宫赋》，可能与扬雄的《甘泉赋》同时作，故假定在本年。

> 元延三年（公元前一○年）　扬雄四十四岁，桓谭十四岁。
>
> 扬雄作《长杨赋》《绣补灵节龙骨铭》及诗三章。

《通鉴》卷三十二元延三年《考异》："成纪，元延二年'冬，行幸长杨宫,从胡客大校猎,宿甓阳宫,赐从官'。胡旦用之。按《扬雄传》,祀甘泉河东之岁十二月羽猎,雄上《校猎赋》,明年从至射熊馆,还,上《长杨赋》。然则从胡客校猎当在今年,纪因去年冬有羽猎事致此误耳。"钱大昕《三史拾遗》卷三:"此年冬复幸长杨射熊馆,则本纪无之,盖行幸近郊射猎,但书最初一次,余不尽书耳。但二年校猎无从胡客事,至次年乃有之,并两事为一,则纪失之也。吾友戴东原以本纪元延三年无长杨猎事,断为传误,不知《羽猎》《长杨》二赋原非一时所作,《羽猎》在元延二年之冬,《长杨》则三年之秋,子云自序必不误也。"王先谦《汉书补注》卷八十七下:"沈钦韩曰:《羽猎》《长杨》二赋均是二年冬事,而传次序一在当年,一在明年,盖以上赋之先后为次也。《羽猎赋序》但言苑囿之广,泰奢以风;先闻有校猎之诏,逆作赋在行幸长杨之前。及雄从幸长杨,亲睹搏兽,归奏此赋,而明年尔。盖雄于每篇自叙作赋之由,故须别起,班但承其文耳,非有误也。"我们认为,自序是应该信赖的;至于纪传的互异,实在是两回的校猎;本纪仅载二年冬的,雄赋却为三年秋而作。

严可均《全汉文》卷五十二载雄《答刘歆书》:"雄为郎之岁,自奏少不得学而心好沉博绝丽之文,愿不受三年之奉,且休脱直事之繇,得肆心广意以自克就。有诏可不夺奉,令尚书赐笔墨钱六万,得观书于石室。如是后一岁,作《绣补灵节龙骨》之铭,诗三章,成帝好之,遂得尽意。"我们知道他待诏岁余方奏赋为郎,这几篇作于为郎后一岁,当然在本年了。

元延四年(公元前九年)　扬雄四十五岁,桓谭十五岁。

绥和元年(公元前八年)　扬雄四十六岁,桓谭十六岁。

扬雄荐庄遵,作《都酒赋》。

《汉书》卷七十二《王吉传》:"蜀有严君平……扬雄少时从游学,以而仕京师显名,数为朝廷在位贤者称君平德。杜陵李彊素善雄,久之为益州牧,喜谓雄曰:'吾真得严君平矣!'雄曰:'君备礼以待之,彼人可见而不可得诎也。'彊心以为不然。及至蜀,致礼与相见,卒不敢言以为从事,乃叹曰:'扬子云诚知人!'"颜师古注:"《地理志》谓君平为严遵。"(《地理志下》"后有王褒、严遵、扬雄之徒"句颜注:"遵即严君平。")遵本姓庄,《汉书》避讳改严。推荐之事大约而为郎之后不久,因为扬雄既敬重其师,则推荐不会太晚,今姑系于本年。

又卷九十二《陈遵传》:"先是黄门侍郎扬雄作《酒箴》以讽谏成帝,其文为酒客难法度士,譬之于物。"严可均《全汉文》卷五十二载雄《酒赋》,注:"案《汉书》题作《酒箴》,《御览》引《汉书》作《酒赋》,各书作《酒赋》,《北堂书钞》作《都酒赋》。都酒者,酒器名也,验文当以都酒为长。"此文既为谏成帝而作,当然在雄为郎之后,成帝崩之前,故附于此。

刘歆父向卒,为中垒校尉。

《汉书》卷三十六《刘向传》:"年七十二卒,卒后十三岁而王氏代汉。"荀悦《汉纪》卷二十七:"绥和元年……刘向说上曰:'宜设辟雍……'上以向言下公卿,立辟雍,会向病卒。丞相大司空营表长安城南,将立辟雍,未及作。""代汉"的解释有二:若指居摄元年(公元六年),则向当卒于元延四年(公元前九年);若指始建国元年(公元九年),则当卒于建平元年(公元前六年)。主绥和者,如《资治通鉴》卷三十二、钱大昕《三史拾遗》卷三、吴荣光《历代名人年谱》卷一、H. Maspero 的《左传编著及年代考》等。(姚振宗《七略佚文序》则谓在绥和二年)主元延者,如吴修《续疑年录》卷一、周寿昌《汉书注校补》卷三十一、Giles 的《中国人名辞典》、Couvreur 的《中国宗教及哲学史》等。主建平者,如梅毓《刘更生年表序》,王先谦《汉书补注》卷三十六引叶德辉、P. Pelliot 的《古文尚书与尚书释文》等。我们认为 Maspero 考定在绥和元年四月改御史大夫为大司空之后,次年三月成帝崩之前,较为精确,这与荀、班两种记载都符合。

又《刘歆传》:"向死后,歆复为中垒校尉。"钱穆先生以下文又有迁中垒事,疑此处"特提先言之"(《燕京学报》第七期,《刘向、歆父子年谱》)。不过,我们看了《韦玄成传》的话(引见后),便知歆此时确曾为中垒。至复领《五经》,则已迁侍中,故《艺文志》不以中垒称歆。

绥和二年(公元前七年)　扬雄四十七岁,桓谭十七岁。

刘歆议毁庙,为侍中、太中大夫,迁骑都尉、奉车光禄大夫,复领《五经》,撰《七略》。

《汉书》卷三十六《刘歆传》:"哀帝初即位,大司马王莽举歆宗室有材行,为侍中、太中大夫,迁骑都尉、奉车光禄大夫。贵幸,复领《五经》,卒父前业。歆乃集六艺群书,种别为《七略》。"又卷三十《艺文志》:"会向卒,哀帝复使向子侍中、奉车都尉歆卒父业。歆于是总群书,而奏其《七略》。故有《缉略》、有《六艺略》、有《诸子略》、有《诗赋略》、有《兵书略》、有《术数略》、有《方技略》。"《隋书》卷三十二《经籍志》一:"向卒后,哀帝使其子歆嗣父之业,乃徙温室中书于天禄阁上。歆遂总括群篇,撮其指要,著为《七略》。"哀帝于四月即位,莽七月免,歆被荐当在五、六月间。

又卷七十三《韦玄成传》:"成帝崩,哀帝即位,丞相孔光、大司空何武奏言……孝武皇帝虽有功烈,亲尽宜毁。太仆王舜、中垒校尉刘歆议曰……不宜毁。上览其议而从之,制曰:太仆舜、中垒校尉歆议可。歆又以为:礼,去事有杀……惠景及太上寝园废而为虚,失礼意矣。"严可均《全汉文》卷四十注:"案此议列名先王舜,以位尊也。据下文云'歆又以为',明是刘歆文。"事当在迁侍中前。

桓谭为奉车郎,从成帝至甘泉河东,作《仙赋》。

《后汉书》卷二十八上《桓谭传》:"谭以父任为郎。因好音律,善鼓琴。博学多通,遍习《五经》,皆训诂大义,不为章句。能文章,尤好古学,数从刘歆、杨雄,辩析疑异。性嗜倡乐,简易不修威仪,而憙非毁俗儒,由是多见排抵。"惠栋《后汉书补注》卷八:"桓子《新论》曰:昔孝成帝时,余为乐府令,凡所典倡优技乐盖且千人。《东观记》曰:谭能文,有绝才……《新论》曰:扬子云大才而不晓音,余颇离雅操而更为新弄。子云曰:事浅易善,深者难识;卿不好雅颂而悦郑声,宜也。"严可均《全后汉文》卷十二载《仙赋序》:"余少时为郎,从孝成帝出祠甘泉河东,见部先置华阴集灵宫。宫在华山下,武帝所造,欲以怀集仙者王乔、赤松子,故名殿为存仙,端门南向山,署曰望仙门。余居此焉,窃有乐高眇之志,即书壁为小赋以颂美。"又卷十四载《新论·祛蔽》第八:"余少时见扬子云之丽文高论,不自量年少新进,而猥欲逮及。尝激一事而作小赋,用思精太剧,而感动发病,弥日瘳。"又卷十五载《新论·离事》第十一:"余年十七为奉车郎,卫殿中小苑西门。"又载《新论·道赋》第十二:"余少时好《离骚》,博观他书,辄欲反学……华阴集灵宫,武帝所造,门曰望仙,殿曰存仙。书壁为之赋,以颂二仙之行。"他在本年为奉车郎,上条已言及。至于乐府令,恐系掌乐大夫之误,另详下文。从《仙赋序》及《道赋》篇的"书壁"二字看来,《仙赋》似即作于从祠时,不过序文大约是后来追记的。

　　哀帝建平元年(公元前六年)　扬雄四十八岁,桓谭十八岁。

　　刘歆改名秀,上《山海经》,请建立《左氏春秋》《毛诗》《逸礼》《古文尚书》,移书让太常博士,出守河内,徙五原,作《遂初赋》。

《汉书》卷三十六《刘歆传》:"及歆亲近,欲建立《左氏春秋》及《毛诗》《逸礼》《古文尚书》,皆列于学官。哀帝令歆及《五经》博士讲论其义。诸博士或不肯置对,歆因移书太常博士,责让之曰……其言甚切,诸儒皆怨恨……歆由是忤执政大臣,为众儒所讪,惧诛,求出补吏,为河内太守。以宗室不宜典三河,徙守五原。后复转而涿郡,历三郡守,数年,以病免官。"又卷八十八《儒林传》:"时光禄勋王龚以外属内卿,与奉车都尉刘歆共校书,〔与房凤〕三人皆侍中。歆白《左氏春秋》可立,哀帝纳之;以问诸儒,皆不对。歆于是数见丞相孔光,为言《左氏》以求助,光卒不肯。惟凤、龚许歆,遂共移书责让太常博士,语在《歆传》。大司空师丹奏歆非毁先帝所立,上于是出龚等补吏:龚为弘农,歆河内,凤九江太守。"

本传又说:"初歆以建平元年改名秀,字颖叔云。"注引应劭:"《河图赤伏符》云:刘秀发兵捕不道,四夷集龙斗野,四七之际火为主,故改名几以趣也。"钱穆先生以为"哀帝名欣,讳欣曰喜,刘歆之改名,殆以讳嫌名耳"(《燕京学报》第七期,《刘向、歆父子年谱》),较应说为妥。

严可均《全汉文》卷四十载歆《遂初赋》:"守五原之烽燧。"又载《上山海经表》:"侍中、奉车都尉、光禄大夫臣秀领校秘书言……"从官衔上知道不能作于本年以后,从改名秀上知道也不能在本年以前。

建平二年(公元前五年) 扬雄四十九岁,桓谭十九岁。

扬雄论鼓妖事。

《汉书》卷二十七中之下《五行志》中之下:"哀帝建平二年四月乙亥朔,御史中丞朱博为丞相,少府赵玄为御史大夫,临延登受策,有大声如钟鸣,殿中郎吏陛者皆闻焉。上以问黄门郎扬雄、李寻,寻对曰:'《洪范》所谓鼓妖者也……'扬雄亦以为鼓妖,听失之象也。朱博为人强毅多权谋,宜将不宜相,恐有凶恶呕疾之怒。八月,博、玄坐为奸谋,博自杀,玄减死论。"

建平三年(公元前四年) 扬雄五十岁,桓谭二十岁。

扬雄作《太玄》《解嘲》《解难》及《太玄赋》。

《汉书》卷八十七下《扬雄传下》:"哀帝时,丁、傅、董贤用事,诸附离之者或起家至二千石。时雄方草《太玄》,有以自守,泊如也。或嘲雄以玄尚白,而雄解之,号曰《解嘲》……雄以为赋者,将以风也,必推类而言,极丽靡之辞,闳侈巨衍,竟于使人不能加也。既乃归之于正,然览者已过矣。往时武帝好神仙,相如上《大人赋》,欲以风,帝反缥缥有陵云之志,繇是言之,赋劝而不止,明矣。又颇似俳优淳于髡、优孟之徒,非法度所存,贤人君子诗赋之正也;于是辍不复为。而大潭思浑天……《玄》文多,故不著,观之者难知,学之者难成。客有难《玄》大深,众人之不好也,雄解之,号曰《解难》。"案《汉书》卷十九下《百官公卿表下》载:建平元年"四月丁酉侍中光禄大夫傅喜为大司马";二年"二月丁丑大司马喜免,阳安侯丁明为大司马卫将军";元寿元年"正月辛丑大司马卫将军明更为大司马骠骑大将军,特进孔乡侯傅晏为大司马卫将军,辛亥赐金安车驷马免";二年"九月己卯大司马明免……十二月庚子侍中驸马都尉董贤为大司马卫将军";三年"五月甲子大司马卫将军贤更为大司马,六月乙未免,庚申新都侯王莽为大司马"。这里三年实为元年的下半年,三年实为二年,哀帝即崩于二年六月,应据卷十一《哀帝纪》以正年表之误。《太玄》的写作应在此数年中,他"自作章句"(据《隋书》卷三十四《经籍志》三)当也在此时。

严可均《全汉文》卷五十二载雄《答刘歆书》:"〔张伯松〕又言:恐雄为《太玄经》,由鼠坻之与牛场也;如其用则实五稼,饱邦民,否则为坻粪,弃之于道矣,而雄般之。"《论衡》卷十八《齐世》:"扬子云作《太玄》,造《法言》,张伯松不肯一观。与之并肩,故贱其言。"这可说明写作的环境。伯松名竦,张敞之孙。

雄草《玄》时,传说得庄遵与童乌之助。王应麟《汉书艺文志考证》卷五:"邢元亨疏云:《太玄》润色于君平(未知出何书)。"姚振宗《汉书艺文志条理》卷二之上:"《刘向别传》曰:扬信字子乌,雄第二子,幼而聪慧;雄笮《玄经》不会,子乌令作九数而得之,雄又儗《易》羝羊触藩,弥日不就,子乌曰:大人何不云荷戈入榛?案《法言·问神篇》云:苗而不秀者,吾家之童乌乎!九龄而与我玄文。又按以上两条见萧该《汉书音义》及《御览》三百八十五。《别传》疑是《别录》中之《别传》,王俭作《七志》,每人各次以传,盖即用《别录》体例也。然考刘中垒卒于成、哀之间,而子云于哀帝时方草《太玄》,书尚未成,何由于《别录》中载其篇目?又考《别录》载扬雄书,唯《诗赋略》中车赋因成帝时奏御得著于录。意者,此时子乌已死,刘氏于著录四赋,因而附记其事欤?又萧氏引《别录》有《玄舒》,又云有《玄问》,合十二篇,与本传本书并异,颜氏已辨之。然中垒所记在子云未成书之时,其间容有与定本互异,不足怪也。"(《隋书经籍志考证》卷二十四同)

关于姚振宗的话,我们补充几句。《太玄》作于哀帝时,自序有明文。刘向之卒,荀悦《汉纪》谓在绥和元年。上文曾说 Maspero 考定卒于绥和元年四月改御史大夫为大司空之后,次年三月成帝崩之前,较为合理,因此,刘向言及《太玄》是不可能的。而姚振宗致疑于前,依违于后,是不对的。刘师培《扬子法言校补》以为"与犹举也,举训《左传·襄二十七年》'使举此礼'之举,与我玄文,犹言记诵《太玄》之文也"(《校补》校勘记页二），则《别传》所言显出后人附会。

严可均《全汉文》卷五十二载雄《太玄赋》，疑当作于草《玄》时，故附于此。

> 刘歆复转涿郡太守，以病免官。

《汉书》卷三十六《刘歆传》："后复转在涿郡，历三郡守，数年，以病免官。"年月无考，以常理推之，免官当在起为安定属国都尉前不久；其转涿郡，可假定在建平三年（公元前四年）左右。

> 建平四年（公元前三年） 扬雄五十一岁，桓谭二十一岁。
> 桓谭为郎，典漏刻，进说傅晏，奏书董贤。

《后汉书》卷二十八上《桓谭传》："哀、平间，位不过郎，傅皇后父孔乡侯晏深善于谭。是时高安侯董贤宠幸，女弟为昭仪，皇后日已疏。晏嘿嘿不得意，谭进说曰……故傅氏终全于哀帝之时。及董贤为大司马，闻谭名，欲与之交。谭先奏书于贤，说以辅国保身之术，贤不能用，遂不与通。"严可均《全后汉文》卷十五载《新论·离事》第十一："余前为郎，典漏刻；燥湿寒温，辄异度，故有昏明昼夜。昼日参以晷景，夜分参以星宿，则得其正。"虽说是哀、平间，实际上都是哀帝时事。董贤以建平三年贵幸，元寿元年为大司马，时谭年二十余。典漏刻事年代无考，疑当在"位不过郎"时，故附于此。

> 元寿元年（公元前三年） 扬雄五十二岁，桓谭二十二岁。
> 扬雄上书谏勿许单于朝。

《汉书》卷九十四下《匈奴传下》："建平四年，单于上书愿朝。五年，时哀帝被疾，或言匈奴从上游来厌人，自黄龙、竟宁时单于朝中国，辄有大故。上由是难之，以问公卿，亦以为虚费府帑，可且勿许。单于使辞去，未发，黄门郎扬雄上书谏曰……书奏，天子寤焉，召还匈奴使者，更报单于书而许之，赐雄帛五十四，黄金十斤。单于未发，会病，复遣使愿朝明年。故事，单于朝从名王以下及从者二百余人，单于又上书言：'蒙天子神灵,人民盛壮,愿从五百人入朝,以明天子盛德。'上皆许之。元寿二年,单于来朝。"这里建平五年实即元寿元年。

元寿二年(公元前一年) 扬雄五十三岁,桓谭二十三岁。

刘歆为安定属国都尉、右曹太中大夫,迁中垒校尉、典文章。子棻亦幸于王莽。

《汉书》卷三十六《刘歆传》:"起家复为安定属国都尉。会哀帝崩,王莽持政。莽少与歆俱为黄门郎,重之,白太后。太后留歆为右曹太中大夫,迁中垒校尉。"又卷九十九上《王莽传上》:"哀帝崩……太后拜莽为大司马……于是附顺者拔擢,忤恨者诛灭。王舜、王邑为腹心,甄丰、甄邯主击断,平晏领机事,刘歆典文章,孙建为爪牙。丰子寻,歆子棻,涿郡崔发,南阳陈崇,皆以材能幸于莽。"帝崩在六月。

文论研究

《文心雕龙选译》引言

一 作者的生平和思想

(一)

我们的祖先给我们遗留下丰富的文艺理论遗产。如果我们运用马克思列宁主义和毛泽东思想,对这些文艺理论遗产,加以分析研究,剔除其中的糟粕,吸取其中的精华,那么对于今天理论工作的开展和文艺创作的推动,必然会起一定的积极作用。

在我国文艺理论遗产的宝库中,《文心雕龙》是最值得注意的杰作之一。早在一千四百多年以前,它就总结了前人丰富多彩的创作经验,整理出条理清楚的理论体系,并针对当时文坛的恶劣风尚进行批判,使创作和批评工作都向前迈进了一大步。

首先介绍作者刘勰的生平。

刘勰,字彦和,原籍山东莒县,寄居江苏镇江。他的生年不能确定,大约在公元四六五年左右。刘家相传是汉高祖子齐王刘肥的后裔,到南朝宋的时候有刘秀之,担任过较高的官职。秀之的弟弟灵真,就是刘勰的祖父,事迹不详。父亲刘尚,做过越骑校尉。但是刘尚死得早,所以刘勰幼年生活比较穷苦,甚至连结婚都结不起,依靠着当时有名的佛教徒僧祐,两人生活在一起。僧祐在南齐武帝时(公元四八三—四九三年)到江南讲佛学,刘勰可能就在这时跟着他到定林寺,协助整理藏经。

刘勰和僧祐同住的十多年,是他一生的重要时期。僧祐不但精通佛理,而且也博览儒书。当时教徒们为了宣传宗教,不得不使佛教汉化,有时不得不和儒学妥协。僧祐在《弘明集后序》里为佛教作辩护时,就曾大量引用儒家经典。刘勰和僧祐同住的时期,读了不少佛书,但同时也深入钻研儒家书籍,终于成为孔子学说的信徒,甚至在睡梦中也梦见自己手捧红漆的祭器,跟着孔子向南走。从此,他就下定了阐述儒学的决心。他本来打算替经典作注解,但考虑到过去已有人作出不少的成绩,所以决定从别的方面下手,就是根据孔子的学说来做文学批评的工作,并和当时文坛上的不良风气作斗争,结果就写成了三万七千多字的《文心雕龙》。

《文心雕龙》的脱稿,在公元五〇一年左右。当时的学术界还不大知道刘勰,他就带着书稿,假装做一个货郎,来引起沈约的注意。他的声名渐渐大起来,到梁武帝即位(公元五〇二年)以后,他便开始做官。他前后做了差不多二十年的官,如中军将军萧宏和仁威将军萧绩的"记室"、太末(今浙江龙游)的"令"、昭明太子(即《文选》的编者萧统)的"通事舍人"等等。最后,刘勰在定林寺出家,改名慧地。不久,他就死了,时间在公元五二〇年左右。

(二)

刘勰的著作,主要是《文心雕龙》。

他为什么要写这部书呢?首先是由于对当时的文学创作不满,其次也对过去的批评工作不满。从晋宋以来,文坛上逐渐出现了重视形式而轻视内容的倾向,把创作导向错路上去。但是一般评论家并不能提出系统的、正确的主张来指导创作。他们大都只谈到一些琐碎的、枝节的问题,而没有接触到创作的根本问题上去。刘勰所谓根本问题,就是创作的主导思想和作品内容的问题。他勇敢地在自己的写作中负担起这个建立新的理论体系来推动创作的任务。

《文心雕龙》共五十篇,内容分四个部分:

第一部分包括《原道》《征圣》《宗经》《正纬》等四篇,说明作者的基本论点,主张一切以儒家经典为依据,并提出"文原于道"的原则。

第二部分包括从第五篇《辨骚》到第二十五篇《书记》等二十一篇,分别就各种不同的体裁进行分析、评论。这些虽然属于文体论方面,但也体现了作者对创作和批评的意见。

第三部分包括从第二十六篇《神思》到第四十九篇《程器》等二十四篇,是全书中最重要的部分,里边系统地阐述了自己的创作论和批评论。

第四部分是最后一篇《序志》,是全书的总序。

《文心雕龙》以外,刘勰的作品流传至今者,有《梁建安王造剡山石城寺石象碑》(载孔延之《会稽掇英总集》卷十六)和《灭惑论》(载僧祐《弘明集》卷八)。前者两千多字,作于公元五一六年,内容是宣扬佛法的。后者三千多字,写作年代难定,大约总在僧祐死(公元五一八年)以前,内容是根据佛理来驳斥道教的。

我们研究刘勰的理论,主要根据《文心雕龙》,同时也可以参考《灭惑论》等两篇,因为里边也表达了他的思想。

(三)

要理解刘勰的文艺理论,首先要理解他的基本思想体系。他是儒家学说的信徒,同时也精通佛理。儒家学说从汉代以后,就分成"今文"和"古文"两派,刘勰所接受的是古文学派的传统。范文澜同志说得好:

> 儒学古文学派的特点是哲学上倾向于唯物主义,不同于玄学和佛学。尽管刘勰精通佛学,但在论文时,却明确表示唯物主义的观点。(《中国通史简编》修订本第二编第四二二页)

刘勰的思想,的确是属于东汉王充以来的唯物主义体系的。

至于佛教给予刘勰的影响,范文澜同志这样说过:

> 彦和(刘勰的字)精湛佛理,《文心》之作,科条分明,往古所
> 无……盖采取释书(佛经)法式而为之,故能魬理(文理)明晰若此。
> (《文心雕龙注》卷十《序志》注二)

这就是说,他学习了佛经分析理论的方法,使自己的论述也做到既深刻
又明确。除此之外,刘勰思想中某些唯心主义的局限性,和佛经也不是
没有关系的。

同时,我们知道当时宗教界、思想界里,本来有一部分人打算调和
儒、佛两派。例如和刘勰一起生活了十多年的僧祐,就有这种倾向。刘
勰自己在《灭惑论》里也说过:

> 至道宗极,理归乎一……梵言(印度古语)"菩提",汉语曰"道"。

他认为宇宙间的真理只有一条,不同的国家用不同的语言文字表达出
来,印度所谓"菩提"和中国所谓"道"指的是一件事。所以,我们肯定他
的思想基本上属于儒家体系,是以唯物主义为主导的,同时必须承认佛
理和唯心主义也占一定的比重,虽然他在《文心雕龙》中谨慎地避免运用
佛教的词汇。

他的唯物主义思想贯彻到文艺理论上,就形成了他的"文原于道"的
主张。所谓"道",就是宇宙间一切事物的规律,就是客观真理。这种
"道",他称之为"自然之道"。"自然"是客观事物,"自然之道"就是从客
观事物综合得出的结论。一切思想意识,一切学术文化,都服从于"自然
之道",就是都服从于客观存在,文学艺术也不例外。他认为先有客观存
在,然后才产生文章;而且既有客观现实,就必然会产生文章。只有符合
于"自然之道"的文章,才能具有鼓动读者的力量。

那么,怎样掌握这个"自然之道"呢?主要是自己亲身观察客观事
物,同时也要向过去的先知先觉所遗留下来的著作学习,特别是向儒家
经典学习。"自然之道"通过圣人而表达在文章里,圣人通过文章来阐明
"自然之道"。他认为以孔子为代表的历代圣人,是能够掌握"自然之道"

的。如果一个作家能在创作上完全跟着圣人的经典走，那就不至于违背"自然之道"，因而保证获得成功。所以他在《文心雕龙》里第一篇写《原道》(讲"文原于道"的原则)，第二篇就是《征圣》(主张向圣人学习)，第三篇就是《宗经》(向儒家经典学习)。在他看来，儒家之道是最"恒久"的道，因为它体现了"自然之道"。

这些论点，在当时是比较进步的。他的全部文艺理论都以此为出发点，他与文坛上不良风气作斗争也以此为武器，终于获得了辉煌的胜利。

《文心雕龙》是一部"体大而虑周"(章学诚:《文史通义·诗话篇》)的宏伟著作，里面讨论到的问题很多，我们只能就其中几个重要问题，略述如下。

二 文体论

(一)

在《文心雕龙》开始几篇中，刘勰阐明了对于文学的基本观点之后，接着从第五篇《辨骚》起，到第二十五篇《书记》止，分别论述了各种文学体裁。这是古典文艺理论史上第一次出现的比较完整的文体论，值得我们重视。

在他以前，也曾有人谈到文体问题。例如东汉末年蔡邕曾在《独断》这部书中说到政治性散文的分类(诏书、驳议等等)，又在《铭论》中谈到"铭"这种体裁的一些问题。后来曹丕在《典论·论文》里把一切作品分成"四科"(八类)，并对每种体裁的写作提出不同的要求:

> 盖奏议宜雅，书论宜理，铭诔尚实，诗赋欲丽。此四科不同，故能之者偏也，唯通才能备其体。

这里不但指出不同的体裁有不同的特点，而且还指出不同的作家也有不同的专长。这种看法是符合文学创作的实际情况的。

稍后，魏晋间的桓范、傅玄等人对文体也有些零星的意见。到陆机又把曹丕的"四科"（八类）扩大为十类：一是诗，二是赋，三是碑，四是诔，五是铭，六是箴，七是颂，八是论，九是奏，十是说。不过，他那时对于这十类的特征还不能全面地认识，因而对于各体写作的要求也就有所偏向。以后，挚虞在《文章流别志论》里，李充在《翰林论》里，也都接触到文体的问题。不过因为他们的论著大部分亡佚了，所以我们现在无从详论。

从这里，我们就更加看出《文心雕龙》的重要性了。

（二）

《文心雕龙》中论述体裁的虽然只有二十一篇，但其中有十四篇兼论二体，所以实际上包含了三十五类，即：骚、诗、乐府、赋、颂、赞、祝、盟、铭、箴、诔、碑、哀、吊、杂文、谐、隐、史、传、诸子、论、说、诏、策、檄、移、封禅、章、表、奏、启、议、对、书、记。他对每种体裁常常给以适当的定义，指出各体之间的区别及其相互关系，叙述各体起源和发展的情况，并举出代表作家和代表作品，进行扼要的评论，借以说明每体的特征和写作的方法。除这二十一篇外，其他各篇中也偶然牵涉到文体的问题。总起来看，刘勰的文体论有四个特点：

第一，刘勰在文体论中始终贯彻了批判的精神。他每论述一种体裁，常常一面举出优秀的作品做范例，一面对各时期文坛上的不良风气进行顽强的斗争，而对晋宋以后重视形式而轻视内容的作品更予以无情的抨击。例如，对于诗歌，他反对"流靡以自妍"（《明诗》篇）；对于辞赋，他反对"繁华损枝"（《诠赋》篇）；对于其他作品，他反对"文丽而义暌"（《杂文》篇）。他这种战斗性，不仅表现在文体论中，也表现在全书里。

第二，刘勰论文体是和他关于创作及批评的观点一起阐述的。例如他在《辨骚》篇里，虽然主要说明骚体的特点，但他首先却指出了过去刘安等人对《楚辞》评论的缺点，最后又提出"酌奇而不失其真，玩华而不坠其实"的创作原则。周扬同志认为这两句话体现了"我国关于文学中幻想和真实相结合的最早的朴素的思想"（《新民歌开拓了诗歌的新道路》，载《红旗》创刊号）。这样他就更突出了《楚辞》作为积极浪漫主义诗歌的主要性质了。

第三，刘勰对文体的分析是和文学发展历史的探讨相结合的。他在《明诗》篇里，用大量篇幅从诗歌的起源讲起，历述先秦、汉、魏、晋、宋的诗歌的发展和变化；指出了不同时代的不同作家的特点，也指出了不同样式的不同作品的特点。这样我们就不但懂得了诗歌怎样从《诗经》中的风、雅、颂逐渐演变到后代的五言诗，同时也更明确了四言、五言等各种诗体是怎样形成的，在写作上又有怎样的特殊要求。

第四，刘勰在文体分类中，列入了一般人所不注意的"谐"和"隐"。这两种作品，主要来自民间，是广大人民智慧的结晶，却一向被文人学士认为是不能登大雅之堂的东西。在他以前，固然没有人谈到它们；就在他专篇论述以后，也很少人继续发挥。但他却拿来和诗、赋、碑、传并列，给优孟、优旃以和曹植、潘岳同等的地位，这是难得的。在《乐府》篇里，他批判《桂华》《赤雁》等贵族乐章，而不废弃"讴吟坰（郊）野"，正是同样的精神。他对民间文学虽然还重视得不够，但已远胜于其他封建学者。

刘勰文体论的缺点，在于稍嫌烦琐、庞杂，在三十五类中加入了一些与文学无大关系的作品，如诏、策、章、表之类。这和他在文学观点上的某些局限性，是有一定联系的。

（三）

谈到这里，就牵涉到"文""笔"之分的问题了。

"文"和"笔"的区分，不仅和文体论的发展有关，也和历代对文学范围的看法的演变有关。秦汉以前，人们对文学和一般学术性的论著的区别，和某些政治性的文章的区别，是没有十分意识到的。渐渐地作品出现得越来越丰富，读者对文学作品的认识也越来越提高，所以到晋代就很自然地产生了"文"和"笔"的区分了。

什么叫做"文"？什么叫做"笔"？晋宋间人对此并没有留下详细的说明。刘勰在《文心雕龙·总术》篇里，曾有这样的话：

> 今之常言，有"文"，有"笔"。以为无韵者"笔"也，有韵者
> "文"也。

什么是"韵"呢？那并不仅指句末的押韵，也指句中的音节。因此，所谓有韵的"文"，并不是只指诗歌，也指赋、铭之类的作品。而无韵的"笔"，则大都是些学术性的或政治性的文章。所以萧统编选诗文，称为《文选》，表示其中主要选有韵的"文"。萧绎在《金楼子·立言》篇里也指出，屈原、宋玉、枚乘、司马相如的作品是"文"，而某些章、奏就只能算是"笔"了。

有人认为刘勰不赞成"文""笔"之分，其实未必如此。他在《序志》篇里曾明白说过，他这部书中有一部分是"论文叙笔"的。他论文体的二十一篇中，前半部分（从《辨骚》篇到《哀吊》篇）是属于"文"的，后半部分（从《史传》篇到《书记》篇）是属于"笔"的，而中间两篇（《杂文》篇和《谐隐》篇）则兼有"文"和"笔"两方面。不过他虽不反对"文""笔"之分，但却反对颜延年的"文""笔""言"之分。而且他还和同时代的人不同，他重视"文"而不排斥"笔"。这不是没有意义的，因为在所谓"笔"中间，就有在文学史上占重要地位的作品（如《史传》篇所论司马迁的《史记》等）；而在"文"中间，也有与文学关系不大的作品（如《颂赞》篇所论李斯《刻石铭》等）。所以，讲到古典文学的体裁问题，我们不妨在刘勰的三十五类的基础上，再作进一步的调整，而不一定拘泥于"文"和"笔"的区分了。

三 文学与现实的关系

（一）

刘勰的创作论和批评论，是《文心雕龙》的主要内容。但是为了理解他关于创作和批评的论点，必须先分析一下他对于文学与现实、内容与形式等问题的看法。

文学与现实的关系，别林斯基曾作过一个很好的比喻。他说："现实

之于艺术和文学,就像土壤之于它所培养的植物一样。"(《别林斯基论文学》第一一一页)离开了现实,根本就不可能有文学的产生。所以,怎样回答文学与现实的关系,是判断一个文学家能否正确认识和理解文学的一个重要问题。这问题之所以如此重要,就因为只有认清了这种关系,才能正确地理解文学是怎样产生的,文学的内容应该写些什么,什么是文学发展变化的决定因素,以及文学的社会意义如何,等等。

在刘勰以前,已经有人开始对文学与现实的关系作过较为正确的说明,如《礼记·乐记》上说的:声音的产生,是从人的心开始的;人心的活动,是受了外物的影响;人的思想情感受了外物的影响而活动起来,因此产生出声音来。后来,陆机的《文赋》,也曾接触到这个问题,说文学作品是人感于四时方物的变化而写出来的。这些论述虽然还比较琐碎,不成体系,但对刘勰进一步系统深入地探讨这个问题,却是有一定帮助的。

同时,在刘勰以前,也曾有人对这问题做了不少错误的解释。他们割断了文学与现实的关系,认为文学是人的主观的"心"的产物。由于他们否定了文学是现实生活的反映这一根本原则,因而在对文学的理解上、创作上,都作了不适当的处理。如曹丕,他不仅认为文学是为封建统治者服务的所谓"经国之大业",而且把它当作一种可使个人"声名自传于后"的工具。又如陆机,他却常常利用诗歌来颂扬自己的祖德。至于南朝萧纲等统治者,更完全把文学当作一种享乐腐化的工具来使用了。在创作上,很多人都一味追求形式,出现了刘勰所说的"俪采百字之偶,争价一句之奇"(《明诗》篇)的不良现象。他们这样做,固然主要是决定于他们的阶级立场,但从文学理论上来看,则是违反了文学反映现实这一根本原则。这样的文学就不可能忠实地反映现实,同时也不可能起到它应有的认识作用和教育作用。

对于文学与现实的关系这样一个重要问题,刘勰是非常重视的。为了总结先秦以来的文学创作经验,特别是反对当时文坛上重视形式而轻视内容的风气,刘勰在《文心雕龙》中,对这问题特作了专门的论述,提出了许多可贵的意见。

(二)

上面谈到刘勰的思想时,我们曾指出他的"文原于道"的基本文学观。这一观点在《原道》篇阐发得很清楚。他认为客观存在的天地万物本身就是美的,它是文学艺术最根本的源泉。这一观点是他进而论述文学与现实的关系的基础。从这一观点出发,他以《时序》和《物色》两篇,分别专论文学与社会现实和自然现象的关系。除这两篇外,其他如《原道》《明诗》《诠赋》等篇,也曾作过一些有关的论述。

《时序》篇是专门论述文学与社会现实的关系的。在这篇里边,刘勰认为文学的发展变化、文学作品的思想内容和风格形式,都是和产生这种文学的社会现实密切相关的。刘勰从上古的陶唐之世,一直论述到南朝宋齐,举出了大量事实来证明"时运交移,质文代变"的道理。如像在相传唐尧、虞舜的时候,政治昌明,德泽广被,人民安乐,因而有愉快和乐的《击壤歌》《康衢歌》《南风歌》《卿云歌》等等出现。这是什么原因呢?刘勰解释道:"乃心乐而声泰也。"在那种淳朴的原始社会里,由于人民心情愉快,因此唱出来的歌声也是和美的。但是。到了周朝的厉王、幽王和平王的时候,由于统治者荒淫无道,世道衰微,于是就产生了讽刺统治者的《板》诗,表达诗人愤怒心情的《荡》诗,和充满悲哀情感的《黍离》诗,等等。刘勰就根据这种事实,推论出文学随时代社会而发展变化的道理:"故知歌谣文理,与世推移,风动于上,而波振于下者。"

除了从政治、王化方面来探讨文学与现实的关系外,刘勰还从社会风气、宗教信仰和哲学思潮等各个方面来说明这种关系。其中值得特别指出的,是刘勰对建安文学的论述。他说:

> 观其时文,雅好慷慨,良由世积乱离,风衰俗怨,并志深而笔长,故梗概(慷慨)而多气也。

这就明确地指出,建安时候慷慨多气的现实主义文学创作,是汉末那种动乱不安的社会现实造成的。这就是说,诗人的感情来自社会现实,由这种感情所反映出来的诗歌内容,也是为社会现实所决定的。这种看法,自然是正确的。

刘勰在论述文学与社会现实的关系上,虽然多从政治、王化方面着眼,而没有也不可能从经济基础和阶级斗争等更为基本的方面来说明文学与社会现实的关系;并且,还常常过分地强调了封建统治者对文学的提倡与重视所起的作用,这是他的局限,我们应予分别对待。但就以上所述,我们认为刘勰对文学与社会现实的关系上,是有了较为正确的认识的。因此,他能从大量的历史事实中,得出这样一个总的结论:"故知文变染乎世情,兴废系乎时序。"这个结论基本上是符合文学反映现实的客观规律的。

(三)

《物色》篇是专论文学与自然环境的关系的。在这方面,刘勰比对文学与社会现实的关系认识得更为清楚,探讨得也更为深入。

所谓"物色",就是客观的自然万物的形貌状况。刘勰认为自然万物不仅是文学的源泉,而且对文学有着制约作用。文学的内容是由客观现实决定的。刘勰指出,人们能够见一叶而知秋,或者因几声虫鸣就会引起某种心思的活动。根据这种事实,他认识到客观的自然万物有一种感召人心的力量。这种力量,即使对于微小的虫蚁也能发生作用:如蚂蚁到了春暖季节就会活跃起来,而螳螂则总是在秋冬进食。所以刘勰感慨地说:微小的虫蚁尚且受到外物的感召,可见春秋四季对人类万物有多大的影响。

刘勰根据这种自然现象,进而论述到人的思想情感也必然要受到客观事物的感召:"物色相召,人谁获安?"在五彩缤纷、复杂多变的大自然中,作为"有心之器"的人,是不能安安静静、不受其感动的。《物色》篇中"物色之动,心亦摇焉"的卓越命题,就是根据这种客观规律提出来的。由于人的"心"(思想感情)是随"物"(客观世界)的变化而变化的,所以在春暖花开的季节,人们会感到愉悦舒畅;在炎热沉闷的夏天,则常常是烦躁不安;天高气清的秋天,便容易引起人们阴沉的遥远之思;霰雪无边的冬天,则往往使人有种种苦思深虑出现。根据这种事实,刘勰得出结论说:"岁有其物,物有其容;情以物迁,辞以情发。"这就明确地指出了客观现实对文学的制约作用:首先是有了客观的"物",这种"物"才引起人产生各种不同的"情";由于"情"决定于"物",所以表达这种"情"的"辞"(文学作品)就必然是"物"的折射。总起来说:文学受制约于客观世界,而客观世界能够在文学作品中真实地反映出来,这就是刘勰在《物色》篇总结出来的一条重要规律。这一文学反映规律的发现,对于我国古代文学创作和理论批评的发展,无疑是一个极大的贡献。

(四)

但是,如果机械地从文学反映现实的原则出发,要求文学作品所反映的现实和真正的现实一模一样,把艺术和现实等同起来,那就无异于取消了艺术。那种机械地照抄现实的艺术方法,在现代文学中叫做"自然主义"。自然主义的潮流虽然到十九世纪七八十年代还盛行于西欧各国,甚至在今天也还有它暗淡的市场,但出现在我国一千四百年前的刘勰,他在强调文学要反映现实的同时,就开始猛烈地反对当时那种照抄现实的创作方法了。

刘勰反对单纯地摹写事物外貌的意见,《文心雕龙》中触目皆是,如像在《明诗》篇中对"情必极貌以写物,辞必穷力而追新"的批评,在《物色》篇中对那种"文贵形似"的文学创作的批评等。刘勰所一贯主张的,则是"为情而造文",文学创作必须以"述志为本"(《情采》篇),如果文学创作不通过作者的思想情感,那就只能构成一座无情无实的空架子。所以,文学创作必须通过作者主观的"情"与"志",只是这种"情"与"志"必须是来自客观现实,必须是客观的"物"所引起的。

主观的"情"与客观的"物"的关系,刘勰在《明诗》篇中说得很明白:"人禀七情,应物斯感,感物吟志,莫非自然。"人的主观的情,受到客观事物的影响,才在作品中表达其"志"。"志"虽是来自"物",是感于物而发的,但它毕竟不再是"物"而是"志"了。"志"则是一个主客观的统一体。这种由客观的物到作者的主观的情,再由主观的情到产生文学作品的具体过程,刘勰在《物色》篇说得更为清楚:

> 是以诗人感物,联类不穷。流连万象之际,沈吟视听之区。写气图貌,既随物以宛转;属采附声,亦与心而徘徊。

可见这种"感物"的过程,并不是一个简单的照相似的反映过程,而必须作者深入细致地去观察体会客观事物,特别是作者在认识体验客观事物中,要经过一个"随物以宛转"和"与心而徘徊"的过程,在物与心反复交映中,使物融化于作者的感情之中,然后才产生出文学作品。这才有可能是既有充实的现实内容,又有饱满的思想感情的好作品。要怎样才能把作品写得好,刘勰在《诠赋》篇里还进一步论述道:

> 原夫登高之旨,盖睹物兴情。情以物兴,故义必明雅;物以情观,故词必巧丽。丽词雅义,符采相胜……文虽新而有质,色虽糅而有本,此立赋之大体也。

这就是说,一方面因作者的感情确是来自客观现实,所以有"明雅"的内容;一方面又因作者能把自己的感情寄托于客观事物,因物以达情,所以有"巧丽"的形式。只有这样,才能产生"丽词雅义"、有文有质的文学作品来。这种见解,无疑是较为精到而正确的。

四 内容与形式的关系

(一)

内容和形式的关系,是刘勰在《文心雕龙》中讨论到的又一重要问题。苏联文艺理论家万斯洛夫认为:在美学史上,艺术中内容和形式的相互关系"这一问题的提出和解决,方式是各不相同的,这取决于:对于艺术的社会意义的看法,艺术本身发展的水平,某一理论的现实主义或反现实主义的实质,进步的或者是反动的倾向性"。(《文艺理论译丛》第一辑合订本第二六三页)可见,从这一问题的论述中,能够看出当时整个文学发展的水平,也可以从这里更好地认识到刘勰文学理论的成就。

刘勰对文学的内容和形式的论述,和当时文学发展的具体情况是有着密切关系的。一方面,晋宋以后,文学创作上重视形式而轻视内容的倾向愈来愈严重了。正如刘勰在《通变》篇里所说的,当时文学发展的趋势是:"从质及讹,弥近弥澹。"由质朴到艳侈讹滥,越到后来越无味;文学的思想内容被抛在一边,形式却被摆到不恰当的重要的地位。刘勰从理论上来探讨文学的内容与形式的正确关系,就正是为了反对这种不良的风气,找出文学创作应该遵循的正确原则。

另一方面,文学在由质而文的发展过程中,也有它进步的一面。魏晋以来由于文学作品越来越丰富多彩,文学的艺术性越来越被人们重视起来了,于是才有文笔之分的出现,文学创作才逐渐成为一种独立的艺术活动。正因这样,文学不同于古代一般经史典籍的特点,才逐渐显露出来而为人们所理解和掌握。譬如萧统在编纂《文选》时,就大体上划清了文学与非文学的界线,撇开圣人的经典,只选那种在内容上主要是抒发思想感情的,在形式上是辞采华茂的文学作品。

刘勰对文学的内容和形式的认识,正是取决于这种"艺术本身发展的水平"。他在《文心雕龙》中,把史、传、诏、策、颂、赞、祝、盟等一概列论,在这一具体做法上自然不如萧统,但这并没有妨碍他有益的文学见解的发挥,也不能说明他对文学艺术的特征没有一定的认识。就当时文学艺术发展的水平来看,文学的基本特征,刘勰是掌握住了的。所以,他虽然对晋宋以来偏重形式而缺乏内容的文学进行了一系列的猛烈攻击,但却并不否定文学作品所应有的艺术性。相反,他在《序志》篇说:自古以来的文章,都是用雕饰手法写成的。在《夸饰》篇又说:只要是用文字写成的篇章,就有夸张和雕饰存在。在《情采》篇更说:即使是圣贤的著作,也"总称文章,非采而何"。由此可见,刘勰并不完全反对艺术形式,他对文学的艺术特征，是有一定认识的。刘勰就是在这一认识的基础上，进而探讨文学的内容和形式的关系的。

（二）

首先，刘勰从秦汉以来很多具体的文学创作中认识到，文学作品的内容和形式都是不可偏废的。他在《风骨》篇中指出，文学作品如果形式方面不够（"无骨"），辞藻过于繁冗，那就会造成作品的杂乱无章；相反，如果内容方面不好（"无风"），思想不够严密周到，那就会造成作品的枯燥无味。在《总术》篇中刘勰也说过，如果"义华而声悴"，有好的内容而无好的形式，或者是"理拙而文泽"，辞句虽然很漂亮，但道理讲得不好，同样算不上好作品。所以，刘勰认为好的作品必须做到"衔华佩实"（《征圣》）、"舒文载实"（《明诗》）。只有内容和形式兼顾，二者相符相称的作品，才是好的作品。

其次，刘勰从文学艺术形成、产生的过程中，说明了内容和形式的内在联系。

从物体和它的形式的基本关系上来看，刘勰认为二者是同时产生的。这种关系在《原道》篇说得很清楚。天地间自然万物都各有自己美的形貌：有日月山川就有日月山川的形貌，有龙凤虎豹就有龙凤虎豹的形貌，甚至一草一木，也有一草一木的形貌。这种形貌不是外加上去的，而是客观的物本身所具有的。天地间一切物体都是这样，有怎样的物存在，就自然有它自己的形貌产生。因此刘勰说："故形立则章成矣，声发则文生矣。"这就是他在《原道》篇中推论万物自然之美时得出的正确结论。

根据这种看法，刘勰进一步论述到文学的内容和形式的关系。他在《定势》篇说：文章的体势就如像圆的东西易于移动、方的东西比较安稳一样，这种性质和物体本身的特点是直接联系着的。这是什么原因呢？刘勰认为，虽然各种文章所表达的情感不同，方法各异，但有一条总的规律可循，那就是："因情立体，即体成势。"文章的体裁是随作者的情感而确立的,文章的规格形式("势"),又是随文章的体裁而自然形成的。这就是说,有怎样的内容,就应该有怎样的形式,内容和形式应该是一致的。这个道理在《体性》篇说得更为明白:"夫情动而言形,理发而文见,盖沿隐以至显,因内而符外者也。"我们从这里可以看出,文学作品的内容和形式之所以有着必然的联系,就因为它的表现形式是随作者情感的活动和他要说明的道理而形成的。文学作品既然是由这种情或理逐渐由内而外、由隐而显地表达出来才形成的,那么,它就必然是内外相符、表里一致的了。由此可见,文学作品的内容和形式,是有其内在的必然联系的。

(三)

在《情采》篇里,刘勰对内容和形式的关系,作了更为集中的论述。他在这篇里首先谈到内容和形式相互依存的关系:

> 夫水性虚而沦漪(波纹)结,木体实而花萼振,文附质也。虎豹无文,则鞟(皮革)同犬羊;犀兕有皮,而色资丹漆,质待文也。

如前所述,物体或文学作品的形式,是随物本身的特点或作品的具体内容而形成的。那么,形式就必须是在它表达了一定的内容时才有意义;离开了内容,形式就无所依附了。在上面这段引文里,刘勰就把这道理说得更为清楚。水之所以有波纹的形式,是由水这种物体本身的特性"虚"决定的。木之所以有花萼的形式,则是由木这种物体本身的特性"实"决定的。波纹离开了水,花萼离开了木,便都无从表现出来,这种种形式也就不可能产生了。所以,刘勰正确地指出:"文"是依附于"质"的,即形式是依附于内容的。

同时,刘勰认为形式对于内容也并不是可有可无的。譬如虎和豹的皮毛,如果没有它那种花斑的外形,那就和犬羊的皮革一样,因而表现不出虎皮和豹皮的内容。又如犀和兕这两种动物的皮革,也必须涂上一层丹漆,才能显示出漂亮的颜色而利于运用。这就是"质待文"的道理。没有相应的形式,内容虽好却无法表现出来,可见形式对于内容是有积极作用的。刘勰在《定势》篇里曾具体谈到过形式的这种积极作用。他说写文章如果以圣人的经典为法式,就可能有"典雅"的优点;如果厌弃经典的旧式而企图贪新取巧,那就会产生一种诡巧、讹滥的作品。这就是形式的反作用造成的。

文依附于质而存在,质有待于文而表现出来;没有离开内容而单独存在的艺术形式,也没有离开形式而单独存在的艺术内容。所以,内容和形式有着不可分割的统一性。这就是刘勰对文学的内容和形式的关系的基本看法。但是,刘勰虽然认为文学的内容和形式有如此密切的关系,二者都很重要,不可偏废,却又并不是主次不分地把二者完全等量齐观。所以,他在《情采》篇里说明了内容和形式的相互依存关系之后,接着便强调地指出了内容的主导作用。

文学作品主要是为了表达作者来自客观事物的情感,因而文学创作必须根据内容来建立形式,即前面说的"因情立体,即体成势"。很显然,内容在文学作品中是起决定作用的因素。好的形式,固然能起到更好地表现内容的作用,但如果内容不好,纵有美好的形式,仍不能成其为优秀的作品。这就正如《情采》篇说的:涂脂抹粉虽然可以装饰一下容貌,但如果一个人本来生得不美,则任何装饰也不能使他变得美丽起来。因此,刘勰在《情采》篇提出了"为情而造文"的正确主张,认为文学创作必须根据内容的需要来创造表现它的形式,而反对与此相反的"为文而造情"的做法。

文学创作要以内容为主的精神,是贯穿在《文心雕龙》全书中的。刘勰曾从多方面来说明这点。如《情采》篇说的:"情者文之经,辞者理之纬,经正而后纬成,理定而后辞畅。"又如《附会》篇说的:"情志为神明(主脑),事义为骨髓,辞采为肌肤,宫商为声气。"这些都有力地说明了内容在文学作品中的主导作用。这种作用就如经纬交织的经线一样,必须首先确定了"经",然后才能织以"纬";又如像人体之有骨髓、肌肤、声气等等,而必须有统率这一切的主脑一样,必须有"神明",人才不是一座没有灵魂的肉体。可见内容在文学作品中是最根本的东西。

刘勰对文学的内容和形式的论述,虽然系统性还不是很够,而且他所说的内容,主要是指作者表达在作品中的情志;他所说的形式,主要是指作品的文辞,这比我们今天所理解的文学艺术的内容和形式的概念要狭窄得多。这种理解,对于他更深入系统地认识和论述内容和形式的关系是有妨碍的。但是就上述意见来看,刘勰在一千四百多年前就能对有关文学的内容和形式的问题,提出许多正确的论断,却是难能可贵的;这无论对我国古代文学创作或理论的发展,都有着重要的贡献。

五 创作论

(一)

在刘勰以前,陆机的《文赋》是专谈文学创作的。《文赋》对刘勰创作论的建立曾发生一定的影响,但它主要是谈修辞技巧的,且内容比较简单,叙述不免琐碎零乱。《文心雕龙》则在此基础上对创作问题作了全面而系统的论述。在下卷二十五篇中,除《时序》《知音》《序志》等篇外,其余《神思》《体性》《风骨》等十多篇,大都是讨论创作问题的。同时上卷各篇中也有这方面的论点。这里涉及有关创作的问题非常广泛,我们不能全都谈到。现在打算先就他对创作的准备、想象虚构和修辞技巧等有关论述,作一简单的分析,然后进一步探讨他对于现实主义和浪漫主义的一些看法。

首先是创作的准备工作。

由于刘勰初步认识到客观现实是文学艺术的源泉,文学艺术就是客观现实通过主观情志的真实反映,因此,文学作品要能正确地反映现实生活,其首要条件是作者必须对现实生活的各个方面有广博的见识,要对天地万物作深入的观察、全面的了解,否则是写不出好文章来的。刘勰在《神思》篇中曾说过,作者临篇创作时,"必有二患",其中之一就是由于作者的见识贫乏,对客观事物了解得不深不透而造成思理沉滞的现象。刘勰认为拯救这种贫困的最好食粮就是"博见"。

现实的面是极为广阔的,天地万物无不是文学艺术描写的对象,但总起来不外自然现象和社会现象两个方面。所以,刘勰在《原道》篇概括地指出:既要观察天地万物以穷究自然的变化规律,又要了解社会人事以使文学起到应有的教育作用。要描写自然万物,作者就必须盘桓流连于万物之间,在"视听"的过程中进行细致的吟咏体验。这样才能写出"以少总多,情貌无遗"(《物色》篇)的作品来。

对于社会生活的观察认识,刘勰在《程器》篇提出通晓政事的要求:"安有丈夫学文,而不达于政事哉!"在《议对》篇更说:"若不达政体,而舞笔弄文",乱写一气,那就只能在形式上"空骋其华",而不可能写出内容充实的作品。因此,刘勰指出:作者如果写郊祀方面的事,他必须洞晓祭礼;如果写军队方面的事,就必须熟悉兵事;如果写田谷方面的事,就必须懂得农业;如果写断讼方面的事,就必须精通法律。这就是说,写什么就必须熟悉什么;不熟悉,不了解,不懂得的,就必须事先进行周密细致的观察。只有这样,才能写出"义显"而"辞正"的作品来。

"博见"的方法,除了作者亲身观察了解某些事物外,刘勰又提出了学习古人特别是学习圣贤经传的意见。他在《风骨》篇里说:文学创作必须以经书为模范来学习,并沿着子书、史书的道路前进,才能产生出好的内容、美的辞句。如果"跨略旧规,驰骛新作",则虽然偶获新意,也往往是失败的居多。此外,刘勰在《征圣》《通变》等篇里,更详细地论述了向儒家经典学习和接受文化遗产的重要意义。在这问题上,刘勰虽然过于强调了儒家经典的重要,因而对继承经典以外的文学杰作的优良传统方面注意不够,但就他能认识到要向古人学习、继承前人遗产这一意义来看,对于当时文学的创作和发展,还是有他的可取之处的。

作者有了广博的生活知识,对所描写的对象有了深切的了解,但要把他所认识和理解到的东西正确而生动地反映出来,使之成为一种艺术品,还需要作者具备一种必要的条件,就是艺术技巧。所以,《文心雕龙》

中有《总术》一篇,专论掌握艺术技巧的重要性。刘勰在这一篇里说:文学创作如果掌握了一定的技巧,那就如像善于下棋的人深知棋局规律一样,作者在写作时就能有步骤地配合着情感,依顺着时机,一层一层地写下去;如果作者没有很好地掌握写作技巧,而任凭主观心意,随便写来,就好像赌博的人碰运气一样,期待着意外的巧事,那么,即使他开始时还勉强写了几句,但却"后援难继":如果可写的东西太少,他就无法继续写下去;如果可写的东西太多,他又不知如何取舍安排。像创作上这样简单的问题还搞不清楚的人,他又怎能谈到把文章写好呢? 所以刘勰说:"才之能通,必资晓术。"只有熟练地掌握了艺术技巧,才算具备文学创作的才能。

(二)

其次,我们谈谈刘勰对想象虚构的意见。

深入地观察现实,认识现实,并取法先贤和掌握艺术技巧,这是文学创作的首要条件。但作者不可能亲身体验到他所要描写的一切,生活中很多新的、具体的东西,也不是从前人的书本中所能学到的。同时,文学艺术反映的现实,也并不是机械地复制现实生活的表面形貌,而是客观现实通过作者的主观情感,然后艺术地再现出来。《物色》篇说的物动而心摇,情迁而辞发,就正是这样一个反映过程。《神思》篇更直接谈到,文学作品是"意授于思,言授于意"而形成的。这就是说,文学作品的言辞来自作品的情意,而反映在文学作品中的情意是在作者的思考过程中产生的。它不是一般的情意,而是经过一番想象加工过的东西。所以刘勰说"意授于思"。只有通过作者思考加工过的情意,用文字表达出来,才能成其为文学作品。可见,想象思考在文学创作中是必不可少的。

刘勰在《神思》篇中首先谈到想象思考在创作上的作用。他指出:当作者集中心力,寂静沉思的时候,纵则千载,横则万里,时间空间都不能限制他。作者运思时,可使珠玉的声音、风云的色貌,都出现在他的面前。刘勰以前的陆机,也曾在《文赋》中谈到过文学创作中想象思考的这种作用,谈到想象思考可使作者的思力普遍到古今四海,可以飞驰于"八极""万仞"的太空之中,可以使作者的情感逐渐由不明晰("瞳眬")到明晰("弥鲜")等等。但陆机只谈到想象的这种功力为止,刘勰则在此基础上,进而谈到想象的具体过程,谈到"思理"。

文学创作中所进行的想象,并不是毫无根据的凭空乱想,它必须建立在对客观事物的深刻了解的基础之上。同时,这种想象,不仅作者必须首先对客观事物有深刻的认识了解,而且在整个想象过程中,也一直不能离开事物的具体形象。《物色》篇说的"随物以宛转"就是这个意思。《神思》篇中对这点说得更为具体。刘勰指出,如果作者在创作中运用起思考来,那么当他想到登山的情景,脑子里就充满着山的形象;当他想到观海的时候,满脑子就浮现出海的景色。这就是作者在平时登山观海的实践中所得的认识的基础上,在创作思考时,根据这种印象加以联想而发生的作用。所以,作者在想象的整个过程中,一直是没有离开客观事物的具体形象的。对于这点,刘勰在《神思》篇中用"神与物游"四字,概括地总结了这种"思理"的基本特征。只有作者的思路是沿着物的具体形象而游历宛转,他所想象的事物才可能清晰地层示在他的面前,他的思路才能畅通无碍地顺利进行。很显然,刘勰所说的"神与物游",是接近于我们今天所说的"形象思维"的意思的。在刘勰以前,这是个一向被人视为神秘莫测的问题,刘勰能找出它的特点而又说得这样清楚明白,这是很值得我们珍视的。

刘勰虽然强调想象思考的重要,但却反对劳神苦思。他认为文学创作主要是靠平日"秉心养术"的修养功夫,临文创作时则"无劳苦虑","不必劳情"。对于这种平时的修养功夫,在《神思》篇中提到四个重要方面:第一是要积累丰富的知识("积学以储宝");第二是要辨明事理来提高才能("酌理以富才");第三是要在生活的经验中锻炼出理解事物的能力("研阅以穷照");第四是要能驾驭自己的情致来运用文辞("驯致以怿辞")。只有建立在这种基础上进行的想象思考,才不是凭空悬想,才能起到如上所述的神思的功效。

（三）

最后，我们谈谈刘勰对修辞技巧方面几个具体问题的意见。

1. 关于语言文字的运用。语言是表达思想的重要工具，刘勰对这点是有所认识的。如他在《神思》篇里说的，语言是用以表达人的思想情感的。表达得好，可使语言和作者的思想情感完全一致起来（"密则无际"）；表达得不好，那就和作者的思想感情有很大距离（"疏则千里"）。可见在文学创作上准确地掌握和使用语言是非常重要的。

在《练字》篇里，刘勰更进一步指出：思想依托于人的声音而成为语言，语言又通过一定的表现形式而成为文字。这就确切地说明了思想、语言和文字三者之间的关系：语言文字是表达思想的工具，而口头的语言和书面的文字，也不过是用有形的符号来表示有声的语言，它们本来是一致的。所以，在语言文字的运用上，刘勰主张要以表达思想为主，要"依义弃奇"，反对怪字奇句，主张通俗易晓。而且为了更好地表达思想情感，要使每一个字、每一句话都有它的必要性，做到"意少一字则义阙，句长一言则辞妨"（《书记》篇）；要一篇文章写成后，就不能随意增一句、减一字："句有可删，足见其疏，字不得减，乃知其密"（《镕裁》篇）。

2. 关于夸张。夸张是一种重要的艺术手法。《文心雕龙》中有《夸饰》一篇专门论述这问题。在这篇里，刘勰认为自古以来的文章都是有夸饰的。这些夸饰之文，话虽说得过甚其词，但对于内容却并无妨害。相反，他认为借助于夸张手法，却可使文章更加生动有力。它不仅可使不明显的东西明显起来，使人易于领会，甚至可起到使瞎子睁开眼睛，使聋子受到惊骇的巨大作用。

夸张的作用虽是很大，但刘勰同时又指出，夸张不能"夸过其理"，违背事实。夸张必须有一定的节制，润饰必须要无损于原意，这样，夸饰才能起到有益的作用。

3. 关于篇章结构。对于文章的结构，刘勰最主要的要求是条理分明，结构严密。如《附会》篇所说：在条理上要使所讲的内容虽繁，但没有颠倒错乱的毛病；所说的话虽多，却没有繁杂紊乱的缺点。在结构上则要"首尾周密，表里一体"。要怎样才能做到这点呢？刘勰提出要依源循干来整派理枝的办法，即要抓住主要的、根本的东西，进而考虑次要的、枝节性的问题，使一切枝派服从于主干或主流。刘勰指出，这就如像四匹马共拉一辆车子，像车轮上许多车辐同用一个车毂一样，使所有的枝叶，全都为其主干服务。而那些无益甚或有害于主干的东西，刘勰在《镕裁》篇里比之于人体上多余的枝指或肉瘤，无论是内容上的"骈拇枝指"或文辞上的"附赘悬肬"，都应予以截剪。这也就是我们今天所说的剪裁的意思。

此外，刘勰还有《比兴》篇论比兴手法，有《声律》篇谈声律问题，有《事类》篇论用典，有《丽辞》篇谈对偶等。这些，我们就不逐一细谈了。

总起来看，刘勰的创作论所接触到的问题，是相当全面的。从观察生活、积累材料、锻炼技巧，到构思布局、设情置辞，以至于夸张、剪裁、比兴等种种手法和最后的修改润色都谈到了。在这些论述中，虽然谈形式技巧的篇章不少，但对创作上一些有关的重要问题却都已着重谈到了；而且在谈任何一种形式技巧问题时，都是一再强调以表达内容为主。比之陆机的《文赋》，刘勰的创作论是大大地前进了一步。从当时文学创作的发展水平来看，它可说是比较全面而正确地总结了先秦以来的创作经验的，这对我国古代文学创作的促进和创作理论的发展，是有着重要的贡献的。

六 有关现实主义的一些论点

（一）

现在我们探讨一下刘勰对于现实主义创作方法的意见。

根据上文所述刘勰有关文学各种问题的看法，我们认为他的某些文学观点，是比较接近于我们今天所说的现实主义的。在进一步分析刘勰的现实主义论点以前，首先谈谈古典文学现实主义的基本特征。

我们认为，现实主义是一个历史的、发展的概念，每一个时期有每一个时期不同的特点。恩格斯在公元一八八八年给哈克纳斯的信中曾经说过："照我看来，现实主义是除了细节的真实之外，还要真实地再现典型环境中的典型性格。"（《马克思、恩格斯、列宁、斯大林论文艺》第十九页）这是针对 19 世纪欧洲现实主义的小说和戏剧的创作情况提出的要求，不能用来衡量古今中外一切文学样式的现实主义艺术。否则我国从古到今，许许多多富有现实主义因素的优秀的诗歌散文，都将因为没有创造出典型环境中的典型性格而被排斥于现实主义艺术之外了。

我们认为中国古典文学史上各个时期、各种样式（无论诗词歌赋或话本、杂剧等等）的现实主义文学，其共有的基本特征，是按照生活的实际存在的样子，真实地反映客观现实，真实地表达作者的思想情感。真实性是古典文学现实主义艺术的灵魂。关于这点，恩格斯和高尔基的话可以供我们参考。恩格斯在上述的同一信中曾说："在你的小说里，除了现实主义的真实性以外，最使我注意的是它表现了真正的艺术家的勇敢。"（《马克思、恩格斯、列宁、斯大林论文艺》第十八页）可见，恩格斯也是把真实性看作现实主义的基本特征的。高尔基在《我怎样学习写作》一文里，就把现实主义的这种基本特征说得更为明确。他说："对于人类和人类生活的各种情况，作真实的赤裸裸的描写的，谓之现实主义。"（三联书店，一九五一年，第四版第十一页）高尔基的这种看法，在我国古典文学史上各个时期，各种样式的现实主义文学中可以得到充分的证明。

（二）

根据这种理解，我们认为刘勰的文学理论有许多地方是接近于现实主义的，而形成刘勰这种理论的客观条件，在当时也是存在的。

第一，在刘勰以前，已出现了《诗经》民歌、汉魏乐府和建安文学中大量的现实主义文学作品。这些真实地反映了各个时期的现实生活的作品,不能不给刘勰以启发;而刘勰也正是从这些杰出的作品中总结出我国古代文学的优良传统,从而认识到现实主义文学的基本特征的。

第二,由于实际创作中已出现了大量现实主义的作品,所以在刘勰以前,已有不少认识到并初步总结了它的特点的理论出现。如《毛诗序》上说的:出现在太平之世的诗歌是和乐的,产生在动乱之世的诗歌是怨怒的,产生于亡国之世的诗歌则是悲哀的。这就初步说明了文学反映现实的规律。劳动人民有怎样的生活,文学作品中就有怎样的反映(《公羊传》宣公十五年何休注:"饥者歌其食,劳者歌其事。");在生活中有怎样的感触,就如实地把这种感触抒发出来(《汉书·艺文志》:"感于哀乐,缘事而发。")的现实主义创作法则,也为班固、何休等人所发现,并做了简略的总结。现实主义文学的真实性的基本要求,在刘勰之前,也有不少人提到了。如王充在《论衡》中就一再强调要"立真伪之平"(《对作》篇),"辨然否之实"(《定贤》篇)。陆机在《文赋》中说,"恒患意不称物,词不逮意",也是要求准确地反映客观的物和主观的情的意思。左思在《三都赋序》中就更直接地提出如下要求:"美物者贵依其本,赞事者宜本其实。"这些意见虽然并不就是现实主义的论点,但是符合于现实主义文学的基本精神的。刘勰就是在这些意见的启示下加以总结提高,而形成了他的更近于现实主义的文学观点的。

第三,上文谈到刘勰的思想体系时,曾指出儒家古文学派的唯物思想是他的主导思想。这也是构成刘勰现实主义文学观的重要因素之一。《苏联大百科全书》第三十六卷曾说明过这中间的关系:"现实主义的哲学基础,从根本上说,是承认客观现实并承认其规律性可以认识的唯物主义。"(见《文艺理论译丛》,一九五七年第二期第二○九页)正是由于刘勰认为有客观现实的存在才有文学的产生,并进而认识到客观现实对文学的制约作用,才构成了他近于现实主义的文学观点的。

从以上三个方面来看,我国古代文学理论发展到六朝时候,产生现实主义文学理论的客观条件是存在的,因而刘勰近于现实主义的文学理论在这时出现就不足为奇了。

(三)

从《文心雕龙》各个方面的论点来看,崇实主真可说是它的中心思想。在《情采》篇里,刘勰对那种虚假的"采滥忽真"的文学进行了严厉的批评。他指出:有些作者本来是深怀着荣华富贵的思想,但却企图写那种表现自己隐居高卧之情的作品;本来是满心纠缠着宦场事务,但却要假惺惺地来描写世外桃源。他认为这种"真宰弗存"的文学作品,完全是走到错误的道路上去了。

由于刘勰认识到文学是客观现实的反映,因此他主张文学作品应忠于现实的本来面目,而予以真实的反映。如《物色》篇说的:文学作品能使读者"瞻言而见貌,即字而知时"。文学作品不仅对自然现象具有反映和认识的作用,对于各种社会现象也有着同样的功能。刘勰在《乐府》篇里曾谈到,晋国的乐师师旷,能从音乐里听出楚军一定要失败;吴国的公子季札到鲁国观乐,能从音乐里看出各国的盛衰。在《时序》篇里,刘勰所举文学作品反映了当时的社会面貌的例子就更多了。这些都说明,文学作品能够而且应该真实地反映出现实生活的面貌来。《宗经》篇说的"事信而不诞",就是根据这种要求提出的。由于现实主义的文学能够真实地反映出客观事物的面貌来,因而它就必然具有一定的认识作用。对于这点,刘勰是有所认识的。他在《原道》篇里曾谈到,文学作品要写出天地间一切美好的事物,以扩大群众的眼界,增长他们的知识("写天地之光辉,晓生民之耳目")。这是以真实地反映客观现实为基本特征的现实主义文学所应该也一定能够起到的作用。

(四)

《宗经》篇除了提到"事信而不诞"的要求外,还提到要"情深而不诡"。这就是说,文学作品除了它所反映的事实要可靠外,作者的情感也必须是真实的。因为客观事物是通过作者主观的情感反映出来的,如果作者首先不具备真挚的情感,那就不仅不能真实地反映现实,整个文学创作就完全成为一种虚假的东西了。所以刘勰在《情采》篇里提出了"述志为本"的要求。他说,如果"言与志反,文岂足征"? 嘴里说的和心里想的各是一回事,这种作品就不足凭信而完全失去文学作品的意义了。值得注意的是,刘勰在《情采》篇里是把"写真"的要求和"为情而造文"结合起来提出的("为情者要约而写真")。只有作者从真情实感出发,他才可能做到"要约而写真";相反,如果本来没有什么感情,是"为文而造情",那种硬造出来的情就必然是虚假的,这种作品就必然是"淫丽而烦滥"的。

因此,刘勰在《征圣》篇对文学创作提出了一个总的要求:情感要饱满而真实,文辞要美丽而巧妙("志足而言文,情信而辞巧")。他认为这就是文学创作的根本原则("乃含章之玉牒,秉文之金科矣")。

因为文学作品中贯穿着作者的思想情感,文学作品中体现了作者对事物是非爱憎的态度,所以刘勰不仅认为文学作品具有一定的认识作用,而且还具有一定的教育作用:它可以"持人情性","顺美匡恶"(《明诗》篇),可以"彰善瘅(恨)恶"(《史传》篇),等等。而对那种"无贵风轨,莫益劝戒"(《诠赋》篇)的作品,他是坚决反对的。

从上述两个方面,即刘勰所论文学要真实地反映客观事物和真实地表达作者的思想感情来看,我们认为这种观点是符合于现实主义文学的基本特征的。别林斯基认为现实主义文学有两个基本条件,就是"真实的外界的描写和内心世界的忠实的深刻的表达"(见季摩菲耶夫《文学原理》第三部,平明出版社一九五四年第一版第三十一页)。刘勰对文学艺术的主要认识和别林斯基的这种观点是比较接近的。从刘勰对文学的全面论述来看,我们认为他的看法和别林斯基的意见并不完全是一种偶然的巧合。真实地反映客观现实和表达作者的思想情感既然是现实主义文学的基本特征,那么正如上文说过的,从先秦以来大量的现实主义文学创作中,刘勰是完全有可能总结出它的特征来的。当然,在刘勰那个时代以及在刘勰的心目中,"现实主义"这个概念是不存在的,刘勰还没有认识到现实主义是一种独立的、重要的创作方法,因此他对现实主义艺术方法的论述还不是明确的,更不可能是有系统的,只不过在他的论述中,有许多观点是符合于现实主义艺术的基本精神而已。

七　有关浪漫主义的一些论点

(一)

刘勰在总结过去作家的创作经验时,提出了不少接近于我们今天所说的现实主义的论点。但是在刘勰以前,不但早已产生了像《诗经》民歌那样具有现实主义因素的作品,而且像《楚辞》那样以浪漫主义风格为主的作品也不断出现了。刘勰在总结经验时,便很自然地会涉及浪漫主义的问题。事实上,在《文心雕龙》中的确也有一些有关这一方面的论点,特别是在《辨骚》《诸子》《夸饰》等篇里,值得我们作一番探讨。

正如高尔基所指出的,在浪漫主义里边,有两个极端不同的倾向:一个是消极的浪漫主义,它或者粉饰现实,或者使人和现实妥协,或者使人逃避现实;一个是积极的浪漫主义,它企图加强人的生活的意志,唤起他对现实中一切不合理现象的反抗心。(参看他的《我怎样学习写作》,三联书店一九五一年第四版第十一——十二页)我们现在在这里所讨论的浪漫主义,只指积极的浪漫主义。这种积极的浪漫主义和现实主义的区别,根据我们的理解,主要在于:现实主义是按照生活的实际存在的样子来反映生活的,不只反映生活的外貌,也反映生活的内在意义;但浪漫主义却更多地反映了人们的理想,这理想总是现实和幻想的结合。现实主义并不排除幻想,但总和生活实际样子很接近;而浪漫主义的幻想却更大胆,它可以是实际生活中并不存在的,有时是把实际存在的、可能存在的和不可能存在的结合在一起。

刘勰是崇真尚实的,但是为了增强作品的感染力量,他容许在诗文中运用浪漫主义的幻想和夸张。

（二）

我们先就《辨骚》篇来分析一下。

刘勰在这篇里指出《楚辞》和儒家经典有四点相同，有四点相异。相同的四点是：一，"典诰之体"，因为里边歌颂了尧舜等古代圣王；二，"规讽之旨"，因为里边讽刺了桀纣等亡国之君；三，"比兴之义"，因为里边用龙云等物来象征好人和坏人；四，"忠怨之辞"，因为里边抒写了忠君爱国的炽热的情感。相异的四点是：一，"诡异之辞"，因为里边讲到让云师找洛神，请鸩鸟做媒；二，"谲怪之谈"，因为里边讲到康回、土伯等神话传说；三，"狷狭之志"，因为里边一再说起投水自杀；四，"荒淫之意"，因为里边有歌舞宴饮方面的描述。这四同四异，有的指作品的内容方面，有的指表现手法方面；有的与浪漫主义无关，有的却有直接的或间接的关系，例如四同中的三、四项和四异中的一、二项。后代作家对《楚辞》特殊风格的学习却各有所偏，所以他提出"酌奇而不失其真，翫（玩）华而不坠其实"的创作原则，来指导从事创作的人。

什么叫做酌奇不失真，翫华不坠实呢？周扬同志认为：这"可以说是我国关于文学中幻想和真实相结合的最早的朴素的思想"（见《新民歌开拓了诗歌的新道路》，载《红旗》创刊号）。理解了奇和真，华和实，就可以理解四同和四异，同时也可以理解刘勰对于浪漫主义的看法了。

刘勰常常拿"奇"和"正"相对照。从全部《文心雕龙》看来，所谓"正"大都是指事物的正常的、正规的、正当的样子，而所谓"奇"乃是指作者通过幻想而对事物的样子有所变化，在事物的正常样子之外又增加了些动人的成分。所以我们觉得《辨骚》的唐人写本中"真"字写作"贞"，是正确的：因为一来"真"字与下句"实"字重复，二来"贞"字和"正"字意义相同，以"奇"与"贞"对照等于以"奇"与"正"对照。

他又拿"华"和"实"并列。所谓"实"是指事物的实在的、真实的、实际存在的样子，而所谓"华"乃是指作者通过幻想而对事物的样子有所修饰，在事物的实在样子之外又增加了些美丽的成分。因此，"奇"和"华"、

"贞"和"实",虽微有区别,但含意是相近的。从全部《文心雕龙》看来,刘勰所肯定的"奇"和"华"有点近于我们今天所说的浪漫主义风格;而"不失其贞"和"不坠其实"的"奇"和"华"乃是近于我们今天所说的积极的浪漫主义。

怎样才能不失贞、不坠实呢? 什么是"贞"和"实"的标准呢? 在刘勰看来,这标准就是儒家经典。他认为经书最能阐明自然之道,最能鼓动天下,所以是最理想的作品。《楚辞》中常常运用了美丽奇特的神话传说,来体现自己的理想和激情;但有时合于儒家经典,有时又不合。所以他给予《楚辞》的评价,是在经书之下,而又在其他作品特别是汉人辞赋之上。

至于"失其贞"的"奇"和"坠其实"的"华",他是反对的。他有时把这种"奇"称作"新奇",把这种"华"称作"浮华"或"华侈"。一味追求"新奇"或"浮华",本来应该反对;不过他既然以儒家经典做标准,有时他反对的不一定恰当。例如他指出《楚辞》和经书有四异,其中像《招魂》所写"士女杂坐"的生活,本来没有什么意义;可是他连云神、康回等神话传说都不赞成,未免有点过分。然而他并没有指责《诗经》中关于玄鸟生商、后稷诞生的故事,可见他对神话传说并不一概反对。

因此我们从《辨骚》篇里能够看出,刘勰对浪漫主义风格基本上是赞成的。只是因为他对于我们今天所说的浪漫主义还不可能有明确的认识,所以在褒贬取舍上还不免有一定的局限。

(三)

这一点,也可以从《诸子》《夸饰》等篇里看出。

刘勰认为诸子书中可以分为两类:一类是"纯粹"的,一类是"蹄驳"(杂乱)的。前一类是与儒家经典相合的,后一类是不合的。他所举的后一类的例子,就有《列子》中的愚公移山的寓言和《淮南子》中的共工的传说。不过他又说,商汤时的《归藏》经中还有后羿射日、嫦娥奔月的神话,那么诸子书中的那些怪诞的故事也不足为奇了。同时,他又指出《列子》

是"气伟而采奇"的,《淮南子》是"泛采而文丽"的,估价并不低。显然他对于浪漫主义的幻想的态度是,一方面肯定其中符合于儒家经典的,一方面否定其中不符合的。因此,他所否定的,可能会有我们今天所应肯定的东西。

对于夸张手法,也是如此。现实主义并不排除夸张,不过浪漫主义的夸张却更大胆、更奇特。刘勰在《夸饰》篇中重视夸张的手法,强调夸张的作用,认为可以使字里行间都充满着笑声与涕泪,使盲人聋子都受到内心的震动。他举了儒家经典中的一些例子,其中如《诗经·鲁颂·泮水》说鸮鸟鸣声变得好听了,《大雅·绵》说荼菜的苦味也变甜了,这些都是不存在的和不可能存在的事物,用来表达诗人对于鲁侯和太王的歌颂,同时也体现了诗人的某种美好的愿望。这种夸饰,他是赞成的。不过后代辞赋家的没有节制的夸张,他认为犯了"诬"的毛病。在"不诬"的条件下,他鼓励作家蔑视一切清规戒律,不惜翻海推山去寻求珠玉,也就是使用那种惊心动魄的夸饰。

由此可见,刘勰在《文心雕龙》中的确已经初步接触到浪漫主义的问题了。在总结前人经验时,他对这种写作方法已有一定的认识,也有一定的重视。不过他的认识还不太全面,也不够深入,同时也有点为儒家经典所拘束,因而他的看法和我们今天便有了某些距离。这却并不意味着他反对浪漫主义,所以他在这方面的一些论点还应予以适当的注意,并从中吸取可供借鉴的宝贵意见,特别是他所提出的"不失贞""不坠实""不诬"等等要求。

八　批评论

(一)

现在我们研究刘勰的批评论,这里包括两个方面,一是关于文学批评理论的阐述,一是他自己的批评实践,即对作家作品的具体评论。

关于刘勰对作家作品的具体评论，除前面已提过的一些零星意见外，下面我们还要讲到。这里先谈谈刘勰有关文学批评理论方面的一些意见。

我国的文学批评出现得很早，先秦如孔子对《诗经》所作"兴、观、群、怨"的评价，这可说是我国文学批评的萌芽。到汉代便有全面评价《诗经》的《毛诗序》出现，还有刘安、司马迁、班固、王逸等人对《离骚》的评论，东汉又有王充的《论衡》，对当时虚华不实的文风进行了批评。魏晋以后，文学批评就出现得更多了，如曹丕的《典论·论文》、陆机的《文赋》、挚虞的《文章流别论》、李充的《翰林论》、沈约的《谢灵运传论》等等。自先秦以来，文学批评虽是陆陆续续出现了不少，但是对于文学批评理论进行有系统的探讨的，刘勰却是第一个。

刘勰以前的文学批评，由于缺乏理论指导，没有建立起正确的批评原则来，所以缺点较多。如刘勰在《序志》篇说的：曹丕的《典论·论文》虽较细密，却不完备；曹植的《与杨祖德书》颇见辩才，但很多评论都不恰当……挚虞的《文章流别论》较为精湛，却又用处不大；李充的《翰林论》就更是浅薄而不得要领了。刘勰认为，这些评论大都只接触到文章的某些枝节问题，而没有从大处着眼，全面地进行分析（"各照隅隙，鲜观衢路"），更没有从文章的根源上去探讨（"并未能振叶以寻根，观澜而索源"）。因此，刘勰认为文学批评必须从文学的根源上进行全面深入的探讨。

刘勰虽然指责了前人在文学批评上的种种缺点，但他自己的态度却是相当谦虚和严谨的。他之所以要指出这些缺点，也和他对前人作品的评论一样，是为了找出真理而不得不然的做法。刘勰在《序志》篇表明自己的态度说：他的意见有些地方和前人所说的差不多，这并不是有意的雷同抄袭，而是事实上不可能有别的说法。有些不同于前人的意见，也不是随随便便地标新立异，那是因为道理本身使他不能同于前人。他说：自己的意见和古人同与不同是无关紧要的，主要是要找出正确的道理来。他这样做，并不是主观主义地坚持己见，而是一种实事求是、追求真理的态度。在《序志》篇里他说过，人生一世，时间是很有限的，但应该知道的东西却是无边无际，所以他谦虚地表示自己的见识很浅短（"识在缾管"），有些意见很难充分正确地表达出来（"言不尽意"）。但是，他在《总术》篇里又说：自己的意见"虽未足观，亦鄙夫之见也"，所以，他还是把自己的一些看法谈了出来。

（二）

　　如上所述，刘勰认为魏晋以来各家文学评论共有的基本缺点是没有"寻根""索源"，因而他们只谈到一些片面的、枝节性的问题。可见"寻根""索源"是做好文学批评的一个关键问题。那么什么是文学作品的"根源"，批评者能不能探索出这种"根源"来呢？刘勰在《知音》篇里曾论述到这问题。因为写文章的人是有了某种情感的冲动，才用文辞表达出来的，文辞既然是一种表达情感的符号，批评者就可以从文辞里看出作者的感情来。这和水与波的关系一样，特定的形式是由特定的内容决定的，既然见到了只有水才能表现出来的"波"这种形式，那么"沿波讨源"，即使是幽暗不明的东西，也一定可以清楚地找出它来。刘勰在《知音》篇里还举出一个例子来说明这点。古代伯牙弹琴时，当他想到高山，钟子期马上就从琴声里听出他志在高山；当他思入流水，钟子期马上就从琴声里听出他志在流水。刘勰指出，既然从琴声里都能听出弹奏者的思想情感，何况用笔墨写出来的文章呢？所以，他说人心对于文学作品的情理的体会，就如眼睛能够看到事物的形貌一样，只要眼睛明亮，物形没有看不清楚的；只要人心机敏，文学作品中的情理也就必然能够被他所理解。

　　由此可见，文学作品的"根源"就是它的内容，就是作者表达在作品中的思想情感。这种"根源"是完全能够为批评者或欣赏者所探索出来的。文学批评的进行就必须从探索这种根源出发。只有找出了作品的根源，看它所表达的思想内容是否充实饱满，是否正确真实，等等，然后再进一步来看它用来表达这种思想内容的材料，所采用的体裁，以及遣词造句、篇章结构等问题,看这些是否恰如其分地表达了思想内容。这样,文学批评才不至于只看到一些片面的枝节性的问题,而忽略了主要的、根本性的东西。

如上所述,从理论上看,正确的文学批评是完全可以建立的。但文学批评毕竟是一种相当复杂的工作,不认识到它的复杂性,过于轻率、简单地来对待这问题,那是绝对处理不好的。刘勰在具体的批评实践中,是深知其中的甘苦的。所以《知音》篇开头一句就发出"知音其难哉"的慨叹。根据文学批评具有一定复杂性的特点,刘勰在《知音》篇里指出了文学批评者不可忽视的如下几个方面。

第一,文学是一种抽象的东西,不像具体事物那样容易鉴别。晋代葛洪已谈到过这点,他说:"德行为有事,优劣易见;文章微妙,其体难识。"(《抱朴子·尚博篇》)刘勰对此更有深切的认识,他说:麟和獐,凤和雉,珠玉和石块的样子是大不相同的,但鲁国有人把麟看成是獐,楚国有人把山雉看成是凤凰,魏国有人把美玉当怪石,燕国有人把碎石当珠宝。像这样一些很容易辨别的具体东西,还常常被人搞错,那么"文情难鉴,谁曰易分"? 这一层是一个批评者所不可不注意到的。

第二,文学作品不仅是一种抽象的、不易捉摸的东西,而且它本身又有"篇章杂沓,质文交加"的复杂性,各种不同的内容、体裁和表现形式错综复杂,千变万化,很难有一个划一的衡量尺度;加之批评者又各有所好,有的喜欢慷慨,有的喜欢含蓄,有的爱好绮丽,有的爱好奇诡,碰到合于自己胃口的就赞赏,不合于自己胃口的就冷落不问。刘勰指出,批评者如果老是这样死心眼地从各自的偏爱出发,要想这样来正确地评价千变万化的文章,那就如像一个人面向着墙的东边看,永远不会看到墙的西边一样。这一点更是值得批评者注意的。

第三,文学批评是要批评者对他所品评的作家作品作出长短优劣的鉴别,如果批评者自己的学识不丰,甚至他所品评的文章里所谈的内容是真是假都还弄不清楚,那么他的批评工作也就很难做好了。

（三）

根据以上认识，刘勰对文学批评提出了如下一些意见。

首先是批评者要有客观的批评态度。批评者如果执着于自己的偏爱，那是不能做出正确的评价的，一定要"无私于轻重，不偏于憎爱"。反对那种"崇己抑人""贵古贱今"的不良倾向。

其次是要有"与人为善"（《奏启》篇）的态度。刘勰认为古来文人，"鲜无瑕病"（《指瑕》篇），批评者可以不客气地指出这种瑕病，但不要过于苛求。那种"竞于诋诃，吹毛取瑕，次骨为戾，复似善骂"（《奏启》篇）的风气，他是不满的。他在这里讲的虽是对人的估价，但也可以用于对文学的评论。

再次是要加强批评者的自我修养。刘勰认为：只有实际操练过上千的乐曲的人，他才有可能懂得音乐；只有实际察看过成千的刀剑的人，他才有可能识别兵器。所以，要做好文学批评工作，就"务先博观"；必须广博地阅读文学作品，提高自己的鉴别能力，才能做好文学批评这种相当复杂的工作。

最后，为了正确地"阅文情"，为了进行批评时有所凭借，刘勰提出了"六观"：第一是看作品的体裁（"位体"），第二是看作品的语言（"置辞"），第三是看作品对古代著作的继承和变化的关系（"通变"），第四是看作品的不同的规格（"奇正"），第五是看作品的取材用典（"事义"），第六是看作品的声调音节（"宫商"）。他说，如果按照这六个具体项目来衡量作品内容，"则优劣见矣"（《知音》篇）。刘勰所提出的这六个项目，虽还不是十分完美，但刘勰能从事于文学批评的客观性的探讨，这种事实本身在我国文学批评史上应该说是一种有意义的创举，是值得我们重视的。

这六个项目应该和其他各篇（特别是《宗经》篇中的"六义"）结合起来理解。我们知道，刘勰是把"寻根索源"当作文学批评的首要问题的。这就是说，文学批评应以考察作品的内容为出发点，进而从这六个具体问题来看它是否正确地表达了作品的内容。如关于"位体""置辞"等项，我们从《体性》《丽辞》等篇来看,刘勰所要求于形式的并不仅仅是形式本身的完美,而是看它是否能很好地表达作品的思想内容。这在他的作家论中将得到具体的例证。所以,我们不应孤立地来看待"六观",以为它只是一些形式方面的问题。

九 作家论

(一)

刘勰的作家论是上述批评理论的实践,他的这些主张,大都贯彻在他对于古代作家和作品的分析评论中。上自远古无名氏的《弹歌》(见《通变》篇)、《击壤歌》(见《时序》篇)起,历周、汉、魏、晋而至他写这部书的时候(南齐末年),主要的作家和作品差不多他都评论过。在这些评论中,倾向性是十分明显的,我们清楚地看到他赞成什么、反对什么。所以他的作家论同时又是他的创作理论的补充。

首先让我们看看他所肯定的是怎样的作家和作品。在文学遗产中,他评价最高的当推五经,其次是《楚辞》。现在以《诗经》和屈原为例,作个简单的介绍。

刘勰所以重视经书,主要因为它们都曾经过圣人的手,最能体现"自然之道",最能鼓动读者。在这一方面《诗经》是个最好的代表。它不但相传为孔子所删订,而且其中某些篇章还相传是周公所创作的(见《颂赞》篇)。孔子认为三百篇的内容不外乎"思无邪"三字,刘勰也强调诗歌"持人情性"(《明诗》篇)的作用,因而就突出了《诗经》的教育意义。同时,《诗经》中包含了自商至春秋的不同时期的作品,这些诗篇大都深深地打下了历史的烙印。所以《周南》和《豳风》能够"勤而不怨""乐而不淫",而《板》《荡》《黍离》等诗却不免"怒"和"哀"了(见《时序》篇)。显然它们的认识意义也是很丰富的。

但是刘勰肯定《诗经》并不完全由于内容,也由于它的艺术形式。在

《诗经》的"六义"中间，他特别分析了"比"（以甲比喻乙）和"兴"（以甲引起乙）的手法（见《比兴》篇），认为最可供后代作家借鉴。在文学体裁的发展上，他指出赋、颂、歌、赞都是从《诗经》演变而来的（见《宗经》篇），甚至后代的五言诗也不是和它没有关系的（见《明诗》篇）。由此可见《诗经》在文学史上地位的重要了。

《楚辞》的地位，刘勰认为仅次于儒家经典，而远远地在其他著作之上（见《辨骚》篇）。在《楚辞》中，他更推崇屈原的作品。第一，他敬佩屈原"忠烈"（见《比兴》篇）、"忠贞"（见《程器》篇），如果没有这样热爱祖国的高贵品质，便不会产生《离骚》那样的杰作。第二，他认为屈原基本上能够继承儒家经典的优良传统，大部分作品是"取镕经意"而"同于《风》《雅》"（《辨骚》篇）。第三，他强调屈原高度的艺术才华和表现技巧，"惊才风逸"（《辨骚》篇），"情采芬芳"（《颂赞》篇），"联藻于日月"（《时序》篇）。第四，他指出屈原对后人有着深远的影响（参看《辨骚》《诠赋》《通变》《定势》《时序》《才略》等篇）。

同时刘勰对屈原也有不满的地方，觉得运用神话传说过于离奇，而表情有时不免过于狭隘急躁。这类批评我们今天不一定同意。不过总的看来，他还是很推崇屈原，认为是难能而可贵的。

（二）

其次再看看刘勰所指摘的是怎样的作家和作品。这一方面，我们以他对汉代某些辞赋家和晋宋间某些诗人的评论为例。

对于汉代辞赋，他认为基本上是继承《楚辞》的，不过某些辞赋家却只学到屈原的皮毛而没有得到精华，因此就出现了弊病。同时，宋玉和屈原也不一样；宋玉给后人的影响常常杂有不好的一面。汉代辞赋家的缺点，主要在于内容贫乏、虚夸，而只注意到形式上的铺排。他在《情采》篇里把作品分成两类：一类是"为情而造文"的，也就是先有充实的思想情感，然后才写成文章的；一类是"为文而造情"的，也就是无病呻吟，敷衍成篇的。前一类的代表是《诗经》，后一类的代表就是某些辞赋。例如对于司马相如,刘勰不但指出他"傲诞"(《体性》篇)和"窃妻而受金"(《程器》篇)等等品德上的缺点,而且一再批评他的作品的"诡滥"(《夸饰》篇)、"滥侈"(《事类》篇)、"丽淫"(《物色》篇)、"夸艳"(《才略》篇)。他告诫后代作家,应该学习《诗经》和《楚辞》,却不要"乞灵于长卿(司马相如的字)"(《辨骚》篇)。不过他并没有因此而抹煞其较好的作品,如《哀二世》是"断而能悲"的(《哀吊》篇),《难蜀父老》是"文晓而喻博"的(《檄移》篇),等等。

汉代某些辞赋的"为文而造情"的毛病是很明显的,可是晋宋间某些诗人偏要"远弃《风》《雅》,近师辞赋"(《情采》篇)。对于文坛上这种越来越严重的歪风邪气,他不断地大声疾呼,渴望能挽回颓势。他不止一次地向人们敲起警钟:"晋世群才,稍入轻绮"(《明诗》篇),"魏晋浅而绮,宋初讹而新"(《通变》篇),"自近代辞人,率好诡巧"(《定势》篇),"自近代以来,文贵形似"(《物色》篇),"而近代辞人,务华弃实"(《程器》篇)。他对于晋宋间的玄言诗人,曾做了细致而尖锐的分析批判。他在《明诗》篇里指出:东晋以后的作品"溺乎玄风",远离实际,逃避现实,结果是千篇一律,毫无意义。他又在《时序》篇里慨叹地说:晋代"贵玄"的结果,虽然政治混乱,社会动荡,而诗人笔下却不外乎"柱下(老子)之旨归"和"漆园(庄子)之义疏"。创作到了这个地步,可说是死路一条。他这些指摘,是完全正确而必要的。

(三)

最后看看刘勰对过去文艺理论家的态度。

刘勰在《文心雕龙》中不但评论了作家和作品,也评论了理论家和理论著作。这些评论也是他自己的批评论与创作论的实践和补充。他对于陆机的看法,就是一个例证。陆机是个创作家兼理论家,他的《文赋》是《文心雕龙》以前的一篇重要的理论著作,刘勰在创作构思和修辞等问题上曾从《文赋》中获得不少启发。不过《文赋》虽谈到作品的思想内容,但既没有在这一点上多所发挥,也没有提出扼要而正确的论点,所以刘勰严正地批评它"泛论纤悉,而实体未该"(《总术》篇),"巧而碎乱"(《序志》篇)。对于陆机的创作,刘勰也是有褒有贬:一方面指摘他品德上的缺点(见《程器》篇),指摘他的作品"序巧而文繁"(《哀吊》篇),"效《过秦》而不及"(《论说》篇),"情繁而辞隐"(《体性》篇),"引事为谬"(《事类》篇);另一方面也不埋没他某些"佳篇"(《乐府》篇),"理新文敏"(《杂文》篇),"情周而巧"(《书记》篇)。这样,刘勰既掌握了原则,又符合于这些理论著作或文学创作的实际情况,同时对后代也富有指导意义。

总之,从刘勰对于《诗经》、屈原、司马相如、玄言诗人、陆机等等的评论上,可以看出,他的批评实践,基本上能够从作品的思想内容和社会意义出发,同时又顾及它的表现形式。在对作家作品的褒贬上,既不是简单地一笔抹煞,也不是盲目地一味歌颂。这种批评原则和方法,我们认为基本上是正确的。

十 《文心雕龙》的成就和现实意义

(一)

以上简略地论述了刘勰《文心雕龙》中的文体论、文学与现实的关系、内容和形式的关系、创作论、有关现实主义和浪漫主义的论点,以及批评论和作家论等八个重要问题。这些虽然还远不是《文心雕龙》的全部内容,但仅仅从这几个主要问题上,我们已能看出刘勰的文学理论在中国文学批评史上的重要地位了。如我们在前面具体论述中提到的这些问题,每一项都可说是集前人之大成而又加以发展提高了的。把这样一些复杂而重大的问题,有条不紊地汇集在一部《文心雕龙》之中,这的确不仅仅是我国文学史上一件值得珍视的重大成就,从整个世界文学史上来看,早于《文心雕龙》的文学理论著作,能有如此全面系统而又论述得如此精深的著作,也是不可多得的。

《文心雕龙》的出现,在中国古代文学批评史上是有着划时代的意义的；这不仅表现在它是我国先秦以来文学理论批评的总结，是第一次建立了较为全面系统的创作论和批评论上，更表现在它对于后世文学创作与批评所发生的巨大作用上。

《文心雕龙》出现于齐梁之际，对六朝时期颓废不振的文风，还来不及起到它显著的作用。但六朝文风漫及初唐，唐人却是沿着刘勰提出的"通变"的途径，以"征圣""宗经"的办法来完成了改革文风的历史任务的。陈子昂的高倡"汉魏风骨"，韩愈、柳宗元的古文运动，白居易的现实主义诗歌理论，显然都是和刘勰的文学主张有一定联系的。唐宋以后，《文心雕龙》不仅在文学批评上，也在文学创作上产生了愈来愈大的影响。黄庭坚在《与王立之书》中就曾说道："刘勰《文心雕龙》……所论虽未极高，然讥古人，大中文病，不可不知也。"（《山谷书牍》卷上）特别是在一些清人的论著中，对《文心雕龙》的评价就更高，对他影响于后世的作用也讲得更为具体。如孙梅在《四六丛话》中说的："五十篇之内，百代之精华备矣……自陈隋下讫五代，五百年间，作者莫不根柢于此。"谭献在《复堂日记》卷四里说："阅《文心雕龙》，童年习熟，四十年后始识其本末，可谓独照之匠，自成一家。章实斋推究六艺之原，未始不由此而悟。蒋苕生论俪体，言是书当全读。固辞人之圭臬（楷模），作者之上驷（良马）矣。"从这些对于后世文学创作与理论批评所产生的影响上，可以看出《文心雕龙》在我国文学批评史上是有着相当重要的地位的。

（二）

《文心雕龙》不仅在文学史上有着总结既往、启示未来的作用，即使在今天，也仍然有其不可忽视的现实意义。

第一，就其总结前人创作这一意义上来看，刘勰自上古陶唐之世到六朝宋齐时期的文学，从各种不同的角度（如各种不同的文体、各个时期文学创作的风尚和历代的主要作家作品等方面），分别进行了系统的总结。在总结中不仅有肯定、有批判地指出了作家作品的优缺点，而且还论述了各种文体的发展演变过程，分析了各个时期文学盛衰优劣的原因,等等,这就为我们今天学习和研究六朝以前的文学提供了很好的线索。后人常把《文心雕龙》和萧统的《文选》并提,这两部书确是我们今天研究先秦至六朝时期的文学的重要资料。

第二,如前面我们所谈到过的,《文心雕龙》中对文学创作与文学批评提出的很多论点,在今天看来仍有不少地方是正确而可取的。如像文学反映现实的规律,内容和形式统一不可分割的原理,文学创作的必须熟悉生活、掌握技巧、精练语言,文学批评的实事求是和"与人为善"的正确态度,以及"寻根讨源"的批评方法,等等,这些,都是值得我们今天加以继承和发扬的。

第三,正如刘勰自己所强调的,他的文学批评实践是建立在博见广闻的基础之上的。刘勰在写这部《文心雕龙》之前,确是下过一番"操千曲""观千剑"的功夫的。从他的评论中可以看出,自远古以来,上自圣贤经传、诸子百家,下至民间谣谚、谐辞隐语,所有载籍著述,他都做了一番周密的研究工作,因而能"弥纶群言",做到"擘肌分理,唯务折衷"(《序志》篇)。由于他掌握了大量原始材料,又精研了历代有关文学论著的优劣,因而在论述方法上能吸取前人教训,在立论上绝不主观臆测,空发议论。对于这点,我们今天有不少文学评论工作者还是做得不能令人满意的,我们还应好好向刘勰学习。

最后,我国文学工作者们目前正在为建立一套具有"中国作风和中国气派"的文艺理论体系而努力,这是一件很有意义的工作。要做好这点,就必须很好地学习和继承我国古典文学理论的优良传统,找出其独自的特点和发展规律来。《文心雕龙》既然是我国古代文学批评史上一部承前启后、继往开来的文论巨著,它既然在我国古代文学批评史上曾经发生过深远的影响,那么,好好研究这一著作,对于继承我国古代文学理论的优良传统,自然就是十分必要的了。《文心雕龙》中的确也谈到中国古代文学理论中很多极为普遍的重要问题。如关于"道"的问题,风骨、文体的问题等,特别是文学创作方面的抒情状物、构思立意、遣词谋篇以及比兴、夸张、对偶、声律等等,这些都是数千年来中国古代文论、诗话中常常讨论到的重要问题。所以，从《文心雕龙》中，我们不但可以了解到我国古代文学理论的成就，也可了解到我国古代文学理论的一般特色。这就不仅是少数古典文学工作者必须熟知的，也是一般文学艺术工作者和爱好者应该懂得的。

(三)

刘勰在文学理论上虽然有如此巨大的成就，但我们也必须看到，由于时代和阶级所造成的局限，在《文心雕龙》中还是存在着一些不正确的甚至错误的论述的。因为刘勰既不是也不可能是一个纯粹的唯物论者，他的观点不可能完全站在人民这方面来，而在文学见解上也不可能超越时代所给予他的限制。这样，他的论点就必然有许多地方是不正确的（这些，我们在前面具体论述中已分别指出过了，这里就不再重复）。因此，我们在学习和研究《文心雕龙》时，就必须以马克思列宁主义和毛泽东思想做武器，予以批判地继承。

我们的理论水平是很有限的，对于《文心雕龙》中精华的探讨和糟粕的批判都做得非常不够。为了让更多的同志共同来钻研这份宝贵的文学遗产，我们根据自己在学习中所得的初步体会，做了个粗略的介绍，供大家学习和研究时参考。错误之处一定不少，我们竭诚地期待着大家的帮助。

《文心雕龙》术语用法举例

——书《释"风骨"》后

一

《文心雕龙》中有些常见的字,如"道""性""气""风""骨"之类,大都有专门术语的性质。对于这些字的解释,在学术界中曾引起不少的争论,这些术语之所以引起不同的理解,原因很多,其中主要原因之一,乃是刘勰使用这些字的时候,并不永远完全当作术语,有时只当作普通的字。即使当作术语用的时候,还有基本的意义和引申的意义的区别。如果我们混淆了一个字的普通意义和专门意义,就会发生误会;而专门意义中的本义和引申义的异点如被忽视,也难于获得确切的理解。

试以"体"字为例。这个字无疑是《文心雕龙》中的术语之一。在这样的场合,"体"字主要有两种意义。一是体裁,如:

> 全为赋体。(《哀吊》)
>
> 即议之别体也。(《议对》)

二是风格,如:

> 五则体约而不芜。(《征圣》)

则数穷八体。(《体性》)

这些是作为术语用的基本意义,此外还有引申的意义。在下列一段中,"体"字即不能作体裁讲,也不能作风格讲:

毛公述《传》,独标"兴"体。……起情故"兴"体以立。……于是赋颂先鸣,故"比"体云构。(《比兴》)

这里"比""兴"二字,并不是诗赋一类的文章体裁,也不是典雅、精约一类的作品风格,而是一种抒情叙事的手法。这和体裁、风格有联系而又有区别,所以是"体"字做术语时的引申意义。

不过在《文心雕龙》中,"体"字却常常当作普通的字来使用。在这样的场合,它有时作为主体、要点讲,如:

声为乐体。(《乐府》)

此立赋之大体也。(《诠赋》)

有时又作为体现讲,如:

故体情之制日疏。(《情采》)

宜体于要。(《序志》)

此外还有区分、分解的意义,如:

并体国经野。(《诠赋》)

或体目文字。(《谐隐》)

如果把上引几句中的"体"字也当作专门术语而解作体裁、风格,那便窒碍难通了。

这一类普通意义与专门意义的区别,专门意义中的基本意义与引申意义的区别,不独存在于"体"字上,也存在于其他许多字上。例如"道"字,有时作普通的道理、道路讲,有时则作为专门术语而指"自然之道"(就是客观事物规律或普遍真理),有时又引申而指能够体现"自然之道"的儒家圣人经典之道。又如"奇"字,有时作普通的奇异、奇怪讲,有时则作为专门术语而指作品中的奇伟的幻想成分（就是作者通过幻想而在事物正常样子之外所增加的动人的成分），有时又引申而指脱离实际、过分追求诡异的弊病。近来学术界的一些争论，如关于刘勰思想体系的问题（是唯物论的、唯心论的，还是二元论的），关于刘勰对浪漫主义的看法的问题（是赞成的，还是反对的），关于刘勰对《楚辞》的评价的问题（是褒多于贬的，还是贬多于褒的），等等，原因虽多，但对于"道""奇"等字的理解上没有区别开普通意义和专门意义，以及专门意义中的基本意义和引申意义，也未尝不是关键之一。"风骨"之争似乎有类于此。

二

现在我们试就《文心雕龙》用字含义不同的不同类型，进而分析一下"骨"字的意义。

《文心雕龙》中用到这个字的，在上卷中有《宗经》《辨骚》《诠赋》《杂文》《檄移》《封禅》《章表》《奏启》《议对》等篇，在下卷中有《体性》《风骨》《附会》《序志》等篇，一共有三十次左右。我们细细读了全书中用到这个字的全部文句，感觉到差不多有一半上下的场合，"骨"字只作为普通意义来使用，因而不能当作专门术语来理解。

且看下列几个例子：

遂使繁华损枝，膏腴害骨。（《诠赋》）

甘意摇骨体（唐写本作"骨髓"），艳词动魂识。（《杂文》）

然抗辞书衅，㬥然露骨（《太平御览》卷五九七引作"曝露"）矣。（《檄移》）

吹毛取瑕，次骨为戾。……虽有次骨，无或肤浸。（《奏启》）

鹰隼乏采，而翰飞戾天，骨劲而气猛也。（《风骨》）

这几个"骨"字，无论是和"魂""肤"等字并举的，或者是单独使用的，都显然指人或鸟的骨骼，应该不致引起读者的误解。

在这样的场合，刘勰常常在"骨"字下加"髓"字或"鲠"字。连用"骨

髓"两字的,有下列几个例子:

> 辞为肤根,志实骨髓。(《体性》)
> 情志为神明,事义为骨髓。(《附会》)
> 虽复轻采毛发,深极骨髓。(《序志》)

这几个"骨髓",能不能算专门术语呢? 我看是不大可能的。它们之所以不能算术语,犹如"肤根""神明""毛发"等字不能算术语一样。这里作者只是拿人身上的骨骼作比喻,借以指事物的重要部分。因此,这几句里的"骨髓"二字所体现的意思,和"神明"相近,而和"肤根""毛发"则刚刚相反,因为那是比较次要的事物(范文澜同志《文心雕龙注》卷六《体性》篇注二四说"肤根"当作"肤叶")。

在这里,我们要附带指出三点:第一,如果我们拘泥于"事义为骨髓"一句,而认为"骨"字的专门意义就指文章的事义,那么我们对于"志实骨髓"一句,又将怎样理解呢? 难道我们从这一句里再得出第二个结论,说"骨"字的专门意义又指文章的情志吗? 第二,当"骨髓"和"神明"并用时,虽同指重要事物,但重要的程度却有区别。"情志"是作者蕴藏在内心而企图体现于作品中的思想情感,所以以"神明"(脑或心)为喻,显示比"骨髓"更重要。但是当"志"与"辞"对举时,便只须以"骨髓"喻"志",就可显示比"肤根(叶)"更重要了。第三,全书中"骨髓"二字连用而能当作专门术语讲的,恐怕只有《宗经》篇中"极文章之骨髓者也"一句和《风骨》篇中"昔潘勖《锡魂》……乃其骨髓峻(峻)也"一句。这里所以在"骨"字下加一"髓"字,主要是为了和上文"洞性灵之奥区"及下文"相如赋仙……乃其风力遒也"相对称的原故。

连用"骨鲠"两字的时候,也常常不当作专门术语。全书中的例子如下:

> 观其骨鲠所树,肌肤所树。(《辨骚》)
> 陈琳之檄豫州,壮有骨鲠。(《檄移》)
> 杨秉耿介于灾异,陈蕃愤懑于尺一,骨鲠得焉。(《奏启》)

这里第一个例子拿"骨鲠"和"肌肤"对举，与上文所引《体性》篇以"骨髓"和"肤根(叶)"对举是同样的，也是借来比喻主要的和次要的事物，在这里只当作普通的字来使用，是非常明显的。其他两个例子中"骨鲠"两字的意义稍有不同，但是我们能否把那两句理解为"壮有事义""事义得焉"呢？我看是不可能的。因为在《檄移》篇里，刘勰主要称许陈琳的"抗辞书衅"；而在《奏启》篇里，则主要说明东汉政治家的"嘉言罔伏"。不过我们也不能据"辞""言"两字而说"骨即文辞"，因为这里实在不能当作专门术语。观《奏启》篇中以"博雅明焉"来和"骨鲠得焉"相配合，便知这里主要说明作家们的品学，而"骨鲠"则是比喻杨秉、陈蕃、陈琳的气骨高傲，借以赞美他们敢于向汉桓帝、曹操大胆指责，使他们的上疏和檄文能够写得一语破的，深中要害。

只有《风骨》篇的"蔚彼风力，严此骨鲠"中的"骨鲠"二字，才是作为专门术语来使用的。这里在"骨"字下加一"鲠"字，主要是为了足成四言的赞语，以便和上句"风力"相对称。

由此可见，如果把《文心雕龙》中所有的"骨"字都当作与"风"并举的专门术语，那么无论把"骨"理解为文辞，或理解为事义，恐怕都不大符合于刘勰的原意。在这些场合，干脆当作普通意义来讲，也许更合适些。

三

现在我们来探索一下作为专门术语的"骨"字的真正含义。

廖仲安、刘国盈两同志《释"风骨"》说：

> 当以风骨论人的时候，风指神，骨指形。以风骨论人物画的时候，风指神似，骨指形似。以风骨论文的时候，风指文章的情态，它在文中的地位，好比人的神明；骨指文章的事义，它在文中的地位，好比人的骸骨。(《文学评论》一九六二年第一期第十页)

这一段结论性的说明，可以归纳为下列四条：

一、神→神似→情志

二、形→形似→事义

三、风→情志→神明

四、骨→事义→骸骨

这里不免引起我一些疑问：第一，从人的神到画的神似到文的情志，这中间是有显著的联系的，但从人的形到画的形似到文的事义，其间的脉络就看不大清楚了。第二，以神明比喻风，是可以理解的，但以骸骨比喻骨，就有点古怪了，因为我们只能以甲喻乙，却不能以甲喻乙，却不能以甲喻甲。

以"骨"为事义之说，始见于十四年前刘永济同志的《文心雕龙校释》。他在卷上《风骨》篇的"释义"中说：

> 本篇所用名义甚多，如曰风、曰骨、曰气、曰采、曰情、曰意、曰思、曰辞、曰言、曰义、曰体、曰骸、曰力、曰藻、曰字、曰响、曰声、曰色。或比用，或互称，或迭说，或专论，纷纭满目，几虽寻绎其意旨。兹一一归纳而证释之如下：
>
> 舍人论文不出三准，已于《宗经》篇略论之。凡此诸名，统归三准，特以用异而名异，或以行文之邂复而名亦异。明夫此理，则名用虽繁，而条理自在。兹悉以三准归纳诸名如后：
>
> 凡篇中所用风、气、情、思、意、义、力诸名，属三准之情，而大要不出情思二者。
>
> 凡篇中所用骸、体、骨、言、辞诸名，属三准之事，而大要不出事义二者。
>
> 凡篇中所用采、藻、字、响、声、色诸名，属三准之辞，而大要不出声色二者。（第十五—十六页）

刘永济同志在这里所提的几项意见，有些是很好的：如说刘勰用字有比用、互称、迭说、专论等不同方式，如说《风骨》篇与《镕裁》篇的"三准"有联系，等等。不过我觉得如果把所有术语都一一分配到"三准"里边去，似乎不必。因为刘勰在提出"三准"之后,接着就说"然后舒华布实",可见"三准"乃是预备工作,并不能包括创作过程中的一切环节。同时,以"骨"比附"三准"中的"酌事以取类",也是颇有商榷余地的。

在"骨"的解释上,我觉得黄侃的"风即文章,骨即文辞"之说仍有参考价值。他的话虽不够圆满,但指出"风"属内容方面,"骨"属形式方面,却值得注意,这样和论人论画的"骨",就显出前后脉络相承。而且《文心雕龙》中如《情采》《镕裁》《附会》等篇,都是就内容与形式进行分析,连标题两个字本身也都分别指这两方面。当然"骨即文辞"的结论还可以稍作修正。在这一点上,范文澜同志在《文心雕龙注》卷六《风骨》篇的注四里有一段话说:

> "风即文意,骨即文辞",黄先生论之详矣。窃复推明其义曰:此篇所云风、情、气、意,其实一也。而四名之间,又有虚实之分。风虚而气实,风气虚而情意实,可于篇中体会得之。辞之与骨,则辞实而骨虚,辞之端直者谓之辞,而肥辞繁杂亦谓之辞;惟前者始得文骨之称,肥辞不与焉。

这一段很可以补足黄侃原来解释不够圆满的地方。

《释"风骨"》痛驳黄侃,而于范、刘二同志之说一字不提。实际上,《释"风骨"》是申刘以驳范。我现在却有点信范而疑刘。

四

我的主要根据是《风骨》篇本身。试看这一篇中有关"骨"字的文句:

> 沉吟铺辞,莫先于骨;故辞之待骨,如体之树骸。……结言端直,则文骨成焉。……故练于骨者,析辞必精。……若瘠义肥辞,繁杂失统,则无骨之征也。……昔潘勖《锡魏》,思摹经典,群才韬笔,乃其骨髓峻也。

我想任何不抱成见的人,只能从这里得出结论说,"骨"是文辞方面的最高要求。这个要求是什么呢？正面是"端直"、是"精"，反面是"肥"。更明显的是，刘勰在这里举了潘勖的《册魏公九锡文》做具体的例证。这篇文章在"事义"方面有什么出色呢？比较特殊的还是在文辞的"端直"上，尤其是作者学习典诰的语言，因而才引起刘勰的欣赏。范文澜同志在《风骨》篇注九说：

> 其事鄙悖而文足称者，练于骨之功也。……"畯"是"峻"之误。

"峻"是高的意思。如果说这篇文章之所以被赞美，是由于"事义"高明，恐怕是很难说得过去的。但是我们也不要误会，以为刘勰是否有撇开内容而孤立地谈论文辞的倾向。刘勰对于内容和形式的主从关系是一贯十分明确的。在这里举"事鄙悖而文足称"的文章做例子，不过为了突出自己在文辞方面对作家所提出的特殊要求而已。

在《风骨》篇中，还有些地方是"风"和"骨"连用的文句，如：

> 若丰藻克赡，风骨不飞，则振采失鲜，负声无力。……捶字坚而难移，结响凝而不滞，此风骨之力也。……若风骨乏采，则鸷集翰林；采乏风骨，则雉窜文囿。……若骨采未圆，风辞未练，而跨略旧规，驰骛新作，虽获巧意，危败亦多。……若能确乎正式，使文明以健，则风清骨峻，篇体光华。……蔚彼风力，严此骨鲠。

这里常常以"风骨"和"采"并举，因此引起怀疑：如果"骨"指一切文辞，为什么另外再说什么辞采呢？其实这只说明黄侃说法的不够圆满，但看了范文澜"推明"的话，就可以恍然大悟。既然"骨"并不指一切文辞，而只指"辞之端直者"，那么它为什么不能和"采"并列呢？我们上文曾说，"骨"代表刘勰对于辞的最高要求，而"采"却显然不包括在这个最高要求之内的。刘勰对于"采"并不忽视，但只予以适当的重视，而不给它过高的地位。这个正确的主张，是贯彻在《文心雕龙》全书之中的。所以"风骨"与"采"并列，不但不能推翻范文澜同志之说，反足以证明他的"推明"的恰当。

《风骨》篇以外，"骨"字当术语使用的例子，还有下列文句：

> 然骨掣靡密,辞贯圆通。(《封禅》)
>
> 表以致禁,骨采宜耀。(《章表》)
>
> 而诔(《太平御览》卷五九五引作"腴")辞弗剪,颇累文骨。(《议对》)

"掣"训"制"(《释名·释姿容第六》说,"掣,制也,制顿之使顺己也"),要"掣靡密"和要"剪""诔(腴)辞"的用意是相同的,都是因为不符合于"端直"的要求。而"骨"和"辞""采"并举,则与《风骨》篇里以"风骨"和"采"连用完全一样,不烦赘说。这些例子一方面可以助证范文澜同志"推明"黄说的必要和正确,一方面也可看出"骨"不能指"事义"。因为在《封禅》《议对》等篇里牵涉到的具体作品,如扬雄的《剧秦美新》在"事义"上是无可称许的,而陆机的文章的主要毛病之一就是文辞不能"端直"。

不过在《文心雕龙》全书中,作为专门的术语用的"骨"字,除具有基本意义("辞之端直者")以外,还有引申意义。例如下列文句:

> 洞性灵之奥区,即文章之骨髓者也。(《宗经》)
>
> 相如之难蜀老,文晓而喻博,有移檄之骨焉。(《檄移》)
>
> 树骨于典训之区,选言于宏福之路。(《封禅》)

这里所谓"骨"或"骨髓",即不专指作品的文辞端直,也不专指事义,而是泛指作品的主要因素或特征之类。所谓"极文章之骨髓",就是充分理解或彻底掌握了写作的最根本的东西;所谓"有移檄之骨焉",就是说司马相如的《难蜀父老》一篇具有檄文最主要的特征;所谓"树骨于典训之区",就是把文章的主要之点放在儒家经典的学习上。这一个引申意义和上文所说"骨"字的普通意义有一定联系,不过那是用普通的骨骼来作比喻,借指某一重要事物,而这里则直接以"骨"作为作品本身的主要成分了。

总起来说,《文心雕龙》中用字有普通意义与专门意义的区别,而专门意义中又有基本意义与引申意义的区别。"骨""骨髓""骨鲠"等字的普通意义与引申意义的区别。"骨""骨髓""骨鲠"等字的普通意义是骨骼或气骨,其专门意义中的基本意义是"辞之端直者",也就是刘勰对于文辞的最高要求(不是指一切文辞),其引申意义是泛指作品的主要因素或特征。这种解释不一定恰当,渴望读者指正。

(原载《文学评论》一九六二年第二期)

陆机《文赋》二例

一

陆机在《文赋》里说:"谢朝华于已披,启夕秀于未振。"下文又说:"必所拟之不殊,乃暗合于曩篇;虽杼轴于予怀,怵他人之我先;苟伤廉而愆义,亦虽爱而必捐。"李善注说:"已披,言已用也。"又说:"言他人言,我虽爱之,必须去之也。"由此可见,陆机在创作上是"提倡创新,反对抄袭"(北京大学《中国文学史》第一册第二六四页)的。

奇怪的是,陆机自己的诗文却很少创新的地方,反而对前人的作品大力模拟。大家都知道他的《七征》模仿枚乘的《七发》,他的《辨亡论》模仿贾谊的《过秦论》,他的《演连珠》和《遂志赋》模仿班固的《拟连珠》和《幽通赋》,他的《谢平原内史表》模仿蔡邕的《让高阳乡侯章》。在诗歌方面,这种例子更多,如《短歌行》和《苦寒行》是模仿曹操的,《燕歌行》是模仿曹丕的;而拟《古诗十九首》的十二首,尤为突出。这个理论和实践上的矛盾,我们该怎样理解呢?

这里就牵涉到对于"朝华"和"夕秀"的理解。他主张力避前人已用过的"朝华",而追求前人未用过的"夕秀",那么究竟什么是"华"和"秀"

呢？在我们看来，他是指作品的艺术技巧，特别是语言辞藻方面，而没有包括作品的思想内容在内。试以《拟青青河畔草》为例：

> 靡靡江离草，熠耀生河侧。皎皎彼姝女，阿那当轩织。粲粲妖容姿，灼灼美颜色。良人游不归，偏栖独只翼。空房来悲风，中夜起叹息。

再看原作：

> 青青河畔草，郁郁园中柳。盈盈楼上女，皎皎当窗牖。娥娥红粉妆，纤纤出素手。昔为倡家女，今为荡子妇。荡子行不归，空床难独守。

这里不但内容基本上一样，连句法也差不多；原作多用叠字，拟作亦步亦趋。陆机的工夫仅仅在于把"青青""盈盈"改为"靡靡""皎皎"，把"河畔"改为"河侧"，把"红粉妆"改为"妖容姿"，把"荡子"改为"良人"，把"空床"改为"空房"，等等。这样的"怵他人之我先"，又有什么意义呢？他要抛弃前人的"华"而创造自己的"秀"，不过如此而已。

在陆机之后五百年，李翱在《答朱载言书》中说过：

> 假今述笑哂伏曰"莞尔"，则《论语》言之矣；曰"哑哑"，则《易》言之矣；曰"粲然"，则《榖梁子》言之矣；曰"攸尔"，则班固言之矣；曰"辗然"，则左思言之矣。吾复言之，与前文何以异也？

李翱这里所举的例子，正是陆机所注意的地方。拿这一段来说明"谢朝华于已披"两句，我们觉得是很适宜的。不消说，这样对待创作，是走到舍本逐末的歧路上去了。

因此，我们不能笼统地说陆机"提倡创新，反对抄袭"，而应该指出他主张语言上创新，但并不反对内容上的抄袭。郭绍虞在《中国古典文学理论批评史》中说，"他认为意和词，宜创造而不宜沿袭，宜新颖而不宜陈腐"（上册第七〇页）。我们认为，在"词"上面，他的确主张"创造""新颖"；但在"意"上面，他却并不反对"沿袭""陈腐"了。如果在这句论断中删去"意"字，也许更符合于陆机的创作理论和创作实践的实际情况。

二

陆机《文赋》有"理扶质以立干,文垂条而结繁"两句,李善注说:"言文之体必须以理为本。"因此,我们好像可以说他在这里能够"指出思想与艺术之间的主从关系"(北京大学《中国文学史》第一册第二六四页)。后来刘勰《文心雕龙》所谓"情者文之经,辞者理之纬,经正而后纬成,理定而后辞畅"(《情采》)等等,好像只是陆机的主张的发挥。假使我们拿他自己的作品所犯严重的形式主义的毛病对照来看,好像他是一个言行完全矛盾的人。

不过我们若要正确理解这两句的意义,恐怕不能孤立地只看这十二个字,而应该把全赋作为一个整体来分析。陆机常常用"意""义""思"等字代表作品的思想内容,用"文""辞""言"等字代表作品的艺术形式。两者常常并列,如:"恒患意不称物,文不逮意。""然后选义按部,考辞就班。""辞程才以效伎,意习契而为匠。""其会意也尚巧,其遣言也贵妍。""或辞害而理比,或言顺而义妨。""或言拙而喻巧,或理朴而辞轻。""思风发于胸臆,言泉流于唇齿。"把这些地方综合起来看,那么我们也许可以看出陆机对于内容形式主从关系的真实主张了。

首先值得我们注意的是,他每在二者并举之外,还要发挥几句,而这些发挥的话却总偏重于艺术形式方面。例如在第一段里虽然说担心"文不逮意",但他所谓"才士"的"用心",却主要在于"放言遣辞"的"妍蚩好恶"。又如在"选义按部"一段中,虽然包含了"理扶质以立干"二句,但他反复阐明的显然在于"或因枝以振叶,或沿波而讨源,或本隐以之显,或求易而得难",以及如何"笼天地于形内,挫万物于笔端,始踯躅于燥吻,终流离于濡翰"等等,仍然不外乎表现手法方面。此外,在"辞程才以效伎"后边,他强调了"虽离方而遁员,期穷形而尽相,故夫夸目者尚奢,惬心者贵当";而在"其会意也尚巧"下面,又提出了声律问题:"暨音声之迭代,若五色之相宜。"这类例子,实在举不胜举,因为几乎通篇都是如此。

所以二者并列不一定意味着二者并重，他是有所偏重的。

其次，就全赋所论文章的优缺点和写作的甘苦看，陆机也常常着眼于艺术技巧方面。例如他强调"立片言而居要，乃一篇之警策"，意思是说，在全篇作品中必须有几句特别能够惊动人的地方，来赢得读者的赞赏。这好比"石韫玉而山辉，水怀珠而川媚"，少数警句可以提高全文的价值。他又提出"含清唱而靡应""虽应而不和""虽和而不悲""虽悲而不雅""既雅而不艳"等等写作上的毛病，用音乐作譬喻，来说明表现手法上或语言风格上应该避免的缺陷；如果不注意的话，就会"混妍蚩而成体，累良质而为瑕"了。有了"警策"，就瑕不掩瑜；如果不应、不和、不悲、不雅、不艳，就瑜不掩瑕。他反复阐明这些意见，可是很少论到思想内容方面。

最后，就陆机对于文学不同样式的写作特色的说明看，也可以知道他是重形式而轻内容的。他把文学作品分为十类，对每类都有四个字的说明："诗缘情而绮靡，赋体物而浏亮，碑批文以相质，诔缠绵而凄怆，铭博约而温润，箴顿挫而清壮，颂优游以彬蔚，论精微而朗畅，奏平彻以闲雅，说炜晔而谲诳。"这里讲的，绝大部分是语言风格方面的事；涉及内容的，仅仅有"缘情""体物""相质""博约""精微"等处而已。由此可见，在他看来，各种文学体裁在写作时所应注意的地方，主要不在于思想内容方面。下文所谓"禁邪而制放"，恐怕也不是指作品所包含的思想情感，而是指表达思想情感的文辞。

从这里可以知道，《文赋》的总的倾向是把作品的艺术形式放在主要的地位，而把思想内容放在次要的地位。尽管他说"理"是"干"，但实际上他并没有认为思想内容是创作的根本，反而用全副力量来解决"垂条""结繁"的"文"。这和他在创作上的形式主义缺点，是一致的。真正确立"思想与艺术之间的主从关系"，还有待于刘勰。

关于内容究竟指什么东西的问题，陆机与刘勰的理解也不一样。因为牵涉到别的方面，这里暂时不谈了。

（原载《文学评论》一九六一年第一期）

葛洪的文学观①

晋代一百多年(三世纪末至五世纪初)中,出现了不少的文学理论家,如陆机、左思、挚虞、李充、葛洪等。其中比较重要的当推陆机和葛洪:陆机的《文赋》奠定了古典文学理论史上的创作论的基础,而葛洪则继王充、曹丕之后对批评论有所贡献。目前学术界中对陆机研究较多,而对葛洪的理论则尚少探讨,现在我们打算对他在《抱朴子》中所表达的文学观作个初步的分析。

一

首先我们说明一下葛洪的生平和思想。

葛洪在历史上是以宗教徒面貌出现的,但他在古典文学史上占一个位置,主要是作为一个小说家和一个文学理论家。鲁迅先生在《中国小说史略》中曾对他的生平作这样扼要的叙述:"葛洪字稚川,丹阳句容人,少以儒学知名,究览典籍,尤好神仙导养之法。太安中,官伏波将军,以平贼功封关内侯。干宝深相亲善,荐洪才堪国史,而洪闻交趾出丹,自求

---

① 此文系与牟世金联名发表。

为勾漏令,行至广州,为刺史所留,遂止罗浮。年八十一,兀然若睡而卒(约公元二九〇年—公元三七〇年),有传在《晋书》。"①我们对此还可稍作补充。

从《晋书》卷七二本传及《抱朴子·自叙》看来,他的祖上曾在三国吴做过大官。祖父葛系做过吏部尚书、太子少傅、大鸿胪等职,封吴寿县侯;父亲葛悌做过吴的中正、廷尉等职,随吴主孙皓降晋后又做过晋的太中大夫、邵陵太守等职。这样的家庭陶冶,就促使他参加对张昌、石冰等人领导的农民义军的镇压,并因此而封侯食邑。同时,他的从祖葛玄和岳父鲍玄都爱好神仙法术,他就向从祖的弟子郑隐和岳父学习,而走上炼丹辟谷的迷信道路上去。

不过,他十三岁的时候,父亲就死了,家庭似乎不很宽裕。接着有八王和十六国的扰乱,生活更是困苦。他曾种过地,挨过饿。种地之余,无书可读,便徒步走到别处去借书。又无法得到纸笔,便砍柴卖钱,才能抄写。为节省起见,一张纸两面都写字,以至于别人难于看清楚。他十六岁才开始读儒家经典,同时也博览诸子百家。二十多岁以后,他立志从事著作;到四十岁左右,写成《抱朴子》。实际生活的锻炼使他在著作中除迷信糟粕外也有进步的一面。

他的著作,据《晋书》本传及《隋书·经籍志》所载,种数是很多的:有的是文学作品,如《碑诔诗赋》一百卷;有的是医学著作,如《金匮药方》一百卷;还有一部分则是宗教迷信方面的东西。此外《新唐书·艺文志》还提及《西京杂记》。这书有葛洪的跋,假托为刘歆之作,但是正如鲁迅先生所指出的,"固以葛洪所造为近是"②。书中"杂载人间琐事","意绪秀异,文笔可观"③。对于古代小说的发展,葛洪也有一定的贡献。但是他的著作中最重要的,仍推《抱朴子》。

《抱朴子》分内篇、外篇两部分,内篇包含二十篇,外篇包含五十二

①《鲁迅全集》第八卷第二九页。
②《鲁迅全集》第八卷第二八页。
③同上。

篇。其中最后一篇是《自叙》，说：

> 其内篇言神仙方药、鬼怪变化、养生延年、禳邪却祸之事，属道家。其外篇言人间得失、世事臧否，属儒家。

因此，隋唐各史对它都分别著录，内篇列入道家，但又不承认外篇真属儒家，故改入杂家。后代也有把内外篇一起列入杂家（如《宋史·艺文志》）或一起列入道家（如《四库全书》）的。其实列入哪一家是关系不大的，主要的是从这七十二篇中明显地反映了葛洪思想上的矛盾。

先看《内篇》。葛洪在序言里说："今为此书，粗举长生之理，其至妙者不得宣之于翰墨。盖粗言较略，以示一隅，冀悱愤之徒省之，可以思过半矣。"由此可见内篇主要谈长生，与其归之先秦的道家，不如说和神仙家相近。所以他一面侈谈丹药和符咒，一面又指责老子"泛论较略"，批评庄子"永无至言"，他们都"去神仙已千亿里"。（《内篇·释滞篇》）这种迷信的著作本来没有多大价值，但是正如范文澜同志指出的，"妖妄里面还含有一部分可取的成分。在《金丹篇》《黄白篇》里，主要用矿物炼丹药，炼金银，开化学的远源；在《仙药篇》和其他不少篇里，主要用植物治疗百病，实是较为原始的药物学。道教徒主观上是为自己求不死，客观上却为这些科学开先路；削去那些妖妄语，《抱朴子·内篇》可以供给不少的科学史材料"①。我们对《内篇》基本上是否定的，不过这些少数的科学史材料却也告诉我们，在这位道教徒的思想上，还有可取的因素。

再看《外篇》。葛洪曾说："内宝养生之道，外则和光于世；治身而身长修，治国而国太平；以六经训俗士，以方术授知音。"（《内篇·释滞篇》）可见他所谓"外"，就是指以儒学治国的问题。既然他还关心国事，必然要反对鲍敬言"以为古者无君，胜于今世"（《诘鲍篇》）的论调。有人认为葛洪误把鲍敬言当作道家来批判，实际上"是地主阶级的偏见"②。其实鲍敬言虽然能够痛快地揭露统治者的罪行，但同时也的确发挥了《老子》

---

① 《中国通史简编》修订本第二编第四三一页。
② 侯外庐等著《中国思想通史》第三卷第三一九页。

"六亲不和有孝慈"(第十八章)和《庄子》"机心生于胸中,则纯白不备"(《天地篇》)等等消极论点;葛洪用社会进化思想来驳斥鲍正言的复古主张,也有正确的一面。正因为他从社会进化观点出发,要求以儒学治国,所以他能继承儒家思想中的唯物主义因素,而极力推崇王充:"余雅谓王仲任作《论衡》八十余篇,为冠伦大才……王生学博才大……事义高远。"(《外篇·喻蔽篇》)有人认为他"曲解王充的思想……以达到豪族地主的救死存生的目的"①,但是如果我们拿这一篇和《论衡·自纪篇》对照一下,就知两人的论点基本上是相近的。后边谈到葛洪的文学观点时,更可以看出两人相同之处。所以他批判汉代,列举各种丑恶现象,其中就有"左道邪术,假托鬼怪者"与"卜占小数,诳饰祸福者"。(《外篇·汉过篇》)正如范文澜同志所指出的,他的《外篇》实际上"连自己《内篇》所讲的那些神仙术也否定了"②。

葛洪的世界观中有显著的矛盾。我们如果恰如其分地分析这个矛盾,"剔除其封建性的糟粕,吸收其民主性的精华"③,在今天还是有一定的积极意义的。

二

其次我们研究一下葛洪对文学的基本观点。

在《抱朴子·外篇》五十二篇中,讨论的问题是多方面的。里边如《钧世》《尚博》《广譬》《辞义》《文行》等篇,则常常牵涉到文学的问题。他在文学方面的讨论,提出的论点也是很广泛、丰富的,其中最主要、最基本的一点,乃是他的文学发展观点。他深信文学是后胜于前的,所以坚决反对崇古非今。

这种进步的发展观点,是贯串在各篇中的。例如他在《尚博篇》末段

①《中国思想通史》第三卷第三〇〇页。
②《中国通史简编》修订本第二编第四三二页。
③《毛泽东选集》第二卷第六七九页。

曾雄辩地说：

> 又世俗率神贵古昔，而黩贱同时：虽有追风之骏，犹谓之不及造父之所御也；虽有连城之珍，犹谓之不及楚人之所泣也；虽有拟断之剑，犹谓之不及欧冶之所铸也；虽有起死之药，犹谓之不及和、鹊之所合也；虽有超群之人，犹谓之不及竹帛之所载也；虽有益世之书，犹谓之不及前代之遗文也。是以仲尼不见重于当时，《太玄》见蚩薄于比肩也。俗士多云：今山不及古山之高，今海不及古海之广，今日不及古日之热，今月不及古月之朗。何肯许今之才士，不减古之枯骨？重所闻，轻所见，非一世之所患矣。昔之破琴剿弦者，谅有以而然乎？

葛洪的笔锋饱和着情感，显示出他对这个论点是深信不疑的。

他为什么深信不疑呢？他的论证是多方面的。他先从宇宙间一切事物说起，指出后胜于前是一条普遍原则：

> 且夫古者事事醇素，今则莫不雕饰；时移世改，理自然也。至于麤锦丽而且坚，未可谓之减于蓑衣；辎辀妍而又牢，未可谓之不及椎车也……若舟车之代步涉，文墨之改结绳，诸后作而善于前事，其功业相次千万者，不可复缕举也。世人皆知之快于曩矣，何以独文章不及古邪？（《钧世篇》）

这和他在《诘鲍篇》中指出"鸟聚兽散，巢栖穴窜，毛血是茹，结草斯服"的古代，远不如"庇体广厦，粳粱嘉旨，黻黼绮纨，御冬当暑"的后代一样。把这一条普遍原则运用到文学领域里来，他认为：

> 且夫《尚书》者，政事之集也，然未若近代之优文、诏策、军书、奏议之清富赡丽也。《毛诗》者，华彩之辞也，然不及《上林》《羽猎》《二京》《三都》之汪濊博富也……若夫俱论宫室，而奚斯"路寝"之颂，何如王生之赋《灵光》乎？同说游猎，而《叔畋》《卢铃》之诗，何如相如之言《上林》乎？并美祭祀，而《清庙》《云汉》之辞，何如郭氏《南郊》之艳乎？等称征伐，而《出车》《六月》之作，何如陈琳《武军》之壮乎？

则举条可以觉焉。(《钧世篇》)

对于这里所举的具体的作品,我们可能有不同的看法。他说辞赋比《诗经》进步,是有一定的局限性的(详后)。但是从贾谊的《鹏鸟赋》、司马相如的《上林赋》,一直到鲍照的《芜城赋》、庾信的《哀江南赋》,乃至于欧阳修的《秋声赋》、苏轼的《赤壁赋》,等等,无论就叙事、写景的详尽、细致看,或就抒情、说理的委婉、透辟看,我们不能不承认:比起简单朴素的三百篇来,后代的优秀的辞赋是体现了一定的发展提高的,正如诸葛亮的《出师表》、李密的《陈情表》等作品远远超过《尚书》中的文章一样。所以葛洪的结论,基本上是正确的。

葛洪所谓今胜于古,有时只着眼于表现手法方面,这是他的不足之处。有时也联系到思想内容上去,例如:他指出黼锦胜于蓑衣,是因为黼锦不但"丽"而且"坚";指出辂辇胜于椎车,是因为辂辇不但"妍"而且"牢"。这里显然是内容与形式统一的。所以他比较"今诗与古诗"的时候,首先强调二者;"俱有义理",然后才讨论"盈于差美"的问题。(《钧世篇》)由此可见,如果"今诗"缺乏"义理"而仅仅在形式的"美"上超过"古诗",那么他不一定还认为"今诗"胜于"古诗"的。

既然文学作品的确今胜于古,那么为什么还有不少人迷信古人诗文呢?葛洪认为主要由于庸俗评论家大都是"信耳而疑目"的:

贵远而贱近者,常人之用情也;信耳而疑目者,古今之所患也。是以秦王叹息于韩非之书,而想其为人;汉武慷慨于相如之文,而恨不同世。及既得之,终不能拔,或纳谗而诛之,或放乎冗散。此盖叶公之好伪形,见真龙而失色也。(《广譬篇》)

他们既然"信耳而疑目",缺乏独立判断能力,自然只有依靠所谓"圣人"了:

然时无圣人目其品藻,故不得骋骅骝之迹于千里之涂,编近世之道于"三坟"之末也。拘系之徒,桎梏浅隘之中,挈瓶训诂之间,轻奇贱异,谓为不急。(《尚博篇》)

当代作品还没有"圣人"来吹嘘,于是一般人便都认为没有价值了。还有一个附带的原因,就是这些庸俗评论家看不懂古书,被吓倒了,不免拜倒于古人的脚下,误以为:

> 古之著书者才大思深,故其文隐而难晓;今人意浅力近,故露而易见。以此易见,比彼难晓,犹沟浍之方江河,蚁垤之并嵩岱矣。故水不发昆山,则不能扬洪流以东渐;书不出英俊,则不能备致远之弘韵焉。(《钧世篇》)

把难懂的古书当作高不可攀,这在后代是很多的,就在今天也还没有绝迹。葛洪驳斥道:

> 盖往古之士,匪鬼匪神……且古书之多隐,未必昔人故欲难晓;或世异语变,或方言不同;经荒历乱,埋藏积久,简编朽绝,亡失者多,或杂续残缺,或脱去章句:是以难知,似若至深耳。(同上)

这些论证有事实作根据,所以是驳不倒的。

但是葛洪虽然反对崇古非今,却并不把古人一笔抹煞。他认为古代作品还可给我们提供丰富的材料。《钧世篇》里说:"然古书者虽多,未必尽美,要当以为学者之山渊,使属笔者得采伐渔猎其中。"他指出,在这个"山渊"里边,有不少的"东瓯之木,长洲之林",有无数的"云梦之泽,孟诸之数",对今天是很有用的。不过这只是材料而已,还不能把"梓豫"就当作"大厦之壮观,华屋之弘丽",也不能把"鱼肉"就当作"煎熬之盛膳,渝狄之嘉味"。当然,这些大厦、华屋、盛膳、嘉味的获得,还有待于后代的作家。这样,他既不迷信古人,也不排斥古书。这种论点,在一千六百年前,是很难得的。

三

再次我们看看葛洪从这个进步的发展观点出发,怎样对待批评和创作上的种种问题。

第一是关于文学的社会意义、民间文学的估价等问题的看法。

正因为葛洪不迷信古人，所以他敢于推翻传统的重德行轻文章的观点。在《尚博篇》和《文行篇》里都有这样的议论：

> 或曰：德行者本也，文章者末也。故四科之序，文不居上。然则著纸者糟粕之余事，可传者祭毕之刍狗。卑高之格，是可讥矣。（文之体略可得闻乎？）抱朴子答曰：筌可（以）弃，而鱼未获则不是无筌；文可（以）废，而道未行则不得无文……且文章之与德行，犹十尺之与一丈；谓之余事，未之前闻（也）。

这里措辞显然有偏激之处，但葛洪坚决反对贬低文学的巨大作用，大力强调文学的社会政治意义，还是正确的。他在《尚博篇》中热情歌颂汉魏以后的作品，认为它们都是"义深于玄渊，辞赡于波涛，施之可以臻征祥于天上，发嘉瑞于后土，召环雉于大荒之外，安圆堵于函夏之内，近弭祸乱之阶，远垂长世之祉"。他用作文学后胜于前的论证，正是在于这些作品对于社会现实的深刻而广泛的影响。如果不能起这种积极作用，那么根本不需要这种作品了。他说：

> 不能拯风俗之流遁，世涂之凌夷，通疑者之路，赈贫者之乏，何异春华不为肴粮之用，苗蕙不救冰寒之急。古诗刺过失，故有益而贵；今诗纯虚誉，故有损而贱也。（《辞义篇》）

坚决反对崇古非今的葛洪，在这里居然置今诗于古诗之下，更可看出他之所以深信文学后胜于古，也因为后代文学作用有超越前代的可能性存在。

同样，葛洪不迷信古人的结果，使他敢于纠正传统对于民间文学的忽视。《尚博篇》说：

> 古人叹息于才难，故谓百世为随踵；不以璞非昆山而弃耀夜之宝，不以书不出圣而废助教之言。是以闾陌之拙诗，军旅之鞠誓，或词鄙喻陋，简不盈十，犹见撰录，亚次典诰……或云小道不足观，或

云广博乱人思。而不识合锱铢可以齐重于山陵,聚百十可以致数于亿兆,群色会而袞藻丽,众音杂而《韶》《濩》和也。

葛洪在这里虽然对民间创作的估价还和我们今天的看法有一定的距离,但他已初步认识到"闾陌之拙诗"也可以"助教",表面上好像"不足观"的"小道"也可以联系到古圣王的《韶》《濩》上去的。

第二是关于创作问题的看法。

葛洪既然主张文学后胜于前,所以就强调作品内容的独创性。他在《喻蔽篇》里为王充辩护时,就引用了这一句古话:"且夫作者之谓圣,述者之谓贤。"由于重"作"轻"述",所以他对"子书"估价很高,而在《尚博篇》里反对"贵爱诗赋浅近之细文,忽薄深美富博之子书"。其实他自己也是"贵爱诗赋"的,在这里却置"子书"于"诗赋"之上。这一方面因为这里指的是"浅近"的诗赋,一方面还因为他和王充一样地重视"胸中之造",认为"鸿儒超文人"。(《论衡·超奇篇》)他强调独创性的理论根据是:

夫才有清浊,思有修短;虽并属文,参差万品。或浩瀁而不渊潭,或得事情而辞钝,违物理而言功。盖偏长之一致,非兼通之才也。(《辞义篇》)

他认为作家的才华是因人而异的,所以彼此的作品应该不同。有了"英才",就可以在作品中具有"罕观"的义了。(《辞义篇》)而且也只有作品富有独创的内容,文学才真能做到后胜于前。在强调独创性的同时,葛洪还主张语言必须通俗易晓。《钩世篇》里说:

书犹言也,若入谈语,故为知音;胡越之接,终不相解,以此教戒,人岂知之哉?若言以易晓为辨,则书何故以难知为好哉?

因为当时一般人都认为"文隐而难晓"是作者"才大思深"的表现,而作品的"露而易见"乃是作者"意浅力近"的证据,所以他才大声疾呼地要求"情见乎辞,指归可得",才坚决主张用"易晓"的语言来表达独创的内容。在内容与形式的关系上,葛洪也注意到二者应该兼顾。他在《辞义篇》里指出：

> 属笔之家亦各有病。其深者则患乎譬烦言冗，申诫广喻，欲弃
> 而惜，不觉成烦也；其浅者则患乎妍而无据，证援不给，皮肤鲜泽，而
> 骨鲠迥弱也。繁华晔晔，则并七曜以高丽；沈微沦妙，则侪玄渊之无
> 测。人事靡细而不浃，王道无微而不备。故能身贱而言贵，千载弥
> 彰焉。

这里既说明了思想内容与形式技巧不能偏废，也说明了内容方面除独创
性外还要求做到"申诫广喻"，语言方面除通俗易晓外还要求"鲜泽"而不
烦冗。只有这种双方都完善的作品才能"千载弥彰"。

第三是关于批评问题的意见。

葛洪反对崇古非今，所以在批评上很注意追求客观性，力避主观偏
见。他说：

> 五味舛而并甘，众色乖而皆丽。近人之情，爱同憎异，贵乎合
> 己，贱于殊途。夫文章之体，尤难详赏。苟以入耳为佳，适心为快，
> 尟知忘味之九成，《雅》《颂》之风流也。(《辞义篇》)

他认为若要做到正确地评论作家，必须评论者自己努力提高素养，否则
无法领会到作品的深处。他又在《尚博篇》里说：

> 或有汪濊玄旷，合契作者，内辟不测之深源，外播不匮之远流，
> 其所祖宗也高，其所绅绎也妙，变化不系滞于规矩之方圆，旁通不凝
> 阂于一涂之逼促。是以偏嗜酸咸者，莫能知其味；用思有限者，不能
> 得其神也。

他告诉我们：不但要避免"偏嗜"，还要加强"用思"，否则不能成为"知
音"，而只是一个"唯见能染毫画纸者便概之一例"的"俗士"。我们可以
说，他自己的后胜于前的文学发展观点，就是他自己批评理论的实践。
正因为他能抛弃偏见，认真深入作品，才能公正地评价古今作家作品，而
不致陷在迷信古人的保守观点中去。

四

最后我们估计一下葛洪在文学理论发展史上的地位。很明显,他是上继汉魏,下开南北朝,而有他自己的独特的见解和贡献的。

在葛洪的先行者中,他和王充的继承关系比较密切。王充在《论衡》里对于写作方面曾提出不少卓越的论点:他一再反对"论好称古而毁今""俗儒好长古而短今"(《须颂篇》),认为应该"睹非却前退置于后,见是推今进置于古"(《超奇篇》);他又强调作品要有独创的内容,要求"发胸中之思""论发胸臆"(《佚文篇》),而反对依傍前人,因为"饰貌以强类者失形,调辞以务似者失情"(《自纪篇》);同时他还主张语言要通俗易晓,认为"文字与言同趋……笔著者欲其易晓而难为,不贵难知而易造"(同上),而贬斥"文丽而务巨,言眇而趋深"的辞赋(《定贤篇》)。这些进步的见解,葛洪基本上都接受下来,加以发挥。而且王充仅泛论一般著作,可是葛洪却比较侧重于文学方面。这从上面引文中可以看出。

葛洪以后,文学理论家渐渐多起来了。其中比较杰出,而在论点上和葛洪有一定渊源的,当推刘勰。不过刘勰显然代表理论发展史上一个新的阶级,在王充、葛洪的影响下又前进了一大步,对文学各种问题都建立了比较完整的理论。例如刘勰对于"古来知音多贱同而思古"(《文心雕龙·知音》)的批评,显然是继承了王充、葛洪的进步观点的;但他又在这基础上,进一步提出"望今制奇,参古定法"的原则,既反对崇古非今,也反对"竞今疏古",认为这样才能创造出"颖脱之文"(《通变》)。又如对于语言风格问题,刘勰一方面指出"发口为言,属笔曰翰……笔为言使,可强可弱"(《总术》),很重视"辞直义畅,切理厌心"的"显附"的作品(《体性》);但一方面也不忽视"博喻酿采,炜烨枝派"的"繁缛"之体(同上),强调一切文章"其为彪炳,缛采名矣"(《情采》),认为"谓繁与略,随分所好"(《镕裁》),而主张风格多样化。在承认青胜于蓝的同时,我们也不应忘记青出于蓝,所以葛洪对于刘勰的启发作用还不能抹煞。

这样我们就可以确定《抱朴子》在文学理论发展史上的意义了。葛洪把古代伟大唯物主义思想家王充的某些进步理论,更明确地运用到文学创作领域里来,从而提出文学后胜于前的发展观点,并以这个基本原则为出发点,对文学批评与创作若干问题提出自己的看法,成为伟大文学理论家刘勰所继承的主要理论遗产之一。一句话,《抱朴子》是从《论衡》到《文心雕龙》中间的桥梁。

当然葛洪在文学理论上的承前启后的关系,不限于王充、刘勰两人;《抱朴子》与曹丕《典论·论文》、陆机《文赋》、颜之推《颜氏家训》也有互相影响的地方,这里不细论了。

同时,由于葛洪本人思想上的矛盾,他的文学观也有一定的局限性。这主要表现在下列三点上:

第一,他虽然有时也主张内容与形式并重,但有时却不免侧重形式方面。例如他在《钧世篇》中说明文学后胜于前,就指出后代作品比前代更"艳"、更"壮"、更"汪濊博富"。这主要是指辞藻和表现手法方面,而与思想内容关系较少。他虽基本上反对当时重形式而轻内容的文风,但有时仍不免受到这种不良风尚的影响。

第二,出于上述原因,他对某些作家作品的具体评价偶有不恰当处。例如陆机是一个有重形式而轻内容的显著倾向的作家,而他对陆机却推崇备至,一则赞美"其辞之富,虽覃思不可损"(《太平御览》卷六○二引《抱朴子》佚文),再则认为"陆君之文犹玄圃之积玉,无非夜光"(《北堂书钞》卷一○○引佚文)。在《钧世篇》中,他甚至说夏侯湛、潘岳的《补亡诗》超过《诗经》本身,这显然是错误的。对于汉赋,他也有评价偏高的缺点。

第三,他论及作品内容时,专从封建阶级的利益出发,强调文学为封建政教服务。例如他在《尚博篇》中认为汉魏作品"可以臻征祥于天上,发嘉瑞于后土",这是比较腐朽的见解。那么,《辞义篇》中所谓文学可以"拯风俗之流遁,世涂之凌夷",也未必是从人民利益着想。在这一点上,他犯了和曹丕《典论·论文》、陆机《文赋》相同的毛病。

　　这些都是葛洪文学观中的糟粕,我们应该剔除。不过,就总的方面看来,他的贡献是主要的,因而他在文学理论史上的位置应该是肯定的。

(原载《山东大学学报》一九六三年第一期)

翻译及其他

《左传真伪考》及其他

《左传真伪考》的译者引言

《左传真伪考》(原名《论左传之真伪及其性质》,*On the Authenticity and the Nature of the Tso-chuan*)为珂罗倔伦(Bernherd Karlgren)所著,瑞典哥敦保(Gothenburg)大学丛刊第三十二,一九二六年三月出版。著者为著名支那学家,毋庸赘述。

出版后,著者送了几本给赵元任先生,赵先生又转送一本给李济之先生。李先生因为卫聚贤先生专治《左传》,所以借给他看。卫先生借来后,嘱我讲给他听。我一面口译,卫先生一方面便笔录下来。全书六十余页,竭两日夜之力始竣事。这是翻译的缘起。

后来冯沅君先生知道了,要求拿去给北大研究所的《月刊》充篇幅,故我再以卫先生所记的稿子,和原书细校一遍,又请赵先生复校一遍,以期不致自误误人。现在到上海来,胡适之先生们正新办个新月书店,问我可有稿件给他们印。我即以此译稿请胡先生再校一遍,拿去印单行本。这是出版的缘起。

对于以上几位助我的先生们，我都表极深的感谢！

陆侃如记于上海寓次。

十六，六，二五

（原载《国学月报》第二卷第七期）

译序

瑞典哥德堡大学（Université de Göteborg）教授高本汉（Bernhard Karlgren，或译珂罗倔伦）先生，是西方研究中国历史语言的学者中有特殊成绩的。我曾陆续译过他的论文若干篇，现在汇印而成这本小册子。

我开始读高先生的书，还在十年前。那时我的朋友卫聚贤先生正在研究《左传》，要我把高先生所著《论左传的真伪及其性质》（*On the Authenticity and the Nature of the Tso-chuan*）讲给他听。我一面讲，他一面记，不多时便译完了。时沅君在北京大学研究所编《月刊》，我便把译稿请赵元任先生校阅一下，交她发表。不久，上海新月书店开幕，即以此稿印成单行本，改名《左传真伪考》。胡适之先生为它写了一篇很长的《提要与批评》，聚贤又写了一篇跋。这单行本便是这本书的前身。

译本出版后，高先生曾不断地把他的新著寄给聚贤和我。可惜我在欧洲住了几年，始终没有机会到瑞典去拜访他。可是我和他却不断地通信，他还替我的《周代社会史》作序。他治学的谨严和待人的诚恳，使我心上对于这位无缘识面的学者永留着不可磨灭的印象。

不料我回国时，新月书店已倒闭了。承商务印书馆的好意，愿意接印此书。今夏在家，一面侍候病母，一面便整理旧稿。除《左传真伪考》外，再加《中国古书的真伪》（*The Authenticity of Ancient Chinese Texts*）及《书经中的代名词"厥"字》（*The Pronun KÜE in the Shu King*）两篇。附录四篇：除原有适之先生及聚贤两篇外，又加沅君的《论左传与国语的异点》及聚贤的《读论左传与国语的异点以后》两篇（均在《新月》杂志上发表过）。共计七篇，合成一册，改题今名。

当年《左传真伪考》出版时，在中国史学界曾发生很大的影响。希望这本《史学论丛》的出版，会产生更大的影响。

　　一九三五年十一月二十五日，陆侃如序于北平燕京大学。

第一章　中国古书的真伪

中国古书，因为全是有限本数的手卷，而传授历时又甚久，其所遇到的变动，使中国学者很早就感到考证它们真伪的必要。唐代颇有几位敏锐的考据家如柳宗元等，宋代则这类考据终于造成个很发达的科学运动。学者如《郡斋读书志》作者晁公武(纪元十二世纪)、《子略》作者高似孙(十二世纪)、《直斋书录解题》作者陈振孙(十二世纪)，他们的确奠定这种科学的基础。他们的结论，为清代皇家书目《四库全书总目提要》的饱学的编纂者所采用和补充；而敏锐的考据家姚际恒在《古今伪书考》(在《知不足斋丛书》中)里也如此——此书在一九二四年重印时附有金受申考释。我述这些只是当作举例。还有几十位多少总算很有能耐的考据家，曾经讨论过各种真伪的问题，我不能在此列举其名——真的，我现在并不是想做一个参考书目。

这些考据摇动了对许多从前被认为真的古书的信心。现在可以说已经到了一种平衡的状态了：今日中国学者大体都接受自宋至清的考据的结论，而且认为事情是完结了。欧洲的"支那学"家大都也以抄用中国考据家的论断为满意，而且还未细察其证据即以其结果为定论。

然而，中国学者考据时所遵守的各种标准的价值，却并不一致。近代"支那学"家也应该要注意到结论如何得到问题了，也应该开始把它审阅一下了。这种考察显然跟着书的性质而大异，但是我却先来看看中国学者所援引的几种主要的标准。

一

根据书中的史料可以决定一个不在某时以前的界限。例如：那著名的《毛诗鸟兽草木虫鱼疏》，曾归于三国吴（纪元二二二—二八〇年）陆玑；但是陈振孙（武英殿聚珍版卷二页十二下）指出那书有几处引用郭璞（纪元二七六—三二四年）的《尔雅》注。所以它定在陆玑之后。又一例：齐相管夷吾（管仲，纪元前六四五年卒）即《管子》作者的古传说，却被否认了（如姚际恒引叶正则①所指出的），因为书中讲到那位献给吴王夫差（纪元前四九五—四七三年在位）的著名美人西施，还有其他相类的晚周史料。这类时代的错误，是头等的标准；而中国学者因对古书有充分知识，故能尽量应用这个考据的方法。只就此点而言，它是不会错的。但是要记住，这只能证明所讨论的一段，而不是全书的年代。这种情形若只有一处，那也许是窜入的。一书中有了好几处便是致死命的证据了。

二

古书（例如汉代和六朝的书）所引周代的书，如为今本所无，那么这今本是伪的。一个很好的例子是《书经》中的《太誓》一篇。江声（《皇清经解》卷三九四）曾辑古书所引《太誓》而成很长的一篇。这与唐以后官府所承认的传本《书经》里的《太誓》根本不同。这一点定可证明官本《太誓》是伪的。这种标准是非常重要的，但也只就此点而言。陈振孙（卷三页六上）怀疑董仲舒（纪元前二世纪）的《春秋繁露》，因杜佑（纪元八一二年卒）《通典》与《太平御览》（十世纪）等类书所引为今本所无。但是也有理由来相信（参看下文七）此书有部分已亡佚。《通典》与《太平御览》所引也许取自亡佚的几篇，那么这里陈振孙的论证就不能据以断定的了。

三

书的内容是"浅陋"的，所以这书定是伪的！这种标准虽然似古怪而笨拙，但中国考据文章里却应用得很多。例如陈振孙说我们现在所有的贾谊（纪元前二世纪）《新书》不是原作，也只有这一条理由。这种判断的

---

① 叶正则即叶适（纪元1150—1223年）。

方法,有时要生出意见上可笑的争论。哲学家鹖冠子的书,极为唐代著名文人韩愈(《四部丛刊》里的全集卷七页十一下)所称许,却又被与他同时而齐名的柳宗元(《四部丛刊》里的全集卷四页七上)认为"浅陋"而致疑了。现在正应该从真伪的讨论里除去这种标准。

四

书的文体并不给我们一个古奥的印象,所以书是伪的。这条理论差不多与上条同样的不谨严,但是常常会遇到的。陈振孙对于纪元二八一年出土的《逸周书》(《汲冢周书》)的考据(卷二页四下)是这样的:"文体与古书不类:似战国(纪元前三世纪)后人依仿为之者。"据文体来下结论当然是可以的,但仅发泄个人随便的印象却还不够;他须明示文体上何种特点是可藉以决定的。这些不谨严的判断在考据文章里太常见了,实应完全取消。

五

后代编者或注者所述作者事迹被证明为假的,那么这书即是伪作!这奇异的逻辑常在考据里遇见。一位哲学家尹文子,曾载于《汉书·艺文志》(与纪元前九年卒的刘向及其子刘歆的《七略》相同)。一位仲长统(约纪元二〇〇年)作一序,说尹文子生当齐宣王(纪元前四五五—前四〇五年)时,与哲学家公孙龙共学。晁公武指出这是不可能的,因宣王与公孙龙并不同时。于是考据家宋景濂便相信这序是伪的,并说:"呜呼!岂独《序》哉!"(附见姚际恒书新版页二一下。)我们知道些关于作者的古传说的错误,固然是很有意味的,但是如果书的本身与这错误无关,那就难于降低此书的价值。

六

从各处集来的关于书籍传授的史料,在时代上留出许多接不起头的空当来,这就使人猜疑它是晚出的伪书。这种追溯书籍历代流传情形的方法,曾经中国考据家很精巧的应用了,而且得到很有价值的结论。哲学家关尹子(参看陈振孙《书卷》九页二一下)首见于《汉书·艺文志》(同于刘向、刘歆的《七略》)。以后《隋书》《旧唐书》及《新唐书》各志皆未言及,直到南宋时(一一二七——一二七九年)才从一位孙定家里重新出现,载有刘向校定的序,还有葛洪(纪元第四世纪)的后序。① 这个大概可定为伪书。《亢仓子》的运命则更有意味,它本假托为周代的书。柳宗元曾说司马迁《史记》(《庄周列传》)说起一部《亢仓子》,但刘向与班固(《汉书·艺文志》)并不知道它,所以今本大概是伪的。宋代学者(上文所说的晁、陈及高)都能把这传说的全部告诉我们。纪元七四二年,皇帝②定了些好听的名称给道家的书:《南华真经》给《庄子》,《冲虚真经》给《列子》,《洞灵真经》给《亢仓子》。于是便要去搜求《亢仓子》,但一本也找不到!为满足皇帝的要求起见,一位学者王士元(源)呈献了一本,显然是为此而作的。《四库全书总目》的编纂者指出王君自己在《孟浩然全集》序(《四部丛刊》本,序页二上)里也承认“修”过《亢仓子》。这一类的案件很能使人信服,但是用法要谨慎。今举一例为戒。关于哲学家公孙龙子,姚际恒(页三二上)说:“《汉志》(即《汉书·艺文志》,同于《七略》)所载,而《隋志》(即《隋书》的《志》)无之,其为后人伪作,奚疑?”但是我们在《旧唐书》的《志》里找到《公孙龙子》,所以姚的判断只是根据一种古志的缺载! 一个人的著作里,于数百种书名中漏掉一种,也无足怪;——例如《康熙字典》,还是一群学者所作,而王引之列举其误竟写了七大卷的书!

七

同这种标准相关连的,是下列一种:

篇数或卷数,在各种古代记载里,尤其在书目里,是不同的;那么这

---

① 这句未照原文直译,因为《直斋书录解题》卷九有这样的话,“首载刘向校定序,篇末有葛洪后序。”

② 这里“皇帝”指唐玄宗。

书一定被窜乱过，增加过，甚或重制过的。这是中国考据家所爱用的论
证，而且我们要知道这论证常被滥用。下列很可注目的例子，是姚际恒
（页二三下）讨论哲学家慎子的话："《汉志》（《汉书》的《志》）法家有《慎
子》二十四篇；《唐志》（《唐书》的《志》），十卷；《崇文书目》三十七篇。今本
止五篇。其伪可知。"①姚似乎不懂书的一部分会亡佚的——在中国，古
书半数的命运是如此的！我本不愿作这种无聊的辩论，只因姚书在中国
享有大名，且为张之洞《书目答问》所赞许之故。更觉严重的是姚（页二
三下）关于哲学家鹖冠子的话："《汉志》（《汉书》的《志》）止一篇。韩文公
（著名的韩愈，纪元八二四年卒）所读者有十九篇。《四库书目》（清代皇
家书目）有三十六篇。逐代增多，何也？意者，原本无多，余悉后人增入
欤？"但是这种考据同样没有价值。第一、《四库书目》并未说起三十六
篇。《隋书》以后，这书有三卷。韩愈像是读了种十六篇的残本（他的全
集中所谓十九篇是误改的，参看《四库书目》卷一一七，页十上）；但北宋
人陆佃曾编为三卷十九篇——此即今本的编次。② 十九篇中有些很短，
今本全书也不过等于《史记》较长的一篇（例如第三十九篇）；所以《汉书》
的《志》里说是一篇。

但有时这种数目似乎严重。例如董仲舒《春秋繁露》（参看上文二）。
《隋书》的《志》与《唐书》的《志》有十七卷，《崇文总目》（十一世纪）有八十
二篇。但是《中兴馆阁书目》（纪元一一七八年）只有十卷，而萍乡本只有
三十七篇。所以陈振孙（卷三页五下）说："今〔宋〕……本"（是楼钥本；从
《永乐大典》辑出，《四部丛刊》重印者即此）"篇卷皆与前《志》合——然亦
非当〔古〕时本书也。"③

要知道这种指摘在怎样的范围内方算严重，让我们试验一种著名可

---

① 原文引姚际恒的话，误脱"法家"二字；而《唐志》十卷，《崇文书目》三十七篇"也误作"《唐志》
三十七篇"，今皆据《古今伪书考》改正。
② 这句中"韩愈像是……是误改的"一段含义稍晦，今附载《四库书目》原文于此："此本为陆佃
所注，凡十九篇；佃序谓愈但称十六篇，未睹其全；佃北宋人，其时古本韩文初出，当得其真；
今本韩文乃亦作十九篇，殆后来反据此书以改韩集。"
③ 原文引《直斋书录解题》稍有改易，今均校正。

信的书——比如《孟子》罢！就我所知，它是一般认为毋庸怀疑的。胡适在《中国哲学史大纲》里，简直把汉以前的书几全认为伪的，然而他相信《孟子》是真的。《孟子》最早见于司马迁《史记》（《孟子荀卿列传》，卷七四页一上）："作《孟子》七篇。"但是我们回到《汉书·艺文志》（同于刘向、刘歆的《七略》）里，却看见："《孟子》，十一篇。"说十一之数不是笔误，汉代确流行种十一篇本，已为应劭（纪元二世纪）《风俗通义》所证实，它（《四部丛刊》本卷七页三上）说孟子"作书中外十一篇"。然而第一个编注《孟子》者赵岐（纪元二〇一年卒）说："孟子著书七篇。"他的本子就是这样分的，直到现在这还是个标准的版本。假使我们应用姚际恒的原则，我们应该说："《汉志》有十一篇，赵岐只有七篇，我们可以明白这定是伪的！"假使我们更客气一点，我们应该学陈振孙说："《史记》有七篇，《汉志》与《风俗通义》有十一篇，赵岐又只有七篇——这不会是孟子的原书，怕是起初增加过，继又重编过，来维持司马迁七篇之数的！"但是陈振孙，《四库书目》，以及姚，都未讲起这个歧异。朱彝尊在他的著名的《经义考》里，从历代著名考据家与学者中，引了四十一种关于《孟子》的论断，然竟无一人暗示到这个歧异。既然古代记载篇数的不同，是怀疑他书的标准，为什么不用来否认《孟子》的可信呢？一定有人要问：《孟子》传说中七篇与十一篇的歧义，到底应该怎样解释？我可回答：我不知道，而且我也不管。在中国那样国家，书籍用竹木丝纸来传授，历一千五百年之久，而常常不改易次序地传给我们，实为中国书生爱惜心的明证。重编与割裂篇卷实在没有什么奇怪；而且有些古书（例如《史记》）一篇有时是两三页，有时是二三十页，所以更没有什么奇怪。那么古书目里卷数篇数自然是个很危险的标准，只能在绝对厉害的地方可应用。

八

所考证的书若引用一个已经证明为伪的书，那么这书本身也是伪的。金受申在印《古今伪书考》（页十二下）里讨论《孔子家语》，指出《家语》某一段可在《列子》里找出，并说："现已知《列子》成于刘向之后，则

《家语》似在其后也。"若不管《家语》久证为伪而《列子》或否的事实，则这个论调是很有意味的，因它明示一条原则：若甲书征引或雷同于乙书，而乙书是伪的（一个伪的乙书），则甲也是伪的。这个论证并不是不常见。但是心思细密的人马上要问：我们怎样知道事情不刚刚相反，乙书伪造者在造伪乙书时引用了真的甲书？下文我还要回到这种标准上来。

九

一部书若有几段同见于他书，那么这一定是较晚的作品，即用这几段再加些假材料做成的。这是个极普通的论证。姚际恒（页十上）讨论《孝经》时，引证好几段是他认为抄《左传》的，结论说《孝经》不但非孔子所作，且非周秦人作，而是汉代盛行《左传》以后作的。

这个如何断定中国古书中文句雷同的问题，是极费斟酌而极重要的，因为任意解决这个问题曾产生很大的害处。依据逻辑及事实看来，一个作者对于借自古书的文句，有三条路去处理：

（甲）他可以依样抄用，一点不改。这里有两类：

（一）这段在风格和文字上与他自己的著作大异，人家立刻可以知道这是借用的，是从他种已存的书上取来的。例如《孟子》篇五上页一——三的几短段，便是如此。然而就全体论，这种例是很少的。

（二）这段在风格和文字上与他自己的著作并不两样，所以在比较两本时，不能说定孰早孰晚。

（乙）他可以各处改动，使它成为同样内容说法略异的一段东西。所以若只比较这两本，也不能说孰早孰晚。

（丙）他可以意译一下，使它较易读，以普通的字替代少见而艰深的字，使文句不那么简短而难懂。在我的《左传真伪考》里，一九二六年版页二四以下，我举了司马迁用这意译方法来借用《左传》的许多例子。在此情形下，要断定孰为原本是很容易的。

我们应该明白，只在甲（一）及丙的情形下，才能用作辨真伪的论证。

至于在甲（二）及乙的情形下，这方面是毫无价值的，且当永莫用来断定某作者曾抄某作者的某几段。这是不谨慎的不科学的，而且不该当的。

也许有人说若能证实一部书有几段与一群古书相同，其形式虽是属于甲（二）及乙的，也可断此书是晚出的伪作。不幸这也是个错误的标准，因为晚周与秦代有许多公有的传说，任何作者都可自由引用，大都不说明来源。对于这时期的许多书也如此：无论你拿起什么书，你总会找到几段与同时的两三种书相同。在任何一段里，要决定孰早孰晚，几乎大都是绝望的。而且他们的原本，有几处是显然已亡佚了的。（许多口头的材料，或说故事的人，为什么不与近代中国的同样亡佚呢？）[1]

现在我要举一个连贯的例子，可以表示上述三种标准（七—九）的危险。这是《管子》的问题。我曾说过（上文一）齐管夷吾（管仲，纪元前六四五年）是它的作者的古传说，早已证明为不可信的。此书不能早于晚周。中国领袖学者的一般意见，差不多以为它是晚周的真书。王念孙在《读书杂志》里，俞樾在《诸子平议》里，孙诒让在《札迻》里，都有专篇校勘《管子》，而且洪颐煊和戴望也做过关于这位作者的同样工作。学者如王、俞及孙，都是清代许多大考据家中的明星，他们决不肯尽心研究一部自认为晚出的伪书。这部巨著是很有意味的，可以供给我们观察中国古代制度的各特点。它对于考古学家更为重要，因为它有许多关于桓公时（纪元前六八五—六四三年）中国东北部（齐）的铁工业的记载。第八十

---

[1] 在我刚说起的《左传》的研究里，我下结论说："这一定是部真的书，是一个人所作的，或者是属于一派和一方言的几个人作的。"这就给马伯乐 Maspero 一个机会来说，这会引出一个超过我的前提的结论（在《古代中国》*La Chine antique* 的一九二七年本页五九三里，又在《亚洲杂志》*Journal Asiatique* 的一九二八年份页一五九以下一篇对于我的书的很客气的批评里）。照马伯乐的意思，我只证明了"前三世纪的编者"把那些集成这部《春秋》时伟大史书的各种史料，在文法上加以修改。马伯乐和我在意见上歧异，事实上没有想象中的那样大。我不能那样幼稚，来相信《左传》般巨大的人事记载的作者，"从其意识深处"引申他的博识，而不依靠先前文字的和口头的材料。我的意思及我的结论，是说作者或作者们并非把许多片段原生地聚起来，但是把它们改造成一个文学的产品，在文字及组织上相一致的——一个杰作，有很可佩服的个人的味儿，也许是古中国文学全体中最伟大的杰作。这是唯一的一点，对于我研究此书真伪的目的有关系的，而我也没有理由去尝试追踪前人。

一篇(《四部丛刊》本卷二四页二上)告诉我们说,一国的政治和赋税如何依靠在铁的生产上。农夫需要铁来做耜、铫、镰、耨、椎及铚;车工需要铁来做斤、锯、钉、钻、凿、铫及轲;女人需要用铁来做刀、锥、箴及钵。[1] 这表示前七世纪铁已广用,而铸铁也必很早便发展了。第七十七篇(卷二三页一上)里的数目,如管仲所说,"出铜之山四百六十七山,出铁之山三千六百九山",都是计算铜铁工业的比例的表号。

假使这些关于前七世纪齐国铸铁的传说,是在前四或三世纪写下来的,那么很可相信为真的,而且是极可宝贵的;但是假使它们是一个近代的伪造者所作,那么便是毫无价值的。所以马伯乐的话是极可注意的,他在巨著《古代中国》里斥《管子》"几全为纪元四或五世纪时的伪作"(页二九五),又在详述古中国政治经济状况时完全不睬此书,其实此书若是真的话,则为这方面最好的史料。他说(页五八五):

"一部号称《管子》的书确是有的,共二十四卷,分八十六篇(其中约十篇已亡),假托是管夷吾的作品。但是即使它不完全是个近代的伪作,其较古的部分也埋没在许多约为纪元四或五世纪所伪造的篇中。

"它引(卷五页六上)《太誓》,那是《书经》中的伪篇,用第三世纪伪作的句法的。

"又抄袭纪元前三八六年的《左传》,甚至保存鲁君的纪年,这在一位齐相算是荒谬的,还有其他。伪作者在他自己的作品中,插入了几段《左传》《国语》及《史记》,由唐代征引的看来,此书在那时已存在;而十九卷之分则只见于《隋书》,大概不过是篇次的歧义。

"书首有刘向在前一世纪校书的序录,这是完全可疑的,因它已讲起今本八十六篇之分,而真的刘向书目则只有一本十八篇的《管子》(见张守节《史记正义》卷六十二页二下)。这一段表示《前汉书》卷三十页十二上(即《汉书·艺文志》,同于刘向《七略》)里'八十六篇'之数乃受近代伪

---

[1] 原文此处述《管子·轻重乙》的大意,而微有出入,现在关于"耜""铫"等器具之名均用《管子》所固有的,故非直译原文。

作的影响而窜改的。"

马伯乐的三种标准,分别属于上文所说七、八、九三种,是很易看出的。让我们考察他的论证。

第一(第八种标准),说《管子》"引《太誓》……用第三世纪伪作的句法的"是不确实的。我想最好把载《太誓》的三处并列于下:

伪《太誓》:	《左传》昭公二十四年《太誓》曰:	《管子》卷五《太誓》曰:
受有臣亿万,惟亿万心。予有臣三千,惟一心。	纣有亿兆夷人,亦有离德。余有乱臣十人,同心同德。	纣有臣亿万人,亦有亿万之心。武王有臣三千,而一心。

任何人都能看到《管子》并未正确地抄袭伪《太誓》,有歧义处大都同于《左传》。他用"纣"字,又用"人"字,都同于《左传》而异于《太誓》;又有"亦有"二字,与《左传》同,而伪《太誓》则用"惟"字。这些不能只是偶然的。假使《管子》是伪作者所造,我们便要说他大体遵从伪《太誓》,而微依《左传》来修改。但他为什么要如此?① 他知道,或者他想他知道,这个〔伪〕《太誓》是神圣的《书经》的一部分,是大圣武王的文件,较《左传》(属于左丘明的)早五百多年。为什么他不奴隶般遵从那神圣的书篇,而偏照《左传》来修改,以自惹嫌疑? 这完全是不近情理的。

这个版本问题的解释是极简单而与上文不同的,我们知道今本《太誓》(伪《太誓》)是纪元三世纪的伪作。但是伪作者颇有点古文学的知识,而且习知这两处征引古代真的《太誓》(《左传》与《管子》的)。他想要把这段拼合在自己的书中,他必定在两种颇不同的本子中选择一下。什么是最好的办法呢? 他知道,或者他想他知道,《管子》是纪元前七世纪的,而他定《左传》的时代却最早不过前五世纪的中年。他决定遵从较早的本子。但是这本的句法显然像意译,主词在第三位("武王")而不是《太誓》所当有的"余"(第一位),所以他参用些《左传》的本子。而且,他使它的文体更简洁,更像"书经"。这里我们对于纪元三世纪伪作《书

---

① 注意。这个问题并不仅是三处文句的相同,而是正式的征引,因为《左传》与《管子》都有"《太誓》曰"三字。

经》的人的作场,可以得到很有趣的一瞥!

所以马伯乐第一个证据便一败涂地了。这不是"甲引伪乙,所以甲也是伪"的情形,而是"伪乙的作者利用真甲,其中含有已亡佚的真乙"的情形。我甚且如此说:即使这一点不能尽量的承认,则只是后一种解释当作或说的可能性,已够使马伯乐的标准(属第八种)毫无价值。

马伯乐反对《管子》的第二个证据(第九种标准)是与别的古书相同的几段。《管子》的十八篇(卷七)的头上确有几段同见于《左传》桓公十八年(纪元前六九四年)及庄公八年(纪元前六八六年;我猜马伯乐的三八六的数目是手民之误,原意当指第二个年代)。这几段或是字义相同(上文甲二),或是稍有变易而不能明示孰早孰晚(上文乙)。还有几处古怪的歧异,但不能说是谁抄谁。一个人在《左传》里称为申繻,在《管子》里则称为申俞。《左传》说"劫(Kiap)而束之",《管子》则说"胁(Jiep)而束之"。(这是否为听话所记的歧异——书房学来背读的一段? 抑是说故事人的谈话?)记年的材料也不同——所以并未依照鲁国的纪年。照《左传》,鲁国在四月里有个请求,照《管子》则在二月里:《左传》说齐襄公在十二月里猎于贝丘而遇鬼,《管子》说在五月里。而两书(《左传》见于六八五年而非六八六年)记齐国发生的暗杀却同在九年(鲁庄公)。这显然是马伯乐所认为极可疑的。但是要知道这件事不但《左传》有"九年"字样,而且《春秋》里也有的。照马伯乐说,假使《管子》是前七世纪齐相管夷吾所著的,则"九年"的日期是荒谬的。但是因为我们已经知道这是晚周无名氏所作半历史半哲学的书,那么他述一件事情偶然依照那几乎人手一编的孔子《春秋》所记的年代,是没有什么可怪的。

除了这段《左传》《管子》相同的地方,我考察过《管子》与《左传》《国语》《春秋繁露》《韩非子》相同的几段,而我终于没有找到一段可以明示《管子》的本子是晚起的。结果这种依照第九种标准的尝试是得不到结论的。

第三,马伯乐应用第七种标准(篇数之可疑的歧异),在我看来是极不幸的。这里整个问题转向刘向(纪元前九年卒)到底看见几篇的一点上。在此我们有三种证据：(甲)刘向自己的序说有八十六篇。(乙)纪元一世纪的《汉书·艺文志》(同于刘向自己的书目《七略》)说有八十六篇。(丙)纪元八世纪张守节的书引称刘向的书目说《管子》只十八篇。既然头二种证据较早五百年，且都同今本八十六篇相合，那么应该明白张守节所引是错的。但是，不！靠着纪元八世纪的一种记载之力，马伯乐说：第一、刘向的序是"完全可疑的"；第二、《汉书·艺文志》的八十六之数是"窜改的"；第三、这些可证明今本有八十六篇即是伪作！我们不能认这是合理的考据方法。这一个更能证明我所说的应用第七种标准所得结论的不可靠。

总之：《管子》为伪也许可以拿我所未知的事实来证明，但是马伯乐所说的理由都不够减低它的可靠性。①

在这里，我已经列举了中国考据家辨古书真伪时所用的最重要的标准，并加以审核。此外，我在几年前(在一九二六年的《左传真伪考》里)还加了一种标准，在有些情形下是很可应用的，而且我以为在那样情形下是极重要的。

一〇

一部书(所用语言)的文法系统有某种特点，这特点赋予它以独有的性质，而决非后代伪造者所能想象或模仿的，那么这部书是可信的。我把这个考据的原理应用于古书中很长很重要的《左传》，我说明助词与代词的应用异于其他著名的古书，尤其异于鲁国的书(《论语》《孟子》及《礼记》的某部分)，本来鲁国的书应该与《左传》相近的。② 我把

---

① 我愿意郑重声明：我只反对马伯乐《古代中国》里的一事——虽然是很重要的一事。在别的观点看来，这是我所极佩服的一部书。研究中国古史的最近的成绩，都陈列在这里，其大部分重要的结果都是由于作者自己的研究的。它不但是初学者必需的工具，即任何"支那学"家也都需要它，它实在是论古中国的唯一的书。

② 这种尝试是应用于"若"与"如"；"於"与"于"；"吾"，"我"与"予"；解作 then, thereupon("则")的"斯"；解作 this("此")的"斯"；用作介词的"乎"；用作疑问语尾的"与"；解作"与"的"及"。

这种现象认为可以证明古中国有许多不同的方言,《左传》用一种方言写,而鲁国的书则用另一种方言写。除了这两种,我断定更有几种方言,依着文法上的字的歧异而辨别的。文法的歧异是很大的,而不能当作小变动。

我这种解释,曾经两位学者在批评我的书时表示反对:一为福克(A. Forke),〔在一九二八年《东方文学杂志》(*Orientalische Literaturzeitung*)页五一四里〕;一是马伯乐(在一九二八年的《亚洲杂志》页一五九里)。两位都说,在我所指出的现象里只能看出文体的不同,而不是方言的不同。假使他们的话是对的,一定很严重地推翻我的辨伪的标准。因为(一)方言的不同只限于某一地方,或某一时间,或某一时间,乃活言语所经过的现象,所以是特殊的,难于模仿的(至少是后人不能模仿的,因为他们不见得会注意文法上的字的用法的特点),然而(二)文体的不同乃是文学的文字里所有的人为的现象,其要点就是模仿。假使周人已经那样强烈地自觉到文学的体裁,而创造了各种不同的文法组织来作不同的文体之用,那么汉人当然也是如此,而且当然能够伪造得"逼真于文体"。所以现在很需要考察究竟我说周代有不同的方言是对的,还是福克与马伯乐说不同的文体是对的。

这两位学者的观点也互异。福克以为中国从无一种文学的文字是直接根据俗语的。就在周代,亦已加以人工而与口语不同。在文学的文字中,无所谓方言,只有文体:即诗歌体(《诗经》),散文体(《书经》《易经》),哲学体(《论语》《孟子》),历史体(《左传》),等等。福克的基本观念分明是错的。任何公平的读者都该明白,《论语》《孟子》及《庄子》中的谈话,以及《左传》中叙述得很活现的插话等,是口语的最纯粹的记录。我们绝对能听到说话者的小的古怪的曲折,暗藏的句法、呼喊等。我甚至可以如此说,我相信就在汉代,文章离俗语也不很远。常有几段显然想把所说的话逐字记录,而且它们绝不恰是我们所说的"文学的中国文"。一个很可注意的例子是:《史记》卷九六《周昌列传》,那儿口吃的周昌怒道:"臣口不能言,然臣期期知其不可"云云。任何人都该明白口吃的"期期"不该插入"文学的非俗话的"句子里。所以"知其不可"一句,在我们是能得一很有力的文学的印象的,而在汉代却是俗语。在这一点上,不必再赘述了。

马伯乐的理论则微异:《竹书纪年》(属于魏国)是很像《春秋》(属于鲁国)。所以表现在书中的,不是方言的不同而是文体;即历史文学(《春秋》《竹书纪年》),传奇文字(langue de romans)(《左传》《国语》),哲学文字(《论语》《孟子》《庄子》),典诰文字(《书经》《逸周书》),诗歌文字(《诗经》)。他以为这样解释,较之字汇并无主要异点即认为方言的不同,似更合理。《方言》一书表示西汉时词汇的歧异是很大的。此虽几世纪以后的事,然方言的歧异也不会较周代更甚。

第一,《竹书纪年》的论证是毫无价值的。《竹书纪年》与《春秋》都用非常简洁的文字写的——它们只是档案的提要——所以就没有文法上的助词,不能从此得什么结论。但是让我们先考察文体说的可能性与真实性,然后再回到方言的问题上去。

当古中国的《春秋》战国期,那时我们知道只有一二十种文学产品,那时孔门的语录还表示俗话的痕迹而难于改成连整的文字,说这时发展了五种(五种!)互相歧异而须确遵的文体,每种可以助词与代词的独有的用法而辨别,是可能的吗? 让我们明白这是什么意义。假使纪元前四世纪有一位李先生恰巧是个文人而想著书,他一定够困难了。假使他想写部历史的记载(有点像《左传》的体裁),那么他在"假使"(if)的意义该用"若"而不用"如",而在"好像"(like, as)的意义则用"如"(不同"若")。但是假使他要像孔、孟般的说教,他关于"假使"的用法得相反,常用"如"而不用"若";同时在"好像"的意义,他却可随心所欲地用"如"或"若",像是给他的报酬似的。假使这位不幸的李先生要写一篇"典诰"的文字——他一用"如"字便倒霉了! 无论在"假使"与"好像"的意义里,他都得小心写"若"字。

而且,假使他将孔门道德做哲学的叙述,他在 then, thereupon("于是")的意义可以自由用"斯"字。但是,假使他献媚于庄子而论"道",那么他得小心摒除"斯"字而用"则"字。马伯乐的确把孔子与《庄子》同列于"哲学文字"之下,但是孔孟常用"斯"而庄子则否(还有其他异点),我们还得把"哲学文字"分成二类:一是"孔门哲学文字",一是"道家哲学文字"!假使可怜的李先生此时还未被搅疯了,他还得在"文体"的荆棘中挣扎。当他做哲学的论述时,他可以随意用"乎"与"于"——作"在内"(in)、"在上"(at)解——与疑问句尾的"与";但是"于"字是不许用的。假使他作"典诰",他得小心别用"乎"与"於",而常用"于";而且他若用"与"于语尾,他便完全丢脸了。但是假使他从事于历史记述,则"乎"与句尾的"与"同样禁用,而在 with,auprès de("同""跟")的意义可用"於"字,在"在内"的意义可用"于"。——我可以再举些例,但是有何益处?这文体说的全体,若用来解释各种古书中所有的不同的助词系统,是显然不合理的。

但是我们可以把问题转过来,试看文体说是否真实的。可有一种"哲学文字"存在吗?试举孟子、庄子、荀子及韩非子四位哲学家为例,他们的确都是同时的(纪元前四世纪晚年——前三世纪中年),而且他们的作品在体裁与内容上是很相似的。假使文体说是真实的,那么他们应该有同样的文法。但是我已指出《庄子》不用"斯"(在其 then"则"及 this"此"两种意义的任何一种上)是与《孟子》(及其他鲁国的书)不同的。而且前者常用疑问句尾"邪",是鲁国的书所无的。这个"邪"字也见于《荀子》与《韩非子》,句尾的"与"在鲁国书中是常见的,在《庄子》及《荀子》中是很少见的,而在《韩非子》中则简直没有。所以并无"哲学文字"存在。

《国语》文法很近《左传》(虽然有一种重要异点)。《战国策》确与《国语》同时,而且内容与体裁也很相近,所以也可说是同一作者所作——要不是为着它们文法(助词系统)如此差异!《国语》在"於"与"于"中间有个用法上的异点,他在 and,together,with("和""同")的意义用"及"字,而无句尾的"邪"字,《战国策》有很多的"于"字,没有"及"字,而有不少的"邪"字。介词"乎"字在《战国策》中常见,而《国语》则没有。所以并无"传奇文字"(马伯乐指《国语》言)存在。

　　而且,福克与马伯乐甚至没有提起许多礼书。它们不能勉列于任何"文体"内,因为各种礼书在文法上有巨大的不同(参看我的《左传》论文页五六)。事实上,批评我的《左传》论文时所提出的"文体"说的全体,是为我的书里援引的事实所反对而不许可的。

　　那么,古书中文法之异认为由于方言之异,岂不是很可以的吗?不过马伯乐的反驳,说字汇上也该不同,却也很有意味,很能引人注意的。

　　让我们第一先替我们所谓方言下个定义。我并不是指 despatois(土话),中国农村的土话,或社会最底层的土话;而是指古希腊话一类的方言,或再举个较近的例,如受教育的上海人或北京人所代表的方言。那当然可以代表鲁、周、卫、齐等国的文人文字的歧异,这几国是文化与学术上独立的中心点,以政治的与地理的阻碍(湖泽,森林,及中国内地的异族,可使交通困难)而互相分开的。假使我们把受教育的上海人与北京人的语言比较一下,我们看到它有三点不同:(1) 文法(助词与代词);(2) 字汇;(3) 读音(两方言中同字异音)。但是只要不是土话(也许《方言》一书有意于此)的问题,而是受教育者的语言的问题,那就会注意到这个事实:例如假使看看卜舫济(Hawks Pott)的佳作《沪语读本》(*Lessons in Shanghai Dialect*)(一九二〇),就知道文法(助词、代词)与读音虽大异于北平人,字汇却大体相同;限用于一种方言的字比较的少。于是我们便得到下列的情形:

　　(1) 文法上的大异点;

　　(2) 读音上的大异点;

　　(3) 字汇上的小异点。

中国古书中是怎样的呢?

　　(1) 文法(助词与代词)上的大异点,已由我在《左传》论文中说明过。

　　(2) 读音上的异点——下文我要讲到这点。

　　(3) 字汇上的异点——马伯乐以为简直看不出〔"字汇上绝无重要的异点"(sans aucune différence importante du vocabulaire)见一九二八年的《亚洲杂志》页一六五〕。

这是真的吗？我并不如此想。据我所知，从来无人考察过这问题，而没有统计时什么都不能武断的。从无人相信书中有文法的异点，直到我说明后方相信。关于字汇能否有满意的回答，这还是个疑问。因为，要断定方言的文法只需二十页的书便够了，而要断定字汇则需要数百页甚或数千页的书。《论语》《孟子》及《檀弓》(《礼记》)已够断定鲁国方言的文法，但要证明它的字汇，它们只供给点片段的极不够的材料。不过事实虽如此，环境虽不利，然因保存的书是少而且短，所以假使我们是个精密的考据家，也可以找出字汇上异点的线索来。这里还不能公布我关于这一点的材料，但我愿举一个例。对于普通的船的观念，《庄子》用"船"字(卷三一，他的门人写的，参看马伯乐《古代中国》页四九〇)，这个字是近代中国文字里常用的。就我所知，"十三经"中便无此字，在几处说起"船"的地方，他们照例都用"舟"字。① 所以，这是很自然的，而且恰是我们所预料的，在比较那方言不同的古书时，文法歧异较词汇的歧异更令我们注意。

因为是中国的书本，所以我们很不幸地不能研究古方言读音的异点。恰如现在象形字"日"内藏有 ji，ze，ör，niat 等不同的方音，古代文字也如此。我们很可以武断读音上有大异点，可惜尚未能证实它们。不过，要知道这个武断是否真实(无论我们研究谐声字时能找个统一的古文字或否)，却是极重要的，尤其对于古文字学；而对于我们现在的问题——拿方言来解释文法的歧异——这是同样的重要。在不同的文化中心，普通的字的读音是否的确不同？我将说明：至少在某几点上能揭开这个内幕。

在《汉书》卷九十页十三下(金陵书局本)，注者如淳(纪元三世纪中年)称一个石柱或标柱为"桓表"(古音 γuân piäu)而且说："陈宋之俗，言桓 γuân 声如和 γuâ(今音 ho)，今犹谓之〔桓表 γuân piäu〕和表 γuâ

---

① 《方言》证明"船"字是个方言："舟自关而西谓之'船'"，即今陕西。

piău。"①这个情形不仅三世纪如此,即使更早些也如此,是可以从张衡
(纪元一三九年卒)《东京赋》(《文选》卷三页二八上,《四部丛刊》本)里
看出,赋中有"和"用作"桓"讲。这个方言中桓"读如和"的现象,著名
学者郑玄(纪元二〇〇年卒)是一定知道的,并且相信在《书经》时已如
此。在注《禹贡》一篇时,他提起(附见《水经注》卷三六页二上,《四部
丛刊》本)"和夷"("和上夷",雷格(Legge)页一二一)说:"和 γuâ 读曰桓
γuân",意指四川桓河。此说若确,那么这汉代的方言在周代已存在了。
因为《逸周书》(《汲冢周书》)卷八页二上(《四部丛刊》本)里"桓"是无
疑的替代"和"字而意义相同的("桓于黎民般")。这个给我们个解释
中国本子中很古怪而一向当作哑谜的可能性,这情形是古代的-â 读作
-ân,或相反:

乱 luân/侖 luâ;般 puân/嬰 puâ;酸 suân/梭 suâ;裸 kuân/果 kuâ;番
p'iwan/鄱 puâ;难 nân/傩 nâ;单 tân/瘴 tâ;庝 tân/多 tâ;笴 kân/可 kâ。

这些情形是较少的,且破坏谐声字的常规。但是靠了如淳,我们现
在明白了从前猜疑过的事情:它们是由于方音不分口鼻的特点。这个道
理是很容易看出来的。读-an 及读-ang 的字,在中国大多数的方言里,有
个很强的半鼻音的倾向。一个 kan 音(或 kang 音)变成 Kaⁿ音,而终于成
为 ka 音把-n 音(或-ng 音)完全失去了,参看高本汉的《中国语音研究》
(*Etudes sur la Phonologie chinoise*)页七六四—七六五。伯希和
(Pelliot)曾说明这情形是古已有之的,因他曾很聪明的以为 upadhyāya
(一个改过的中亚细亚的字)同于中国文"和尚"。和尚二字在唐代读
γuâ-zǐang 音,更早读 γuâ-d'iang 音,其 d'iang 音可变 dhyā 音,因古代半
鼻音与近代北方各种方言里的半鼻音相似。这些半鼻音在中国音韵史
上,好像播种了而且滋长了好久,而且它定是方言的半鼻音如 γuâ(n)等,
这可解释上文所说的 γuâ 代 γuân 或 γuân 代 γnâ 的用法,并可解释这些

---

① 此处原文引如淳作"今犹谓桓表为和表",而《汉书》注则作"今犹谓之和表";现在改依注
文,而存桓表注音于括弧中。

"例外情形"的特殊结构。这个可以提醒我们研究古文字的人，不要拿古中国"标准文字"的观念来解释每一种古怪的谐声字。书本中许多变例一定都有它们的方音秘密。[1] 我们藉这些例子来知道周代文字有方言上的歧异，不但在文法上与词汇上，并且在读音上。所以我想我有许多理由来坚持以方言解释《左传》文法上的特点，因此它还是辨真伪的重要标准。

中国优秀的学者现在应该把所有讨论周、秦、汉书的真伪的著作，统统聚集起来。于是他应该进一步地把所有根据三四五种标准的判断除去，而且用七八九种标准也仅仅限于极少数有把握的地方，不要像从前常见的那么武断；至于一二六种标准则尽量应用，但论断时不要超越前提；而且在可能的时候，加上第十种标准。这样，他便能给我们一个新的《古今伪书考》了。

第二章　《书经》中的代名词"厥"字

古中文里的人称代名词极有意思，它们可以显示出很明显的"格"（case）的区别；"吾"字用在主格及领格，但绝不在宾格（间接的或直接的）；在宾格是常用"我"字的。同样，"其"字与"之"字是个不规则的变形字（Heterclitic paradigm），"其"字是领格：his，her，its，their（他的，她的，它的，他们的）；而"之"字则是间接的或直接的宾格：him，her，it，them（他，她，它，他们）。

---

[1] 西蒙（W. Simon）在《中国古代语变尾化的重造》（*Zur Rekonstruktion der altchinesischen End-konsonation*）〔一九二八年《柏林东方语言学校年报》（Mitteil. Sem. Or. Spr, Berl）单行本〕页二二里，尝试解释上述"难"nân 与"傩"nâ 的情形，以为古代曾有"摩擦音"ꝺ于第二字尾作 nâ ꝺ，在隋（《切韵》）以前当已失去。那么，这便是文字全体的现象，而非方言的现象。但这是不可能的。在古中国（《切韵》，隋代）读-â 及-uâ 的字是很多的，读 at 及 uat 的字也不少。假使在古代有几个-â ꝺ 及-ua ꝺ 音，则在谐声里（一个 kâ<kâ ꝺ 当作 kât 的读音，或互易）或在《诗经》押韵上（一个 kâ<kâ ꝺ 与 kât 相叶），必有些关系。这个并不是事实，而这个说法是不可能的。古代中国文字的确有读-â ꝺ 及-uâ ꝺ 的，（这里 ꝺ 是指几种破裂音），但是它们都变-âi 及-uâi 而不是-â 及-uâ 音。

早期的中国语如《书经》所显示者,"其"字很多,有两种不同的意义,为古文中所常见的:

(甲)用作语气上的虚字(A modal particle),表示主词的意见,志愿或劝告的,例如《益稷》〔雷格(Legge)译本页七九〕:"天其申命用休";《召诰》(雷格译本页四二六):"王其疾敬德。"在这种意义上,它与下文所讨论的乙项那种代名词完全无关系,不过是偶然的机会把"其"字("箕"字)假借作甲乙两项罢了。这种辅助语气的"其"字在《书经》中是极多的。

(乙)用作第三位领格的人称代名词:his,her,its,their(他的,她的,它的,他们的)。《书经》中虽不多见,但还不少,例如雷格译本页一五五、三二三、三三〇、三三二、四二六、四三一、四四一等。最要注意的是,此字常作第三位(his 他的,等等),从不作第二位(your 你的)。

用作乙项的"其"字所以较少,是因为《书经》中另有与它同义而极常见的字:"厥"字。此字解作 his,her,its,their(他的,她的,它的,他们的)的例子,《书经》中以百计。所以此字通常的用法是第三位领格的人称代名词。不过要注意的是,此字只和乙项的"其"字(代名词的"其"字)同义,与甲项的"其"字(辅助语气的"其"字)却没有关系。全部《书经》中①简直没有一个例子是"厥"字等于辅助语气的"其"字的。

领格的用法 his,her,its,their(他的,她的,它的,他们的),常常是一见便知的,有时则没有那么清楚,不过还可以确定。例如:

(一)《盘庚》(雷格译本页二三五):"厥攸作"(参看"王之所作"一类的句子——"王之"是领格);

(二)《酒诰》(译本页三九九):"厥诰毖庶邦";

(三)《酒诰》(译本页四〇七):"御事厥棐有恭";

(四)《酒诰》(译本页四一一):"厥或诰曰";

(五)《梓材》(译本页四一五):"王启监厥乱为民"(《论衡·效力》篇

---

① 几乎不用再说明我所谓全部《书经》,只是指真的几篇,如江声的《尚书集注音疏》,或孙星衍的《尚书今古文注疏》(都在《皇清经解》中)所载的。三世纪末年梅赜所造的几篇,我完全没有理。

所引与此异,但仍有领格的"厥"字)①;

（六）《召诰》（译本页四二一）:"厥既得卜"（与译本页四二四的结构一样）;

（七）《洛诰》（译本页四四〇）:"厥攸灼";

（八）《多士》（译本页四五六）:"厥惟废元命降致罚";

（九）《无逸》（译本页四七一）:"厥享国五十年";

（十）《无逸》（译本页四七一）:"此厥不听人乃训之";或依汉熹平石经的今文本如下:

（十一）"此厥不圣人乃训……";

（十二）《多方》（译本页四九六）:"厥图帝之命"。

以上都明白。"厥"字通常解作 his,her,its,their（他的,她的,它的,他们的）。但在有些例子内,并不作这样解,而是非常晦涩的:

（子）一方面,"厥"字必得解作 your（你的）,是第二位人称代名词,仍在领格。此处它与"乃"字同义,"乃"字当作代名词时通常解作 your（你的）。

（丑）另一方面,"厥"字只是虚字,与解作 then,thereupon,thus（于是,所以,因此）的"乃"字同义。②

我将在下文把这两项中所要讨论的地方,全部列举出来:

（一）《盘庚》（雷格译本页二二八）:"汝自生毒,乃败祸奸宄,以自灾于厥身。"③

（二）《盘庚》（译本页二三六）:"以丕从厥志。"孙星衍把此句解作"汝当从其志"。这却未必——以"厥"为第一位代名词④是没有根据的。雷格是依从宋代蔡沈（《书集传》）的解释的。

---

① 《论衡》引作:"疆人有王开贤厥率化民。"

② "乃"字有两种不同的意义,也是因为一个字被假借作两个无关系的字。

③ 此句见《盘庚》上,"汝自生毒"上当引"惟"字。

④ 孙星衍注疏的全文是:"言我之迁徙者,受汝使汝,惟喜安居,以供尔事。非因汝有过,比于放流之罚也。予顺呼汝来此邑亦,惟新承保汝之故。汝当从其志,勿违之。"故原作者以"其"字指第一位。

（三）《洛诰》（译本页四四〇）："厥若彝，乃抚事如予……汝永有辞。"

（四）《无逸》（译本页四七三）："小人怨汝詈汝则信之，则若时，不永念厥辟，不宽绰厥心……怨有同，是丛于厥身。"

（五）《酒诰》（译本页四〇四）："妹土，嗣尔股肱，纯其艺黍稷，奔走事厥考厥长。"

（六）《益稷》（译本页八六）："皋陶方只厥叙。"《史记·夏本纪》所引与此全异，可见司马迁认这句不是皇帝的话。所以这个例子是可疑的。

（七）《盘庚》（译本页二四五）："肆予冲人，非废厥谋。"孙星衍解作"今我幼少之人非不用众谋"，所以他认"厥"字为第三位，与上文"民"字有关系。这是可能的，只似乎牵强了一点。雷格的解释是根据宋代蔡沈的，显然较佳。

以上七例中——或许要除去第六例——"厥"字显然解作 your（你的），与"乃"字相等。

（八）《多士》（译本页四六二）："尔乃尚尔土，尔乃尚宁干止……尔厥有干有年于兹洛。"雷格遗漏了末句的"厥"字。但句法与上句相平行，可证与解作 then，thus（于是，所以）的"乃"字相等。

（九）《召诰》（译本页四二八）："王厥有成命，治民今休。"江声与孙星衍均依伪孔安国传："王其有天之成命。"蔡沈则更随便地解"厥"为"庶几"。此三家均认"厥"字为等于上文甲项助语气的"其"字。但这是不对的。我已经说过，《书经》中并无别的例子以"厥"字解作助语气的虚字"其"字的。而且此处"厥"字显然是个表示结论的虚字，等于解作 then，thus（于是，因此）的"乃"字（雷格译文不误）；这一点一方面可由上下文看出，一方面可由同篇另一句看出："王末有成命。"

（十）《召诰》（译本页四二六）："保抱携持妇子以哀吁天，徂厥亡出执。"①这古怪的"徂厥亡"，雷格引蔡沈"往而逃亡"来解释。江声及孙星衍以这个宋代传统解释为不满足。江于"徂"字仍依普通解释为"往"，但

---

① "保抱携持妇子"当作"夫知保抱携持厥妇子"。

把"亡"字读为"无"字(古书中常见),解释道:"欲往逋逃,其无所出,若拘执然。"这个解释并不好,因为"执"字不自然,而且"若"字是江所加的,原文并没有。孙据《尔雅释诂》"徂"等于"在",又据《广雅释言》"执"等于"胁",解释道:"在者丧亡,出被迫胁。"可是《尔雅》并未说"徂"等于"在"。《释诂》说,"徂,在,存也。"不过这还无损于孙的解释"存者"。问题是:《尔雅》这解释有无别的证据?自然有的。我们知道,在汉代字形上,"字根"常是不重要的,因为这大都是后来加的;"音符"却是原来的字的全部,假借用的。"且"字解作"存",见于《诗经·郑风·出其东门》第三章"匪我思且"。此为"且"字本义,可以同篇首章中平行的句子来证明:"匪我思存。"而且《诗经》中之"且"及《尔雅》中等于"存"的"徂"字,显然与"阻"字相同,至少是极相近。所以我们很可以像孙那样解释《书经》:"在者丧亡,出被迫胁。"(为什么不说"被执"?)但主要之点是:无论从蔡或江或孙之说,"厥"字不会是人称代名词,一定是个虚字,等于"乃"字:蔡以为"徂厥(=而=乃)亡",江以为"徂,厥(=乃)亡出,执";孙以为"徂厥(=乃)亡,出执"。

(十一)《无逸》(译本页四六八):"厥亦惟我周大王,王季,克自抑畏。"雷格未译"厥"字。此处"厥"字好像也是虚字。不过原文或有误,因为《尚书大传》及《白虎通》所引今文,首五字作"厥兆天子爵"。所以这个例子不能有确定的结论。

在这四个例子中——或许要除去第十一例——"厥"字显然是个解作 then,thus(于是,所以)的虚字,等于"乃"字。

一个字在《书经》中通常只解作 his,her,its,their(他的,她的,它的,他们的),却有六七处解作"乃"(your 你的),有三四次解作"乃"(then thus 于是,因此),这不能不说是个极使人迷惑的现象了。单叙述这事实是不够的,我们得解释这个谜。

这解释显示在下列事实上:在这几个古怪的例子内,这个字都等于"乃"字。

如果我们翻阅阮元(纪元一八〇四年)所编关于古铜器铭文的名著

《积古斋钟鼎彝器款识》，便可见到一件古怪的事：在他的铭文考释里没有一个"厥"字；但是这些铭文应该与"厥"字同时的，因为它们都与《书经》同时。这件反常的事，学者刘心源在他的关于铭文的巨著《奇觚室吉金文述》（一八九七年）卷一，页二二以下，已设法免去。他指出铜器上有两个极相似而必须分别的字："𠂤"与"𠃌"。自宋代到阮元，一切金文家均释作"乃"字，第二字确系"乃"字，第一字却系 küe 字，到汉代便被同音的"厥"字假借替代了。[①] 他的论证是明白而决断，不必赘叙。我们只须说明他曾把他的理论应用于几个著名的较长的真实无疑的铭文上，而完全符合。例如在著名的《毛公鼎》里，有四个"𠂤"（küe 字）与五个"𠃌"（"乃"字），从上下文可以知其意义完全不同。那同样著名的《盂鼎》也有两个 küe 字与四个"乃"字，是完全有分别的。刘的解释确是个"定论"，为后来学者们所公认。近代研究古铜器铭文的大师王国维在他的《观堂古金文考释》内（在《王忠悫公遗书》内）研究《毛公鼎》《盂鼎》等铭文时，对于"厥"字与"乃"字完全是依照刘心源的。

显然的，正像后代金文家为了"厥"字与"乃"字形近而混乱了数百年一样，古代的传经者在传钞《书经》时很有把这两字混乱的危险。晚周时或已有错误，而秦及汉初把古文译成那做后来隶书与楷书的根据的小篆时，尤其有错误的大危险。把"厥"字与"乃"字互混，真是再容易没有了。在我们上文所举十一个例外的特殊的地方，"厥"字恐系"乃"字之误。

对于这个解释只有一个好像合理的反对理由：上文举例中有两处（一与八）有那假定原为"乃"字的"厥"字，同时又在文中有"乃"字；在别的例子中，上下文也有"乃"字。为什么传经者在一处正确地写"乃"为"乃"，而在另一处则误写为"厥"？可是我们也有个很自然的解释。"乃"字古有二形，"𠃌"与"𠃌"，是绝对乱用的。在上文所说的《盂鼎》中，此二

---

① "𠂤"在小篆中变成"𠂤"，所以《说文解字》说"𠂤"读音"厥"，如此则"𠂤"（"厥"古音为 kIwɐt）为"昏"（古音 kuât）的音符，〔所以不当如我《解析字典》（Analytic Dictionary）中那样说是"会意"。〕这字简写作"舌"时仍为"刮"（古音 kwat），"活"（古音 ɣuât），"话"（古音 ɣwai 及 g'wat 等字的音符）。

形见于一行中（刘心源前书卷二页三五下）。所以《书经》中的上述第八例"尔乃尚有尔土，尔乃尚宁干止……尔乃有干有年于兹洛"，如果头两个"乃"字写作"⊿"，而第三个"乃"字简写作"ᒯ"，那么传钞者自然更易于不认为"乃"字而误作"厥"字了。

总括起来是：

因为《书经》中"厥"字通常解作 his, her, its, their（他的，她的，它的，他们的），与"其"字乙项（但不是甲项）同义。

因为前条的例外只有十一处，这几处中，解作 your（你的）或 then, thus（于是，因此）的"乃"字都很适用。

因为古字形"ᒯ"与"ᒿ"形极近而易相混。

所以我们断定"厥"字从不能解作 your（你的）或 then, thus（于是，所以），而上文子丑两项《书经》原句当如下（不过六与十一两例尚有疑问）：

（一）汝自生毒，乃败祸奸宄，以自灾于乃身；

（二）以丕从乃志；

（三）乃若彝，及抚事……；

（四）小人怨汝詈汝则信之，则若时，不永念乃辟，不宽绰乃心……怨有同，是丛于乃身；

（五）妹土，嗣尔股肱，纯其艺黍稷，奔走事乃考乃长；

（六）皋陶方只乃（？）叙；

（七）肆予冲人，非废乃谋；

（八）尔乃尚有尔土，尔乃尚宁干止……尔乃有干有年于兹洛；

（九）王乃有成命，治民今休；

（十）保抱携持厥妇子以哀吁天，徂乃亡，出执；

（十一）乃（？）亦惟我周大王王季，克自抑畏。

第三章　左传真伪考

下边的研究包含有两部分。前部分只讲《左传》的真伪问题。后面比较更重要的部分想考察此书文法的组织,但这一部分的范围其实不止于此:这是第一次试用文法的分析来明白中国古书的性质和它们中间的关系。

上篇

"支那学"家用来研究古代中国的各种文件,没有一种比《左传》更重要。这是中国古代文化第一次成熟时期的主要史料。在《左传》里,我们有西历前七二二年到前四六八年的时期中的详细记载,组织很巧妙,文字很有力。要解释各种古代的文件,我们必须依赖《左传》中的掌故和史迹。沙畹(Chavannes)解释汉代雕刻品时,常用此书里的掌故。别的古书内所有礼节和宗教观念之系统的描写,可以在《左传》里找到许多具体的例证。对于语言学者,此书也很重要,因为是个范围很大的文件,里边用词极丰富而复杂,文章极有力而美妙。总之,《左传》是中国文学的杰作之一,为中国人所爱读爱研究的,并且格拉内(Granet)在一部好书〔《中国古代的舞蹈与传说》(*Danses et le endes de la Chine ancienne*,一九二六)〕里说:"这部书是中国文学中最生动又最丰富的文件"(页六八)。

所以《左传》的真伪问题及其真性质,是"支那学"上最重要的问题之一。这问题已有许多人很起劲地讨论过,但在我看来,还没有充分地弄清楚;所以我的目的,是想在本篇里对于此问题的解释有所贡献。

讲到《左传》的真伪问题,我们第一要明白什么叫做真伪问题。照一般人所承认的中国传说看来,《左传》作于鲁国,同孔门有直接的关系。所以认为它在西历前二一三年的焚书以前就存在,后来从此救护出来。保存到如今。

在这传说里有两个要点:第一它是焚书前的古代文件。第二它是属于鲁国学派的。这两点并没有不可分离的关系,是很明白的。假使能证明此书在焚书前存在,也不能藉以证明从孔门产出。反过来说,假使能说它与鲁国无关,这也不是说此书是伪造的。只有能证明此书是汉人所作来冒充焚书前的文件,然后可说它是伪的。换言之,假使在前一九一年——焚书禁令取消之时——到哀帝时(西历前六——一年)——《左传》正式讨论之时——中间有一个或几个学者著此书来冒充前二一三年前的古代文件,此书便是伪的。若然,此书便完全是根据他们自己的构想的,或者更合理一点说,他们是依靠着少数真的但短一点的文件,任意变动,并且加入一点自己的创作(这两种情形是同样的坏,因为"支那学"家若要分别真伪,几乎是个绝望的工作,而且他时时有根据伪材料来下结论的危险)。

反过来说,此书是真的,假使它真在前二一三年前写定,假使它是前七二二到前四六八年中事实的真正记载,是作者尚可自由参考各种文件的时候(即上说年代内)所写定。到了前二一三年许多古代文件都毁灭以后,那些假文件——纯粹根据理想做成而误认为周代的史料——的危险,方才起头变为严重。它当作史料的价值的或高或低,是看它写在这个时期的或前或后来断定的。假使它写定时近前四六八年(传说的意见把它放在前五世纪),自然它有更大的价值,因为几乎是同时的见证了。假使它写定比较迟一点,譬如说是前三世纪,那么它不过根据几百年前的旧传说(口传或笔录)来编辑的,它的价值便小一点——可是它仍极重要,因为无论如何它还是中国历史最古的详细的记载之一。但是只要它的时代在前二一三年以前,我们就没有理由说它是伪书。

所以《左传》的问题分为两个主要问题:

《左传》是否周秦前的真的文件,在前二一三年焚书以前的?

这个问题非待有了肯定的答案,才会发生第二个问题:

把《左传》与鲁国孔门连起来的传说,是否真确?

过去两千年的中国学者大都是高明的考据学者,而且有许多校勘问题经他们解决的精密而可信。例如宋代以来的中国学术界,已经承认《书经》里大部分的文件是西历三〇〇年后的伪作。沙畹曾经总结这一类研究的结果(《史经》译本第一册页一一三)。伯希和(Pelliot)〔《古文书经与尚书释文》(*Le Chou king en caractères anciens et le Chang chou che* wen），见《东亚杂著》(*Mém. conc. l'Asie Orientale*)卷二，一九二六〕曾经精确考察这一种难解决的问题的详细情形。所以我们觉得有点不自在，当伯希和在上述的书（页一三五附注）里说："《左传》的问题没有比《书经》清楚多少。……西汉发现传文的情形有点可惊异，因为它们和我们现在所研究的伪古文的史书混在一起的。"

中国的考据学者既然有如此敏锐的眼光来决定《书经》里孰真孰伪，别人总希望他们能找出《左传》的破绽，而且假如是伪造的，便该把它指示出来，尤其因为《左传》被人热心地研究，且发生了不少的专门著述（例如《通志堂经解》《皇清经解》《皇清经解续编》等巨编里的《左传》之部）。但是除了晚近的偶然的例外，对于《左传》的真却没有人怀疑过。

试举马端临为例（约十三世纪）。这位著名的《文献通考》的作者，是一位大胆而激烈的批评家。神圣的《春秋》说是孔子所编定的，他对它很严厉。他认为汉代学者把《穀梁》《公羊》《左传》的共同记录排列起来的〔参看雷格(Legge)的《中国经书》(*Chinese Classics*)卷五页一八〕。但是他似乎把《左传》当作真的文件，以为《左传》是《春秋》所从出的一部古书。和他一样的是另一宋代学者，是那时代学术界中最激烈的批评家之一，王安石。他对于《春秋》很严厉。他并不否认这些文件的真实性，但是《宋史》（卷三二七）说他"绌《春秋》之书，不使列于学官，至戏目为断烂朝报"（《春秋》的记载本来大部分都是诸侯间的战争、盟会及贵族之死等事）。①

他认为《左传》是六国（楚、齐、燕、韩、魏、赵）——即前三世纪——时候的文件。所以这位大胆的批评家，虽然他不信《左传》属于孔子时的鲁国，仍主张它是前三世纪的著作，在焚书以前——所以是一部真的书，并非后代的伪造。事实上到最近方严重攻击《左传》真伪问题，一方有一个日本的学者，一方有中国的许多批评家。

---

① 参见弗朗克 Otto Franke 的《中国孔教与国教历史之研究》(*Studien Zur Geschichte des Konfuzianischen Dogmas and der Chinesischen Staatsreligion*)（一九二〇）页一八，可是他翻译的和我有点不同。

所说日人的著作,是饭岛忠夫(T. Iijima)在《东洋学报》(*Toyo gakuho*)第二卷里的一篇文章,它的目的是纯粹根据天文学来证明《左传》是前汉末年的作品。

因为没有天文学的知识,所以我不能讨论饭岛忠夫的主张,但是我愿意稍微说几句话:

中国的注释家很注意《春秋》与《左传》的年代上的歧异,及此二书同周室年代的歧异。而且从饱学的杜预(约当二八四年)到现在,有许多著作努力解释这些歧异。这种歧异的原因为一般人所承认的,可以在阿佛来(Havret)和商波(Chambeau)的《关于中国纪年之杂文》(*Mélanges sur lachronologiechinoise*)(一九二〇)(在《支那学论丛》*Variétés Sinologiques* 中,五十二页)页一八七里得到个很好的总括的叙述。有一种大家公认的基本的理由,就是许多诸侯各有与王室不同的历法,而且诸侯间文件的日期便根据这不同的历法。所以各国太史的记载也混乱了。至于《左传》纪年有前汉的味儿在内,是不成问题的——中国的批评家很早就可以查出的。假使只有一段记载可以说是汉代的,那对于《左传》全体也无大关系。而且我要读者注意这是因为还有一种心理的理由在里头呢。

大家都知道许多中国古书几百年传下来,不但靠书本,并且在古代各学派里同时由教授口头传给学生——是一种师徒式的继承,他们的名称在后代著作里常常有记载。① 所以当一部书逐句学习时,里头的句法句调没有被背书者改变或弄乱的大危险。但又有别的部分更容易忽略和搅乱,就是那些比较独立的部分,那些可以换了任何同义词而不妨害全句的部分。属于这一种的,第一是许多专门名词,因为很难记忆,所以容易弄错。最好的例证就是比较《穀梁》和《公羊》的《春秋》里的私名的写法。同样还有那些干支所表示的年代。不妨害全句的别的部分,学者

---

① 在我看来,讨论中国古书的历史时,太少注意到这种口头的传授了。理论的时候好像默认古代文件的抄写是古书传授的唯一方法似的——这实是个错误的观念。

仅将"甲申"（申隋音 sien）与"甲辰"（辰隋音 zien）弄错，那是多么容易的事！关于用干支的记载，在前汉的末年，传说时常要弄错的。所以在改正的时候，自然要带些汉代的味儿。但是根据这一点来断《左传》全书的年代，那未免是太薄弱的材料了。

更重要一点的就是康有为一派的批评家，在欧洲为弗朗克教授所宣传。其实这派不该用康氏之名，应用刘逢禄之名——刘氏是十九世纪的学者——不过这位批评家的意见为康派所采用而发挥，引起大家的注意罢了。[①] 我们现在得要研究他们对于《左传》的主张。

康氏的主张是这样：他说首先宣布《左传》应有尊荣的地位而排斥《穀梁》和《公羊》者是刘歆（约当二二年）。刘歆同他的父亲——即著名学者刘向——在皇家藏书处校勘从前学者所不能看到的秘书。刘歆宣言《左传》优于《穀梁》和《公羊》时，康氏以为他并不是没有偏心的。刘歆是一个道德上差一点的人，他帮助篡位者王莽来抵抗合法的刘家（他自己也属于刘家）。照孔子的政治道德的条律，如《公羊》和《穀梁》所留下来的，很不利于篡位者。所以刘歆的工作是要利用他的保管秘书之职，来取消此二书在全国学术界的优先地位，代以在道德上可助篡位者王莽的书。要这样做，他取了一部相传是孔子提过的鲁人左丘明所作的《国语》，用它的帮助，自己编一部说《春秋》的《左传》。在此传注里，他用一种公平的态度来叙述《春秋》时的各种事情——许多暗杀与战争。臣弒其君而取其位，或者拥立他们所保护的人。这样便可以消灭那些反抗他的恩人王莽的批评。要拿他自己作的《左传》来代替《穀梁》和《公羊》，必须使他的同时人相信是周代的真文件，所以他掺入了许多古字古词，于是冒充真品便成功了。

在我们详细考察此种激烈主张以前，我们先要知道并且记住康有为是一个政客兼宣传家的人，并且要知道他"考证"的方法并不是科学的论证，而有点新闻纸的味儿。康氏要想说明孔子原有的精神在汉代已经湮

---

① 参看弗朗克的书页三四。

灭了，中国在十九世纪末年的各种国耻便是因为离开了那位大圣人的真教训的缘故。他要这样主张，必须要说明孔子的教训是怎样湮灭了的，所以就把刘歆做了个牺牲。这种论调的全体，当它是中国思想在欧洲政治侵略压力之下的混乱新方向的表征，是很有趣的。① 但是从历史的客观性看来，它不免像很离奇的虚造的。要了解刘歆拥护《左传》的热心（来说它是他的伪造），难道一定要问他的道德吗？ 我们假如说刘歆在藏书处找到一部和现在一样的《左传》，是他以前所没有见过的，他读得很高兴。难道这是古怪的吗？ 在《穀梁》和《公羊》里的干燥陈旧的道德外，他得到一个中国古史的很生动的描写。弗朗克说刘歆为了那个不道德的《左传》的诡计，与其父刘向相反抗，因为刘向是传《穀梁》的。假使为了《左传》来反抗父亲，既然这个学者特殊的天才，没有人否认过，那么就说刘向是拥护《穀梁》的保守派，而其子刘歆是一个维新派，有明锐的具体眼光来赏识古代文件中有价值的部分，所以他爱他本国的写实的历史，更甚于陈旧的道德，这么说岂不更自然些吗？ 父子间为了纯粹学问上的原因而分离是很会有的，（在十九世纪受过教育的人们还会为了拼法改良问题而变成仇敌的呢！）照我看来，康有为的全体主张显然是太牵强了。

但是这样说还不够，我们一定要举出积极的证据来证明康派学说是错误的。他们主张的要点，弗朗克在上文所引的巨著里说得很明白。

弗朗克自己是一个很慎重的人，所以不能盲从康氏激烈的主张。他把康氏要想证明《左传》是伪作的全部的理由都叙述出来；但是他的结论仅限于否认此书原为孔门弟子或晚周儒家作的《春秋》传注（《穀梁》与《公羊》是孔门的真代表），并且说刘歆前并没有人认它为《春秋》传。如果此书在刘歆前便存在，它的形式是一种历史的记载，后来为刘歆所割碎。分配于《春秋》的记载，这其间他便很上下其手了。至于刘歆以前此

---

① 参看弗朗克在《东亚杂志》(*Ostasiatische Neubildungen*)（一九一一）里对于康有为的运动的精确的叙述。

书究竟存在与否，弗氏持的是怀疑态度。他说（页七一）："《左传》同司马迁所见的《左氏春秋》究竟是不是一部书，它的著者是谁，以及著于何时，都还是待解决的问题。康有为说《左传》是刘歆依据《国语》编成的，这个假定也还得要证明呢。"在页七六上他提及"刘歆用了《左氏春秋》新造或改造《左传》"的话；当他总括他的意见时（页八五），他说："向来传为《左传》一书，并非《春秋》的传注，乃是一部完全独立的著作，大约是晚周传下的各种《春秋》之一；一直到了纪元前末年刘歆窜乱了一下，才同《春秋》连了起来，变成《春秋传》。"

弗朗克的主张是又简明又谨慎。他眼前并不认为此书的伪造已解决《左传》与《春秋》关系的问题。所以他叙述了康派攻击《左传》的辩论之后，他还让将来的学者去决定。

经过弗朗克如此总述以后，我们的工作就是来考察这些论证。

从刘歆不道德的动机——要想拿一部允许弑君和篡位的，同时又因认为古代鲁人注释孔子《春秋》而变成神圣的书，来代替《穀梁》和《公羊》——的说法上出发，有两件可能的事。

刘歆也许就他所找到的《左传》的史书，并不改动，也不加入自己的意见和古字古文法，仅仅把它割成片段，来分配在《春秋》的记载上①（他这样做也许并没有不道德的动机，他不过想使这部简洁而难懂的《春秋》更容易懂一点）。假如康氏愿意这样主张，我就没有什么反对。② 这样把左氏之书割碎而并不窜乱，也不至于降低《左传》认为周代第一流的文件的价值。因为假如刘氏只把一种整篇的记载割成片段（不过把一段的头上几句稍微改动了），那也没有什么关系。这部书还是可靠的，还是周代生活的丰富而有趣的记载。

但是康氏并不如此，他另有别的极端的主张，说刘歆靠着《国语》（这书与《左传》很少相同的地方）的帮助，他可以凭着自己的想象来编成这

---

① 大约还加了些起首是"君于曰"的讲道德的文句，这对于此书其他部分并无妨害，因为这些文句很容易认出而分开。其实中国学者也早就疑心它们是后人所加的了。
② 参看后文，那边我断定《左传》原来和鲁国的孔门并无关系。

部有这么许多史料的巨著。

康派主张刘歆伪造的唯一的认真理由,就是得要证明我们所知道的《左传》恰当刘歆替它辩护的时候忽然发现,此时以前完全没人知道(但是就是这一点能够证实,不过是伪证的一半,因为很诚实的人们也会发现重要而从未知名的古代文件)。所以他们必须——

(一)研究刘歆在秘府发现《左传》的记载;

(二)鉴定后汉前半期的关于刘歆以前《左传》存在与否的别种佐证;

(三)鉴定一世纪前司马迁关于《左氏春秋》及其作者的记载。

让我们依此次序考察这些论证。

(一)此书发现的历史,是班固《前汉书》的《刘歆传》(卷三十六,附在《楚元王传》后)。发现后不久就公布,所以班固的记载值得很严重地注意。弗朗克在这一点上是赞成康氏的主张的,所以很珍重这一段的记载,并在他自己的著作里翻译出来(页六〇)。但是我对于这一段的解释,同弗朗克有几点很重要的异点。我想最好拿翻译同中国原文都抄在下面。重要异点,印刷时排得离开一点。[①]

> 及歆校秘书,见古文《春秋左氏传》,歆大好之。时丞相史尹咸以能治《左氏》,与歆校经传,歆略从咸及丞相翟方进受质,闻大义。初《左氏传》多古字古言,学者传训故而已。及歆治《左氏》,引传文以解经,转相发明,由是章句义理备焉。

这是很易看出的,弗朗克和我的译文,对于这件事有个完全不同的见解。从他的解释讲来,弗朗克自然有如下的结论(页六三):"在刘氏校勘宫中文库的时候,他碰到了他称它为《春秋左氏传》的一部杂乱的古书。所以此书在那时尚无人知道,而且它的名字是第一次出现于当时人们之前。"

但是我的翻译(重要部分与雷格同)对于这件事有很不同的解释。

---

① 原书引《汉书》后列弗朗克及作者自己的译文。并有几段附注,因与中国读者无关,故暂时略去。

刘歆是刘向——一个热心传《穀梁》的人——的儿子，也是他的学生，所以起初并不知道《左传》。当他忙着校秘书时，他发现了这部书；因为他是一个很好的文学批评家，所以他马上看出它的重要。这部单行的书在刘歆发现以前是看不到的——这个班固说得很明白——但是这并不是说《左传》在先完全没有人知道。恰如《穀梁》有它的门徒（刘向便是其中之一），《公羊》也有它的门徒，所以《左传》也有它的门徒。其中最著名的一个，就是翟方进。这一点不但是上文所引一段如此讲，并且班固在《翟方进传》（《前汉书》卷八）内也这样说："方进虽受《穀梁》，然好《左氏传》。"①所以这是一件极自然的事情，刘歆对于这位熟习《左传》的人，请教难于解释的问题，而丞相史尹咸显然也是熟习《左传》的人——他"能治《左氏》"——同刘歆共同编定《左传》，刘氏是一个很好的考据学家，他的开创之功，尤其是他发现一部古书之事，对于《左传》的研究开个新纪元。一向的学子（《左传》派的门徒）只是记诵这部书，并且由师及弟的传授各种解释。这才第一次拿此书直接解释《春秋》，两方可互相帮助，这种新办法就是刘歆成功的诀窍。② 起初他确为守旧的学者们（包括他的父亲）所反对，但是《左传》中的趣味感动了一般学者，尤其是它能帮助了解神圣的《春秋》，所以从第一世纪以来，《左传》在中国学术上得到一个很尊荣的地位，永远不再失掉的了。

班固对于此书发现的记载，就是如此。从它可以看出来《左传》并不是一个绝对新奇的东西，乃是早为一般人所知道的一部书。但是班固这

① 这很重要的一段，弗朗克很公平的引着（页六五）。但是中国批评家并不从此立下自然的结论——说《左传》早已有传授者——而不肯相信它。

　　这篇译稿初由新月书店印成单行本时，胡适之先生曾在此处加按语道：高氏颇信刘歆以前早已有传授《左传》的人，此说颇难证实。下文他又颇信许慎说的《左传》由张苍传到贾谊，再传到尹咸翟方进之说；又信孔颖达说的（按即《经典释文》说的）左丘明传曾申，申传吴起，起传其子期，期传铁椒，椒传虞卿，卿传荀况，况传张苍……之说。尹咸翟方进皆是刘歆同时的人，不能说是刘歆以前。其后许慎以至陆德明孔颖达，年代愈后则传授的世系愈分明详细，可见其为晚出之说，未可信为刘歆以前有人传授《左传》之证。

② 虽上边所引原文并未如此说，然刘歆把它分成片段来依附《春秋》的记载，如弗朗克所说，也是极可能的。别的传说却说是杜预（约当二八四年）第一次如此做的。

种证据的价值自然还有问题。

康有为想证明《左传》的传授可以追溯到刘歆，是很自然的。所以他急于说班固对于此书发现的记载是直接受了刘氏的影响，弗朗克总括康氏的主张说（页六二）："康氏先叫我们注意这《汉书》著者班固，当他幼年或许还与刘歆同时，大概没有独立的文学的评判力，所以完全附和刘氏的学说。所以《刘歆传》大部分可认作根据刘氏自己的。"这些康氏的思想都是站不住的。第一班固一向认为杰出的学者，也是个杰出的文人（参看《后汉书》本传），最重要的是刘歆在西历二二年自杀，而班固刚刚在七十年以后死的（九二年）。他的父亲班彪是西历纪元三年生的，当刘歆自杀时，彪十九岁。当刘歆死时，班固也许还未出世，至多不过是刚生下的婴儿罢了。所以说班固没有独立的见解，说他受刘歆的影响，这种说法显然是为着要适合康氏对于刘歆的偏见而造的罢了。

（二）班固关于刘歆把《左氏》公诸全国学界的记载，是最重要的，因为它是一件时代很近的事情的见证，他对这件事情当然有可靠的知识。还有别种材料，是那些前一世纪和后一世纪的学者记载《左传》早年的传授的。假如一件事情比叙述的人早到一百年以上，我们便不能把它当作可靠的史料。一个好例是班固《前汉书》里所述的各故事，说鲁恭王要扩张他的宫殿，便破坏孔壁，因而发现古代文件。此事第一见于《艺文志》内（卷三〇）——此志常认为刘向刘歆所编目录的节略——里边说着《尚书》（《书经》）、《论语》、《孝经》和《礼记》。第二见于班固在《刘歆传》（卷三六）里所引刘歆自己的一封信，里边说《礼（记）》与《书（经）》从孔壁内找出。刘歆还说："及《春秋》左氏丘明所修，皆古文旧书，多者二十余通，藏于秘府，伏而未发。"①还有王充（二七—九七年）讲同样的故事，但有重要的异点〔福克（Forke）本《论衡》卷一页四六二〕："《春秋左氏传》盖出孔

---

① 这是很有趣的，试看刘歆自己在别处（卷三十《艺文志》，卷三六原信）并不说，《左传》与那些经书同从孔壁里出来；果是他的作伪，为冒充古籍起见，当然要如此说的。他提《左传》来，是很坦白地把它当一部与壁中发现无关的书来提的，不过同藏在那个神圣的库内罢了。这一点针对着康氏"伪造说"说的。

子壁中。……〔恭王〕得佚《春秋》三十篇，《左氏传》也。公羊高、穀梁寘、胡毋生皆传《春秋》，各门异户，犹《左氏传》为近得实。"①王充也说《左传》是壁中发现的，所以同刘歆刚刚相反。

不幸班固（这里也可说是刘歆，因为他是《艺文志》和这封信的作者）把此次发现放在武帝之末（前一四〇—八七年），而王充把它放在景帝时（前一五六—一四一年），所以伯希和（《古文书经与周书释文》页一三二）说孔壁的故事是前一世纪的一种传说。刘歆（他不相信《左传》从壁中找出）和王充（他相信它从壁中找出）是不同的。所以这两种记载都不能认为历史的事实，不过在我们等一会儿看来，还是有很高的价值的。

雷格更指出别的两种有同样价值的记载。一个是刘向的（前八〇—九年）可惜原文现在亡佚了，所以不能应用——为孔颖达所引（参看雷格的书卷五页二七），说《左传》的传授，从左丘明到曾申（孔子弟子之孙），再传到张苍——苍于前二〇〇年封为北平侯（雷格页二四），也是个著名的学者。还有一个同样的传授，由张苍到饱学的贾谊和别的学者，再传到尹咸同翟方进（参看上文），这是《说文》（一〇〇年书成）作者许慎所说的。在这两个地方——恰如王充叙述《左传》从壁中发现一样——记载的事实在记者前几百年，所以未必比王充的记载更可靠。但是合并起来，这些证据便有点价值。许慎也许受刘歆一派的影响，但是他是一个很精明的学者，是中国学术界雄杰之一。刘向不应该为他儿子所欺骗，那么他的证据（孔颖达所引的若认为不误）应该是绝对非被动的。而且照弗朗克说（页四九）王充是"古代中国所产生的最敏锐，最平允，最严厉的批评家"，便不会受刘歆影响的。这三位学者所告诉我们的故事，虽然有一部分是无稽的（至少有一部分是无稽的；传授内有一部分还可靠），却明白指出他们那时有个很普遍的传说，说刘歆以前《左传》已经很著名，并且自成一派的研究。照我的解释，上边所引班固的一段，同这个传说在这一点上很符合的。

---

① 按此见《论衡》卷二十九《案书篇》。

（三）所以我们对于司马迁的记载，并没有什么怀疑。它不过述《左传》时代之古，这是在我们意料之中的，从较晚的证据看来。

司马迁从两点证明他那时《左传》是存在的。第一、《史记》里有一段常常引用的（卷十四）："七十子之徒，口授其传指，为有所刺讥褒讳挹损之文辞，不可以书见也。鲁君子左丘明，惧弟子人人异端，各安其意，失其真，故因孔子史记具论其语，成《左氏春秋》。"第二、《史记》里边有几十段同《左传》相同的（微有歧异，参看下文）。那么我们说司马迁把《左传》摆在面前，随时录出他所合用的，不是个再自然没有的结论（如沙畹等）吗？

但是弗朗克并不相信。不管这些符合的证据，他有他的理由。照他看来（页六五），司马迁与《左传》相同的地方"并不能证明什么：他们可以同样地从第三种材料（我们所不知道的？）引来，或者从别的书——这个书后来被刘歆改成《左传》——上引来。"那么假如司马迁的确看见《左传》所有的事情，我们为什么要假定有第三部书，而不是干脆说他看见《左传》（割成片段与否，是不很紧要的）？照我看来，弗朗克除掉他自己一定要说刘歆是找到一部前人所不知道的书，而把它完全改造过云云之外，并没有别的理由。但是据我们看来，这种意见不是从证据上产出来的，所以他的另外有"第三种书"的说法还是落了空了。

关于《史记》叙述《左氏春秋》的一段，弗朗克的论证是：《史记》里的一段再见于《前汉书》中刘歆所作的一部分，不过有一点很小的变动，而且（页七〇）"和刘歆目录语句之符合，除掉说是刘歆窜入《史记》来作他的记载的证据的，并没有什么别的解释。"不必说刘歆能够把窜乱《史记》的手续办妥是不像会有的事，就单说他从《史记》里抄这一段，岂不更自然近理些？弗朗克为什么不相信这一点呢？因为：

（甲）刘歆并没有说明引《史记》；

（乙）在《史记》别的部分，《穀梁》和《公羊》两派的传授都记载的，但是没有说到《左氏》一派，而且司马迁对于左丘明大都是不很注意；

（丙）"而且，依《史记》的记载，有七十个学生亲受教训。可是左丘明之名康有为说得不错,不但为孔庙所无,为《史记》的《孔子弟子列传》所无,而且我们还要说《家语》卷十列举的七十二弟子也没有他。"

这些理由很难使人相信。

(甲)中国的著作家很少说明他所引用的来源(《史记》的一部分便是抄袭拼凑起来的);

(乙)这一类反证是很危险的,尤其是因为这是第一次把许多材料著成一部历史。

(丙)在《史记》别处,左丘明的确不在七十子之列——但是也不在弗朗克疑为窜入的一部分!司马迁在这一点上绝对一致的:左氏并不是七十弟子之一,他是他们以外的"鲁君子",他怀疑七十子没有传微言大义的能力,所以著此书。照司马迁看来,他是一个局外人,他是一个自荐的人,他很早就懂得孔子的主张,并且是一个杰出的人,是一个"君子",所以他能够著这部有名的书。假如他在《史记》里边不常见,那是因为司马迁知道的不多,他只说他所知道的罢了!

我们现在所得的结论是很明白的:沙畹说司马迁看见并且引用《左传》(大概有别的名称,并且没有割成片段)是不错的。但是这并不是说他把左丘明当作《左传》的作者是对的。这是一种关于几百年前事情的记载——也许不过是一种传说。但是我们可以看出来司马迁明明是把《左传》当作一部很古而可贵的书,他的心理也不难了解。

司马迁看见一部巨大的史书(他叫它做《左氏春秋》),便从它引用了许多。说孔子第一次以私人引用公家的记载是什么人都知道的。所以司马迁不能不料想《左传》这部巨著同孔子的事业是有关系的。他从传说里知道,这并不是孔门弟子的著作。不过书名叫作《左氏春秋》,他便说这一定是《论语》里边所说的左丘明作的。夫子和他好恶相同——他一定比弟子们高明,他是一个君子。夫子知道他——他一定是一个鲁国的人!

以上讲的是从古史里看来,《左传》比司马迁早是可能的事情。但是我愿意说这类的"证据"不能使我满意。有些事情在古书内记载了;有些事情忘掉了,并没有记载下来;有些事情载下来了,可是亡佚了;这都是碰运气的事。司马迁、刘向、刘歆、班固、王充、许慎所说的关于《左传》的话,不过是第二等的证据。我自己相信的原则是,《左传》之科学的研究应该注重《左传》的本身。

　　第一步也是顶自然的一步,是考察《史记》内所有《左传》的文句。这里我们就得到确定的证据:一看就知道的。从沙畹的研究,我们知道司马迁在《书经》内遇见古奥难懂的文句,常常用简明的文字来代替(《史记》译本第一册页一二七)。他对于《左传》也是同样的,只要一比较便知司马迁根据《左传》,常常比《左传》简明一点;这便允许我们得到一个确实的结论,说司马迁作《史记》时便有一部《左传》。这是很明白的,当他叙述事实的时候,他改动得更自由一点;但他引说话的时候,对于《左传》更遵守一点。先举几个例子,第一个是相连贯的一段。两书上比较有趣味的异点,用括号标出:

《左传》文公元年	《史记》卷四十
初【楚子】将以商臣为太子,访诸令尹子上。子上曰:"君之齿未也,【而又多爱】,绌乃乱。楚国之举【恒】在少者。且【是人也】蜂目而豺声,忍人也,不可立也。"【弗听】。【既又】欲立王子职而黜太子商臣。商臣闻之而未察,告其【师】潘崇曰:"【若之何而察之】?"潘崇曰:"【享江芈】而勿敬也"云云。①	初【成王】将以商臣为太子,语令尹子上。子上曰:"君之齿未也,【而又多内宠】,绌乃乱。楚国之举【常】在少者。且【商臣】蜂目而豺声,忍人也,不可立也。"【王不听】。【立之后,又】欲立王子职而黜太子商臣。商臣闻而未审也,告其【傅】潘崇曰:"【何得其实】?"崇曰:"【飨王之宠姬江芈】而勿敬也"云云。

　　除了把几个名词改来合他的脾胃外,司马迁说明:(一)这里边的楚子就是成王;(二)古奥文辞"多爱"意思就是"多内宠";(三)"恒"同"常"是同意;(四)"是人"指商臣;(五)"弗听"指王;(六)"既又"意思即"立之后,又";(七)不明白的名字江芈就是王的宠姬。

---

① 原书于此段之后附雷格的《左传》译文,因与中国读者无关,故暂时略去。

为篇幅关系，下边的例子不能引全文，我只指出重要的异点。

《左传》文公十八年："好行凶德。"这里"德"是很特别的，所以司马迁（卷一）改作："好行凶愿。"

同上："投诸四裔。"司马迁改为："迁于四裔。"

《左传》襄公十四年："固立之。"这是很简省而不易明了的，司马迁改得更明白一点（卷三一）："吴人固立季札。"

《左传》昭公二十七年："我王嗣。"司马迁（卷三一）解释："我真王嗣当立。"

同上："王可弑。"司马迁："王僚可杀"（直说人名，而且用"杀"代替"弑"）。

同上："我尔身"太简略了，司马迁改作："我身，子之身也"（服虔说得更明白一点，"我身犹子之身"）。

同上："王使甲坐于道。"司马迁："王僚使兵陈于道。"拿这个普通一点的"兵"和"陈"来代替"甲"和极不普通的"坐"。

《左传》庄公八年（公允许瓜期派人代理）："期戍公问不至。"这一句是很简省的，而且"问"是很晦涩的，所以司马迁把它完全改了（卷三二）："往戍一岁卒，瓜时而公弗为发代。"

同上："曰，捷，吾以女为夫人。"司马迁说："曰，事成，以女为无知夫人。"拿简单的"事成"来代替难懂的"捷"，并且明明白白地说是谁的夫人。

《左传》昭公十三年："乃有大事于群望。"这很古怪的"望"使司马迁把全句改了（卷四十）："乃望祭群神。"

《左传》昭公元年："日寻干戈。"这个奇怪的"寻"，司马迁（卷四二）解释道："日操干戈。"

同上："抑此二者不及君身。"司马迁说："然是二者不害君身。"拿普通的"然"来代替不普通的"抑"，拿明白的"害"来代替含糊的"及"。

同上："若君身则亦出入饮食哀乐之事也。"司马迁改的更明白一点："若君疾，饮食哀乐女色所生也。"

《左传》昭公七年："弗父何以有宋而授厉公？"司马迁觉得这太简单

而晦涩,所以改作(卷四七):"弗父何始有宋而嗣让厉公?"

《左传》僖公五年:"太伯虞仲,太王之昭也。……虢仲虢叔,王季之穆也。"要代替特殊而古怪的"昭""穆",司马迁(卷三九)说:"……大王之子……王季之子。"

同上:"勋在王室,藏与盟府。"这很简单的"勋",司马迁改作:"其记勋在王室"云云。

《左传》宣公三年:"桀有昏德。"司马迁(卷四〇)用一个更普通而容易懂的字"桀有乱德"。

《左传》宣公十二年:"不泯其社稷。"司马迁(卷四〇):"不绝其社稷。"拿普通而容易懂的"绝"来代替不常见的"泯"。

同上:"庸可几乎。""几"是很晦涩的,司马迁改作:"庸可绝乎?"

《左传》哀公七年:(曹国的人梦见曾经危害国家的公孙强):"求之曹,无之,戒其子曰。"司马迁(卷三五)说得更明白:"求之曹,无此人,梦者戒其子曰。"

《左传》宣公十年(说了几个笑话):"征舒病之。"司马迁(卷三六)改去特别的"病",说得简单一点:"征舒怒。"

《左传》昭公八年:"臣闻盛德必百世祀。"这一句的确简单而且晦涩,所以顾甫乐(Couvreur)翻译错了:"Votre serviteur a entendu qu'une vertu parfaite se transmet durant cent générations(您的仆人听说完全的道德可以流传一百世)。"司马迁(卷三六)要使它更明白一点,所以改作:"盛德之后,必百世祀。"

这些例子还可以扩张,但是也用不着了;上边所举的例子已经是很丰富的证据,证明司马迁改动《左传》;《左传》是原本,司马迁的是副本。

司马迁的著作有大部分在前九九年完成(参看沙畹《史记》译本第一册页四十五)。在《史记》内有许多《左传》的文句,所以我们可以说至少在前一〇〇年的时候,《左传》已经存在了,所以我们知道此书是在前四六八至前一〇〇年中间写定的。但是这里真伪问题只解决了一部分。第二个问题我们必须解答的是:这部书成于前二一三年(焚书)到前一〇〇年中间呢,还是在焚书以前?

第一种设想是万不能成立的，假如一个在前二世纪的作者，也不托古书的名，就单只根据他所能得到的材料，来公然地作一部新的史书《左传》，那司马迁一定会知道这一件事情的，他也就不会讲他说左丘明的那个故事，也不把《左传》当成一部很古的书了。所以《左传》或者是焚书前的真实的文件，或者就是前二世纪一个不知名的学者秘密作的一部书，冒充中国古代文件——一种和汉初发现古书有关系的伪书。假如后一说是对的，那一定会减少此书的价值；因为我们不能知道《左传》里的记载哪一部分是真的，哪一部分是根据作伪者的虚构。那么那些简约的文字同难懂的语句(司马迁改容易的)并不是真正的古中文，不过是作伪者想做得使他的书更像真的罢了。

第一我们要知道，这一种作伪是不大像会有的。当前一世纪的初年，《史记》固然还未作完，但是它的材料早已搜集了好多时候了。司马迁大约生于前一四五年。其父司马谈曾经计划过全书，并且搜集了大部分材料，他是一个太史令——此职当在他的壮年——在建元元封中间(前一四〇—前一一〇)。古书的查封是在公元前一九〇年停止。所以古书的复现，至早也不过在司马谈以前的数十年，而且大概一大部分还是与他同时的。这一位聪明的搜集材料的人，绝不会被一个同时或略微早一点的作伪人所骗；至少像《左传》这样浩大而又重要的书，他应该知道这个重要发现的详细情形。一切事情都助证《左传》是在焚书以前著的。最后的一个证据，就是《左传》如下文用语言学研究的时候，可证它自己有它的文法，一种很特殊的文法系统，没有一个作伪者可以想象到，可以前后一致地用《左传》上这种特殊的文法结构。

下篇

讲起中国的文学来——在中国如焚书和古书发现的事情应该引起重大的注意，且对于各种真伪问题当有特别的慎重的考察——而从来没有人借助于语言学上的标准来做工夫，是一件很奇怪的事情。从西洋古代文学上的经验，知道没有语言学的帮助，校勘学是不成功的，而在中国尤其重要。然而中国古代文字的校勘学，就我所知而论，从来没有认真地用过语言学的方法。中国的校勘家固也常常说某种文件的"文字并不是真正古代的语句",有时也用单字当作证据来证明一部书并不像一般人所想象的那样早。例如王安石曾在他已亡佚的著作内(参看上文)指出《左传》里有些话(官爵),照他看来,是秦以前所没有的。但是此种事实至多能证明那一段是插进去或被改动的,我们所需要的是靠语言考察此书的全体。

中国校勘学并不借助语言学,有很明白的理由。中国文字是一种无可奈何的东西。假如古书是用字母拼成的,一定早就发现周代的各种中国方言,正如在希腊文里有雅典的 Attic、多日士的 Doric、爱阿尼亚的 Ionian 各种分别。但是在非拼音的文字内隐藏着的发音上的异点,不能在文字里表示出来。在一种早就不能从语尾的变化来创造新词的语言里面(绝对不像印度欧洲系的 Indo-European 文字那样能靠它们的丰富的语尾变化格式来帮助语言学家和语言学的校勘家),似乎是没有语言学家发展的余地了。但是幸而事实上并不是那样无望。有一类材料,多虽不多,但是校勘上很有价值,这便是文法上的助词。

中国的文言,是非常复合的。各种文法上的方法,在古代通行的,在后代也可以混用。这种包滚法早就起头了,是大家默认的,大约当前一〇〇〇年的中段便有此事了。有的文法家——我尤其想到盖伯伦次(Gabelentz)的《中国文法》(*Chinesische Grammatik*)(一八八一)——固然承认《书经》同《诗经》有一种异于孔子及后代的文法(如"攸""厥"等助词),但自从孔子以后,各种书内并没有真正的分别。我们知道"若"与"如"是同意的,也可以当作"像"讲,也可以当作"假使"讲;还有"此"同"斯"都作"这个"讲;还有"则"同"斯"都作"就,于是"讲;还有"于""於""乎"都作"在"字讲;还有"乎""与""邪"都是疑问的字;等等。假如我们把各种古书混合起来求结论,结果一定如此。但是没有一个人注意到:假使你研究一个作家,只注意他的文法组织;再研究别的作家,再注意他的组织,这里可以有很大的异点,仿佛甲只用某几个助词而不用别的,而乙只用他自己的和甲不同的一套字;换言之,周代文学既然表显出活的语言,并不像后来雕琢的死文字,那么在那时文件里,人们可以根据各种本子的文法的分析来求出各种方言出来。假如用这一种计算而有一点效果，那么校勘学应该感谢语言学的研究，来决定真伪问题、种类问题和著者问题。在下文我将作这一类研究的初试。

我们已经知道《左传》比司马迁更早，也许还在焚书以前（下文另有最后的证据），我们便遇见一个近来西洋常常讨论的大问题：《左传》同鲁国的孔门有没有关系？我们知道中国的传说如司马迁所述的，说《左传》是一位同孔子有点关系的鲁国人所作，但是有些西方人却不承认这种传说。德国学者格鲁伯（Grube）在他的《中国文学史》（*Geschichte der Chinesechen Litteratur*）（一部很可嘉的书，应该译成英文的）里，第一次说《左传》也许是孔子自己作的。辛德赖（Schindler）和欧克士（Erkes）都很相信他。可是一方面弗朗克在上文常引的一部书里，很坚决地主张《左传》同鲁国的孔子或孔门没有任何关系。在这三种主张以外，还有第四种，可以拿沙畹来代表（《史记》译本第一册页一四九）：说此书是陆续作成的，而且当孔子之道从左丘明传张苍时常有增加和改动。

格鲁伯把这部书送给孔子的唯一理由，是因为孔子自己有一句话说他希望后人拿《春秋》来评判他；所以他想这部书是孔子一生最大的工作。但是《春秋》不过是很朴素而干燥的文句，从鲁国国史里摘出来的。格鲁伯解释这一种矛盾，说是孔子并不是指《春秋》原本，实在是指《左传》对于那些简单记载所补充的丰富而宝贵的史料。

但是这个证据并站不住。弗朗克很明白而透彻地说孔子根据《春秋》来评判自己的工作，同《左传》没有关系，他眼光中另外有别的东西。弗朗克说："《春秋》不是部史书，却是政治道德的教科书。它一方面是孔子写定的一些简短而包含很多的短句，一方面又有由他口授学生的种种解释。这种解释由两派传授下来，直到前二世纪中年方写定在《公羊》与《穀梁》里（页八五）。"孔子所自豪的乃是他的"政治道德"里边的教训，弗朗克对于这一点的演绎，据我看来是很可相信的。

辛德赖替格鲁伯加上几个理由。第一、他注意到《左传》有时候就叫《春秋》（例如我们知道在司马迁的书里的名称：《左氏春秋》）。但是这不能证明什么，因为"《春秋》"是各种史书的公共名称，所以称《左传》为各种《春秋》之一，并没有什么可怪。辛德赖主要的论证是：他既然很坚决相信《左传》真是周代的书，他举出许多良好理由证明为什么作者不是孔子的弟子(辛德赖《古中国的宗教制》，一九一九，页五四)。——"所以除掉说是夫子自己著作的以外，不见得还有什么别的可能的了。"我们不难见，辛德赖的结论和司马迁同样的危险。司马迁从传说里知道《左传》不是七十弟子之一作的。但他不能料想此书有与孔门完全无关的可能，那么他只能把这著作归在一个"鲁君子"的身上了。辛德赖同样的不愿想到鲁国范围以外，既然不是弟子作的，那么一定是夫子自己作的。他并没有想到别种可能性，就是《左传》同鲁国并没有关系。然而这就是这个问题的答案。要证明这一点，我们必须考察各种文法上现象，作个比较的研究，一方面是鲁国的方言，一方面是《左传》的方言——以后简称"《左》语"。鲁语可以拿两种很长的文件来代表，《论语》——此书为孔子弟子所作，里边有他的许多说话——和《孟子》——此书我们可以看出同《论语》有同样的文法上的组织(这一种方言的别的文件，详见下文)。《孟子》代表这种方言较晚的时期，所以有一点小小不同的地方。看下文的统计的时候，我们应该记住《左传》比《论语》《孟子》合并起来还要大得多(《左传》大约十七万字，《论语》大约一万七千字，《孟子》大约三万五千字)。

我们先要申明了在下文的统计和案语里边，凡是《论语》《孟子》《左传》引他书处，都未计入。这些当然是要除外的。常常引证的《书经》和《诗经》里的话就是这些例。还有在《左传》里，一段的头上几句常常抄《春秋》的记载，因为它是附在《春秋》之后的；这些句子自然应该除外(这些也许是刘歆或杜预把《左传》割碎了来配《春秋》的时候所加的)。

(一)"若"和"如"。

这两个助词，现在声音很近(jo 和 ju)，但是在古代很不同〔六世纪时"若"读 nziak，"如"读 nziwo，参看高本汉(Karlgren)《中文解析字典》(*Analytic Dictionary of Chinese*，页二七二和二七三)〕，在中国古文里认为绝对同意的，共有两种意义：

（甲）"假使""至于"，例如：

"如博施于民"，《论语》卷六。"若弗与"，《左传》隐公元年。"若夫保姓"，《左传》襄公二十四年。

（乙）"好像"，例如：

"如矢"，《论语》卷十五。"若禹之行水"，《孟子》卷四下。"如时雨降"，《孟子》卷三下。"如是"，《论语》卷十四，"若是"，《论语》卷十三。

但是在鲁语和《左》语里，有一个明显的异点，从下边表内可以看出。在此表内，我分别举出几种普通的固定的结构。属于第一种意义的，有"若（如）某何？"例如："如礼何？"《论语》卷三。有时候拿"之"字来代表"某"："若（如）之何？"属于第二种意义，有"不（弗、莫、岂）若（如）"，例如："知之者不如好之者"，《论语》卷六。

		《左转》	《论语》	《孟子》
甲	若（假使）	三三四		二
	如（假使）	三	一七	三七
	若某何	八二		
	如某何	二	二三	二〇
	若	一一		一五
	如		一	
乙	若（像）	三	一三	七一
	如（像）	一九九	六九	五〇
	不（弗等）若	一		一一
	不（弗等）如	一〇二	一二	一二
	何若			
	何如	二一	二〇	一八
	若何	二七		
	如何	二		三

甲种意义：

解作"假使"时。《左转》很规则地用"若"（共有三百三十四个"若"字，只有三个"如"，参看顾甫乐译《左转》卷一页六三六，卷二页九五，卷三页三三四）；例外既然这样少，我们很可以认为长期的口授同传写所改动的。鲁语里边也同样规则地用"如"（五十四个"如"，只有两个"若"，参看雷格译《孟子》页一四〇与三六六）。

解作"至于"时，便稍微有点纷乱了。这个公式"如（若）某何"，规则与上文解作"假使"同：《左传》用"若"（八十二个"若"，两个"如"，顾甫乐本卷二页三九四，卷三页五〇六）。鲁语内用"如"，没有例外（四十三处）。但是"若（如）"独用的时候解作"像"而不在上列公式内，《左传》还是守着常规：十一个"若"而没有"如"。不料《孟子》也用"若"（十五处）而不用"如"，《论语》只有一个"如"，得不到什么结论。

所以：甲种意义——《左》语一定用"若"；鲁语一定用"如"，除了"若"独用时（"至于"）。

乙种意义：

解作"像"时（不在成语内），或者在公式"不（弗等）如（若）"里，《左传》一定用"如"（共三〇一个"如"，只有四个例外"若"，顾甫乐本卷二页三一九、五三三、五三五、卷三页四九六）。鲁语乱用"如"与"若"（"如是"与"若是"）等，九十五个"若"，一百四十三个"如"。连用疑问字"何"，《左》语的规则依"何"在前在后而定："若何"（二十七处，只有两个例外"如何"，顾甫乐译本卷一页三三五，卷三页四二七）与"何如"（共有二十八处）。

所以：乙种意义——《左》语一定用"如"，除了公式"若何"（也许从公式"若之何"减省的？）；鲁语兼用"若"同"如"，除了用"何"便用"如"。

总结：

	甲"假使""至于"		乙"像"	
	规则	例外	规则	例外
《左》语	若		如	若何
鲁语	如	若（"至于"）（不在成语内）	若与如	何如

请注意这个很有意义的事实；浩大的《左传》在这一层上，是全书一致的——它并不是从各种材料随随便便的不用"语言的通盘的改弄"而编凑起来的。

(二)"斯"解为"则"。

引起一个结句时常用的助词就是"则",例如"临之以庄则敬",《论语》卷二。此外还有"斯",例如"观过斯知仁矣",《论语》卷四。

这里"斯"虽是没有"则"字那样普通,然而在鲁语里边也算一个常用的助词:《论语》(雷格译本)页一四、三一、三六两次,四四、六七两次,六八、七三三次,等等;《孟子》(雷格译本)页一三五、一七四,二○一、二七七、二七八,等等。

在浩大的《左传》里边有几百个"则",我只找到两个"斯",在"君子曰"一段里边的,所以是不可靠的(成公七、八年),还有两处(昭公十年,哀公八年),是在引别人的话里。所以可以说"斯"解作"则"——在《左》语内是没有的。

(三)"斯"解作"此"。

古文里常用的指示代名词和形容词,解作"这个"的是"此",例如"贤者亦乐此乎?"《孟子》卷一。此外还有同意义的"斯",例如"其斯之谓与?"《论语》卷一;"何莫由斯道也?"《论语》卷六;"斯人也而有斯疾也!"《论语》卷六。

"斯"字解作"这个"在鲁语中是很常见的:《论语》(雷格本)页七、八、二三、二八、三七两次,五二两次,七四、七八、八一两次,等等;《孟子》页一三四、一四三、一六二、一七四两次,一七七,等等。

"斯"字解作"这个"在《左》语中是没有的。

(四)"乎"解作"於"。

最普通的介词解作"在"的,是"於"同"于"(参看下文),例如"於三家之堂",《论语》卷三;"盟于淳来",《左传》隐公八年,此外常常用"乎",例如"今拜乎上",《论语》卷九;"放乎四海",《孟子》卷四下。

这个"乎"在鲁语里是一个规则的常用的介词《论语》页六、一四、三

一、五四等——共二十八处;《孟子》页一五〇、一七三两次,一七六,等等——共四十七处。在《左传》里(除了"於是乎"一类很常见的用"於"的现成习语),我只知道两处:襄公十年("必尔乎取之")同昭公二十三年("监乎若敖"),同时却有许多百个"於"和"于"。这就说"乎"字当作介词,不是属于《左》语的。

(五)"与"字解作"乎"。

最普通的句末的疑问字是"乎",例如"不亦乐乎?",《论语》卷一。在这个意义上同"乎"交换用的常常是"与 yü"(下平声),例如"其为仁之本与?",《论语》卷一。

这个"与 yü"当作疑问字,在鲁语内是一个很规则而很常见的字:《论语》页三、六三次,八、二〇、五一三次,七四、八二,等等;《孟子》页一四二、一四四三次,一四五四次,一四六、一五一、一六一、一七八,等等。"与"当作疑问字在《左》语内是没有的。

(六)"及"和"与"解作"和"字。

中文内表示"和"常常省了的,例如"仁义",《孟子》卷一上。但是古书内也常用"及 ki"和"与 yü"两个连词。

《左》语内"与"和"及"都有,而"及"字尤其通行,例如"杀道朔及巴行人",《左传》桓公九年;"公及齐侯盟于落姑",闵公元年;"宋及郑平",隐公七年;"生秦穆夫人及太子申生",庄公二十八年。

在鲁语内只有"与"字,例如"吾与回言终日",《论语》卷二;"富与贵是人之所欲也",《论语》卷四;"惟我与尔有是夫",《论语》卷七;"为汤武驱民者桀与纣也",《孟子》卷四上;"我能为君约与国",《孟子》卷六下。无论《论语》和《孟子》内都没有这种意义的"及"字。①

---

① "我能为君约与国","与"字误解。

（七）"於"和"于"。

这两个介词有各种用法：in，at，on（在），into（到），vis-à-vis（向），from（从），等等。一般的文法家同字典家，大多没有弄明白的。盖伯伦次（《中国文法》，一八八一年，页二八九）说："'於 iü'同'于 iu'是一样的。"他显然把它们当作一个字的两种写法。汝连（Julien）比较谨慎一点："……'于 yu'和'於 yu'是同意的"（《中国文法》*Syntaxe nouvelle da la langue chinoise* 一八六九年，页一四）。马建忠在他的《马氏文通》（一八九八）里边只讨论"於"字，默认"于"字不过是写法上的一别体。顾甫乐〔《古文字典》（*Dictionnaire classique*），一九〇四〕把它们都写作 yu，而对于"于"字不过作一个参看"於"字的记号。解尔斯（Giles）把它们都作 yü，说"于"和"於"同用。葛利期（Goodrich）把它们都写作 yü。爱台尔（Eitel）〔《广东方言字典》（*Chinese Dictionary in the Cantonese Dialect*），一八七七〕和马克来（Macley）和鲍尔温（Baldwin）〔《福州方言字典》（*Alphabetic Dictionary in the Foochow Dialect*），一八七〇〕，把两个字都写作 ü（上平声）。

这些都是错的。照理论上讲"於"应该是 yü（阴平）而"于"应该是 yu（阳平），因为前者属于"影"母，后者属于"喻"母〔参看我的《中国音韵学研究》（*Etudes surla Phonologie chinoise*）页一一一、一一三〕。这个固然没有多大重要，因为现在它们不过是从文学借入口语的字，并不是重要的介词，所以发音不一致的。但是有一重要之点要我们注意的是，它们并不是同一个字，因为它们在古代不同音，第六世纪时"於"是 iwo（头上有一个喉部的声母的爆音字，如德文的 Ecke），头上并没有别种子音。"于"是 Jiu（J 等于英文里的 y），而且在古代如西历纪元前，它的头上有一个舌根的声组（"牙音"），后来失掉了变成（g）jiu（参看我的《中文解析字典》页三七一及三七三）。而且在周代文学书里，它们并不总是同意义的，尤其是在《左》语里边。"於"同"于"都是介词，表示一般的地位的，in，at，on（在），with，chez（在【某人】），auprès de（向）；还有表示方向的 into，to（到）。所以有许多引申的抽象的意义。这里我并不是想作一篇详述这些介词各种用法的论文。现在所讨论的限于原始的具体的意义,而抽象的例子如:"何忧於无君?"《左传》哀公五年;"动於恶",桓公二年;"至于今",散见各处的完全不管。

考察具体意义时,人们马上觉到《左传》内"於"同"于"并不是可以交换用的。在"於是""於是乎"同"於此"等结构里边,常常用"於"字(《左传》内有一百八十四个例子)而从来不用"于"。解作"从"时,也是用"於"不用"于",例如"免於难",桓公六年,别处规则没有这样严密,但是有几种有趣味的倾向,很易看出:

(A) 解作 auprès de 的时候——在法文内一定用 chez,auprès de,vis-à-vis de 等字——后边有一个人名,或者是几个相同的字,"於"是一个常用的介词,例如"请於武公",隐公元年;"公问於众伴",隐公四年;"有宠於王",同上;"言於齐侯",闵公元年;"晋君宣其明德於诸侯",襄公二十六年。

(B) 解作 at 和 to 时,后边有个地名(这种地方法文用 à),规定用"于",例如"败宋师于黄",隐公元年;"至于禀延",同上;"遂田于贝丘",庄公八年。

(C) 解作法文 dans 和 in,into 时(in 房子里,on 圣坛上,into 城里,等等),表示地位在什么地方,或者是动作到什么地方(没有地名的,参考 B),"於"和"于"是混用的,例如"见孔父之妻于路",桓公九年;"告于宗庙",桓公二年;"杀孟阳于床",庄公八年;"入于卫师",成公二年;"授兵於大宫",隐公十一年;"淹久於敝邑",僖公三十三年;"赵旃夜至於楚军",宣公十二年。

如我上文所说,这些规则并不是绝对的,但是无论如何有几种统计可以表示渐渐地要分界的趋势。从这些统计上,我完全除外各种两可的例子。譬如,第一是许多地方后边跟着一个国名的。下列几句显然是模糊的:"请师于楚";"为质於卫"。作者在第一个例子内,把国家当作一个地方,所以"于楚"就是"在楚国"。第二个例子内,"卫"是指一个政治团体,所以"於卫"就是"於卫侯或卫政府"。但是也可以写作"请师於楚"(他向楚政府请师),也可写作"为质于卫"(他质于卫国)。这一种字句

（yǚ＋国名）并不能证明什么，所以都丢了不算。同样，那常见的格式如"宿于（於）赵氏"（他住在赵家，或者他和赵家同住）都是很含糊的，不必采它。

除去了这些含糊的地方，只依明白的地方统计，替《左传》得到下列一表：

甲（auprès de）		乙（à）		丙（dans）	
於	于	於	于	於	于
五八一	八五	九七	五〇一	一九七	一八二

这就是说解作 auprès de（chez, vis-à-vis）时，后边跟着一个私名，或者同类的东西，"於"比"于"多七倍；解作 à 时，后边有个地名的，"于"比"於"多五倍，解作 dans, in 时（后边没有地名的），"於"与"于"相同；在这一种意义上——只有在这一种——两个字是完全同义而可以交换用的。

我们应该注意，在这一点上，同前边（一）到（六）一样。《左传》全书是一律的。上边所举的数目字（五百八十一∶八十五等等），并不是因为有的部分只有"於"（auprès de），而别的部分有许多"于"。这个比例七∶一和五∶一，全书各部分都是一样的。无论你选择哪一部分，你就可看得出解作 auprès de 时"於"一定比"于"多几倍，而解作 à 时刚刚相反。这一个规则很少例外，只有两处很小而有趣的地方。在文公十七年，不多几行里边有四个"于"auprès de，两个"於"à；在成公十三年，不多几行内有五个"于"auprès de。这两个例子都是在长篇说话里，据我看来这两段话恐怕是后来加入的。假如我们敢说这两段是窜入的，而从统计表内除去它们，那么就要大大的改动了：解作 auprès de 时五八一"於"，七六"于"（不是八十五了）。若然，这些数目很够表示"於"同"于"在这一点上的根本异点。

有一个问题很难解决的，就是少数的"于"auprès de（八五或七六）和"於"à（九七），是不是因为在《左》语的时代里"於"和"于"已经起头有一点混乱了，或者本来不乱，乃是因为书本传授上的错误。只是两字的声音一天不同（於. iʷo 而于 gjiu），学者口头传授的时候，一定可以保存一天《左传》中原有的"於""于"的分别。但是当它们的声音变得渐渐相近了

（.iʷo 和 Jiu），同时传授的人的对于语言的感觉上认它们为完全同义了，那就很有忽略书中原有的异点的引诱了。所以虽然证是难证，可是也说不定那些规则原来比我们统计表上还更严密也是很可能的，因为假定那些忠实的学者能够纯粹机械地保存他们当日已经不能了解的异点，就只保存到现在统计表里那么好，已经要算很稀奇的事情了。

研究的人另外有一点困难的事情。假使我根据雷格同顾甫乐的本子来研究《左传》，我一定不能发现"於"与"于"的根本异点。这两个介词在那些译文里常常译错，应该用"于"的地方常常用了"於"，应该用"於"的地方常常用了"于"。这些学者都是很认真的，要是单单靠着相信"於"同"于"不过是写法上的不同的一个理由，他们绝不敢就这样随便换写的。雷格的译文是根据《钦定春秋传说汇纂》，而在这一种本子内"於"和"于"是很混乱的。这里我并不讨论为什么那些编辑者不注意保存古本上的异点。我们只要说《左传》里关于"於"同"于"的分配，是非常一致的。阮元在他的《春秋左氏传校勘记》里（《皇清经解》卷九四九至九九〇，也附在他的《十三经注疏》里）很详细地说明，哪一种本子有"於"，哪一种本子有"于"。这种不同的地方，他所找到的是很少，所以事实上没有什么关系。上海商务印书馆最近出版的《四部丛刊》重影印了一部宋本，这是阮元所没有看见的，但是关于"於"同"于"，它同《十三经注疏》的本子完全相同（我的统计是根据《四部丛刊》的本子）。略举几个例子：

昭公十三年："次于鱼陂"；

同上："挤于沟壑"；

昭公十七年："献俘于文宫"；

昭公二十二年："前城人败鲁军于社"；

定公元年："合诸侯之大夫于翟泉"；

定公五年："卒于房"。

在这些例子里边，《四部丛刊》的本子，同阮元所见的各种本子都是"于"（在第一个例子里边，有一种本子误作"干"）而没有用"於"的。但钦定的本子里边（雷格本亦然），都完全用"於"。

还有陆德明的《经典释文》，很明白地表显同样的传说：

襄公十六年："烝于曲沃"；

襄公十七年："怨与晋"；

襄公十八年："还于门中"；

昭公四年："使置馈于个"。

在这些地方《经典释文》（和阮元《十三经注疏》各种本子及《四部丛刊》）都用"于"，而钦定的本子里（雷格亦然）都用"於"。

但是我们知道《经典释文》传下来是受过一次紊乱的（参看伯希和的书页一五九），所以如今能够得到唐和唐以前的《左传》版本的直接证据，是很有价值的。在罗振玉的《鸣沙石室古籍丛残》——这是伯希和在敦煌所发现的文稿的影本——现共有四段很长的《左传》残简。有一种是唐代稿本，比《十三经注疏》多几个"於"（而且刚刚是照我们的规则应该用"於"的地方）！还有一个唐代稿本和两个六朝（唐以前）的稿本，对于"於"同"于"的分配和《十三经注疏》完全一样，如上文统计表所说的。所以在这一点上传说是很坚固的，我们不必为了钦定的和雷格顾甫乐的本子的不同而烦恼。

这可以定一个规则，说左语里边"於是乎"与解作 from 的都用"於"，解作 auprès de 的也用"於"，解作 à 的用"于"，解作 dans 的"於"与"于"随便用。这里鲁语又是完全不同的，这几种意义的普通用的介词（离了上文所讲的"乎"字），在《论语》和《孟子》内都是"於"。"于"偶然散见一点，同"於"没有根本上区别可以看出。事实上用"于"的地方非常少，差不多可以说鲁语里边没有这介词的。在《论语》内的见于卷二、卷十四、卷十六两次。在《孟子》内见于卷一上（和"於"不同）、卷二上、卷三上、卷三下、卷五下、卷七下两次；还有卷五上也有几个例子，不过那个地方显然从《书经》一类古书上引来的。

因为"於"是个常用的字，所以解作 à 的《左传》常用"于"，而我们常常看见"於"："子畏於匡"，《论语》卷九及卷十一；"子路宿於石门"，《论语》卷十四；"处於平陆"，《孟子》卷六下；"舜生於诸冯，迁於负夏，卒於鸣条"，《孟子》卷四下。

把主要的趋势总结起来：

	auprès de	à	dans
《左》语	於	于	於，于
鲁语	於	於	於

上文第一到第七段内所研究的文法现象，是最重要的。分开来讲它们好像是没有什么力量，但是并不是这样。这里的问题并不是一二处所用的文句，而是全书常见的字。他们帮着校勘学比任何东西都好，因为在校勘拉丁文和希腊文时，他们常常根据更脆弱的材料。若总括观之，它们是形成绝对无疑的材料。这一种许多语言学上的形式的集合体，可以给我们一个明白而详细的文法的面貌，一方面是《左传》的，一方面是鲁语的。这两种方言是非常不同的。我们现在很可以定下列的结论：

（一）《左传》不是孔子作的。

（二）《左传》不是孔子弟子作的，也不是像司马迁所说"鲁君子"作的，因为这是用一种与鲁语完全不同的方言写的。

（三）《左传》或者是一个人作的，或者是——假如沙畹的话是对的——几个人作的而属于一派及一个地方的，因为它的文法是全书一致的。所以假使他——或者他们——采用各国的《春秋》作材料，那么他——或者他们——并不是很简单地把它们拼凑起来。实在是用他们自己的语言重新写的。

要使我们的研究更进一步，并且要讨论《左传》的性质，我们将要根据上述的文法来考察别的古书。

《书经》

在讨论这部书的时候，我们应该注意另一种文法规则，上边没有说到，因为在《左》语和鲁语里边是没有分别的。这个就是第一位人称代名词。在《左》语同鲁语里边是："我"同"予"（此字较少，当作亲密和客气的格式）什么状态都通用（我，我的，我们，我们的）；还有"吾"是限于主格同领格的（我，我的，我们，我们的），从来不用作宾格（直接的或间接的，或在介词后边的）。我在一九二〇年的《亚细亚杂志》（*Journal Asiatique*）内定这一条规定〔参看高本汉"论原始的中国文"（*Proto-chinois—langue flexionnelle*）〕，那里边我只研究《论语》《孟子》《左传》。我说明《论语》在主格和领格很偏重"吾"，而"我"是很少的，只限于宾格；在《孟子》同《左传》里边，"我"常常侵犯到原来属于"吾"的范围内；所以"我"字在各种状态内都有；所以较晚的鲁语（《孟子》）及《左》语在这一点上异于较早的鲁语（《论语》）。但是"吾"不许超出主格同领格以外它们是相同的。我并且应该说后一条规则不仅仅从这部书内得来的，周秦同汉初有"吾"的书内都如此。

《书经》内有时代不同和来源不同的文件。最古的相传可追溯到纪元前二千年以上，最迟的属于前七世纪——是古代三个大朝代夏商（殷）周的文件。在这样不同的集合里边，应该有文法上的大异点。但是没有，并且文法是非常一类的。这显然是在周朝国都的藏书处——那个地方保存各种文件——润饰的时候改成一律（这不能算孔子删书时修改的，因为照我们下文看来，它的方言是不同的）。我们知道：

（一）在"假使"和"像"的意义，都是用"若"；"如"（解作"好像"）只用在少数特别的地方，后边另外讨论——同《左》语和鲁语完全不同。

（二）"则"是常用的，"斯"只用在少数地方（参看下文）——和《左》语一样，和鲁语不同。

（三）"此"和"兹"是常用的，"斯"只用了两处（一处在真的地方，一处在伪的地方）——和《左》语一样，和鲁语不同。

（四）"乎"用作介词是没有的，在《皋陶谟》内有三处（但是它们可以当作疑问字）——和《左》语一样，和鲁语不同。

（五）"与"当作疑问字是没有的——和《左》语一样，和鲁语不同。

（六）"与"解作"和"字是常用的，"及"是用在少数例外的地方（参看下文）——和《左》语一样，和鲁语不同。

（七）"于"是绝对通用的介词，"於"只用在少数地方，而且和"于"作用一样（参看下文）——同《左》语和鲁语完全不同。

（八）"予"和"我"在各种句法内都有（主格、领格、宾格），"吾"只用了两次（参看下文）——和《左》语及鲁语都不同。

周代藏书处的文件所写的方言，很明白地表显一种助词的系统，一种文法的形式,同《左》语和鲁语是完全不同的。虽然改得很可惊讶的一律,但还可以看得出文件的许多破绽,表示未修改前有许多文法上的不同(因为文件属于各时代各地方的);假使我们注意到《书经》包含两部分,一是真的,一是伪的(大约作于第三世纪,参看伯希和的书页一二八),这些现象的研究定能增高趣味。假使我们照着沙畹的指示(《史记》译本第一册页一一三,是根据宋以来中国批评家的),作一个表,把真的放在前边,伪的放在后边,便是这样:

真的:(1)《尧典》;(2)《舜典》;(3)《皋陶谟》;(4)《益稷》;(5)《禹贡》;(6)《甘誓》;(7)《汤誓》;(8)《盘庚》;(9)《高宗肜日》;(10)《西伯戡黎》;(11)《微子》;(12)《牧誓》;(13)《洪范》;(14)《金滕》;(15)《大诰》;(16)《康诰》;(17)《酒诰》;(18)《梓材》;(19)《召诰》;(20)《洛诰》;(21)《多士》;(22)《无逸》;(23)《君奭》;(24)《多方》;(25)《立政》;(26)《顾命》;(27)《康王之诰》;(28)《吕刑》;(29)《文侯之命》;(30)《费誓》;(31)《秦誓》;(32)《泰誓》。

伪的:(33)《大禹谟》;(34)《五子之歌》;(35)《胤征》;(36)《仲虺之诰》;(37)《汤诰》;(38)《伊训》;(39)《太甲》;(40)《咸有一德》;(41)《说命》;(42)《武成》;(43)《旅獒》;(44)《微子之命》;(45)《蔡仲之命》;(46)《周官》;(47)《君陈》;(48)《毕命》;(49)《君牙》;(50)《囧命》。

假使我们作一个助词普通用法的例外的表,就是所有"若""斯(=则)""及""於""吾"的表,我们得到一个很有趣的结果:

(1)《尧典》:"如"一;

(2)《舜典》:"如"五;

(3)《皋陶谟》:"如"一;

(4)《益稷》:"如"一;

(5)《禹贡》:"及"三;

(7)《汤誓》:"如"一,"及"一;

(8)《盘庚》:"如"一,"及"一;

(9)《高宗肜日》:"如"一;

(10)《西伯戡黎》:"如"一;

(11)《微子》:"吾"一;

(12)《牧誓》:"如"四,"及"一;

(13)《洪范》:"斯(＝则)"二;

(14)《金縢》:"於"三,"斯(＝则)"二,"及"二;

(17)《酒诰》:"於"二;

(20)《洛诰》:"如"二,"及"二;

(22)《无逸》:"及"四;

(26)《顾命》:"於"一;

(31)《秦誓》:"如"四,"斯(＝则)"一;

(32)《泰誓》:"如"一,"吾"一;

(47)《君陈》:"於"一。

总括起来:

	真的(一至三二)	伪的(三三至五○)
如	二三	无
及	一四	无
吾	二	无
斯(＝则)	五	无
於	九	一

换言之,文法上的不同只见于真的篇内。这个解释只能有一种:

周代史迹的编辑者,一定把各种本子依照某种古代方言的文法来改的;但是他们也不是绝对的严密,所以有许多异于这种组织的地方可以掺入——如上文所说的"如""及""吾""斯""於"。但是三世纪的作伪者,因为想逼真《书经》文体,逼真真的篇内的正则的文法的结构,哪晓得做过火了。他大大地用"若""与""予"和"我""则""于",所以露出自己的破绽来了。所以这文法上的分析,在聪明的中国校勘家所早已得到的《书经》里某篇伪造的结论上,更加一个证据。

《诗经》

《诗经》和《书经》同在文法上经人改动。它有三百零五篇诗歌,来源极不相同——一部分是从各诸侯国采来的民歌——而文法上用字是根据同一的组织的。但是正如我们所希望，不同的地方在《国风》（就是民歌，约占全数三分之一）里边更多，而在《小雅》《大雅》和《颂》里边更少。

《诗经》的文法，不但和《左》语鲁语不同，并且和《书经》的语言不同。

（一）"若"与"如"：（没有解作"假使"的例子。）解作"好像"时，常用"如"字；全书内只有五处用"若"（"沃若"雷格本卷五页九九、二五〇、三八五，"若扬"页一六一，"若此"页三二六；在页三八〇、五四二、六二八、六二九的四个"是若"和"邦国若否"里的"若"，是解作"顺"）。在这一点上，《诗经》和《左传》一样，但是和鲁语及《书经》不同。

（二）"斯＝则"：全书通用——和鲁语一样，和《左》语及《书经》不同。

（三）"斯＝此"：全书通用——和鲁语一样，和《左》语及《书经》不同。

（四）"乎"用作介词是很有趣的。事实上只见于《国风》（民歌），这里显然那个编者允许文法上的自由，没有修改。《国风》里有二十二个"乎"用作介词的，分配在七篇歌内，其中六篇是没有"於"与"于"在"乎"旁边的；只有一篇内两处用作后置词（在"於我乎"内）。《小雅》内有一个"乎"字，《大雅》和《颂》内是没有的。所以在这一点上，《国风》和鲁语一样，《小雅》《大雅》及《颂》和《左》语及《书经》一样。

（五）"与"当用作句末疑问词是没有的——和《左》语及《书经》一样，和鲁语不同。

（六）"及"解作"和"是全书通用的——和《左》语一样，和鲁语及《书经》不同。

（七）"于"是常用的。有几处还用"於"（没有特别的意义，和"于"完全一样），这里又是《国风》不及别处严格修改。一共有十八个"於"，其中十二个在《国风》内（在六国的六篇内），两个在《小雅》内（在一篇内），三个在《大雅》内（在两篇内），一个在《颂》内。在这一点上，《诗经》和《书经》一样，和《左》语及鲁语不同。

（八）"吾"是没有的。"我"绝对通用，"予"字较少。全《诗经》内有八十九个"予"，又是《国风》呈比较的没有改动的状况。《国风》共有三十九个"予"，《小雅》《大雅》和《颂》共有五十个。这些都是平均分配在二十篇内(其中有七十个是同时用"我"的),《国风》的三十九个"予"字却只限于十四篇,其中只有四个同时用"我"。

《诗经》和《书经》同为周室所集的,而《诗经》内的方言和《书经》完全不同。好像是很奇怪的,一个可能而不敢决定的解释是这样:《书经》大部分的可保贵的文件,属于夏商(殷)两朝的——有几篇是更早一点——它们也许是周代史件的范型。换言之,《书经》的一部分是用夏商的方言来写定的。一部分是改成夏商的方言的,而并不是周室的方言。《诗经》刚刚相反,除了五篇说是更早一点,其余都是周代的,而《小雅》《大雅》和《颂》也许是成周王畿的方言,若《国风》虽是大部分照着这个模型来改的,还保留着许多不同的方言的痕迹。

《礼记》和《大戴礼》

以上我只讨论全体一律的书,有一律的文法的,或者是因为一个人作的(或者是方言相同的几个人作的),或者像《诗经》和《书经》因为在编辑的时候改过的。《礼记》一类的书的情形可是不同了。这里我们有许多文件很晚,到汉代方搜集起来,但是并没有经过改动。所以这部书内的文法是很不一致的。有几篇是非常的单调而且简单,所以得不到什么文法上的结论。别篇却可加以有趣味的观察。没有一篇是和《左》语的各方面完全一样的。譬如在《曲礼》内,"若"解作"假使","如"解作"像",而没有"斯(=则)""斯(=此)"与"乎"用作介词的(和《左传》一样,和鲁语不同),却很规则地用"於",至于"于"则偶然有之(和鲁语一样,和《左》语不同)。但是鲁语仍是很丰富地表显出来,所以除了《论语》和《孟子》,我们在这里得到这种方言的很多而很重要的文件。《曾子问》虽然说是记载孔子和曾子的讨论的,可是并不是用鲁语写的,而篇幅很多而很有趣的《檀弓》,却是很好的鲁语的例子:在这篇内我们查出(一)"若"和"如"解作"像",(二)"斯"解作"则",(三)"斯"解作"此",(四)"乎"用作介词,(五)句末用"与",(六)没有"及",(七)常用的"於"与偶见的"于",(八)"吾"和"我"并用,这都和《论语》《孟子》一样。鲁语还可以在《孔子闲居》《坊记》《中庸》(后一篇最能代表)里边找到。并且还有这部书的别的部分,例如《礼运》和《哀公问》。①

《大戴礼》是一部来源不同的书,大部分是孔子和他的问难者的讨论,但是"斯(＝则)"与"斯(＝此)"是完全没有的——这是孔门文字的显然的形式——使我们不能相信它们是鲁语的文件。②

我们再研究几部文法一律的书。

《庄子》

《庄子》——我完全不讨论卷二十八到三十一,因为这是公认为伪的——有它自己的文法。

(一)解作"像"时,它兼用"若"和"如"。

(二)"斯"解作"则"是没有的(在这一部大书内我只找到两处)。

(三)"斯"解作"此"也没有(只有两个例外)。

(四)"乎"用作介词是很普通的。

(五)"与"用作疑问词是有的,但是并不多。

(六)"及"解作"和"是没有的。

(七)"於"是常用的(关于"乎"字参看上文(四)),"于"是很少见的(这部大书内我搜到十五处),和"於"在用法上没有分别。

(八)"吾"(主格和领格),"我","予"都有。

所以在(一)、(四)、(五)、(六)、(七)各点上,《庄子》和鲁语一样,和《左》语不同;在(二)、(三)两点上,它和《左》语一样,和鲁语不同。关于第(八)点,它和鲁语《左》语一样,而和《书经》《诗经》不同。

《庄子》还给我们一个好机会,来增加一条文法上的规则:

---

① 有趣的文法分析还可同样用于别的认为一个人所著的书内。例如《淮南子》(当前一二二),此书内各篇显然不是一人作的。假使你看卷一一五,你便见"於"和"于"分配得和《左传》《国语》(参看下文)里的规则一样,并且没有用作介词的"乎"。但是如卷十一十一,"於"是绝对用的,只有极少的"于",同时又有许多用作介词的"乎"。但这几卷内"斯(＝则)","斯(＝此)"与"与"全没有,而"若"和"如"全解作"像","吾"与"我"全有,所以他们不能说卷一一五的文法与《国语》同,卷十一十一与"前三世纪文字"(参看下文)同。显然淮南子不过把古代作家的论文收集在他的著作内。

② 它们反使人觉得极像前三世纪的文字,参看下文。

（九）"邪（耶）"用作后置词大多是疑问的，在这一种方言内很普通，例如："非夫子之友邪?"《庄子》卷二。

在上边所研究各部书内，这一点是完全没有的。

《国语》

最后我们研究的和《左传》很相近的，只有一点不同——这个可是很重要的一点。

（一）解作"像"时，"如"与"若"并用（"如此"与"若此"等等），后者和前者是一样的通行——和鲁语一样，和《左》语不同，《左》语只用"如"字。

（二）到（五）"斯（＝则），斯（＝此）"，"乎"用作介词，"与"用作疑问词，都没有——和《左》语一样，和鲁语不同。

（六）"及"解作"和"是常见的——和《左》语一样，和鲁语不同。

（七）"於"和"于"都通行，而且用法上的不同和《左》语完全一样（"於"解作 auprès de，"于"解作 à，"於"和"于"解作 dans），而且这一条主要规则的例外的百分率也是一样——和《左》语一样，和鲁语不同。

至于第（八）："吾"（主格和领格），"我"与"予"都有。还有第（九）：没有"邪"，和《左》语与鲁语一样。

我们最好把上文所得到的结论，总括成一个表。在这表内，只注意重要的趋势而不管偶然的地方，例如：常用"若"之外，《书经》内偶然用"如"；常用"於"之外，鲁语内偶然用"于"：

（一）"若"，"如"（好像）　　（甲）"若"　（乙）"若"和"如"

（丙）"如"

（二）"斯＝则"　　　　　　（甲）有　　（乙）无

（三）"斯＝此"　　　　　　（甲）有　　（乙）无

（四）"乎"（介词）　　　　（甲）有　　（乙）无

（五）"与"（句尾）　　　　（甲）有　　（乙）无

（六）"及"（"和"）　　　　（甲）有　　（乙）无

（七）"於"，"于"　　　　　（甲）"於"　（乙）"于"

（丙）"於"（auprès de）"于"（à）

"於"和"于"（dans）

(八)"吾","予","我"　　(甲)"吾"(主格和领格)与"我",较少
　　　　　　　　　　　　的"予"
　　　　　　　　　　(乙)"予"和"我"并用
　　　　　　　　　　(丙)"我",较少的"予"

(九)"邪(耶)"　　　　(甲)有　　(乙)无

	《书经》	《诗经》	鲁语	《庄子》	《国语》	《左传》
一	甲	丙	乙	乙	乙	丙
二	乙	甲	甲	乙	乙	乙
三	乙	甲	甲	乙	乙	乙
四	乙①	乙	甲	甲	乙	乙
五	乙	乙	甲	甲	乙	乙
六	乙	甲	乙	乙	甲	甲
七	乙②	乙	甲	甲	丙	丙
八	乙	丙	甲	甲	甲	甲
九	乙	乙	乙	甲	乙	乙

这是很容易看得出的:第一、《书经》、《诗经》、鲁语、《左传》和《庄子》都是很不同的方言的代表,里边助词是很不相同的;第二、《国语》的文法和《左传》是很相近的。固然它们中间在一个很重要一点是不同的——解作"像"时,《左传》用"如"而《国语》用"若"和"如"——所以这两书不能是一个人作的(这是无须讨论的,假使注意到这两部书的内容;它们互相不同)。③ 但是就大体看来,两部书的文法组织很是相同,所以它们可以说是同一方言的人作的,也许是属于同一派。

我只选了几种顶重要的中国古书的例子。假使详细叙述汉以前的助词的组织,那是超出这篇文章的范围以外了。但是我至少可以说这句话:在周秦和汉初书内,没有一种有和《左传》完全相同的文法组织的。

---

① 《国风》是甲。
② 《国风》是甲兼乙。
③ 要说一个作家在一部巨著如《左传》里边只用"如",而在另一巨著里同样常用"若",那是不可思议的。

最接近的是《国语》，此外便没有第二部书在文法上和《左传》这么相近的了。

如上文所说，这些事实可以决定《左传》的真伪问题。它的文字和别书是完全不同，所以绝不是前二世纪作伪者的方言，因为这种人绝不敢用他自己的特别的方言，恐怕马上要被查出来。他一定要尝试模仿某种大家尊敬的古书的文体（恰如《书经》的作伪者），或者是模仿《书经》，或者孔门的谈话，或者别的周代文件。他一定不是依赖《国语》的（如康有为猜刘歆作伪时借助于此书），因为这样他一定不能严密的规定解作"像"时只用"如"，和《国语》兼用"若"和"如"相反抗。而且前二世纪的作伪者，当"於"和"于"在文法上完全混乱的时候，一定不能够懂得《国语》里边"於"解作 auprès de 和"于"解作 à 的分别，而能在像《左传》这么一个巨著内自始至终严守它。所以《左传》助词的特殊组织，是它的真伪问题的最后且最好的证据。

既然决定《左传》是焚书以前的真文件，语言和《国语》很相近，和鲁国的孔门完全不相干，我们对结果应该满意的了。但是我想还可以使我们的研究再进一步，同前三四世纪的书籍比较一下，必有所得。

第一《庄子》，上文已讲过的。庄周说是生于前三世纪到前四世纪〔解尔斯《人名字典》（*Biographical Dictionary*）第五〇九号和雷格"东方圣典"S. B. E. 卷三九页三六〕或者大约卒于纪元前三二〇年（卫极 Wieger 的 *La Chine à travers les àges* 页四二八）。在各方面看来，《庄子》这部书一定是前三世纪或以后的书，绝不会更早。[1]

此外还有《吕氏春秋》《战国策》《荀子》和《韩非子》。这几部前三世纪的书，文法上很一致的，固然也有一点不同的地方——这是很自然的，这些不同的地方是因为各个作家的缘故——但是相同的地方也很明显的。

（一）解作"像"时，（"如此"与"若此"等等），这几部书内"若"和"如"都是通行的。

---

[1] 书中有几段是后代窜入的，但这种可能性常被人张皇其辞，参看下注。

（二）（三）（六），"斯（＝则）"，"斯（＝此）"，"及"解作"和"，这几部书都没有。

（四）"乎"（介词）这几部书都有的，不过程度有不同。《庄子》和《吕氏春秋》内是很通行的，在别的书内少一点。

（五）"与"用在句尾，在《庄子》是很少的，在《吕氏春秋》《战国策》和《荀子》内也是很少的，《韩非子》内是没有的。虽然不能说是这几部书里没有这个字，也只算它是一种边界上的小部分罢了。

（七）在这几部书内"於"是绝对的通用，"于"（用法上没有不同的）是很少见的，只有《吕氏春秋》比别的书多一点。

（八）"吾"（主格和领格）、"我"、"予"和鲁语《左》语一样。

（九）句尾的"邪"，它们都有的，《庄子》内常见，别的书内少一点。①

所以这些前三世纪的书，有一种文字和鲁语很不同，和《左》语更不同。和鲁语不同者，没有"斯（＝则）"和"斯（＝此）"，这是鲁语很明显的形式。和《左》语不同者，它有"若"，也有"如"，解作"像"；还有介词"乎"和句尾的"与"（这个少一点），而没有介词"及"，也没有"於"解作 auprès de 和"于"解作 à 的特殊区别。最后，它有句尾的"邪"，虽然多少不同，但是不但为《左》语和鲁语所无，而且《书经》和《诗经》也没有。

这些事实使我们可以用一个"前三世纪的标准文言"的名词。我们要知道韩非子在文体上受他的老师荀子的影响，至少庄子和荀子决不相干的，而且我们也没有理由猜想《吕氏春秋》和《战国策》的作者会受了荀子们的什么影响。

这种现象实在很自然的，而且和别国的情形也相同。在文学的幼年，作者很少，他们一定要创造自己的前无古人的文件，所以就有不同的方言。当文学进步了，著作变成普遍的事业，便有多少相同的文字的标

---

① 这里叙述的事实，我以为可助证这些书是真的。自然它们里边也许有些窜入的，但未必很多。每一种文件的文法大都一致，可表示它们不是把来源不同的东西杂凑的，实在是各个作家的著作。所以我没有胡适教授那么悲观，他在他的《中国哲学史大纲》（页十三）里表示他的意见说："《墨子》《荀子》两部书里，很多后人杂凑伪造的文字。《庄子》一书，大概十分之八九是假的。《韩非子》也只有十分之一二可靠。"

准出现,这一点在前三世纪便达到了。① 但是这自然而很有希望的文学进化,被焚书所破坏了。在这件事情以后,情形完全变了。保存下来的古代的文学,尤其是孔门的经典,得到殉道者的尊号,变成大尊敬的对象。这个结果便是,各种文件的文字都被后来的作者所模仿。所以发生了一种可怕的文法上的混乱。从这部书上采用"於",从那部书上采用"于",从这部书上采用"斯",从那部书上采用"及",还有"乎""与""邪"等等,所以古书上各种不同的文法的助词,都乱用了。汉以后的中国文学的大混合现象(文法上和用字上),便是从焚书和古书的神圣上来的。

我们现在知道上文所说有助词组织的文字,在前三世纪是很普遍的(在各个作家都可以找出),所以我们可以称它为"前三世纪文学的汉文"。在评判《左传》(和《国语》)的性质时,它的文字和前三世纪的文字完全不同(参看上文)是件很明显的事实。这个自然使我们猜它代表更早的时期。但这个结论并非绝对的,因为仿佛《孟子》在前三世纪写他自己的方言(其实还是他的老师孔子的方言),同样《左传》和《国语》也许是前三世纪一个学派的产品,还是写他自己的方言,而不受这世纪的许多书所表现的标准语的影响。但是同那个简单的解释——说它们属于更早的时代——比较起来,那么自然是个太绕远的解释了。

我们研究所得主要的结果,可以总括如下:

《左传》有一律的文法,和《国语》很近,但不全同(和别的中国古书却完全不同)。这种文法绝不是一个后来的伪造者所能想象或实行的,所以这一定是部真的书,是一个人所作的,或者是属于一派和一个方言的几个人作的。它同鲁国学派没有关系(至少没有直接关系),因为它的文法和孔子及弟子及《孟子》完全不同。此书是在前四六八年以后(书中所述最迟的一年),而无论如何总在前二一三年前,多数还是前四六八年到前三〇〇年中间。

---

① 事实上还有一部书——《墨子》——有相同的文法,时代却更早。墨子生于前五世纪,他的著作大都认为弟子所记。但也没有确实的证据来定它何时编定——也许迟至前三世纪?

附录一 《〈左传〉真伪考》的提要与批评

胡 适

一 著者高本汉先生

这本《左传考》是欧洲的"支那学"大家高本汉先生（Bernhard Karlgren）做的。高先生是瑞典人，在中国颇久，回欧洲后仍继续研究"支那学"。在西洋的"支那学者"之中，除了法国的伯希和先生（Paul Pelliot），他要算是第一人了。他的专门研究是中国言语学，包括音韵与文法的方面。他在音韵上的研究最有成绩，著有 *Etudes sur la Phonologie Chinoise*（《中国音韵学研究》），及近年编成的杰作 *Analytic Dictionary of Chinese*（《中文解析字典》）。中国向来研究古今声韵沿革的学者，自陈第、顾炎武以至章炳麟，都只在故纸堆里寻线索，故劳力多而成功少；所分韵部只能言其有分别，而不能说明其分别是什么样子；至于声母，更少精密的成绩了。高先生研究中国古音，充分地参考各地的方言，从吴语、闽语、粤语以至于日本、安南所保存的中国古音，故他的《中文解析字典》详列每一字的古今音读，可算是上集三百年古音研究之大成，而下开后来无穷学者的新门径。

他在中国文法沿革的研究上也曾有很好的成绩。我见着的只有他在一九二〇年发表的《论原始的中国文》（*Proto-chinois—Langue*

Flexionnelle)一篇与此书的下半。那篇《论原始的中国文》是说中国古文是有文法上的变化的,如"吾""我"之别,"尔""汝"之别,"其""之"之别都是可以证实的。他当时并没有看见我早年发表的《尔汝篇》与《吾我篇》,但他用的方法与材料都和我大致相同,故结论也和我相同;不过我作那两篇文字时是在海外留学时代,只用了一些记忆最熟的《论语》、《孟子》、《檀弓》(高先生所谓"鲁语"的书),下的结论也只是概括的结论。高先生却用了统计法,并且把各条例外都加上心理学上的说明,大可以补我的不逮。

我在《尔汝篇》之末曾表示文法的研究可以用来做考证古书的工具。但十几年来,人事匆匆,我竟不曾有机会试用这种工具来考证古书。今读高先生这部书,见他的下篇完全是用文法学的研究来考订《左传》,他这种开山的工作使我敬畏,又使我惭愧了。

二　作序的因缘

承著者高先生的好意,把他这本小册子寄给我。我在太平洋舟中读完之后,曾费了半日之功,把书中大意节译出来,做了几十页的提要,寄到厦门大学给顾颉刚先生看,请他看了之后转给钱玄同先生看,并请他们两位都作一篇跋,与我的节译本同时发表。

不幸我的提要寄到厦门时,颉刚已不在那边了;后来他从广东来上海,至今还不曾见着我的原信。恰好陆侃如先生从北京来,带着他译此书的全稿来给我看。那时我的一本原书又不在身边,故我只能匆匆看过,不能细细替他校对。现在此书已排好了,颉刚的序还没有作,玄同又远在北方,新月书店同人要我作一篇序。我对于《左传》的问题没有特别的研究,本不配说什么。但为读者的便利起见,我很愿意作一篇提要式的序文。

三　什么叫做"《左传》的真伪"

高先生此书分上下两篇。上篇专论《左传》的真伪,下篇从文法的分析上研究《左传》的性质。

先述上篇。高先生先问，什么叫做《左传》的真伪问题？中国学者如刘逢禄、康有为等人说《左传》是伪造的，不过是说刘歆把《国语》的一部分与《春秋》有关的，改作《春秋左氏传》；或是说当日原有一部《左氏春秋》，刘歆取出一部分做了《春秋左氏传》，剩下的部分做了《国语》。依此说法，《春秋》本无《左氏传》，故今之《左氏传》是"伪托"的。但《左传》的来源，叫它做《左氏春秋》也罢，《国语》也罢，却是真的古代史料。疑古最力的钱玄同先生虽说：

刘歆把《国语》底一部分改成《春秋》的传，意在抵制《公羊传》。但他同时又说它：

对于今之《左传》，认为它里面所记事实远较《公羊传》为可信，因为它是晚周人做的历史，而《公羊传》则是"口说流行"，至汉时始著竹帛者。（《古史辨》页二八〇）

这就是说《左传》是一部"伪"的《春秋传》，而是一部"真"的晚周人做的历史。

高先生作此书，大致也持这个态度。他说：

假使能证明此书在焚书（前二一三）前存在，也不能因此证明从孔门产出。反过来说，假使能说它与鲁国无关系，这也不是说此书是伪造的。

只有能证明此书是汉人所作来冒充焚书前的文件，然后可说它是伪的。

他又说：

如果它真是在纪元前二一三年以前写定的，假使它是纪元前七二二到前四六八年中的事实的真记载，是作者尚可自由参考各种文件的时候所写定的，——那么，此书便是真的了。

高先生的话，与钱玄同先生的主张正相同。但钱先生就承认《左传》是"晚周人做的历史"，而高先生却先要证明此书是否"晚周人做的历史"，是否焚书以前的真记载。

四 论《左传》原书是焚书以前之作

高先生自己似不曾读过刘逢禄、康有为诸人的书,只引据德国弗朗克(Otto Franke)的转述,至于近人的著述如崔适的《史记探原》《春秋复始》等书,便连弗朗克先生也不曾见了。弗朗克的结论是:

向来传为《左传》一书,并非《春秋》的传注,乃是一部完全独立的著作,大约是晚周传下的各种《春秋》之一;一直到了纪元前一世纪的末年刘歆窜乱之后,才同《春秋》连了起来,变成《春秋传》。

此意与上文引的钱玄同先生的话完全相同。但高先生总嫌"康有为是个政客,并且是个宣传家",并且疑心"他的考证方法不是科学的论证,而有点新闻纸的味儿"。所以高先生有点想替刘歆打抱不平。他提议要研究三项的佐证:

(1) 研究刘歆在秘府发现《左传》的记载。

(2) 评判后汉前期关于刘歆以前《左传》存在与否的别种佐证。

(3) 评判百年前司马迁关于《左氏春秋》及其作者的记载。

关于(1)项,高先生实在未免太信任《汉书·刘歆传》了。他因此相信《左传》在刘歆之前已有"它的门徒,其中最著名的一个就是翟方进"。翟方进的自杀在纪元前七年,在刘向死之前一年。他与刘歆、尹咸都是同时的人,也许都是同谋改造《左传》的人。故无论《翟方进传》说他"好《左氏传》"一句是否可信,方进之治《左传》并不足证明《左传》之早出而早有传人。

关于(2)点,高先生也有同样的错误。他所引的人——班固、王充、许慎——都是后一世纪的人;他们的话只可以表示纪元后第一世纪有某种传说而已,并不足证明刘歆以前《左传》的存在与传授,更不足证明"刘歆以前《左传》已很著名,并且自成一派的研究"。

刘歆《移让太常博士书》并不敢说《左传》是壁中书,而后一世纪的王充却敢说"《春秋左氏传》盖出孔子壁中"了。刘歆原书并不敢说西汉早年有人传《左传》,而后一世纪晚年的许慎在《说文序》里却敢说"北平侯张苍献《春秋左氏传》"了。西历一〇〇年顷的许慎捏造《左传》的传授，还不过到张苍为止；而七世纪的陆德明、孔颖达却敢捏造刘向《别录》叙述左丘明传曾申以下十余世的详细传授表了！这都是世愈后则说愈详，如滚雪球，越滚越大。这不可以使我们怀疑反省吗？

故对于这（1）（2）两项，我们不能不说高先生的评判是颇有错误的。

但关于（3）项，——司马迁的记载——高先生的见解却是很可佩服的。《史记·十二诸侯年表》说"鲁君子左丘明"的一段，今文家多很怀疑，弗朗克也很怀疑，但高先生却认为确是《史记》的原文。我以为高先生的主张是不错的。这一段文字向来只引关于《左氏春秋》的一小部分，高先生也不曾全引。我试引其相连的各部分如下：

> 孔子……论史记旧闻，兴于鲁而次《春秋》。……约其辞文，去其烦重，以制义法。王道备，人事浃。七十子之徒口受其传指，为有所刺讥褒讳挹损之文辞，不可以书见也。
>
> 鲁君子左丘明惧弟子人人异端，各安其意，失其事，故因孔子史记具论其语，成《左氏春秋》。
>
> 铎椒为楚威王傅，为王不能尽观《春秋》，采取成败，卒四十章，为《铎氏微》。
>
> 赵孝成王时，其相虞卿上采《春秋》，下观近世，亦著八篇，为《虞氏春秋》。
>
> 吕不韦者，秦庄襄王相，亦上观尚古，删拾《春秋》，集六国时事，……为《吕氏春秋》。
>
> 及如荀卿、孟子、公孙固、韩非之徒，各往往捃摭《春秋》之文以著书，不可胜纪。汉相张苍历谱五德，上大夫董仲舒推《春秋》义，颇著文焉。

看这一段，我们可以知道司马迁只认《左氏春秋》为许多《春秋》的一种，并不曾说它是一部《春秋左氏传》。至于司马迁说此书的作者是"鲁君子左丘明"，这大概是一种传说，或是一种猜想。这种猜想是错的，说作者是"鲁君子"更是错的，这一层高先生在本书下篇另有专论。

高先生在上篇，要证明《左传》的原本（《左氏春秋》）比《史记》早，他的方法是考察《史记》里所有的《左传》的文句。司马迁用《尚书》，常把古奥难懂的文句翻译成浅近的文句；他引用《左传》，也是这样。高先生引了几十条例，如《左传》昭二十七年"我尔身"，《史记》作"我身，子之身也"；如哀七年"求之曹，无之，戒其子曰"，《史记》改为"求之曹，无此人，梦者戒其子曰"——都可见"司马迁改动《左传》；《左传》是原本，《史记》是副本"。

故高先生的结论是："司马迁看见一部巨制的史书（他叫它做《左氏春秋》），便从它引用了许多材料。""所以我们可以说至少在前一〇〇年的时候，《左传》已经存在了。"

司马谈与司马迁去藏书解禁之时（一九〇）不远；若此书是焚书以后的伪作，司马迁父子不会容易受欺。高先生因此深信司马迁所见的《左传》是作于焚书以前的。

故此书上篇的结论只是：《左传》的原本（大概有别的名称，并且没有割成系年的形式）是焚书以前存在的。

五　从文法上证明《左传》不是鲁国人作的

现在要说此书的下篇了。下篇又分三个部分：第一部分从文法上证明《左传》不是鲁国人作的。第二部分用《书经》《诗经》《庄子》《国语》等书来比较《左传》的文法，证明《左传》有特殊的文法组织，不是作伪者所能虚构的。第三部分又用《左传》的文法来比较"前三世纪的标准文言"，证明《左传》是前四五世纪的作品。

先说第一部分，这是高先生最得意的一部分。这是用文法的研究来考证古书的初次尝试，他的成功与失败都应该引起我们的注意。

司马迁说《左氏春秋》是鲁君子左丘明做的。高先生要试证此说是否可信，所以从文法上着手，把《左传》的语言假定作"《左》语"，又把《论语》《孟子》的语言假定作"鲁语"，再看《左》语是否鲁国的语言。

他选了七种"助词"作为比较的标准：

（1）"若"与"如"。

高先生统计的结果是：

（甲）作"假使"解时，《左传》全用"若"，而鲁语全用"如"。

（乙）作"像"解时，《左传》全用"如"，而鲁语则"如"与"若"并用。

（2）"斯"字作"则"字解。

高先生说，"斯"字这种用法，如"观过斯知仁矣"，在鲁语里很常见，而在《左》语里是没有的。

（3）"斯"字作"此"字解。

高先生说，"斯"字作"此"字解在鲁语里是很常见的，而在《左传》中是没有的。

（4）"乎"字作"於"字解。

他说鲁语里"乎"字常常用作"於"字，而在《左传》里却是绝无而仅有的。

（5）"与"字作疑问语尾。

他说鲁语常用"与"（欤）字作疑问话的语尾，而《左传》里竟全没有这个用法。

（6）"及"与"与"。

他又说，两个并列的名词之间，鲁语内只用"与"字，如"富与贵"，"惟我与尔"；而《左》语内则兼用"及"与"与"，而"及"字尤其通行，如云"宋及郑平"，"生秦穆夫人及太子申生"。鲁语里从不用"及"字。

（7）"於"与"于"。

高先生的最大发现是《左传》里"於"和"于"的分别。他指出这个介词有三种不同的用处：

（甲）用如法文的 chez, auprès de, vis-à-vis de，置于人名之前，表示一种动作所向的人。在《左传》里多用"於"字。例如"请於武公"，"公问於众仲"，"言於齐侯"，"晋君宣其明德於诸侯"。

（乙）用如英文的 at, to，或法文的 à 置于地名之前，表示一种行为所在之地。在《左》语里，多用"于"字。例如"败宋师于黄"，"至于瘵延"，"遂田于贝丘"。

（丙）用如英文的 in, into，法文的 dans，表示地位所在或动作所止，但其下不是地名，故与（乙）项不同。

此一类在《左传》里颇不分明，"於"与"于"乱用。例如"见孔父之妻于路"，"杀孟阳于床"，但又有"淹久於敝邑"，"赵旃夜至於楚军"。

高先生作一个统计表如下：

	於	于
（甲）用如 auprès de	五八一	八五
（乙）用如 à	九七	五〇一
（丙）用如 dans	一九七	一八二

高先生又从校勘学上得着有力的旁证。例如雷格（Legge）用的是《钦定春秋传说汇纂》本，其中的"於""于"多不严格地分开。而阮元《左传校勘记》与《经典释文》所载古本异同，与《四部丛刊》所据宋本，其中作"于"字之处，《汇纂》本皆作"於"。又伯希和在敦煌发现的古写本《左传》四残卷，其中"於""于"的分别也都和高先生的（甲）（乙）两类的区分相符合。

但《左》语里的这些分别，在《论语》《孟子》里却都不存在。鲁语里只用"於"字。如地名之前，《左》语常用"于"而鲁语一律用"於"，故高先生作一比较表如下：

	《左》语	鲁语
（甲）	於	於
（乙）	于	於
（丙）	於 于	於

高先生依据上列七项标准得的结论是：《左传》的文法与《论语》《孟子》的文法是很不同的。故《左传》不是孔子作的，也不是孔门弟子作的，也不是司马迁所谓"鲁君子"作的，因为此书的语言不是鲁语。这部书的文法一致，可见它是一个人或同一学派中的几个同乡人作的。

这是下篇第一部分的提要。

六　关于这一部分的批评

我们趁此机会讨论这一部分的重要结论是否完全可以成立。

清华学校研究院的卫聚贤先生给此书作了一篇跋(页一〇九——二〇),他批评高先生所论"於""于"的分别是指"有时间性的,而无空间性的"。他说:

甲骨文、金文、《尚书》、《诗经》、《春秋》都是用"于"字作介词的;《左传》《国语》《论语》《孟子》《庄子》都是用"於"和"于"作介词的。

他又说,"於"和"于"的比例,

《左传》为十九：十七

《国语》为九：二

《论语》为二十一：一

《孟子》为九十六：一

《庄子》为八百四十九：一

卫先生说这可见"於"和"于"的"升降之际"了。

卫先生之说,也有相当的价值,因为文法的变迁确有时间的关系。如《论语》与《孟子》同为鲁语,而《孟子》用"于"字比《论语》少得多。又如《论语》只有"斯"字,而无"此"字,而《孟子》里便多用"此"字,很少"斯"字了。(参看我的《国语文法概论》,《胡适文存》卷三,页六五——六六。顾炎武在《日知录》里已指出"《论语》之言'斯'者七十,而不言'此';《檀弓》之言'斯'者五十有二,而言'此'者一而已"。)此外如我在《尔汝篇》(《胡适文存》卷二,页十二)指出《论语》与《孟子》时代用"尔""汝"的风尚的不同,也是时间性的一例。又如高先生所举第一项的"若""如"两字的例,均含有时代先后的影响。如"何如"则全用"如","若何"则用"若"多于"如"。为什么呢? 为的是"何"在"如"之先为古文法,而"何"移在"如"或"若"之下则是后起的新文法了。故卫先生指出文法变迁之有时间性是很不错的。

但卫先生说"於""于"之别只有时间性而无空间性,那便是太武断的结论,是大错的。即如卫先生举出各书用"於"与"于"的比例,从《论语》的"二十一：一"到《孟子》的"九十六：一"还可说是时代升降的关系;但何以解释《左传》的"十九：十七"呢! 难道卫先生可以说《左传》之作远在《论语》之前吗?(依卫先生自己的结论,《左传》作于公元前四二五与前四零三年之间;《论语》之作不会在其后。)

况且卫先生说高先生用"於""于"的分别来证明《左传》非鲁国的作品,这未免太冤枉高先生了。高先生明明用了七项标准作证,"於""于"之别不过是七项中之一项。七项参校的结果,高先生认为《左传》的文法与《论语》《孟子》的文法是两种不同的方言的文法。我以为这种研究方法是不错的;高先生的结论也是很可以成立的。

高先生的特别贡献正在他指出文法差异与地域的关系。近年赵元任先生指出北京话里有"我们"与"咱们"的区别,国语区域里只有此一处了,吴语区域里也只有无锡一处。这便是文法差异的地域关系的一例。又如唐宋人诗词里常有"底"字用作"什么"的意思;如"干卿底事"之类。现在只有常州几县之中,还有用"底"字的地方,有读如 di 的,有读如 dya 的。这也是一个例。我们要知道,文法因时代变迁而有沿革,其起点都是从某地方言里来的。一个代名词的被采用,一个介词的区别,一个助词的废止,大抵都起于一地的方言而渐渐推行到各地去。故文法上的变迁,有时是某地方言的胜利,有时是某地方言的失败;有时由方言变为普通话,有时或由普通话降作方言。故"於""于"由有别而变成无别,可说是《左》语的失败,也可说是鲁语的胜利;而"斯"终被"此"字打倒,又是鲁语的失败了。人称代名词的多数,各地方言皆有,或称"我人",或称"我家",或称"唔俚",或称"阿拉",或称"我们",而"们"字竟成为普通话。这是由方言而升作普通话。如"底"在一个时代似很普通,现在仅限于常州几处,那又是降为方言了。

故高先生指出的地域关系,我们不但应该赞成,并且应该推行到别种古书研究上去。如《诗经》与《楚辞》的比较,又如《诗经》中各国风诗的分析的研究,都可采用这种方法。

最可注意的是高先生用文法上的区别来证明《左传》不是鲁国人作的,而同时不相识的卫聚贤先生也从别的方面证明《左传》的著者不是山东人。卫先生的文章共有三篇:一是《左传之研究》(《国学论丛》第一卷,第一号,商务印书馆发行),一是《春秋的研究》(《国学月报》第二卷,第六号以下,北京朴社发行),一是本书的跋。他在《左传之研究》里举出两项证据：

（1）从《春秋》《左传》《国语》分国纪事详简的统计上知《左传》的著者所在之地为晋国。（页二一八）

这一项证据颇薄弱。晋是大国，故占《左传》篇幅最多，约百分之二十六；鲁以小国而占百分之十三有另，不算少了。《国语》纪晋事也最多，占百分之四十以上，而卫先生却不因此断定《国语》作者也在晋国。《国语》纪鲁事远不如《左传》之详，而他却信《国语》的作者是鲁人。故这一项的证据是没有多大用处的。

（2）他从方言上证明《左传》的著者"非齐鲁人"。

这一项，他后来在本书跋里说的更详细，故当依此跋为准。他用了三个例证：a."邾"，《公羊》与《礼记》作"邾娄"，《郑语》《孟子》《庄子》作"邹"，而《左传》作"邾"，与《纪年》合。因此可见《左传》非山东人的作品。b.《左传》的《春秋》庄十二年书"宋万弑其君捷"，而《公羊》的《春秋》作"弑其君接"。卫先生以今日山东、山西的方言证之，定《左传》为非山东人的作品。c.《左传》桓五年的"仍叔"，《穀梁》作"任叔"，卫先生以今日的方言证之，定《左传》为非山东人的作品。

卫先生举出的三个方言的例，都有点漏洞。我们从何处得知公羊穀梁为山东人呢？不过根据《汉书·艺文志》的小注而已。我们试举"邾""仍""捷"三字的三传异同表（依卫先生自己的《春秋的研究》，页二七八—二八〇）来批评卫先生的方法：

（左传）	（公羊）	（穀梁）	（异文次数）
邾	邾娄	邾	二五
仍	仍	任	一
捷	接	捷	三

"邾"字与"捷"字，《公羊》异于《左传》，而《穀梁》同于《左传》；"仍"字则《公羊》同于《左传》，而《穀梁》异于《左传》。同于《左传》则不取，异于《左传》则被取，故于"邾"字与"捷"字皆仅取《公羊》之异，而不顾《穀梁》之同；而于"仍"字则不顾《公羊》之同，那便是山西话的证据，而与《穀梁》相同却不是山东话的证据。到了"仍"字条下，《左传》与《公羊》相同，却又

不是山东话的证据，而与《穀梁》不同却便可证明其为山西话了！这种任意的去取，岂不是很危险的方法吗？

故我以为卫先生说《左传》不是山东人的作品，那不过是一个大胆的假设；他的证据却不能算是充分的。倒是高先生的文法比较上的证据可以替卫先生添不少强有力的证据。卫先生得着这个有力的助手，应该拥护他，不应该冤枉他。

七　下篇的最后两部分

下篇的第二部分是用《左传》来比较《书经》《诗经》《礼记》和《大戴礼》《庄子》《国语》等书，看它们文法上的同异。他的结果都在他的比较统计表里，我们不必逐一申述了。他的总结论是：

> 在周秦和汉初书内，没有一种有和《左传》完全相同的文法组织的。最接近的是《国语》，此外便没有第二部书在文法上和《左传》这么相近的了。

高先生原定了七项文法标准，在这一部分里他又加上了两项：一项是"吾""我""予"，一项是"邪""耶"，共计九项。高先生的比较表上显出只有《国语》与《左传》有八项相符合，只有第一项（"如""若"）有点不同。所以他说《国语》最接近《左传》。

这种结果大可帮助今文家的主张。今文家说刘歆割裂《国语》，造为《春秋左氏传》；今本的《国语》只是刘歆割裂的残余了。如今高先生从文法比较上证明这"两部书的文法组织很是相同"，这岂不是给今文家寻得了有力的新证据吗？我很希望我的朋友钱玄同先生能继续高先生的工作，把《左传》与《国语》再作一番更精密的比较，对这个问题下一个最后的结论。（钱先生的主张见顾颉刚的《古史辨》，页二七八—二八〇）

高先生在这一部分的工作，虽然给了我们不少的有用的暗示，却不算是很精密的工作。《尚书》《诗经》《大小戴记》《庄子》都是复合的作品，没有一部书可以笼统地算作一种单纯的作品。高先生把这几部书都认作自成文法系统的作品，这是根本的大错。高先生研究《礼记》，也承认这一点,故他不曾把《大小戴记》列入比较总表内。其实《尚书》《诗经》也都应该这样办。

况且这几部书都是大书,每一部的文法研究已够一位外国学者的长期工作了。高先生却要把这些书合起来作综合的研究,他的工作自然太难了,他的不精密之处是很可以原谅的。

试举一条作例。高先生说:

《诗经》里照例用"于",有几处还用"於"(没有特别的作用,和"于"完全同义),多数见于那不曾严格整理的《国风》。一共有十八个"於",十二个见于《国风》(在六国的六篇内),两个见于《小雅》的一篇,三个见于《大雅》的两篇,一个在《颂》内。

《诗经》用作介词的"於"字只有十四个,十一个见于《国风》,两个见于《小雅》,一个见于《颂》。《大雅》里的"於"字都是感叹词。这十四个之中,只有《周颂·清庙》里的一句:

> 无射於人斯

颇不容易解释。其余十一条似乎都是"有特别的作用"的。试把它们排列如下:

(1) 与"我"连用,凡九次。

俟我於城隅(《静女》)

俟我於著乎而(《著》)

俟我於庭乎而

俟我於堂乎而

於我乎夏屋渠渠(《权舆》)

於我乎每食四簋

於我归处(《蜉蝣》)

於我归息

於我归说

(2) 与"女"连用,二次。

於女信宿(《九罭》)

於女信处

（3）与"焉"连用，二次。

於焉逍遥（《白驹》）

於焉嘉客

这岂是随便乱用的吗？再看《诗经》里，凡用"于"作介词，决不同"我""女""焉"连用。最可注意的是"我"字。高先生曾指出《国风》里有二十二个"乎"字用作介词的，他不曾留意那二十二个之中，十六个也是同"我"字连用的：

期我乎桑中　三见（《桑中》）

要我乎上官　三见

送我乎淇之上矣　三见

俟我乎巷兮（《丰》）

俟我乎堂兮

遭我乎峱之间兮（《还》）

遭我乎峱之道兮

於我乎夏屋渠渠（《权舆》）

於我乎每食四簋（这两个"乎"似不是介词?）

我们似乎可以假设"于"字与"我"字因为声音上的原因，不能不互相回避，故"我"字的上下不用"于"而改用"於"或用"乎"。"女"字与"我"同纽，"焉"字古音近"于"，故也不用"于"。此外用"乎"之字，如"胡为乎"，如"殊异乎"，如"心乎爱矣"，似乎也都是因为声音上的原因。我是不懂古音的人，手头又没有高先生的《解析字典》，只好提出这个假设来请教于高先生和别位古音学者。

我举这一条来表示《诗经》等书的文法研究不是那样容易的事；满意的结果似乎要等待将来的工作。但高先生有开路的大功，那是我们都该感谢的。

下篇的最后一部分是用《左传》来比较一些前三四世纪的书，如《庄子》《荀子》《吕氏春秋》《战国策》《韩非子》之类，看它们文法上的关系。

高先生归纳的结果定出一种"前三世纪的标准文言"。大致有下列几种现象：

（1）没有代"则"字的"斯"。

（2）没有代"此"字的"斯"。

（3）有"若"有"如"，都作"像"解。

（4）有"乎"的介词。

（5）有句尾的"与"（欤）。

（6）没有介词"及"。

（7）没有"於""于"的特殊区别。

（8）有句尾的"邪"（耶）。

高先生说《左传》和这种"前三世纪的文言"大不同，"这便自然使我们猜想《左传》代表一个更早的时期"，所以他断定此书多份是前四六八年到前三〇〇年中间作的。他又说，"无论如何，总在前二一三年（焚书之年）以前"。

高先生敬爱《左传》，总想把此书抬到前四五世纪去。这是个感情问题，而感情往往影响到人的理智。高先生自己也曾说过，孟子在三世纪可以用鲁语著书，何以见得《左传》的作者就不能在三世纪仍用他自己的方言著书呢？但高先生感情上不认这个假定，故他说这话绕弯子太远了，不如说《左传》是更早的作品罢。这岂非感情的战胜吗？

故我以高先生用《左传》的特别文法组织来和"鲁语"相比较，证明《左传》的语言自成一个文法组织，决非"鲁君子"所作——这是他的最大成功。其次，他因此又证明《左传》和《国语》在文法上最接近，这是他的第二功。这两个结论和刘逢禄、康有为、崔适、钱玄同诸人的主张的大旨都可以互相印证。但今文家所主张的枝节问题，如说"《左传》是《国语》里抽出来的"，"《左氏春秋》变成《春秋》的《左氏传》是刘歆干的"……这些问题还是悬案。高先生不能证明《左传》原是《春秋传》，今文家也不能根据高先生的成绩而就断定刘歆的作伪。

高先生又想进一步证明《左传》著作的年代，在这一方面，他的成绩便不很好了。我们怀疑的原因有几点：（1）如上文所说，孟子可以用鲁语著书,何以《左传》用"《左》语"便应属于更早的时代呢?(2)高先生讨论《尚书》的时候,也曾指出《尚书》的伪造部分的文法反比真的部分更精密一致。这岂不要几乎根本推翻这种文法学上的工具吗?(3)高先生又在讨论《淮南子》的时候(注十)曾指出《淮南子》的前五卷用"於"与"于"同《左传》《国语》的规则一样。这岂不要使我们更怀疑《左传》著作的年代吗?

所以我以为研究《左传》著作的年代应该参用《左传》本身的证据。在这一点上,我以为卫聚贤先生的《左传之研究》颇有参考的价值。

卫先生说"左氏"是地名,不是人姓名。他引《韩非子·外储说右上》:

> 吴起,卫左氏中人也。

又引《国策·卫策》:

> 卫嗣君时,胥靡逃之魏,卫赎之百金,不与,乃请以左氏。群臣谏,君曰:"民无廉耻,虽有十左氏,将何用之?"

但卫先生是山西人,他的感情作用使他抬出子夏为《左氏春秋》的作者,说此书是子夏在魏之西河时作的;因传于左氏人吴起,故有左氏之名。其实左氏若真是因地得名,那么,何不直截假定吴起为《左传》的作者呢?

这一点感情作用,也影响到《左传》著作的年代问题。《左传》称赵襄子的谥法,故卫先生说《左传》之作最早在襄子死后,在前四二五年之后。这是可信的。但昭公二十九年说"晋其亡乎",昭公二十八年说魏氏"其长有后于晋国乎",闵公元年说毕万"公侯之子孙必复其始",庄公二十二年说田完"八世之后,莫之与京"——这都可见作者亲见三家分晋,与田和代齐,故此书著作的年代又当移后:至早当在前四〇三年三晋为诸侯之后,或竟在三八六年田和为诸侯之后。但卫先生定要委曲说明此书之作最晚当在前四〇三年以前,这未免是他的偏见了。

总之,《左传》的年代问题,此时还在讨论的时期,还没有定论。现在我们稍稍有把握的一点只是《左传》不是"鲁君子左丘明"作的。卫先生提出的"《左传》不是山东人作的"一个假定,得着高先生的文法比较的结果,可算是有了强硬的佐证;而卫先生在《左传之研究》里举出《左传》祖魏,又详于述晋国霸业,而略于齐桓霸业,等等佐证也可以帮助高先生的结论。这可见我们只要能破除主观的成见,多求客观的证据,肯跟着证据走,终有东海西海互相印证的一日的。

一九二七,十,四,在上海寓所。

附录二　跋《左传真伪考》

卫聚贤

　　高氏以文法上的关系考证《左传》的真伪,用这个方法去工作,高氏算是第一人,我是很赞成的。不过有几个地方我是要说话的:按中国古籍上的"於"和"于"的分别,是有时间性的,而无空间性的。高氏以《论语》《孟子》多用"於",《左传》用的"於"和"于"为十九:十七①,证明《左传》非鲁国的作品,这是差了。

(一) 时间的关系

　　甲骨文、金文《尚书》②(今文二十八篇)、《诗经》③、《春秋》都是用"于"字作介词的,《左传》《国语》《论语》《孟子》《庄子》都用"于"和"於"作

---

① 原书第四十四页有一表,今归纳起来为:於(五百八十一+九十七+一百九十七):于(八十五+五百一十一百八十二)=於八百七十五:于七百六十八≈於十九:于十七。

② 《尚书》中有九个"於"字,但《尧典》《益稷》的三个"於"字作感叹词"乌"字用。《金滕》的两个"於"字,《尚书大传》引作"于"。《酒诰》的两个"於"字,《吴语》韦《注》引作"于"。剩下了《金滕》《顾命》的两个"於"字,当系后人传写错误。

③ 《诗经》中有四十四个"於"字,除作感叹词"乌"字用外,下余十三个作介词用的。但《静女》的"於"字《说苑》引作"乎"。《十驾斋养新录》卷一说,"于於两字义同而音稍异,《尚书》《诗经》例用'于'字;唯引《诗书》作'于'字。今字母家以'於'属影母,'于'属喻母,古音无影喻之别也。"可见《诗》中的"於"字古本作"于"字,今本被后人传写错误而有了十五个"於"。

介词的。但《左传》中用的"於"和"于"为十九：十七,《国语》为九：二,
《论语》为二十一：一,《孟子》为九十六：一,《庄子》为八百四十九：
一①,其用的"于"和"於"作介词的升降之际就可见了。这个不唯在现有
的书本上是如此现象,即金文中到了战国时代也是用"於"字作介词的
(见《陈贶敦》)。原来"于"和"於"是同音的②,战国时代的学者把它假借
来用,但《战国》初年假借的还有规则(如《左传》),到了中期就乱了(如
《孟子》),到了后世"于"和"於"的用法就莫名其妙了③。是"于"和"於"的
用法不同是时间的关系。

　　——以上详见我的《春秋的研究》——

(二) 空间的关系

　　要用方言考证《左传》非鲁国的作品,如"邾"(隋音为 tiu《公羊礼记》
作"邾娄"("娄"隋音为 lau)。按"邾娄"的合音为"邹"(隋音为 tsiau),是
应叫"邾"为"邹"了,如《郑语》《孟子》《庄子》都叫它为"邹"。但山东的作
品如《公羊》《礼记》它不用合音的"邹",而用那原来复音的"邾娄";山西
的作品如《纪年》它不用复音的"邾娄",又不用合音的"邹",反用那单音
的"邾";与这山西的作品《纪年》表同情的为《左传》。《左传》非山东的作
品于此可知了。

　　《左传》内的《春秋》于庄十二年书"宋万弒其君捷"(隋音 dziap),《公
羊》内的《春秋》作"宋万弒其君接",(隋音为 tsiap)。又按《礼记曾子问》
"有接祭而已矣",《晏子春秋·内篇谏下》有"公孙接",《音义》《艺文类
聚》《后汉书注》作"公孙捷",《尔雅释诂》"接,捷也"。是山东一类的书如
《公羊》《礼记》《晏子春秋》都叫"捷"为"接"。按现在山西的方言说走小
道为"捷(くせ)径",山东的方言为"接(丩せ)径"。是此亦可证明《左传》

①《尚书》《诗经》《春秋》《左传》《论语》《孟子》,据《十三经注疏》校勘过的本,《国语》据《四部丛
　刊》本,《庄子》据《庄子集解》本。
② 于於同音见注三。
③《书金縢校勘记》"乃流言於国"条下说"于"和"於"是"传写舛错,初无义例"。

非山东的作品了。

桓五年《左传》"天王使仍叔之子来聘"，《穀梁》作"天王使任叔之子来聘"。《史记·吴世家索隐》说"仍任声相近"，毕沅《晋地理志音义》说"古仍任通用"。按现在山西的方言说"我仍然作某事"（仍音"ㄇㄞ"），山东读此"仍"字音"ㄖㄣ"；是山西的方言读"仍"为"ㄇㄞ"，故作"仍"，山东的方言读"仍"为"ㄖㄣ"故作"任"：即《左传》上的"仍叔"为《穀梁》上的"任叔"了。此亦可证明《左传》非山东的作品了。

《左传》我前证明系卜子夏在魏之西河（今山西河东）作的（详见我的《左传之研究》），高氏是个语言学家，他用方言证《左传》非鲁国的作品，应将《左传》《公羊》《穀梁》三个的《春秋》内音同义同而字不同的字列上一个表（这个工作我在我的《春秋的研究》内已做过了），就山西和山东的方言以古韵证之，《左传》究为山西、山东的作品，想可能判断了。

总上二层，"於"和"于"的用法不同，是时间上关系，非空间上关系；高氏不用此证明时间，而用此证明空间，故我说他差了。

我还有两句话要说的：高氏的结论说"此书是在四六八年以后（书中所述最迟的一年）"，这也是差了。按高氏以鲁哀公二十七年即西元前四六八年为《左传》的最迟一年，实际《左传》的末段首句为"悼之四年"，按鲁悼公四年即西元前四六三年。又《左传》的末段内有"赵襄子"三字，按"襄子"二字是死后的谥法；襄子卒在周威烈王元年即西元前四二五年；是《左传》的最迟的一年为西元前四二五年，非前四六八年了。

高氏又以《左传》"在二一三年前，多份还是四六八年到三〇〇年中间"的作品。实际《左传》是周威烈王二十三年前即西元前四〇三年前的作品。它于陈完的卜辞（庄二二）说"五世其昌，并于正卿；八世之后，莫之与京"。按陈完之后十世为侯。它何不续上一句说"十世为侯"呢？这是它没见到故不说。魏献子为政强私家弱公室（昭二八）在专制时代尊君之下是不应该的，它反赞扬了许多，终结的一句说，"其长有后於晋乎？"三家分晋以此为起点，它如果看见魏文侯于西元前四〇三年列为诸侯，那么它就应该说，"其长有后於魏乎？"不应该说有晋了；这是它分明未看见魏脱晋独立的语气。楚子问鼎（宣三）"卜世三十，卜年七百"的话,恰是西元前四二五—四〇三年的周室情状(正是周室的二十九世,六百八九十年;与三十世,七百年相去甚近),实际周卜世三五,卜年八六七哩;他只将它看见的说了。此外如季友的卜辞(闵二)它说"季氏亡则鲁不昌";阳虎叛鲁奔晋适赵氏,它引仲尼的话:"赵氏其世有乱乎?"实际季氏亡得很晚,赵氏世未有乱;如这一类的预言,在西元前四〇三年前的都应了,在四〇三年后的都未应,可知《左传》是西元前四〇三年前的作品了(详见我的《左传之研究》)。

晋太康二年(二八一年)在西元前三一九年葬埋的魏襄王坟墓中,发现了《左传》的一部分(卜筮),名叫"《论语师春》";是《左传》在西元前三一九年已公行于世了。西元前二六二年虞卿引《春秋》曰"……"(见《楚策》)即《左传》襄十一年的历史。西元前二五四年韩非子引《春秋》曰"……"(《韩非子奸切弒臣》)即《左传》昭元年及襄二十五年的原文;可知《左传》于西元前二六二年及前二五四年已公行于世,被人引用了。

总上二层,《左传》最迟的一年是西元前四二五年,最早是西元前四〇三年;比高氏所断定的最迟的一年为西元前四六八年,最早为西元前三〇〇年;我把它缩短了一百四十六年。高氏说"多份是四六八年到三〇〇年中间",他中间共为一百六十八年;我断定《左传》的由最后至最前中间共为二十二年。这是我与高氏的不同了。

此外还有两句话要说:高氏于他原书第四十五页说成十三年和文十七年的两段传文,文法不类,疑为后人窜入。高氏只说着了一半,因为成十三年的传是《左传》的作者抄史稿的原文;文十七年的传是刘歆伪造的,是以文法都不类。

(1)成十三年晋使吕相绝秦的一段故事,它内中有"亦悔于厥心,用集我文公。……康公我之自出,又欲阙翦我公室,倾覆我社稷,……"文气是很古奥的。这段中共有十个"于"字用作介词,只有一个"於"字用作介词(即"君有二心於狄"),按《禹贡》共有七十三个"于"字,《史记·夏本纪》引改了十三个"於"字;以此例推,此"君有二心於狄"的"於"字,是被《左传》的作者改了(或是后人传写错了)。文气古奥,"于"字又多,可断定它是从古书上抄来的原文了。

（2）文十七年是郑子家致晋赵宣子的一封信，它中间有"书曰'诸侯'，无功也，于是晋侯不见郑伯……"这封信与刘歆伪窜的书例相连贯，可断定这一封全是伪的了。况信中有种种事实不符，兹言于左：

"往年正月，烛之武往朝夷也。"按僖三十年烛之武说，"今老矣！无能为也。"《曲礼》说"七十为老"，是烛之武至此已九十余岁了；九十余岁的老人还能往朝邻国，不近情理。又"往朝夷也"四字，文法不通。

"往朝夷也……夷与孤之二三臣相及於绛"，在昔专制时代，人臣当不能有称太子称名的（夷）和称自己称"孤"的这种现象。

"文公……四年二月壬戌……"《杜注》"鲁庄公二十五年二月无壬戌，壬戌三月二十日"，以日干考之，此段亦伪。

"文公二年六月壬申朝于齐，四年二月壬戌为齐侵蔡，亦获成於楚……"《杜注》以郑文公二年为鲁庄公二十三年，四年为鲁庄公二十五年。按僖四年齐桓"以诸侯之师侵蔡，蔡溃，遂伐楚。楚子使与师言曰，'君处北海，寡人处南海，唯是风马牛不相及也，不虞君之涉吾地也！'"这分明是召陵之盟以前，齐楚未接过头的，今这一封信中说是在那召陵之盟前十四年"为齐侵蔡亦获成於楚"，当非事实。

这封信中用"於"字作介词的共五个，用"于"字作介词共七个，这是刘歆见《左传》本年全年无传文，他以为《左传》不宜有空年，于是窜了这一封长信，并些解经的话，来充篇幅。故他用的"於"几等于"于"。

总上二层，一是引原文的几全用"于"字，一是仿古体的是以也用"于"字；但他以为"於"和"于"无甚分别，故乱用"於"和"于"字。因此之故，此两段传文，文法都不类，高氏就看出来了。但一个看着了，一个没看得着。

总之，高氏以外人而研究中文，以中国文法上关系而考证中国古籍的真伪，这是我很佩服的。

十六年六月书于清华研究院

译诗两首

一 秋天的歌(法国 P. VERLAINE 作)

秋天的梵亚铃的长号，
伤我的心，
以单调的颓唐。
窒息而容色惨白的我，
在钟响时哭泣，
回忆既往。
我走，
跟着恶风。
它带着我，
好像个落叶，
这厢那厢。

二 誓辞(法国 P. Louys 作)

当江水涨到雪山顶上；

当人们把麦种在海上；

当松树长在湖中，莲花生在石上；

当太阳变的黑暗，月亮落在草上；

那时候，只在那时候呀，

我才取别人而把你丢下，

你，薛荔蒂，我生命的生命，我心的心哪！

他会向我说这话，他会向我说这话，

世界上其余的还算得什么！

可以和我幸福相比的疯狂的幸福，你在那搭！

（原载《文艺先锋》第三卷第五期）

关于王静安的死

端午前二日(六,二),我应友人之邀,进北京城去过节。翌晨(六,三),我还未起床,清华学校来一个电话,说:"王先生死了!"

我吓了一跳,连忙问个清楚,才知道是投昆明湖自尽的。因而想起二日上午的事。那时有个朋友托我转请王先生题签。我拿着一张纸,走到王先生的研究室里见门开着,写字桌上放着半杯茶,人却不在那边。我和朋友说:"王先生不知哪里去了?"朋友说,"也许上厕所去。"等到十二点钟,听差来锁门,还不见他来,便以为他已回家,便退出来。下午进北京城,不料翌晨竟接到这样一个电话。

如今想来,我去看他时,他的呼吸早已停止;而那杯茶,也许是他所喝的最后的一杯罢,唉!

是日午晚的各宴席上,我便报告这个消息。无论识与不识,都为之不欢竟日;有几位想找个机会受他指导治学的,都为之泪承于睫。

翌晨(四日),北京各报都有记载;又遇见了几位从清华来的,述得很详细。听说学校当局及学生拟举行大规模的追悼会。但匆促间不及遍收各处哀挽的东西,故又把追悼会缓至下学期,先于七日举行一次公祭。我从城里趁着燕京大学的汽车赶去参与。下车后,循小道走到成府的一个破庙里。穿过了倾颓的屋宇和荒芜的院落,走到了一个西庑的廊下。

西庑共三间,中间供着一个不知名的神,北边一间空着,南边一间便安置着这位中国唯一伟大学者的灵榇!薄薄的木棺,放着三五个花圈,除了纸糊的"金童""玉女"外,还有三位公子陪伴着。公祭后,我在归途上不禁感到人生的渺茫!

他的《遗》集,闻将由亲友搜集刊行。胡适之先生等,拟为他编个《纪念》集,北京朴社的《国学月报》将发行个专号,介绍他在学问上的贡献。我本想做篇述他在文学上的贡献的文字,尚未做完。现在到上海,文学周报社的友人说将发行纪念号,嘱我写一点东西。匆促间,略述当时三五日的情形如上;不但不及介绍他的贡献,并且也不能达我哀感于万一。

十六,六,三一,侃如记。

(原载《文学周报》第五卷,一九二八年二月)

致胡适信

一

适之先生：

关于左列两项，请详细指教：

一、读古代儒家哲学书——《论语》《大学》《中庸》《孟子》和《荀子》——的时候，应注意的是什么？

二、近三十年来的文和短篇小说的选本，哪一种是最好？

后学陆侃如　九，九，廿九

二

适之先生：

《八代全诗》今奉还，乞检收。

最近购得《中古文学概论》，徐先生的见解很可使我们佩服，但他因忽略散文而连小说也忽略了，似乎是个小疵。因为魏、晋、隋、唐的小说，很多合于他的基本观念的。

就此书内容看来，很可改称《乐府概论》。近来我正在研究乐府，故特别注意他论乐府的地方。有几处我望他于再版时改正：

（一）向来人都说《铙歌》不可解。但乾、嘉时已有庄述祖及陈沆先后为之笺释，大都可解，只《石流》一篇尚难句读。徐先生似乎未见他们的书，故对于《铙歌》的内容说的很略。（页四〇、四一）

（二）论乐府内容，当据古辞，不当据拟作，因为拟作只与古辞同其"声"，而内容则多大相差异。徐先生论"上留田行"处，竟不据古辞而据魏文拟作，不知何故？古辞原文意义与《孤儿行》同为讥兄嫂之作，而魏文则言贫富之悬绝，当然不是汉代平民的话了。（页五八）

（三）叙乐府本事，不当据不甚可靠之书。徐先生于《白头吟》则引《西京杂记》，于《塘上行》则引《邺都故事》，都可算"小疵"。关于《白头吟》，冯舒曾详辨之；关于《塘上行》，丁晏曾详辨之。（他还引《洛神赋》事，也多存疑，似乎不能引在文学史内。）（页七一，又七六）

（四）《董逃行》之收入《相和歌》内之《清调曲》者，仅《我欲上谒从高山》一首。徐先生将《后汉书》之谣语混入，也似未妥。（页八〇）

（五）他引刘尧民的信，内据沈存中之说，分乐府为"雅""清""燕"三类。但此只就唐代而言，不能将汉、魏、六朝之乐府混入，这样混入便要闹笑话。例如，"近代曲词"本系"杂曲歌词"，郭茂倩以隋、唐杂曲可以详考，故另作一类，其性质实相同；而刘先生则以"杂曲歌词"隶"清乐"，以"近代曲词"隶"燕乐"，似乎未妥。又如，"鼓吹""横吹"，皆起于汉初，而他说是"南期末年外国的音乐"所产生的！又说汉初的"相和"，是"汉末魏初时发达的""清乐"所产生的！这些也是大醇中的小疵。（页二三、二四）

这些小疵固不足掩其大醇，但对于初学的人似乎有害；而刘先生的古怪的分类，尤其可陷初学者于迷途，故我总望他改正。如有机会，望先生以此意转致徐先生。

前日听见谦之说，先生《词选》序文内对于新诗的音节有新的意见。关于这点，我曾和朱君辩论过。今天本拟同国恩同到先生家，一来看先生的序文，二来谈谈徐嘉瑞的书；后来一想，先生看此信只须五分钟，若到先生家,至少须一刻钟,故不来打扰了。至于《词选》序,商务馆已说在印刷中,大约不久也可看到了。

学生陆侃如 五月六日

前日我在一院贴启事,愿以重价征求《屈原赋注》数部,一来自己要参考,二来也想替先生征一部。截至今日止,只有玄同先生来信说愿送我一部,却无他人愿出售。先生在幼渔先生处借得的《辛稼轩集》,缪金源说隆福寺有一部,价十元以上。

三

适之先生:

九月十九日信已收到。

《屈原评传》稿修正后,我很愿给先生读一遍。先生说拟登在《国学季刊》上,我很感谢这种好意。但这文能否发表,现在还说不定。

承附寄《读书杂志》第一期,谢谢。里边的《读楚辞》,我已细细读过;虽不敢当"批评"二字,却也很有些意见与先生不同。因写下来太长了,故另作论文附上。如蒙发表,便更好了,因为借此或能引起旁人的讨论。《〈九歌〉之意义与时代》与此篇有连带关系,最好发表在一期里。

学生陆侃如 十,十八

四

适之先生:

我这封信是要征求先生对于《中国诗选》的意见。

我在中学及本校预科时,我的功夫几乎全花在英文学上,凡认识我的人都知道我进本科时一定入英文系的。改变的动机始于前年寒假。那时我为祖丧回南,并未带什么书籍,所以我就在旧书中随便拿起一本来读读。这本恰是《楚辞集注》,却引起了我研究中国文学的兴味。

回京后,我一方面继续做《楚辞》的研究,结果便是《屈原评传》;一方面便和几个同志组织一个中国诗歌研究会,于去年春假开成立会,会员虽只五六个,但朝夕讨论,甚是有趣。故于去年下半年进本科时,便入国文系了。

去年十月中我们开秋季常会时,我的提议中有一条是试编《中国诗选》。我想中国旧诗选中固少包括各时代的,而尤少包括各体裁(骚、词、曲)的。这个缺陷,别人觉得不觉得我是不知道,我自己呢,自从十六岁时买的(时在中学三年级)Manly的英诗选本以来,已经觉得了四年有余了。那些老先生们既想不到做这番功夫,我们小孩子又何妨尝试一下呢? 我拟分为五卷,由我们五人分任。这提议当下通过了。

到今年四月中开春季常会时,我问起各人进行的怎样了? 却都说还不曾着手。其实我自己也不曾着手。当时有人提议道,分工固然很好,但无人负责任,进行自然迟了。他说,这最好是让一个人做去,别人再做别的必需的工作。这个当时也通过了,并议定把这工作放在我身上,因为我是提议者。我当时很有些害怕,后来一想,毅然允许了。

我害怕的原因是:一,无选诗的时间;二,无选诗的能力。我后来一想,觉得这两点都不打紧。我想即使不想选诗,我也拟于本校毕业前对于中诗的全体得到一些明确的知识,对于每一个时代,也应读一两种重要的选本及若干种重要的专集。这样,我很可把选诗的时间容纳在研究的时间内。读完《诗经》,便可摘下几首我认为好的;读完《词综》,也照样摘下若干首。研究到什么时代,就选到什么时代,便不须另花选诗的工夫了。至于能力方面,则更无关系。本校教授中对于中诗有研究的很多,他们一定能给我许多帮助的。我拟定目录后,请他们细心增删一下,然后由我参酌他们的意见来写定,这样便不至闹出大笑话了。因此,我当时并不推辞。

将来目录拟定后,当再抄一份给先生审定。我想先生一定肯帮助我的。但此是后话,如今先把《例言》及《总目》抄录于后:

例　言

（1）自《诗经》以下，中诗选本很多，然迄无一种包括各时代各体裁的。本书即为补此种缺陷而作。

（2）这种选本有两种目的：一使未研究中诗者易于明瞭过去诗坛的情形；二使一般的读者易于接近最佳的作品。

（3）本书分五编：甲编《周秦诗选》，代表中诗萌芽时期；乙编《汉魏六朝诗选》，代表第一成立时期；丙编《唐诗词选》，代表第二成立时期；丁编《五代宋诗词选》，代表第一解放时期；戊编《金元诗词曲选》，代表第二解放时期。周以前伪托者多，明以后可取者少，均不在内。

（4）每编以诗人时代先后为序，无主名者列于编末。每人作品的时代大都失传，故暂依旧本的次序。间有时代可考者（如屈原、陶潜等人的作品），则依时代先后。

（5）作品去取的标准很难具体说明，大约是求内容与外表的调和。意佳而文拙者，不录；文美而意劣者，亦不录。文义晦涩或篇中阙文屡见者，虽佳不录。

（6）译诗之久有定本者（如《越人歌》《敕勒歌》等），择优选录。

（7）本书所选拟以千篇为限，使一般人能于一二年内卒业。

（8）各篇均行分节写定，并加标点。

总　目

甲编　周秦诗选（前——二〇—二〇〇）约一四〇首。

Ⅰ.《古逸》（前——二〇—二〇〇）约二〇首

Ⅱ.《诗经》（前——二〇—六〇〇）约一〇〇首

Ⅲ.《楚辞》（前五〇〇—二〇〇）约二〇首

乙编　汉魏六朝诗选（前二〇〇—后六二〇）约二六〇首

Ⅰ.汉（前二〇〇—后二二〇）约一〇〇首

Ⅱ.魏（二二〇—二七〇）约五〇首

Ⅲ.晋（二七〇—四二〇）约五〇首

Ⅳ．南朝（四二〇—五九〇）约三〇首

Ⅴ．北朝、隋（四二〇—六二〇）约三〇首

丙编　唐诗词选（六二〇—九〇〇）约二〇〇首

Ⅰ．初唐（六二〇—七一〇）约一〇首

Ⅱ．盛唐（七一〇—七七〇）约一〇〇首

Ⅲ．中唐（七七〇—八五〇）约六〇首

Ⅳ．晚唐（八五〇—九〇〇）约三〇首

丁编　五代、宋诗词选（九〇〇—一二七〇）约二三〇首

Ⅰ．五代（九〇〇—九六〇）约四〇首

Ⅱ．北宋（九六〇—一一二〇）约一〇〇首

Ⅲ．南宋（一一二〇—一二七〇）约九〇首

戊编　金、元诗词曲选（一一二〇—一三七〇）约一七〇首

Ⅰ．金（一一二〇—一二四〇）约四〇首

Ⅱ．蒙古（一二四〇—一二七〇）约三〇首

Ⅲ．元（一二七〇—一三七〇）约一〇〇首

共五编，十八卷，二千五百年，一千首。

我近来忽然脚软不能行路，医生断定是血亏受风症，不许我看书，已请了一个月的病假了。病中无事，就随便拟了《例言》及《总目》，抄给先生看看，不知先生的意见怎样？

如蒙赐复，请寄至我家中（江苏，海门，卷边桥），因我不久便归南了。《屈原》稿本于先生离京后二日挂号寄至上海任寓，已收到否？双挂号，至今未接回条，故问一声。

学生陆侃如　十二，六，三

五

适之先生：

先生处若有什么善本《楚辞》（影本、复本均可），可否借阅数日？校

勘完了,当即奉还(可交来人带下)。

善本书也有不可靠处。例如,《古逸丛书》里的复元本《集注》,可算得善本了,然而《山鬼》第二十一句却是"山中人兮若杜若",第一个若字当系芳字之误。我所见的注本中,戴震的《赋注》校勘的最精,然而他竟把余字全改作予字!因我要恢复这些余字,故拟向各师友处多借些善本来——虽不可靠,但总有些可供参考之处。

我校勘《楚辞》时,遇到好几处疑点,很想同先生讨论讨论,可惜先生病了。我很诚恳的祝福先生早日痊愈!

学生陆侃如　十二月二十六日

前由号房转上《评传》全稿,想已收到了?

六

适之先生:

先生处可有丁福保编的《全汉魏六朝诗》吗? 如有,我拟借阅数日,乞交来人带下。

嘱编高中教科书中的《楚辞》,大约今年年底可成,暂定目录如左:

序言

一　《楚辞》的起源

二　九歌

三　屈原

四　宋玉

五　大招及其他

六　参考书目提要

《楚辞》卷--　九歌

东皇太一(附礼魂)

云中君(附礼魂)

东君(附礼魂)

国殇（附礼魂）

湘君

湘夫人

大司命

少司命

河伯

山鬼

《楚辞》卷二　屈原集

离骚

九章

天问

（附）远游

《楚辞》卷三　宋玉集

九辩

招魂

《楚辞》卷四　无名氏作大招

卜居

渔父

附录

《楚辞》校注

　　我在一月里曾有信给先生，说应该从"唐以前的诗"里分出"乐府"来，另作一书，正如从"唐以后的诗"里分出"词选""曲选"一样。我这话的意思，是我自己想担任编《乐府》的工作。先生得无笑其不自量力乎？暂拟目录如左：

序言

一　引论

二　乐府的历史

　　我在研究所提出的"宋玉研究"，不久可完毕。我拟再提出《中国古代诗史》的题目，预计约须五年。这个《诗史》的目录，我也拟好了，录后

乞政:

篇一　引论

章一　诗与诗史

章二　中国诗史概观

章三　中国诗歌之起源

篇二　《诗经》时代

章四　引论(《诗经》考)

章五　三颂与大雅

章六　小雅

章七　国风

篇三　《楚辞》时代

章八　引论(《楚辞》考原)

章九　屈原

章十　宋玉及其他

章十一　荀卿与李斯

篇四　汉诗

章十二　引论(汉诗考)

章十三　乐府

章十四　所谓古诗

我早就有编《诗史》的野心,这目录也拟过好几次,朋友间已讨论过许多时,上边录的是最近写定的。(我认汉以前为古代,魏至唐为中代,晚唐以后为近代,先生以为如何?)第三、四篇大约可在本校卒业前写定。在第十二章《汉诗考》里,我想证明五言诗之晚出,此时正在随时留心找些攻击苏、李古诗的材料。我很希望先生给我些有力的帮助!

学生陆侃如　三月廿八日

七

适之先生：

我常常想编一部《中国诗史》，近来所做各种研究都是向着这个目标进行的。

此时我所有的关于中国诗的常识，使我知道《诗史》当分这样的三期：汉以前为第一期（古代），建安至唐为第二期（中代），晚唐以后为第三期（近代）。

中代与近代的分界是否以晚唐为最适宜，我尚无十分把握。但古代与中代的分界，我很有些自信力。普通大部以汉代属后，似乎不妥。汉诗以乐府为骨干，而乐府的性质却近于前者而远于后者。古代诗有几种特点，他们大都无主名，大都无形式上的束缚——每篇的句数，每句的字数，每字的声律，都无限制。汉诗亦然。至于内容方面，汉乐府绝似《诗经》。其中有庙堂的乐章，亦有民间的歌谣。到建安以后便不同了。七子、三祖几乎以做诗为职业，今天燕会做诗，明天从军做诗，形式上什九是五言了。那些伪托的苏、李诗及《十九首》也是此时的产品。我近来研究汉乐府，始知五言诗之发生即由于此。东汉晚年，乐府贵盛一时，文人竞相仿造。乐府中既有五言部分，而文人大都是喜欢整齐的，故拟乐府多五言之作，影响所及，遂成五言一统时代。（《诗经》中多杂言，而后人拟作多四言，亦同此理。至于七言诗及绝句，也由六朝乐府产生的。）我现在称汉代为乐府时代，作为《古代诗史》之末篇，便是因为这一点。

现在我在预备《古代诗史》的稿子，尚未完全写定。大约以《诗经》、《楚辞》及乐府（汉）三大部分为主。我拟在北大卒业以前脱稿，那时再送给先生看。现在先说一个大纲，如有不妥之处，望即赐教，以便修改。

第一篇　导言

本篇内略述诗的定义，诗史的性质，中国诗史的分期，各期的概况,等等。

第二篇　诗歌的起源

本篇略述诗歌发生的原因,初民诗歌的大概,对于《诗经》以前的歌谣详加讨论,并且对于从前文学史家误信伪作之弊加以说明。

第三篇　《诗经》时代(五章)

第一章　导言

本章述些周民族的历史及采诗删诗等问题。对于"风""雅""颂""南"四体详加说明,并指出旧说之误。

第二章　三颂

本章以《周颂》为主,因为他的时代最古,附以《鲁颂》及《商颂》,并证明《商颂》非商诗。讲《周颂》时,说明他们不全是祭歌,并指出形式上的特点。

第三章　二雅

本章先说明"雅"字之义(本章太炎说);次讨论"周的史诗"(我把《大明》《绵》《皇矣》《生民》《公刘》等八篇合成一个大规模的《周的史诗》);次讨论其余的,以政治方面的讽刺诗为主,并说明为何《小雅》近于《国风》(本崔述说)。

第四章　十三风

本章所谓"十三风",除二南而言,讨论时以情诗为主,特别注意他们的音节,同时也附说旧说之误。

第五章　二南

本章说明"南"与"风"的异点,以地理的背景为最重要。音节上亦有所讨论。四体中"南"的时代最迟,二十五首中无西周的诗;因其体本起于南方,而南方开化较迟故也。

第四篇　楚辞时代(五章)

第一章　导言

本章先述周民族与楚民族势力之消长,长江流域文化发展之状况,次述《楚辞》之起源及其与"二南"之关系,并对于古代的南方民族加以讨论。

第二章 《九歌》

本章先论《九歌》的著者及时代,次讨论其内容,并指出旧说之误。

第三章 屈原

本章先叙屈原生平,次考定其作品,然后对于每篇作详细的研究,我所认为,真是屈原作的只有七篇。

第四章 宋玉及其他

本章先述宋玉传,次讨论其作品;对于唐勒及景差认为名存实亡,不认《大招》为差作。

第五章 北方的文学

本章述楚辞时代之北方文学,如《石鼓文》《成相辞》等。

第五篇 乐府时代

第一章 导言

本章先述汉乐府所由起,次述其分类及每类的内容;汉乐府的特点及其承先启后的消息亦加说明。

第二章 郊庙燕射及舞曲

本章所述均汉代的贵族乐府,特别注意他们和《诗经》《楚辞》的关系。

第三章 横吹和鼓吹

本章所述为汉代军乐,前人都不解《铙歌》,但其中佳构最多,现根据庄、陈诸儒所校释出,详加讨论。

第四章 相和及杂曲

本章所述为汉代的平民乐府,讨论时较前二章为详,其中五言分子颇多,即造成后来的五言诗,影响最大。

第五章 杂诗歌

本章所述为乐府以外的杂诗歌,西汉述《诗经》《楚辞》的拟作;东汉述乐府以外的五言诗,如班固、张衡、秦嘉、蔡琰等人所作的。

（建安七子则列入《中代诗史》内。）

附录二篇

一、《古逸》辨伪，

二、《孔雀东南飞》考证。

我现在即照此计划做下去，脱稿后再做中代近代的，期以二十年。《古代诗史》成后，拟编一部《古代诗选》，其取弃及编次均依《诗史》；中代近代编成后，亦各编一选本，相附而行。我的目的有二：第一是想替中国诗歌整理一些眉目来，第二是想改变一般人对于中国文学的糊涂态度。他们不但误信苏、李诗，并且变本加厉，认枚乘为五言诗的倡始者，全不管他是否可靠。他们不但以《九歌》解作忠君之思，并且拿六经来比附《离骚》。至于认中诗起于唐、虞，认《国风》无情诗，更是极普通的观念了。所以我妄想把先生的"历史癖"及"考据癖"应用于《诗史》。

我极希望先生把自己的意见指示我，或者对于上述大纲加以修改，或告知几种重要的参考书，或其他编文学史时应特别注意的事项。

学生陆侃如　七月十七日灯下

闻先生将于下半年赴美国，未悉确否？如系确实，我极愿知道先生的行期。据说商务馆售稿有契约，并须保证人，我想即请先生担任。先生赐复时，请寄至江苏海门卷边桥。

八

适之先生：

转下沅君电，已悉。费神！

暨南的功课共三种，《诗史》和《楚辞》还可不费预备功夫，只是有一种《诗歌研究》便难死我了。我最近因编《诗史》卷中（中古期）多翻三国诗，见其中无韵诗（Blank Verse）颇多，自《周颂》至汉《乐府》至魏武自成一系统，以后便中绝（是否中绝，还待考）。因此，拟作一篇《中国无韵诗之研究》，顺便拿来做《诗歌研究》的讲演（一无韵诗，二小诗，三……）。

不过我所知有限,先生如还记得有别的无韵诗,或关于无韵诗的议论(如朱子"一唱三叹"之说),千祈录示,不胜感激。这种研究是否有益? 亦请赐教。

先生腹痛已愈否? 念念。

学生侃如　一月十六日灯下

再:文人所作无韵诗,《史记》所载有两首,一是孙叔敖的,一是东方朔的。只不知在先生看来,这两首是否可算作 Blank Verse?

《周颂》与汉《乐府》都能谱之弦管,而辞多无韵,即有韵也很宽,许是音乐的关系? 未悉"一唱三叹"之说是否合理?

大约脚韵是辅助一首诗的音节的。但这是就普通的诗而言,若是入乐的诗,自有其抑扬铿锵之调,脚韵之助力便比较的不很重要,故词曲的脚韵较五七言诗为疏(长调常常间四五名〈逗〉而一韵)。《乐府》用韵所以很宽——甚且无韵者大约如此。先生以为如何?

总之,我想这些无韵诗的作者,都不是自觉的,有意的做;有意做无韵诗,大约是最近受西洋影响以后才有的。古代呢,或是音乐的关系,或是传写之讹(如铎舞、巾舞等)。

拉杂写来,请指教。

学生侃如　十六晚十二时

九

适之先生:

每年十一月廿四日,是我们开始认识的纪念日。今年,我们想在这日前做点成绩出来。侃有《古代诗史》旧稿,沅有在中法讲文学史的讲义,合起来整理一下,作成一部《古代文学史》。(以后依此计划做下去,成一完全的文学史。这固然是个奢望,我们学力还不足,不过借此策励自己,使研究有个系统罢了。)预计九月中脱稿,十一月中即出。

今将详目奉上,乞细细指教。(1) 分民族讲古文学,妥当吗? (2) 我们认周以前无可信之诗文(先生对于《商书》意见如何),先生以为如何?(3)易的"卦爻"的时代?(王静安认为周初,我们觉得不类周初文字。)(4)《仪》《礼》的时代?(5)《山海经》的时与地?

还有一点是侃的意见,而为沅所不赞成的:侃以为西汉宜附入楚民族,中古从东汉讲起。先生于此云何?

全体的区分,暂定为四:一,先秦;二,汉至隋;三,唐、宋;四,元、明、清(详另纸),乞鉴定。

先生常常无暇写回信,但我们希望这次抽空指教指教。邮票一分。

"二南"无论是"南"是"风",命名终难解释。我们自然信为独立的"南",然何以冠以"周""召"二字? 方言以周南、召南与卫、楚并列,好像是个双字的地名。《史记·自序》有"太史公留滞周南"之句;《集解》引挚虞说"古之周南,今之洛阳"。我们于此,真有"迷不知吾之所如"之叹!先生所作《周召说》于此云何?

拉杂书此,统希切实指教。

《国语》稿(卫君的)另包寄上,交何书局印?

敬祝健康。

学生侃如、叔兰全上　十七,五,廿七

十

适之先生:

转下芸生信,阅竟不禁失笑,承代为辩白,极感。

郝懿行《〈山海经〉订讹》有左列一条:

> 李肇《国史补》引此经(侃案指《山海经》)云:水兽好为害,禹锁之,名巫支祈。(原注:案《辍耕录》云:《山海经》水兽好为云雨,禹锁于军山之下,名无支祈。)

记得先生《西游记考证》中曾提及巫支祈。今本《山海经》无此兽,大约是脱误。如古本有此文,则这个故事起源尚在二千年前。(记得李肇是唐人,所引当可信。)

沉君问:先生《词选》说,宋亡时张玉田年二十九。依她推算是三十三。不知先生是根据什么的,可否示知?

昨在马路上遇见仰之,据云我给他的信已送《新月》。不过那是《文学史》稿中,关于《山海经》考证的极简单的提要,还要先生和仰之指正呢。

学生侃如　六月二十八日

附:

胡适至陆侃如、冯沉君

侃如与沉君:

《九宫正始》中辑出南戏,大是喜事。辑稿望寄予莘田、建功,他们一定欢迎此稿在《国学季刊》发表。《九宫正始》作于何时?你用"元传奇"一名,不嫌太武断否?"传奇"之名起于后来文人作南曲时,元人无此称也。

元剧分"院本"与"杂剧",院本是行院之本,而文人之作别称杂剧。赵子昂曾言之。

明剧亦应分两个阶段,早期为"南戏",后期为"传奇"。前期多无名之作,多出于民间,《琵琶[记]》亦是改旧剧《赵贞女》为之,高则诚自言"不寻宫数调",尚与民间南戏接近。后起之文人,"以时文为南曲"(徐渭语),又妄造"南九宫"(亦徐渭说,其说最可信),始与民间俗剧分家,成为最不可读之"传奇"。鄙意略本徐渭《南词叙录》,略参己见,似近史实。故不愿你们用"元传奇"之名。

不但"传奇"一名可议,"元"字亦可议。如证据不充分,不宜定为元戏,只可泛称"南戏"而已。

皖峰昔年曾辑《胡适文存》中语为一联云:

大胆的假设,小心的求证。

少说些空话,多读些好书。

我今年自辑一联云：

> 有几分证据，说几分话。
> 要那么收获，先那么栽。

寄给你俩一笑。

适之　廿五，五，廿二夜

十一

致　胡　适

适之先生：

听说先生有王氏《四印斋汇刻词》和江氏《灵鹣阁汇刻词》，如果有的话，请先生费神将潘阆《逍遥词》、黄裳《演山词》、葛郯《信斋词》、向镐《乐斋词》检出交给门房，我在下星期星期二下午往取。自然我很高兴同先生谈谈，多领些教益，但怕先生事忙，不敢常去打扰。

我同侃如想教女师研究所做这样一件工作。我们认为正史的文苑传太简陋了。这些史家只知记载文人的事功，而忽视与文学有关系的事迹，同时又因他们的眼光短浅，所记述的文人十九只限于他们所认正统派的作者。我们研究散文和诗的作家时，受这些史家的害还小点，研究到词，尤其是曲，就恨不得把这些文苑传都烧去。它们对于我们一点益用都没有。因此，我们想编个《文人传记材料汇编》，取材于正史外，兼采方志、笔记、史传的注释、各种著作的序跋，等等。方法是仿《人名大辞典》的样子，就作者姓氏笔画的多少排比；每个作者下面，将自各书抄得材料，依时代的先后编次。这种书的本身，当然没什么价值；不过总可算件助人研究文人行事时的工具。先生看这事做得吗？请给我个回答。敬祝健康。

学生沅君敬上　三月七日夜

巴黎的旧书摊

　　了一写信来，问我可曾享过巴黎的艳福。不错，巴黎是个以风流浪漫著称的都市；而且正如凤举先生所说，那些香艳地方的主顾，大都是法国以外的人。可惜我对此向来是外行。虽然夜深归寓时，从所谓 Numêro rouge 旁边经过，耳畔也常飘来一声轻软的 Viens, joli garcon! 可是我也只有加紧往前走，没有 T. C. 那么大胆的去问津。大概是"他生未卜此生休"了。

　　然而巴黎也自有它可留恋处。使我留恋的，既不是徐志摩所谓"鲜艳的肉"，也不是叔存先生所赏识的自 Not re-Dame 以至 Champs-Eysêes 一带的景色，而是拉丁区的书铺。

　　所谓拉丁区者，是指 Seine 河南岸，St. Michel 大街两旁，现在的第五第六两区。这一带学校林立，而书铺也集中在此。有规模较大的 Hachette 与 Larousse，有专卖科学书的 Masson，有专卖社会科学书的 Alcan，有专卖左倾书的 Edition S. I.，还有以八折九折来专拉中国学生做主雇的 Sicard 和 Rodstein，以及专卖巴黎大学讲义的……或专卖裸体照片的……书铺，形形色色，无一不有。

　　我所最喜欢走的，不是这些书铺，而是旧书摊。拉丁区中旧书摊之最大者，当推 Gibert。我在巴黎这两三年中，眼看着它门面一天一天地扩大。在 St. Michel 街上它就有四个门面。每逢下午散课后,总是挤满了学生模样的人。夜深了,一切商铺都打烊了,它还与咖啡店一样的灯火辉煌。惟其因为规模大,所以虽常去,而且它那个书架上放着什么我几乎可以记得,然而我对它并没很深的感情。因为我到旧书摊的目的,一半固然在买书,一半也是想找人谈天。Gibert 的伙计有工夫和人谈天吗? 所以我比较的更喜欢像 Sous la lampe 那样的小书摊。

我住的街名 Echaudé 是巴黎的老街道之一。如果到 Carnavalet 博物馆去看一看二百年前的巴黎地图,便知道现在的热闹街道如 St. Michel 及 St. Germain 等,当时是没有的。但 Echandé 及 St. Andre des Arts 等小街却早已有了。这些街上,小古董铺及小旧书摊特别多。我开窗一望,便可瞧见四五家书摊! 稍远便是 Sous la lampe。这原是望舒的熟铺子。他到里昂去后,写信托我去找一部陶渊明诗的法译本。这是我和这家老板认识之始。从他的语音及头发看来,决不是法国本国人。然他却比法国人更和善,更健谈。附近几家旧书摊老板的声音笑貌,我就在梦寐中也可描摹出来,而 Sous la lempe 的主人尤其使我难忘。

巴黎女子职业虽普及,但旧书摊中很少女掌柜。只有 Luxembourg 公园附近一家名为 Bouguinerie du Chat 者,是一个老太太开的。门面小极了,真只够容一只 Chat,然而颇多好书,而且这位老太太也极懂事,极可亲,不像法国一班老婆子之可厌。又如参议院前边的 Matarasso,除老板外还有个年轻女郎在。那位老板颇不老实,但那位小姐却天真得多。他家常有难得的书,而我又不喜欢那位老板,所以常等他不在时,去和那位女主人接洽。这样却舒服得多。如果了一定要打听我的艳福,就拿这件事来充数罢。自然,比起 W. L. 在巴黎时的故事来,这真是启明先生所谓"小巫之尤",然而在我也就算是"最高记录"了。

拉丁区的旧书摊,大半是在 Seine 河岸上,东起植物园,西至拿破仑墓,河岸上原有石栏,高约三尺,卖旧书者做了几只木箱,安在石栏上。白天开箱陈列,晚上关箱加锁,而箱子是始终安在那边不移动的。这个四五里的长蛇阵般的旧书摊,是巴黎著名风景之一。其中年老者,常常与十九世纪知名文士有很深的友谊。他们娓娓不倦地和你谈这个人的轶事，或给你看那个人的手迹。每当风和日丽时，在河边上散散步，谈谈天，买买书，真是乱世中唯一乐事！

这是就平时说，但另外还有几个卖旧书的节气。最重要者当推从圣诞节连上新年的一个月，其次是七月中法国国庆时，而五月初的"书节"又次之。到那时，St. Michle街旁安搭彩棚，棚内是一切杂耍，而临时的旧书摊占其半。"书节"并没杂耍，但各书店不论新旧照例对于买满二十法郎的顾客加送赠品。这些时候，大概是拉丁区中最热闹的时节了。

旧书摊中所卖的，大都是文学史学方面的书，科学书较少，也有带卖旧邮票或古钱者。旧书较新书自然便宜得多，例如一部Balzac的全集，新者至少须一千法郎，但我买的一部旧的却不到二百法郎。便宜的程度各家并不一致。Guizot的《法国史》，价自五十法郎至一百五十法郎不等。我却偶然遇到一部只值二三十法郎，装订还是很讲究的。有时新书一经转卖，也可便宜许多，如Larousse六厚册的《二十世纪字典》，那是现存法文字典中之最佳者。去年年底才出齐，自然难在旧书摊上找。但是价实在太贵了（几乎等于一部毛边纸《四部丛刊》的预约价），我便托几家熟铺子去尝试找找看。不到几星期，居然找到一个人愿意出售，卖价只有原来的一半。

我乱买旧书的结果，不但自己手头常常弄的很拮据，而且还贻害别人。第一受累的是房东。他原来给我一架四层的书橱，后来他又给我添了一架八层的。然而还是不够，我也不好意思再破费他了，便检一部分放在床底下。因此又妨害了茶房，每天他来收拾房子时感到非常的不方便。最后还有沅君。每逢她在家煮菜，派我上街买面包时，我一溜烟又拐到旧书摊里去了，恨得沅君直叫：Abas Las bouguins！（一九三四年六月十五日，于巴黎）

（原载《人间世》第十期，一九三四年八月二十日出版）

西园读书记

　　我到重庆读到不少的新刊物,《巴蜀文化》专号便是其中之一。那是《说文月刊》第三卷第七期,即渝版一号。主编者卫聚贤先生是学术中的怪杰,我是十余年前和他订交到现在,他一直给我这么个印象。他早年治学的毅力,略见内子沅君为他《古史研究》第一集所作序文。那一集的出版颇引起学术界的注意:研究的结论,也极为时贤所推重。以后他又写了不少的书,并从事于实地考古工作,如吴越文化、巴蜀文化等,都是经他倡导而为世人所注意的。

　　《说文月刊》是他独立出版的专门杂志。抗战以来,学术刊物相继停办,而《说文月刊》能在渝复刊实在是件难能可贵的事。此刊在抗战第二年创刊于上海,至太平洋战事爆发后还渝。初由聚贤自出印费,十期后才得中央银行补助一部分。现在补助停发,此专号印费由徐堪部长和其他几位捐助一部分,其他尚无着落。三年来经过许多困难,聚贤奋斗的精神是很可佩服的。他是个具有政治能力的人。最近某机关人员的舞弊案几起,都是经他查察而由当局法办的。所以他常常说,不但要考古,而且要考今。

　　《巴蜀文化》包含十四篇论文:(1)于右任《巴蜀古文化之研究》,(2)张继《四川古迹之调查》,(3)吴敬恒《游巴小记》,(4)卫聚贤《巴蜀文化》,附插图一百五十幅,(5)王献唐《甲饰》,(6)商承祚《成都白马寺出土铜器辨》,(7)郑德坤《华西的史前石器》,(8)林名均《广汉古代遗物之发现及其发掘》,(9)董作宾《殷代的羌与蜀》,(10)朱希祖《蜀王本纪考》,(11)缪凤林《漫谈巴蜀文化》,(12)徐中舒《蜀锦》,(13)傅振伦《蜀在中国文化上之重大贡献》,(14)郭沫若《钓鱼台访古》。这些作者,或为党国先进,或为学术界权威,或为后起之秀的青年学者。所以这目录本身就足以引起读者们对这专号的重视。

此专号之编印,其动机是成都西北郊白马寺出土的几批古兵器。这些兵器都是铜制的,花纹与文字都很特殊。出土后便落在商人手里,最早在民国十年前后。大部分为加拿大教士购去,四川博物馆藏有数十件,其他私人也有不少。去年聚贤与于右任院长亲去探访,又得到许多件,遂引起学者们的注意,而作详细的研究。各家意见颇不一致,如商承祚先生,便疑为商人的狡诡。他从花纹、文字、绣色、铜质等方面看来,认为疑窦颇多。(《成都白马寺出土铜器辨》)但是王献唐先生却说,"要为蜀中古金,无可疑也。"(《甲饰》)其间是非得失,尚有待于进一步的探讨。

在十四篇中,以聚贤的《巴蜀文化》一篇为最长,本文三十页,插图二十四页,一百五十幅,均聚贤亲绘,附说明六页。这六十页几占全书五分之二。聚贤治学向以大胆著称,他的想象力非常丰富,所以结论常超出证据所许可的范围以外。不过这一篇《巴蜀文化》却比较谨严,其内容是:(一)巴国的古史(甲、巴国名称的由来,乙、巴国传说的古史,丙、巴国比较可靠的历史);(二)蜀国的古史(甲、蜀国名称的由来,乙、蜀国传说的古史,丙、蜀国比较可靠的古史);(三)巴蜀文化研究起因(甲、巴蜀文化研究的困难,乙、巴蜀文化研究的动机,丙、白马寺出铜器的遗址);(四)巴蜀文化的研究(甲、兵器的名称,乙、兵器的花纹,丙、猎壶上花纹,丁、錞于上花纹,戊、金银错器,己、文字,庚、兵器时代,辛、兵器的真伪)。其中对于巴蜀名称的主张,认为巴渝同音,巴名从渝水而来,蜀应读竹,为中原译音,这些虽可备一说,但未足为定论。我觉得吴稚晖先生"巴蜀命名为蛇与蚕"之说(《游巴小记》),似更可信。关于这一点,我将另文细论。文中最值得注意的是占全文五分之四的关于兵器的考订。他对于花纹文字研究最详,而于兵器分类亦颇恰当:直刺类有戣、锐、矛、剑、刘等,横刺类有戈、翟、戟等,钩击类有斤、斧、钺等。我知道冯友兰先生藏古兵器最多,在北平时这是他唯一的嗜好,希望他于著《贞元三书》之余,也来参加这巴蜀古器的讨论。

此外,郭沫若先生的《钓鱼台访古》及董作宾先生的《殷代的羌与蜀》二文,也相当的长。董先生为甲骨学权威,根据卜辞来叙述羌蜀古史,最能发前人所未发。郭先生表彰宋元易代之际的一段英雄的史迹——合川县钓鱼城的建筑,以及余玠、王坚、张珏等人的战功。郭先生的文章不是篇枯燥的考古论文,而是篇富于文学趣味的游记。七百年前的民族英雄,一个个都被描写得虎虎有生气。

他如朱希祖师的《蜀王本纪考》,徐中舒兄的《蜀锦》,文虽较短而精心机构,均值得细读。

《说文月刊》以后闻将继出"编史方法""四川水神""汉墓""西北文化"等专号,月刊社闻将附设招待所和印刷厂。我希望聚贤计划早日实现,以期后方的文化界可获得更多的帮助。(待续)

(原载《文化先锋》第一卷第十三期,一九四二年十月)

忆沅君

——沉痛悼念冯沅君同志逝世四周年

  沅君是当代杰出的文学家和优秀的教育家，不幸患癌不愈而去世。时光过得真快，转眼已四周年了。

  鲁迅先生在《〈中国新文学大系〉小说二集序》中说：

    冯沅君有一本短篇小说集《卷葹》——是"拔心不死"的草名，也是一九二三年起，身在北京，而以"淦女士"的笔名，发表于上海创造社的刊物上的作品。其中的《旅行》是提炼了《隔绝》和《隔绝之后》（并在《卷葹》内）的精粹的名文，虽嫌过于说理，却还未伤其自然。那"我很想拉他的手，但是我不敢，我只敢在间或车上的电灯被震动而失去它的光的时候；因为我害怕那些搭客们的注意。可是我们又自己觉得很骄傲的，我们不客气的以全车中最尊贵的人自命。"这一段，实在是五四运动之后，将毅然和传统战斗，而又怕敢毅然和传统战斗，遂不得不复活其"缠绵悱恻之情"的青年们的真实的写照。和"为艺术而艺术"的作品中的主角，或夸耀其颓唐，或衔鬻其才绪，是截然两样的。然而也可以复归于平安。陆侃如在《卷葹》再版后记里说："'淦'训'沈'，取《庄子》'陆沈'之义。现在作者思想变迁，故再版时改署沅君……"诚然，三年后的《春痕》，就只剩了散文的断片了，更后便是关于文学史的研究。这使我又记起匈牙利的诗人彼兑菲(Petöfi Sándor)题 B. Sz. 夫人照像的诗来——

"听说你使你的男人很幸福,我希望不至于此,因为他是苦恼的夜莺,而今沉默在幸福里了。苛待他罢,使他因此常唱出甜美的歌来。"

我并不是说:苦恼是艺术的渊源,为了艺术,应该使作家们永久陷在苦恼里。不过在彼兑菲的时候,这话是有些其实的;在十年前的中国,这话也有些真实的。

沅君姓冯,名淑兰,笔名淦女士,以一九〇〇年九月四日生于河南省唐河县一个小官僚地主家中。她备受封建礼教的迫害,在五四运动的启发下,毕生为追求妇女解放而斗争,争取婚姻自主的权利,争取和男子同样受教育的权利。她的文学创作的中心主题,也就是争取妇女从封建压榨下解放出来。

下文试就鲁迅先生所说沅君敢于"毅然和传统战斗"的战斗过程回忆一下。先简述沅君为争取妇女可以和男子同样受教育的权利而战斗的过程:

她的父亲树侯先生于清代光绪年间(一八九八年)在北京考中了第三甲进士,分发到武昌张之洞幕下,被任命为湖北省崇阳县知县。沅君和大兄友兰及二兄景兰得随母吴太夫人住在父亲官署中。大兄、二兄虽已远赴京沪进入大、中学,但沅君却连小学还未进。不久,他父亲因病逝世,母亲扶柩携子女返唐河原籍,母亲被任命为女子小学校长。每夜由母亲口授四书五经,有时大兄、二兄从外地带来些新出的报刊,从中沅君接受到新思想的教育。她决心争取到和大兄、二兄一样到外地去学习。但在旧中国里,一般的学校(大、中、小学)不收女生。地主阶级坚决反对男女同学,沅君求学的愿望难于实现。幸而这时北洋军阀政府把清慈禧太后创办的女子师范改为北京女子高等师范学校,开始招生,入学考试只考语文作文一门,沅君就毅然只身赴京投考。由于沅君语文水平比较高,一举考上了。她欣喜若狂,只身到了北京。这时正是五四运动的前夜,北京各大学学生往往上街游行,反对日本帝国主义对祖国的侵略。但女高师校长是一个顽固老官僚,把校门加上一把大锁,不许学生上街游行。沅君是第一个搬石头砸碎了这把铁锁,使全体学生能够夺门而出,和北京大学学生会师。这件事,当时的同学们都极称赞。接着她又把《孔雀东南飞》的故事改编为话剧,来讽刺封建家长的罪行。但到演出时,无人肯演焦母。沅君毅然上台自己扮演这位众矢之的的反面人物。这件事也得到当时同学们的赞美。这两件事都可说明沅君反封建态度的坚决、勇敢。

沅君在家乡时,只知道"文学"包括诗词歌赋。后来到北京上学,读到文学研究会和创造社出版的新文艺作品,特别是郭沫若同志的热情洋溢、才气纵横的诗歌、小说、戏剧,大大开阔了眼界,引导她反传统的战斗,不仅有原来争取妇女和男子享受平等受教育的权利的一面,而且引导她走上争取妇女婚姻自主的自由权利的一面。这时,沅君表姊吴天的婚姻悲剧也给她以极深的刺激。

吴天和当时一切地主家的女儿一样,从小就由父母作主,许配给另一地主的儿子牛汉陶。这牛汉陶是个蠢货,天天催逼吴天马上嫁他。吴天坚决反对,就和她母亲发生激烈的冲突。吴天的母亲从封建礼教出发,认为女儿反对婚姻是家门的奇耻大辱,使她家人无脸见人。又因吴天在北京读书时,认识了在北大物理系读书的同乡王某,两人经常通信,为吴天母亲所知悉,便决心把吴天锁闭在一间小屋里,不许她再到北京上学。吴天又表示坚决反对母亲的压制,便绝食自杀。幸而这时吴天的两个哥哥,刚从美国大学毕业回家,吴天的婚姻斗争得到两位哥哥的支持,向母亲疏通,结果将吴天释放回北京继续上学。——这个插曲就是沅君小说《隔绝》和《隔绝之后》等篇的写作背景。

不过,吴天的大兄因自己在美国搞了一个博士头衔,就趾高气扬,瞧不起一切没有博士头衔的青年。他认为吴天抛弃地主的儿子是对的,但自己找了一个北大的学生,却不赞成,因为这位大学生没有到过美国,也没有搞一个博士头衔,便认为没有出息。他把自己在美国认识的同学,一一介绍给吴天,强迫吴天从中选择一人,而和北大学生完全断绝来往。吴天坚决拒绝。沅君完全同情吴天,认为:只要自己选择的青年确有才学,那么搞一个博士头衔,如"拾芥耳",有何难哉! 欧洲俗话说,只要是块宝石,迟早会发出光亮。中国古话也说,只要是有尖端的锥子,就在布囊里迟早会"脱颖而出"。问题是真宝石,还是假宝石,发光的迟早是无关宏旨的。只要是有尖端的锥子,迟早就会露头的,迟早是无关宏旨的。

吴天认识的王某,人很聪明,学的是物理学,但爱好文学,能写些优美的散文,由鲁迅先生介绍发表在北京各种文艺刊物上,在文艺界有一定的名誉。为了满足"博士迷"的哥哥的要求,沅君劝吴天和王一起参加河南教育厅"官费"留学的考试。只要考上了,就可以出国去搞一个博士头衔。沅君小说《旅行》所写的,背景就是吴天和王两人从北京坐火车到开封去参加考试。

可惜这个计划未能实现,因为北洋政府的教育厅的考试是骗人的,尽管吴天和王都是好学生,但几次考试都失败了。这时,北大中文系词学教授刘子唐刊印自己的词稿,有一首中有这样两句:"倦絮无才著地飞,肯忘却凌空想!"沅君在这两句旁用墨笔加密圈,因为这两句正好表达了吴天考试落地后的愁苦心情。所谓"凌空想",就是指考试出国的事。

吴天这时的苦闷,不仅由于王考试一再失败,也由于王沉溺于打麻将的嗜好中。在北大男同学中,王的确是一位优秀的青年,他聪明,有写作才能。鲁迅先生也很赏识他,知道他屡考不中,曾介绍他在北京一些中学内做语文教师,颇得到学生们的欢迎。不过这时旧大学师生宿舍里,赌风极盛,每夜打麻将声劈拍不断。王不幸染上这个恶习,常常深夜赌博不睡。日子久了,不免要输钱.把他微薄的工资都输光了,到月底常无钱交付伙食费,有时连必要的参考书都无钱去买。王有时不得不求助于吴天。但吴天家中给她上学的零花钱数目很有限,无力满足王打牌输钱的无底洞,有时只好求助于沅君。不过冯家给她的上学零花钱也有限。沅君与吴天两人有限的零花钱,这时要供应她们自己和王赌博的需要就感到很拮据了。王渐渐疑心吴天"变心"了,所以不肯在钱上支援他。王身体本来不强壮,因打牌失眠,渐渐形成肺病。又加上对吴天"变心"的怀疑,心情不快,所以肺病渐渐严重化了。严重了又无钱支付医药费,病势不免日渐危险了。终于一天就因病逝世了。

这时,国内形势大变。北洋军阀政府的军队,在南方国民党共产党合作领导下的革命军北伐攻势下,节节败退。反动政府摇摇欲坠。北京的各大中学校渐渐瓦解,知名的教师纷纷南下应别的学校的邀请而离开了。沅君上学的女高师的中文系系主任陈中凡、胡先骕等人都转到南京、上海教书去了。由于他们的介绍,沅君到了南京金陵大学、上海暨南大学等校中文系任教。

这时,我也应邀到了上海暨南大学、中国公学大学部、复旦大学等校中文系任教,有幸和沅君做了同事。我那时正考虑写《中国诗史》,已完成上册《古代诗史》。沅君对唐宋词和元明曲更感兴趣,便表示愿意和我合作,分工写《诗史》下册《近代诗史》,内容主要是唐宋元明清的词与散曲的发展史。我对此衷心欢迎,并万分感谢。《诗史》终于在一九三〇年出版了。我和沅君也于一九二九年一月二十四日在上海结婚了。

婚后,沅君和我订了一个五年计划,争取在五年内节衣缩食,把工资节省储蓄起来。等到凑满银元一万元的时候,我们就一同乘邮船到马赛转巴黎,考上巴黎大学文学院的"博士班",目的在于向那位"博士迷"的大兄证明沅君自己选择的对象,不见得不能"脱颖而出"。王某沉溺于赌博,虽使吴天万分失望,但王因病逝世,仍给吴天以莫大的悲痛。此后,沅君在南京、北京、安徽、武汉、东北、山东……全国各地大学中文系里,担任古典文学教授,逾半个世纪。沅君讲授的主要是唐宋以后的诗文词曲,以及历代古典小说戏曲的发展史,编写了好几部有一定分量的著作,如《中国文学史简编》《南戏拾遗》《古优解》《古剧说汇》等等。

解放后,人们尊敬她是当代杰出的文学家、优秀的教育家,也纪念她为争取妇女解放而反对封建礼教的战斗业绩,所以山东一解放,成立省妇联,沅君便当选为副主席,一直担任到她逝世。她写的文学史,曾译为英语、罗马尼亚语,在国外发行。她当选为第一、二、三届全国人大代表和山东省文联副主席。一九六三年,国务院任命她为山东大学副校长,兼中文系一级教授。她为了提高教学质量,不断改写讲稿。最后几年,不讲大班课了,但仍不断指导研究生及青年教师们。星期日及寒暑假,她也从不停止工作。连省委安排她到泰山和青岛海边休养时,她也挂念着教学和研究工作,还未满期就提前回校工作了。一九七〇年沅君随学校文科到曲阜。不幸患直肠癌,于一九七三年到济南住省人民医院治疗。病危时,她神志不大清楚,但仍日夜挂念给研究生讲古典文学,常常要护士、大夫扶她到病房隔壁去。隔壁有一间是护士办公室,她误当作古典文学教研室了。她一走进去,便坐下来大声讲课,护士们非常惊讶,也非常感动敬佩。

省委领导及山大党委领导非常关心沅君的病,亲自过问医疗方案,充分供应必要的贵重药物及营养品。终于无法挽救,在一九七四年六月十七日上午六时半,与世长辞了。省委领导同志成立治丧委员会,在省政协礼堂开追悼会,党中央统战部、全国人大常委会均送了花圈,省委和省革委负责同志均参加追悼会,并将骨灰盒放在济南市英雄山山东革命烈士陵园内。

时光过的真快,转眼已四周年了。我挥泪整理沅君遗稿,有下列几种:

1.《诗词稿》——主要是抗战期间在西南大后方各省所写的旧诗词,抒写了反蒋、抗日、忧国哀民的情绪和对祖国西南美丽山水的歌颂。

2.《中国历代诗歌选》下册——是为高教部编写的全国大学教材的一部分,主要是宋元明清诗词曲的选注。沅君最后几年的精力全滋注在这部教材里,精益求精,一丝不苟。可惜刚打好清样,因"文化大革命"勃发了,未能及时出版。沅君弥留之际,还在挂念这件事。

3.《近古文学论丛》——是沅君历年研究古典文学的文章的汇编。

以上略述沅君生平事迹和思想情况,供读者参考。

于一九七八年国庆

与刘大杰论杜甫信

大杰兄：

去秋获读尊著《唐代社会与文学的发展》，曾奉函略陈鄙见。今又读了《文学发展史》第二册中《杜甫与大历诗人》一章，对杜甫分析详尽，不胜钦佩。

尊稿指出："杜甫是唐代的著名诗人。他在诗歌创作中能够取得这样的成就……从其经历来说，对于作为文学源泉的社会生活，他有长期的接触和感受。"（《中国文学发展史》第二册二〇九页。以下凡引此书，只注页码）又说："杜甫虽受有较深的儒家思想影响，但……由于他出身中小地主，仕途失意，长期流浪，对社会生活具有较多的体验……使杜甫能够对于安史叛乱前后的社会面貌，作了多方面的反映，成为封建社会的政治诗人。"（二〇二页）这些评论，广大读者定会首肯。

同时，尊稿也指出："我们研究杜甫思想，应当注意他的发展变化，既要看到他早年所受严重儒家思想的影响，更要看到他在政治斗争和流亡生活的感受中，跟当时儒家政治路线的矛盾及其后期的思想演变。"（二〇六页）又说："在其后期的思想中，存在着重法轻儒的一面。"（二〇九页）又说："到了晚年，他的思想更有发展，由轻儒而倾向于重法。"（二〇四页）当然，一个人的思想是会发展变化的，杜甫也有这种可能性。但可惜尊稿所举例证稍嫌简略,对于所摘引的诗句的理解,也可能因人而异,不免使我对于后期轻儒重法的变化,感到不易理解。敬贡所疑,伫候明教。

一 关于"后期"

如上所引,尊稿用了"早年""后期""晚年"等字样。对于"后期",尊稿说:"杜甫活了五十九岁,四十岁以后,可以说是他的生活后期。"(二〇三页)那么,"早年"大约指三十九岁以前了。至于"晚年",就尊稿所举"重法"的例证来说,最早是杜甫四十八、九岁到成都后作的《蜀相》,可能把四十九岁以后算作"晚年"。

对一般人来说,四十岁以后算作后期,是没有多大争论的。但作为一个诗人来说,特别是对于杜甫来说,就不免引起疑问了。因为大家知道,杜诗现存一千四百多首,作于四十岁以前的,恐怕不到一百首。当然,他四十岁以前,可能还写过一些为我们今天看不到的诗,但现在评价,却只能根据我们能看到的。那么,如果我们说他四十岁以后思想"发展变化"了,就等于说他的创作生活的百分之九十五左右,是在"发展变化"以后的。

同时,我们也知道,杜甫四十九岁定居成都以前的作品,只有三百多首;而作于四十九岁以后的,却将近一千一百首。那么,如果我们说他晚年"思想更有发展",就等于说他的创作生活的百分之七十五左右是在"更有发展"以后的。

这样,我心中不免起了两个疑问:

(一)如果杜诗百分之九十五左右作于思想"发展变化"以后,百分之七十五左右作于"更有发展"以后,那么,不是完全可以把他称为所谓"法家诗人"了?何必说"既要看到……更要看到……"呢?

(二)如果杜甫四十九岁以后的确是"思想更加发展",那么,尊稿《杜甫的作品》一节中所推为杰作的诗,为何都在四十九岁以前,而在四十九岁以后的一千多首中,可称道的反而寥寥无几呢?

当然,尊稿也说杜甫并未"和儒家思想彻底决裂"(二〇七页);关于这"彻底"与否的问题,后面另段请教。

二 关于"轻儒"

关于杜甫后期变得"轻儒"的例证,尊稿二〇四页举了五首:(a)《醉时歌》说:"儒术于我何有哉!孔丘、盗跖俱尘埃。"(b)《送蔡希鲁都尉还陇右因寄高三十五书记》说:"健儿宁斗死,壮士耻为儒。"(c)《独酌成诗》说:"兵戈犹在眼,儒术岂谋身?"(d)《乾元中寓居同谷县作歌七首》其七说:"山中儒生旧相识,但话宿昔伤怀抱。"(e)《草堂》说:"天下尚未宁,健儿胜腐儒。"又在二〇五页举了《晚登瀼上堂》"不复梦周孔",共六首。

对这六个轻儒的例证,有三点值得推敲:

(一) 关于孔丘和周孔的问题。尊稿说:"在诗中称孔子为'孔丘',并与盗跖并举,在封建士大夫看来,这是大不敬。……其他如王嗣奭、卢世㴉等人,都在这句诗上大做文章。可见在儒生们看来,这不是一件小事。"(二〇四页)事实上,不准在诗文中写"孔丘"之名,是宋以后的事,唐代并无此项禁忌。清施鸿保《读杜诗说》卷三说:"且孔子之圣,经宋儒而益尊。在宋以前,或与老氏并称,或与庄生并列,诗亦袭用常语耳。至于圣讳,则宋时亦未敬避。"例证很多,随便举一个:白居易《哭刘尚书梦得二首》,其一说:"杯酒英雄君与操,文章微婉我知丘。"这里白居易丝毫没有轻儒之意,也没有想到对孔老二表示"大不敬"。王嗣奭之流不明白历史情况,所以"在这句诗上大做文章",其实不免无的放矢。

就《醉时歌》说,杜甫以孔丘与盗跖并列,实亦非轻孔;相反地,他倒是在尊孔。他这句的意思,和他五十一、二岁在梓州作《谒文公上方》说"王侯与蝼蚁,同尽随丘墟"相同。他把孔丘与王侯代表最高贵的,把盗跖与蝼蚁代表最卑贱的,认为到头来二者同归于尽。这是碰壁以后发的牢骚话,不能借来证明他轻儒,正如他并不轻视王侯一样。"不复梦周孔"也不表示他抛弃周孔。这句显然继承《论语·述而》"久矣吾不复梦见周公"。孔老二哀叹不复梦见周公，显然是哀叹未能实现"克己复礼"，并非抛弃周公。同样，杜甫哀叹不复梦见周孔，也是哀叹未能实现周孔之道，并非抛弃周孔。相反地，这句更证明他死抱住周孔不肯放下（至于这句上边有"凄其望吕葛"的话，牵涉到"重法"问题，后边另段请教）。

杜诗一千四百多首中，讲到孔老二的，除上述二处外，还有下列几处：（a）四十八岁作《两当县吴十侍御江上宅》说"仲尼甘旅人"，衷心同情孔被排斥。（b）四十八岁作《发同谷县》说"圣有不暖席"，恭恭敬敬地称孔为圣。（c）五十岁左右在成都作《徐卿二子歌》说"孔子释氏亲抱送"，因徐卿梦孔送子而在诗中道贺。（d）五十五、六岁在夔州作《八哀诗》，其五说"竟掩宣尼袂"，因孔获麟流泪而叹道穷，借以哀悼李邕。（e）五十五、六岁作《夔府书怀》说"麟伤泣象尼"，意同前例，借以自叹。（f）临死前不久作《题衡山县文宣王庙新学堂呈陆辛》说"孔门未应弃"，更是明目张胆地尊孔。加上前引两处，似乎没有一处可以证明他对孔老二有什么轻视。

（二）关于"儒术"的问题。尊稿说："唐人称儒生，一般作为书生通用语，这样的例子很多。但从'醇儒''儒术'等语来看，杜甫所说的儒，大都具有'儒家''儒学'的意义。"（二〇一页）

别人用"儒术"作何解，那是另一问题。就杜诗说，却不一定指儒家学术。在一千四百多首中，用到"儒术"二字的，除尊稿所引二处外，还有二处：（a）四十岁（或四十一岁）献三大赋后作《奉留赠集贤院崔于二学士》说："青冥犹契阔，凌厉不飞翻。儒术诚难起，家声庶已存。……谬称三赋在，难述二公恩。"这里的"儒术"，似乎是指写作辞赋的才能，抱怨献赋未能得官。（b）四十三岁前后在长安作《奉赠太常卿张垍二十韵》说："相门清议众，儒术大名齐。……健笔凌鹦鹉，铦锋莹鹔鹴。……几时陪羽猎，应指钓璜溪。"这里的"儒术"，似乎也指写作辞赋方面，所以既誉张垍才比祢衡，也望自己能像扬雄那样随侍作赋。

现在再回看尊引两处。《醉时歌》是"赠广文馆博士郑虔"的，所以说:"先生有道出羲皇,先生有才过屈宋。……相如有才亲涤器,子云识字终投阁。……儒术于我何有哉!"这里以屈原、宋玉、司马相如、扬雄比郑虔,为他叫屈鸣冤,那么"儒术"二字恐亦指写作辞赋的才能。《独酌成诗》全文八句:"灯花何太喜,酒绿正相亲。醉里从为客,诗成觉有神。兵戈犹在眼,儒术岂谋身。苦被微官缚,低头愧野人。"这是他四十六、七岁流离奔走中发牢骚的话,似乎也指自己写作才能。

总起来看,杜甫所谓"儒术"的儒,似乎和其他唐代诗人一样,儒生就是书生,儒术就是书生的本领,主要是指写作诗赋的本领,而不指孔孟之道。他埋怨儒术无用,只是感到吟诗作赋未能使自己飞黄腾达,而不是说孔孟之道不能治国平天下。

(三)关于"耻为儒""儒生""腐儒"等等。尊稿所引其他三例中的"儒"字,和上述二例中的"儒术",意义是差不多的。现在试就这三例上下文看一看。

《送蔡希鲁都尉还陇右因寄高三十五书记》一开始就说:"蔡子勇成癖,弯弓西射胡。健儿宁斗死,壮士耻为儒。官是先锋得,材原挑战须。身轻一鸟过,抢急万人呼。"这里讲的似乎是重武轻文,投笔从戎的意思,和孔孟之道似无牵涉。

《乾元中寓居同谷县作歌七首》其七全文是:"男儿生不成名身已老,三年饥走荒山道。长安卿相多少年,富贵须应致身早。山中儒生旧相识,但话宿昔伤怀抱。呜呼七歌兮悄终曲,仰视皇天白日速。"这里似因自己未能早获富贵而满腹牢骚,看不出和儒法两条路线有什么牵联。

《草堂》末段说:"天下尚未宁,健儿胜腐儒。飘飘风尘际,何地置老夫?于时见疣赘,骨髓幸未枯。饮啄愧残生,食薇不顾余。"在杜诗一千四百多首中,用"腐儒"一词的还有三处:四十九岁在成都作《宾至》说:"岂有文章惊海内,漫劳车马驻江干。竟日淹留佳客坐,百年粗粝腐儒餐。"五十五、六岁在夔州作《寄韦有夏郎中》说:"万里皇华使,为僚记腐儒。"五十七岁出峡前后作《江汉》说:"江汉思归客,乾坤一腐儒。"从这四个例子看来,杜甫自称"腐儒",等于自称"书呆子",是牢骚满腹而自嘲的话,哀叹无官可做,只成"疣赘"。这里似难看出他已认识到什么儒家路线的错误了。

在上述三个问题中,第一似难证明他轻视孔老二,第二和第三似难看出他轻视儒家。他和别人一样,把儒生"作为书生的通用语"。他仕途失意,感到自己尽管读书万卷,下笔有神,但始终没能挣得高官厚禄;在乱世里,他成了多余的"疣赘"。他在《狂歌行赠四兄》里有几句自述:"与兄行年校一岁,贤者是兄愚者弟;兄将富贵等浮云,弟切功名好权势。"他后悔没照孔老二那样把富贵看作浮云(其实孔老二这话是假的),却热衷于功名权势,结果都落了一场空。他一再哀叹:"词赋工无益"(《陪郑广文游何将军山林十首》其四),"多才依旧能潦倒"(《戏赠阌乡秦少府短歌》)。所以尊稿所引各例,似只能证明他感到诗赋才华未能助他向上爬,而难于证明他懂得什么儒家路线不如法家路线。

三 关于"重法"

关于杜甫后期变得"重法"的例证,尊稿二〇五—二〇六页举了九首:(a) 四十八、九岁到成都后作《蜀相》说:"出师未捷身先死,长使英雄泪满襟。"(b) 五十岁以后在成都作《忆昔二首》其二说:"百余年间未灾变,叔孙礼乐萧何律。"(c) 五十二、三岁作《丹青引赠曹将军霸》说:"将军魏武之子孙,……文采风流今尚存。"(d) 五十五岁前后作《别蔡十四著作》说:"贾生恸哭后,寥落无其人。"(e) 五十五、六岁作《夔州歌十绝句》其二说:"英雄割据非天意,霸王并吞在物情。"(f) 五十五、六岁作《咏怀古迹五首》其五说:"诸葛大名垂宇宙,……指挥若定失萧曹。"(g) 五十五、六岁作《壮游》说:"枕戈忆勾践,渡浙想秦皇。"(h) 五十六岁作《晚登瀼上堂》说:"凄其望吕葛。"(i) 五十八岁作《别张十三建封》说:"君臣各有分,管葛本时须。"又尊稿二〇九页举五十岁前后在成都作《戏为六绝句》其五说:"窃攀屈宋宜方驾,恐与齐梁作后尘。"尊稿认为杜甫"把被儒家骂为'露才扬己'的法家诗人屈原作为追求的目标",也是他轻儒重法之一证。

这十个例子，包含几个重要问题，值得交换一下意见：

（一）反对天命论的问题。尊稿认为上引"英雄割据非天意"一句，足以证明杜甫"以法家'反天命'思想来反对儒家的'天命论'"（二〇六页）。这个证据不免引起我的怀疑，因为：

首先，信天命与反天命的区别，主要在于是否承认天有意志，是否承认天能主宰一切。在这一句中，似乎看不出否认天有意志，否认天能主宰一切。这句中"非天意"的"非"字，和杜甫《清明》诗中"逢迎少壮非吾道"的"非"字意义相同。"非吾道"的意思是说不符合吾道，并不否认吾道的存在。"非天意"的意思是说不符合天意，也不是否认天意的存在。杜甫主张分封而不赞成割据，认为这是违背天意的，结果一定没有好下场。他从儒家观点出发，深信只有顺天意才能成功，否则就会失败。如此而已。哪里是反对天命论呢？相反地，倒是很遵从天命的。

其次，再看杜诗一千四百多首中，其他用"天意"二字的诗句。除上述一处外，还有好几处：（a）四十岁前后在长安作《敬赠郑谏议十韵》说："野人宁不达，天意薄浮生。"（b）四十岁前后在长安作《故武卫将军挽词三首》其三说："路人纷雨泣，天意飒风飙。"（c）四十六岁在凤翔作《送从弟亚赴河西判官》说："今日看天意，游魂贷尔曹。"（d）五十岁前后在成都作《枏树为风雨所拔叹》说："千排雷雨犹力争，根断泉源岂天意！"（e）五十岁前后作《病橘》说："汝病是天意，吾愁罪有司。"（f）五十五、六岁在夔州作《滟滪堆》说："天意存倾覆，神功接混茫。"（g）五十七、八岁作《冬深》说："花叶惟天意，江溪共石根。"（h）五十七、八岁作《咏怀二首》，其二说："终当挂帆席，天意难告诉。"这里除（c）例的"天意"可能指"天子之意"，（d）例"岂"字表示感叹外，其他全部明显地肯定天有意志。

再次，在一千四百多首中，不用"天意"二字，而用"皇天""高天""天诛""高旻"等字样的，也无不承认天有意志，如：（a）《乐游园歌》说："一物自荷皇天慈。"（b）《喜晴》说："皇天久不雨。"（c）《送长孙九侍御赴武威判官》说："皇天悲送远。"（d）《题郪县郭三十二明府茅屋壁》说："一拟问高天。"(e)《有感五首》其一说:"何以报皇天!"(f)《南池》说:"皇天不无意。"(g)《送韦讽上阆州录事参军》说:"高天意凄恻。"(h)《雨》说:"皇天德泽降。"(i)《送惠二归故居》说:"皇天无老眼!"(j)《承闻河北请道节度入朝欢喜口号绝句十二首》其一说:"禄山作逆降天诛。"(k)《暇日小园散病将种秋菜督勒耕牛兼书触目》说:"侧颈诉高旻。"(一)《舟中苦热遣怀奉呈阳中丞通简台省诸公》说:"皇天照嗟叹。"其中除(i)例因"空谷滞斯人"而埋怨天无眼外,其他全部都承认天有意志。这些作品,从四十岁左右作的《乐游园歌》直到临死前不久作的《舟中苦热》,都属于尊稿所谓"后期"。所以后期思想"发展变化"之说,不免引起疑问。

　　最后,在一千四百多首诗中,还有不少只用一个"天"字的地方。从他四十多岁在长安作《曲江三章》其三说"自断此生休问天"开始,接着还有许多,如:《奉赠鲜于京兆二十韵》说:"天高难重陈。"《奉天刘少府新画山水障歌》说:"真宰上诉天应泣。"《送从弟亚赴西安判官》说:"清海天轩轾。"《徒步归行》说:"妻子山中哭问天。"《羌村三首》其三说:"歌罢仰天叹。"《送翰林张司马南海勒碑》说:"天遣几时回!"《遣兴二首》其一说:"天用莫如龙。"《凤凰台》说:"自天衔瑞图。"《石犀行》说:"天生江水向东流。"《十二月一日三首》其一说:"要取椒花媚远天。"《上白帝城二首》其一说:"天欲今朝雨。"《谒先主庙》说:"应天才不小。"《八哀诗》其四说:"天笑不为新。"《荆南兵马使太常卿赵公大食刀歌》说:"凭轩拔鞘天为高。"《寄薛三郎中璩》说:"天未厌戎马。"《狄明府》说:"长兄白眉复天启。"《能画》说:"每蒙天一笑。"《雷》说:"天地划争回。"《虎牙行》说:"天地惨惨无颜色。"《可叹》说:"用为羲和天为成。"《观公孙大娘弟子舞剑器行》说:"天地为之久低昂。"《续得观书迎就当阳居止正月中旬定出三峡》说:"天旋夔于峡。"《回棹》说:"自私犹畏天。"直到临死前不久作《幽人》说:"天高无消息!"诸如此类,不胜枚举。就这些例子看,很难说杜甫否认天有意志(《新安史》说"天地终无情",显然也是发牢骚的话)。

　　如果我们只根据"英雄割据非天意"一句而断定杜甫"以法家'反天命'思想来反对儒家的'天命论'",一切翻读全集的人都会产生很大的疑问的。

（二）对历史上若干法家人物的看法问题。今依尊稿举例先后，依次分别探讨，看一看杜甫究竟怎样看待这些人：

一是对唐太宗的看法。尊稿很强调杜甫"对太宗和玄宗的不同态度"（二〇三页），指出"他所真正向往的则是法家路线占统治地位的唐太宗时代"（二〇三页），而"对于玄宗时期的政治，表示强烈不满"（二〇三页）。

总看杜诗一千四百多首，他的确向往太平，反对乱世，同时他的确常常歌颂太宗。但他由于儒家忠君思想和正统观念十分强烈，所以他对玄宗也很赞美，同时极力贬低武后。他赞美玄宗的诗有：五十岁以后作《光禄坂行》说："安得更似开元中，道路即今多拥隔！"五十岁以后作《忆昔二首》其二说："忆昔开元全盛日，小邑犹藏万家室。"五十四、五岁在云安作《怀锦水居止二首》其一说："犹闻蜀父老，不忘舜讴歌。"（仇兆鳌注："舜讴歌，玄宗幸蜀也。"）五十五、六岁作《夔州十绝句》其三说："比讶渔阳结冤恨，元听舜日旧箫韶。"（杨伦注："舜日箫韶，指明皇入蜀时。"）这些可以说明，杜甫对玄宗，不仅认为开元好，甚至逃蜀时也很好。而且他还认为玄宗可与高祖、太宗并列。如：五十六岁在夔州作《复愁十二首》其七说："贞观铜牙弩，开元锦兽张。"五十六、七岁作《有叹》说："武德开元际，苍生岂重攀！"可见他并不认为太宗与玄宗有儒法路线的差别，只要是正统的皇帝就歌颂。至于儒家认为非正统的武后，杜甫就一再贬低。如：五十一岁在绵州作《越王楼歌》说"君王旧迹今人赏"，吹捧因反对武后而死的越王贞。五十五、六岁作《八哀诗》其五说："往昔武后朝，引用多宠嬖。"五十六、七岁作《寄狄明府博济》说："太后当朝多巧诋。"由此可见，尊稿所谓晚年"思想更有发展"，不免引人怀疑。因为上述各诗，大都作于晚年，可是他竟歌颂逃蜀的玄宗，而咒骂比唐太宗"更坚决地执行了法家路线"（四二页）的武后。

二是对秦始皇的看法。尊稿引了《壮游》"渡浙想秦皇"一句，断定"其中包含的思想内容是深刻的"，因为可以"表明他对于秦皇……的景慕之情。"(二〇六页)可是大家知道,《壮游》首段追述吴越之游,走到哪一地点,就写到与这地点有些关系的历史人物。如前所引,他首先写到江南大世族地主王谢两家,接着写到吴国的太伯、阖闾、公子光、专诸,越国的勾践,又写到在会稽做过官的朱买臣,最后写到渡过浙水的秦始皇。这里,怎么能看出什么"景慕之情"和"深刻"的"思想内容"呢?

在一千四百多首诗中,杜甫讲到三百三十多个历史人物;讲得次数比较多的有司马相如二十次,扬雄十七次,王粲十四次,宋玉十三次,阮籍十一次,陶渊明十次,等等。可是讲到秦始皇的却只有这次,而且还只有五个字。这怎么能证明他对秦始皇的"景慕"呢?与秦始皇事业有密切联系的,莫过于李斯,而他对李斯只讲到两次:五十五、六岁作《八哀诗》,其六说:"范晔顾其儿,李斯忆黄犬。"五十六、七岁作《李潮八分小篆歌》说:"大小二篆生八分,秦有李斯汉蔡邕。"在前一例中,因讲到几个投降安禄山后被处死的人,便附带提到历史上被处死的范晔与李斯。在后一首中,因称赞外甥李潮的字,附带提到历史上会写字的李斯和蔡邕。两处都没有提到李斯协助秦始皇所完成的事业,及其历史功勋。这些都可从旁面证明,杜甫对秦始皇的政治业绩,是没有什么认识的。

三是对曹操的看法。尊稿引了《丹青引赠曹将军霸》中"文采风流今尚存"句,证明杜甫对"魏武的景慕之情"(二〇六页)。事实是,杜甫有一个习惯,每逢为某一人而写一首诗,总要提一提与这个人同姓的历史人物,不管双方有无亲属关系。例证极多,最早是三十多岁在长安作《赠比部萧郎中十兄》,因对方姓萧而在诗中讲到萧何、萧衍,"汉朝丞相系,梁日帝王尊。"接着有《赠韦左丞丈济》说:"经术汉臣须。"(指韦贤)有《寄岳州贾司马六丈巴州严八使君两阁老》说:"长沙才子远,钓濑客星悬。"(指贾谊和严光)有《赠虞十五司马》说:"远师虞秘监。"(指虞世南)有《得广州张判官叔卿书使还以诗代意》说:"夜隔孝廉船。"(指张凭)有《题终明府水楼二首》其二说:"终军弄缥英妙时。"有《寄狄明府博济》说:"狄公执政在末年。"(指狄仁杰)有《奉送魏六丈佑少府之交广》说:"贤豪赞经纶。"(指魏征)直到临死前不久作《暮冬送苏四郎徯兵曹适桂州》说:"飘飘苏季子,六印佩何迟。"(指苏秦)等等。很明显,这类应酬的客套,恐难据以证明他对这些同姓的历史人物有什么特殊的"景慕之情"。

在一千四百多首诗中,杜甫讲到曹操的只有两处。除上引一处外,还有他临死前不久作《过南岳入洞庭湖》说"悠悠回赤壁……曹公屈壮图",似乎对曹操赤壁之败有一点惋惜之意。但尊稿却未引此例,大概因为这也难于说明什么"重法"的倾向。在三百三十多个历史人物中,曹操只被提到两次,正如秦始皇只被提到一次一样,所谓"景慕之情",实在是微乎其微的。

四是对管仲的看法。尊稿说,"对于管仲、贾谊、诸葛亮这些法家人物,杜甫也一再加以赞赏。"(二〇六页)现在依次看看他怎样评价这三个人。先看管仲。

可惜在一千四百多首诗中,杜甫提到管仲的,只有两处。除尊稿所引一句外,还有他四十岁前后在长安作《贫交行》说:"君不见管鲍贫时交,此道今人弃如土。"老实说,他对鲍叔牙的"赞赏"还远远超过对管仲的"赞赏"。在全集中,讲到鲍叔牙的,比管仲还多一处,那就是:《送率府程录士还乡》说:"千载得鲍叔,末契有所及。"《过斛斯校书庄二首》其二说:"遂有山阳作,多惭鲍叔知。"他很羡慕管仲能遇到鲍叔牙这样的好朋友,能推荐做大官。大家知道,杜甫深有感于"才士汲引难"(《白丝行》),迫切希望有人把自己"吹嘘送上天"(《赠献纳使起居田舍人澄》),以便"立登要路津"(《奉赠韦左丞丈二十二韵》),来满足自己"切功名好权势"(《狂歌行赠四兄》)的欲望。这种欲望,是否有点超过了他对什么儒家、法家的关心呢?

五是对贾谊的看法。杜甫对贾谊,的确很"赞赏",但他是不是"赞赏"贾谊的法家观点呢? 这却值得怀疑。在一千四百多首诗中,提到贾谊的有十五处之多。除尊稿所引一处外,还有:(a)《题郑十八著作丈》说,"贾生对鹏伤王傅",是借贾谊贬谪来同情郑虔的困境。(b)《寄岳州贾司马六丈巴州严八使君两阁老五十韵》说,"长沙才子选",是借贾谊有"才子"之称来奉承贾至。(c)《建都十二韵》说,"永负汉庭哭",是借贾谊有名的"痛哭流涕"来表达自己忠君之意。(d)《过故斛斯校书庄二首》其一说,"竟无宣室召",是借贾谊被召来哀叹斛斯融无此机会。(e)《春日江村五首》其五说,"中年召贾生……前席竟为荣",是自伤不如贾谊能被皇帝召见。(f)《秋日寄题郑监湖上亭三首》其二说,"才名贾傅多",是借贾谊文才来赞美郑审。(g)《八哀诗》其三说,"颜回竟短折,贾谊徒忠贞",借颜贾二人短命来悼念严武。(h)《壮游》说,"气劘屈贾垒,目短曹刘墙",借屈贾曹刘来自夸文才。(i)《久客》说,"去国哀王粲,伤时哭贾生",借王离乡和贾"痛哭流涕"来比喻自己。(j)《入乔口》说,"贾生骨已朽,凄恻近长沙",借贾谊的不幸遭遇来哀叹自己。(k)《清明二首》其一说,"长怀贾傅井依然",在经过长沙时联想到本地古迹贾谊旧宅。(l)《发潭州》说,"贾傅才未有,褚公书绝伦",追念贾谊文才和褚遂良书法。(m)《哭韦大夫之晋》说,"鵩鸟长沙讳",借贾谊早死来哀悼韦之晋。(n)《别张十三建封》说,"载感贾生恸,复闻乐毅书",借乐毅和贾谊的不得意,来表示对张建封的同情。这么多的例子,几乎没有一个涉及贾谊的政治主张和法家路线的。他或者同情贾谊的不幸,或者称赞贾谊的文才,或者借贾谊来赞美别人,有时也夸耀自己,都难证明杜甫重法轻儒的倾向。在尊稿所引一例中,杜甫不过借贾谊来赞扬蔡十四痛哭上书的举动而已。而《八哀诗》其三以贾谊与颜回并列,更有力地证明,杜甫心目中并没有把贾谊看作一个与儒家敌对的法家人物。

六是对诸葛亮的看法。杜甫对诸葛亮的"赞赏"是很明显的,不过他"赞赏"的动机是什么呢?大家知道,历代儒家也都"赞赏"诸葛亮。当然,儒家推重诸葛亮,是从孔孟之道出发的。儒生们认为,汉朝是姓刘的天下,刘备是正统,诸葛亮忠心耿耿地辅佐刘备,就是体现了儒家忠君思想和正统观念。因此,杜甫"赞赏"诸葛亮,还不能断定他世界观有了什么重法轻儒的转变了。试看杜甫五十五、六岁作《八哀诗》,其三说"诸葛蜀人爱,文翁儒化成",就更值得怀疑了。很可能,他一面"赞赏"诸葛亮,一面又贬低武后,都是从儒家正统观念出发的。

《杜甫与大历诗人》和《唐代社会与文学的发展》一样,都很强调《晚登瀼上堂》中"凄其望吕葛,不复梦周孔"二句,认为前一句重法,后一句轻儒,正好证明杜甫思想的转变。事实上,恐正相反。上文已讲到"不复梦周孔"是继承孔老二"不复梦见周公"的话,完全是哀叹"周孔"之道未能实现,而不是想抛弃"周孔"。上一句也不是向往法家。吕尚是周初人,还谈不到法家。诸葛亮在儒生们看来,也不是法家。在杜甫心目中,吕尚是周公的"战友",诸葛亮是儒家的信徒;因此,下句哀叹"周孔"之道不被尊重,上句则叹惜当时文武大臣未能做周公的辅助和儒家观点的体现者。"凄其"二字也表达了杜甫对当时大臣们的殷切期望,期望他们能继承"周孔"之道;而且若非配合下句"周孔",一般是不用"吕葛"并列的。

七是对屈原的看法。尊稿说:"杜甫也发表了一些好的意见,如'窃攀屈宋宜方驾'(《戏为六绝句》),他把被儒家骂为'露才扬己'的法家诗人屈原作为追求的目标,说明在他的文学观中也存在着跟儒家矛盾的一面。"(二〇九页)其实,把屈原当作"法家诗人"是今天一部分评论家的看法。在过去,屈原和诸葛亮一样,同为大部分儒生所"赞赏"。说屈原"露才扬己",仅仅班固一类的个别人,其他如刘安、王逸等,都说屈原的作品和儒家经典是符合的,刘勰等人则认为大都符合,也有些不符合。此外,不少儒家人物如朱熹、姚鼐等人,则对屈原非常推崇。甚至汉奸刽子手曾国藩,以及五四运动时的顽固反对派如林纾之流,也都极重视屈原。原因很明显,过去儒家都把屈原歪曲为忠臣的代表。如果今天创立新解,认为屈原是法家而非儒家,那当然是可以的。不过,恐怕不能回过头来,说过去一切重视屈原的人,都在思想上有重法轻儒的倾向。特别像朱熹、曾国藩之流,谁能相信他们世界观中有什么法家思想因素呢?

在一千四百多首中,杜甫有九次讲到屈原。除尊稿已引一例外,还有:(a)《醉时歌》说,"先生有才过屈宋",借屈宋文才来称赞郑虔。(b)《建都十二韵》说,"遥怜湘水魂",借屈原被逐比喻自己的失意。(c)《赠郑十八贲》说,"羁离交屈宋,牢落值颜闵",借屈宋颜闵来比喻自己的"羁离"和"牢落"。(d)《壮游》说,"气劘屈贾垒,目短曹刘墙",借屈、贾、曹、刘来自夸文才。(e)《偶题》说,"骚人嗟不见,汉道盛于斯",追述周汉诗歌源流。(f)《秋日荆南述怀三十韵》说,"不必伊周地,皆登屈、宋才",借屈、宋有文才而未做大官,来发自己的牢骚。(g)《地隅》说,"丧乱秦公子,悲凉楚大夫",借王粲屈原来比喻自己"处处是穷途"。(h)《送覃二判官》说,"迟迟恋屈宋,渺渺卧荆衡",借屈宋来暗指自己当年献赋的事。在这些例子中,似难看出什么轻儒重法的迹象。特别在《赠郑十八贲》中,以屈宋与颜闵并列,显然他并未把屈原当作与儒家对立的法家人物。

老实说,杜甫对宋玉,似乎比对屈原更"赞赏"些。在一千四百多首诗中,讲到屈原的有九处,而讲到宋玉的却有十三处。除上引六例屈宋并列外,还有《雨》说:"真觉巫山暮,更兼宋玉悲。"《咏怀古迹五首》其二说:"摇落深知宋玉悲,风流儒雅亦吾师。"《奉汉中王手札》说:"悲秋宋玉宅,失路武陵源。"《垂白》说:"垂白冯唐老,清秋宋玉悲。"《入宅三首》其三说:"宋玉归州宅,云通白帝城。"《送李功曹之荆州充侍御判官重赠》说:"曾闻宋玉宅,每欲到荆州。"《秋日荆南送石首薛明府辞满告别奉寄薛尚书颂德叙怀斐然之作三十韵》说:"侍臣双宋玉。"这里的确可以看出杜甫对宋玉特别"赞赏",不过宋玉怎样也难挤入法家行列中。

以上几人中,除管仲曾列法家外,其余到近年来才被某些人认为是法家,一千二百年前的杜甫心目中恐尚无此种看法。有些人,如屈原、诸葛亮等,向被儒家歪曲为儒家思想的体现者。杜甫"赞赏"他们,究竟是重法还是尊儒,恐怕是一个很大的疑问。

(三)投降问题。尊稿说,杜甫"不像王维之流那样投降敌人"。(二一〇页)的确,王维被安禄山俘获后,没有逃走,杜甫却在被俘获后又逃走了。这是不同的。不过,可疑的是,杜甫为什么对"王维之流"又一再大力辩护,深切怀念呢? 例如:他的《奉赠王中允维》说:"中允声名人,如今契阔深。共传收庾信,不得比陈琳!"《解闷十二首》其八说:"不见高人王右丞,蓝田丘壑蔓寒藤。最传秀句寰区满,未绝风流相国能。"这里似难看出他对王维有什么鄙视。

与王维类似的郑虔,也以投降而受到唐帝的责罚,杜甫却写了许多诗,为他叫屈,对他表示同情。例如:《送郑十八虔贬台州司户伤其年老陷贼之故阙为面别情见于诗》,《题郑十八著作丈》,《有怀台州郑十八司户》,《所思》(自注"得台州司户虔消息"),《哭台州郑司户苏少监》,《殁存口号二首》其二,《八哀诗》其七,《九日五首》其三,等等。杜甫对郑虔投降,是反对还是同情,不是很明显吗?

不但对同时的王维、郑虔投降的态度是如此,对过去历史上投降的人,也是如此。例如:《解闷十二首》其五说:"李陵苏武是吾师,孟子论文更不疑。"他赞成孟云卿的主张,以投降的李陵作为写作的老师。既以李陵苏武并列,那么在他心目中显然没有什么投降与不投降的区别。对于投降的庾信,更是一再称赞,怀念不忘。《戏为六绝句》其一说:"庾信文章老更成,凌云健笔意纵横。"《上兜率寺》说:"庾信哀虽久,周颙好不忘。"《赠李十五丈别》说:"元成美价存,子山旧业传。"(庾信字子山)《咏怀古迹五首》其一说:"庾信生平最萧瑟,暮年诗赋动江关。"《送五十六判官》说:"荒林庾信宅,为仗主人留。"《舍弟观自蓝田迎妻子到江陵喜寄三首》其三说:"庾信罗含俱有宅。"这些不都显示他对投降的人丝毫没有反感吗?

总起来看,尊稿所举杜甫重法例证,似乎还有商量的余地。至目前止,似乎还不能断定杜甫世界观中有什么轻儒重法、反天命、反投降的因素吧。

四 关于"彻底"

尊稿指出:"当然,这并不是说,杜甫最终已经和儒家思想彻底决裂了。"(二〇七页)接着举了《又示宗武》《题衡山县文宣王庙新学堂呈陆宰》二诗为例(后一首是我在去年信中举过的例子)。另外,在谈到杜甫文学观时,尊稿又举了《偶题》和《奉赠韦左丞丈二十二韵》作为不彻底的例子。

不彻底是可以理解的。在历代统治阶级大力宣扬孔孟之道的影响下,"彻底"两字谈何容易。不过,对于杜甫来说,恐怕还不是他转变得彻底与否的问题，而是他究竟有无转变的问题。因为尊稿所举不彻底的例子，不过三、四首。但如果我们把全集一千四百多首诗逐一细看，就会发现许多许多为尊稿所避而不谈的诗篇，里边充满着儒家色彩，而这些又都作于尊稿所说的"后期"甚或"晚年"阶段。

现在随便举几个例子。作于四十岁以后的有：(a)《新婚别》说："妾身未分明，何以拜姑嫜？……妇人在军中，兵气恐不扬。"(b)《寄张十二山人彪三十韵》说："此邦今尚武，何处可依仁！……高兴知笼鸟，斯文起获麟。"(c)《发同谷县》说，"圣有不暖席"等等。

作于四十八、九岁入蜀以后的有：(a)《闻官军收河南河北》说："漫卷《诗》《书》喜欲狂。"(b)《赠裴尚书》说："堂横单父琴。"(歌颂孔丘学生宓子贱)(c)《有感五首》其四说："终古依封建，岂独听箫韶！"(封建指奴隶社会分封制)(d)《丹青引》说："丹青不知老将至，富贵于我如浮云。"(仇兆鳌注："老将至，如浮云，此善用经语者。"善用经语即善于体现儒家思想)(e)《狂歌行》说："兄将富贵等浮云。"(f)《赠郑十八贲》说，"牢落值颜闵。"(g)《最能行》说："小儿学问止《论语》。"(h)《牵牛织女》说："嗟汝未嫁女，秉心郁冲冲。防身动如律，竭力机杼中。"(仇兆鳌注：罗大经说，朱熹认为这诗可用作《女戒》。)(i)《秋兴八首》其三说："刘向传经心事违。"(j)《奉汉中王手札》说："河间礼乐存。"(k)《昔游》说："晚登单父台。"(怀念孔丘学生宓子贱。)(l)《吾宗》说："语及君臣际，经书满腹中。"(m)《奉酬薛十二丈判官见赠》说："劝郎勤六经。"(n)《寄狄明府博济》说："几人卓绝秉周礼。"(o)《寄峡州刘伯华使君四十韵》说："展怀诗颂鲁。"(p)《奉贺阳城郡王太夫人恩命加邓国太夫人》说："奕叶班姑史，芬芳孟母邻。"(q)《可叹》说："群书万卷常暗诵，《孝经》一通看在手。"(r)《奉送十七舅下邵桂》说："推迁孟母邻。"(s)《敬寄族弟唐十八使君》说："圣贤冠史籍……先儒曾抱麟。"等等。

作于五十七岁出峡后的有：(a)《奉送苏州李二十五长史丈之任》说："公侯终必复，经术竟相传。"(b)《解忧》说："致远宜恐泥。"(《论语·子张》说："致远恐泥。")(c)《早行》说："干戈异揖让。"(d)《过津口》说："恻隐仁者心。"(e)《同豆卢峰贻主客李员外贤子棐知字韵》说:"熳漫通经术,光芒刷羽仪。"(f)《奉赠萧十二使君》说:"荒芜孟母邻。"等等。

诸如此类,不胜枚举。更值得注意的,是他五十五、六岁在夔州作的《八哀诗》八首。八首都较长,合计近五百句,里边儒家思想比较突出。例如:"晓达兵家流,饱闻《春秋》癖。"(其一)"文翁儒化成……颜回竟短折。"(其三)"晚年务置醴,门引申白宾。"(其四;申公、白生是汉代经师。)"宗儒俎豆事,故吏去思计。……呜呼江夏姿,竟掩宣尼袂。……几分汉廷竹,凤拥文侯簟。"(其五)末句追忆魏文侯对子夏的尊崇。"学蔚醇儒姿,文包旧史善。"(其六)"荥阳冠众儒,早闻名公赏。……天然生知姿,学立游夏上。……空闻紫芝歌,不见杏坛丈。"(其七)等等。这八首中,儒家思想不是显然占主导地位吗?

此外,前引有关孔丘的诗,有关天意的诗,大都可以看出杜甫尊儒尊孔。在他一生中,在他四十岁以后的"后期"中,在他四十九岁以后的"晚年"中,儒家色彩似乎远远超过其他一切。

鄙意认为杜甫确有好诗,这些好诗证明他确为唐代大诗人之一。他所以能获得这个出色的成就,原因就像尊稿指出的,"对于作为文学源泉的社会生活,他有长期的接触和感受"(二〇九页),而又具有卓越的表达能力。虽然"由于儒家思想的局限,其中也有显然歪曲现实的地方"(二一二页),但总的看来,杜甫还是瑕不掩瑜,基本应该肯定的。至于他是否后期变得轻儒,是否晚年更加重法的问题,恐还有待于将来再作进一步的探讨,目前还难马上就下断语。

我对杜甫所知甚浅,对杜诗评价向无成见。尊稿给我极大启发,促我对杜集再读一遍,读后不免感到一些疑问。这类疑问,也可能存在于别人心中。特函请教,望将来稍加补充,以释群疑。

匆此,顺颂健好!

陆侃如

一九七六年十一月一日

(原载《文史哲》一九七七年第四期)

参考文献

一、著作

陆侃如:《乐府古辞考》,上海:商务印书馆,1926 年。

陆侃如:《屈原》,上海:亚东图书馆,1929 年。

陆侃如:《宋玉》,上海:亚东图书馆,1929 年。

陆侃如、冯沅君:《中国文学史简编》,上海:大江书铺,1932 年。

陆侃如、冯沅君:《中国诗史》,上海:大江书铺,1933 年。

赛昂里著,陆侃如译:《法国社会经济史》,上海:大江书铺,1933 年。

Bernherd Karlgren 著,陆侃如译:《左传真伪考及其他》,上海:商务印书馆,1936 年。

赵景深:《海上集》,上海:北新书局,1946 年。

陆侃如、冯沅君:《中国文学史简编》修订本,北京:作家出版社,1957 年。

王运熙:《乐府诗论丛》,北京:中华书局,1962 年。

刘勰著,陆侃如、牟世金译注:《文心雕龙选译》,济南:山东人民出版社,1962 年。

焦循:《易余籥录》,台北:文海出版社,1967 年。

齐家莹编撰、孙敦恒审校:《清华人文学科年谱》,北京:清华大学出版社,1999 年。

徐雁平:《胡适与整理国故考论:以中国文学史研究为中心》,合肥:安徽教育出版社,2003 年。

董乃斌、陈伯海主编:《中国文学史学史》,石家庄:河北人民出版社,2003 年。

翁长松:《〈中国文学史简编〉和陆侃如夫妇》,齐鲁书社编:《藏书家》第十辑,济南:齐鲁书社,2005 年。

许志杰:《陆侃如和冯沅君》,济南:山东画报出版社,2006 年。

夏晓虹、吴令华编:《清华同学与学术薪传》,北京:三联书店,2009 年。

陆侃如、冯沅君:《陆侃如冯沅君合集》,合肥:安徽教育出版社,2011 年。

杜春和选编:《胡适论学往来书信选》,石家庄:河北人民出版社,1998 年。

二、报刊论文

胡适:《读楚辞》,《努力周报》,1922 年第 1 期。

黄晦闻:《黄晦闻致陆侃如书》,《学灯》,1925 年 5 月第 7 卷第 1 号。

胡适:《〈孔雀东南飞〉的年代》,《现代评论》第 6 卷第 149 期,1927 年 10 月。

古直:《汉诗研究》,上海:启智书局,1934 年。

李庆甲、汪涌豪:《建国以来〈文心雕龙〉研究概述》,《复旦学报》(社会科学版),1984 年第 5 期。

牟世金:《嘉惠士林的陆侃如教授》,《山东大学校史资料》第 8 期,1988 年 3 月。

王更生:《文心雕龙研究》,台北:文史哲出版社,2010 年。

张可礼:《史料、史识和美学的融通:陆侃如先生的中国文学史著》,《文史哲》,2011 年第 5 期。

郭英德:《朴学、史学与美学的珠联璧合——〈陆侃如冯沅君合集〉读后》,《文史哲》,2013 年第 6 期。

徐坤:《述学社研究》,曲阜师范大学硕士论文,2014 年。

赫兆丰:《杜预生平事迹新考——对〈中古文学系年〉相关条目的商榷》,《中南大学学报》(社会科学版),2014 年第 2 期。

张少康:《纪念〈文心雕龙〉的功臣——牟世金的〈文心雕龙〉研究》,《文史哲》,2014 年第 1 期。

附录：陆侃如生平与学术年表

1903 年　出生

11 月 26 日,出生于江苏海门县普兴村。其父陆措宜,热心教育事业,创办恒基小学,陆侃如的蒙学教育在此完成。

1916 年　13 岁

夏,考入南通的江苏省立第七中学读书,学制四年。

1920 年　17 岁

入北京高等师范学校读书。

1922 年　19 岁

秋,考入北京大学国文系。

2 月,《英国诗坛大事表》发表于《学艺》第 3 卷第 9 号。

10 月,《〈大招〉〈招魂〉〈远游〉的著者问题》(《屈原评传·余论》之一)发表于《读书杂志》第 2 期。

12 月,《读〈读楚辞〉》发表于《读书杂志》第 4 期。

1923 年　20 岁

3 月 21 日,《屈原生年考证》发表于《文学旬刊》第 68 期。

7 月,《屈原》由上海亚东图书馆出版。

1924 年　21 岁

1 月 6 日,《宋玉赋考》发表于《读书杂志》第 17 期。

5 月,陆侃如与北大国文系的同学游国恩、林之棠、张为骐、黄优仕等创建爱智学会国学部。

6 月 6 日,其社刊《国学月报》创刊,陆侃如在第 1 卷上发表《五月五日》一文。

6 月,《读诗杂记:谢灵运的纪游诗》发表于《文艺周刊》第 36 期。

1925 年　22 岁

4 月,《什么是九歌》发表于《国学月报》第 2 期。

5 月 7 日,《〈孔雀东南飞〉考证》发表于《学灯》,又载于 1928 年《国学月报汇刊》第 1 集。

5 月 22 日,《答黄晦闻书》发表于《学灯》。

1926 年　23 岁

从北大毕业,7 月考入清华学校研究院国学门,师从梁启超、王国维等先生。

1 月 31 日,《〈诗经〉参考书提要》发表于《国学月报》第 1 卷第 1 期。

2 月,《乐府古辞考》被收入王云五主编的《国学小丛书》第一集,由上海商务印书馆出版。

6 月,陆侃如与友人储皖峰、黄节、杨鸿烈、卫聚贤等,在爱智学会国学部的基础上创建了国学团体述学社,《国学月报》直接转为述学社社刊。

7 月,为游国恩《楚辞概论》写序言《〈楚辞概论〉序》,由北京述学社出版发行。

9 月,《梁任公先生在清华研究院茶话会演说辞》(与刘节合记)发表于《清华周刊》第 26 卷第 6 号

11 月,《三颂研究》发表于《国学月报》第 1 卷第 11 期。

1927 年　24 岁

5 月,与冯沅君在北京订婚。

夏,从清华研究院毕业,随之受聘于北京中法大学任教。

1月,《陶公生年考——跋古层冰〈陶靖节年谱〉》发表于《国学论丛》第1卷第1期。

1月20日,《词选笺自序》发表于《北京大学研究所国学门月刊》第1卷第4号。

1月31日,《〈古代诗史〉自序》发表于《国学月报》第2卷第1期。

2月,《乐府的影响》发表于《国学月报》第2卷第2期。

6月,《"二南"研究》发表于《国学论丛》第1卷第1期。

6月,《宋玉评传》发表于《小说月报》第17卷号外。

7月,《左传真伪考的译者引言》发表于《国学月报》第2卷第7期。

9月,《楚辞的旁支》发表于《国学论丛》第1卷第2期。

9月,翻译高本汉(Bernherd Karlgren)的《论左传之真伪及其性质》(陆侃如口译,卫聚贤笔记),发表于《北京大学研究所国学门月刊》第1卷第6期。

10月,《左传真伪考》由上海新月书店出版。

12月,《中国文学史序目》(与冯沅君共同署名)发表于《国学月报》第2卷第12期。

1928年　25岁

受聘于上海复旦大学中文系,同时兼任暨南大学中文系主任。5月,受胡适聘请,陆侃如夫妇任教于中国公学。与胡适共同筹办《中国文学季刊》,陆侃如任总编辑,先后出版了两期。

2月,《关于王静安的死》发表于《文学周报》第5卷。

7月,《论〈山海经〉的著作时代》发表于《新月》第1卷第5期。

《大小雅研究》发表于《小说月报》第19卷第9期。

《陶公的千五百周忌》发表于《国学月报汇刊》第1集。

《新石器时代遗址发现》发表于《东方杂志》第25卷第19期。

《楚辞引论》发表于《国立暨南大学中国语文学系期刊》创刊号。

冯沅君小说集《卷葹》由上海北新书局再版,陆侃如为之作后记。

冯沅君小说集《劫灰》由上海北新书局出版,陆侃如为之作后记。

1929 年　26 岁

1 月,与冯沅君在上海结婚。

8 月,《宋玉》由上海亚东图书馆出版。

《读骚楼偶识》发表于《吴淞月刊》第 2 期。

《林和靖的诗》发表于《文学周刊》第 344 期(第 7 卷第 19 期)。

《读王绩的诗》发表于《青海》第 3 卷第 3 期。

《山海经考证》《中国文学系课程说明书》发表于《中国文学季刊》第 1 期。

1930 年　27 岁

夏,应设在安徽安庆的安徽大学校长杨亮功和教务长程憬的联合邀请,到该校任教。

10 月,《屈原与宋玉》由上海商务印书馆出版。

《陶潜时代》发表于《旭日》创刊号。

1931 年　28 岁

1 月,《中国诗史》(与冯沅君合著)上卷由大江书铺出版;7 月,中卷出版;12 月,下卷出版。

1932 年　29 岁

夏,与冯沅君一起考入巴黎第三大学文学院的博士班,同赴法国留学。

7 月,《中国古代的无韵诗》发表于《文学年报》第 1 期。

10 月,《中国文学史简编》(与冯沅君合著)由上海大江书铺出版。

《论〈卦爻辞〉的年代》发表于《清华周刊》第 37 卷第 9 期。

1933 年　30 岁

翻译高本汉(Bernherd Karlgren)的《中国古书的真伪》,发表于《师大月刊》第 2 期。

翻译《恩格斯两封未发表的信》,发表于《读书杂志》第 3 卷第 6 期。

翻译小仲马的戏剧《金钱问题》,由上海大江书铺出版。

翻译赛昂里的《法国社会经济史》,由上海大江书铺出版。

1934 年　31 岁

4 月,为郭楼冰所编《屈原集》作《楚辞地图》,见于卷首,上海北新书局出版。

8 月,《巴黎的旧书摊》发表于《人间世》第 10 期。

1935 年　32 岁

春,夫妇二人完成博士论文的写作,6 月下旬获得博士学位,顺利毕业。回国时乘坐国际列车绕道经过苏联莫斯科、西伯利亚,了解和感受社会主义国家的面貌。秋,开始任教燕京大学中文系(兼系主任)。

9 月,《百部佳作征文散稿》(与冯沅君合著)发表于《人间世》第 36 期。

1936 年　33 岁

11 月 22 日,"北平作家协会"成立,陆侃如作为首届执行委员会委员,与夫人冯沅君一起参加了成立大会。

4 月,《〈左传真伪考〉及其他》由上海商务印书馆出版,此书是《左传真伪考》的增订本,新加入陆侃如所译高本汉的两篇论文《中国古书的真伪》《书经中的代名词"厥"字》。

5 月,翻译马伯乐(H. Maspero)的《评郭沫若近著两种》,发表于《文学年报》第 2 期。

7 月,《悼赛昂里教授》,发表于《食货》第 4 卷第 3 期。

7 月,《工正及其他》(《左传》中的经济史料之一)发表于《食货》第 4 卷第 4 期。

10 月 15 日,《〈汇纂元谱南曲九宫正始〉跋》发表于天津《大公报·图书副刊》。

12 月 12 日,《读〈吴歌小史〉》发表于《歌谣周刊》(《歌谣》第 2 卷第 28 期)。

12 月,《南戏拾遗》(与冯沅君合著)发表于《燕京学报》专号。

12 月,《风雅韵例》发表于《燕京学报》第 20 期。

翻译法国诗人 P. Verlaine 的诗《秋天的歌》,发表于《青年作家》第 1 卷第 1 期。

1937 年　34 岁

5 月,《楚辞补说》发表于《文学年报》第 3 期。

5 月,《或问》发表于《宇宙风》第 41 期。

1938 年　35 岁

抗战爆发后,陆、冯夫妇一道南下,经上海、香港至云南。应中山大学之聘,到云南澄江(后迁至广东坪石)任中山大学师范学院中文系主任和教务主任。

抗战期间,陆侃如的主要精力都投入在《中古文学系年》的撰写中。

《关于方东润》发表于《新动向》第 1 卷第 4 期。

《北平陷落的周年》发表于《战时知识》第 5 期。

《国文与科学方法》发表于《教育通讯》第 17 期。

1939 年　36 岁

6 月,《五四运动的一段插话——自传之一章》发表于《宇宙风》第 79 期。

翻译吴康的法文著作《汉籍考原》,发表于《青年中国季刊》第 1 期。

《国文科讨论会报告二则——中等学校各科教员暑期讲讨会报告》发表于《云南教育通讯》第 2 卷第 6 期。

1940 年　37 岁

3 月,《建安诗谱初稿》(上)发表于《语言文学专刊》第 2 卷第 1 章。

1941 年　38 岁

4 月,《建安文学系年(196—219)》发表于《清华学报》第 13 卷第 1 期。

1942 年　39 岁

秋,陆、冯夫妇离开广东,到迁于四川三台的东北大学任教,陆侃如兼任文学院院长和中文系主任,直至抗战胜利,1946 年随东北大学迁回沈阳。在三台期间,应老舍先生委托,陆、冯夫妇在自己的寓所里,成立了中华文艺界抗敌协会川北分会,从政治上、经济上支持进步学生的抗日文艺宣传活动。

6月,《中国诗歌的起源》(与冯沅君合著)发表于《中国青年》第6卷第6期。

9月29日,《西园读书记》发表于《文化先锋》第1卷第13期。

11月,《评卫聚贤〈巴蜀文化〉》发表于《文化先锋》第1卷第12期。

11月,《乐府的起源和分类》(与冯沅君合著)发表于《文艺先锋》第1卷第4期。

《关于应亨——中古诗人小记之一》发表于《艺文集刊》第1辑。

1943年　40岁

6月,《初平兴平文学系年》发表于《中原》第1卷第1期。

8月,《评钱基博〈中国现代文学史〉》发表于《文艺先锋》第3卷第2期。

9月,《中古诗人生年质疑》发表于《中原》第1卷第2期。

9月,为傅庚生著《中国文学欣赏举隅》作序,重庆开明书店出版。

11月,《译诗两首》发表于《文艺先锋》第3卷第5期。

《中古诗人小记》发表于《志林》第4期。

《〈采薇〉〈出车〉〈六月〉三诗的年代》发表于《志林》第5期。

1944年　41岁

《三百篇的年代》发表于《说文月刊》第4卷。

《怎样研究诗经》发表于《读书通讯》第85期。

1946年　43岁

随东北大学迁到沈阳。

1月,《悼伯希和教授》发表于《文艺先锋》第8卷第1期。

1947年　44岁

秋,离开沈阳,开始任教于青岛的山东大学。

10月,《班彪生于广平说》发表于《中央日报·文史周刊》第36期。

10月,《扬雄与王音王根王商的关系》发表于《大公报·文史周刊》第

39 期。

11 月,《读刘汝霖〈汉晋学术编年〉》(专论扬雄部分)发表于《大公报·图书周刊》第 32 期。

1948 年　45 岁

1 月,《一千八百年前的中国文学》发表于《文潮月刊》第 4 卷第 3 期。

2 月,《读郑鹤声〈班固年谱〉》发表于《大公报·图书周刊》第 36 期。

3 月,《记王逸及其子延寿》发表于《文讯》第 8 卷第 3 期。

8 月,《〈晋潘岳生卒年考〉书后》发表于《大公报·图书周刊》第 62 期。

12 月,《左思练都考》发表于《国立北京大学五十周年纪念论文集》,由北京大学出版部出版。

1949 年　46 岁

6 月 2 日,青岛解放。之后不久,陆侃如被任命为山东大学校务委员会副主任委员,兼图书馆馆长。

《关于〈文赋〉:逯钦立先生〈文赋撰出年代考〉书》发表于《春秋》第 6 卷第 4 期。

《王延寿的卒年》发表于《民言报·艺文》第 41 期。

1950 年　47 岁

5 月 26 日,《给研究文学史的同志们的一封公开信》发表于《光明日报》。

10 月 19 日,《鲁迅先生和中国文学遗产》发表于《青岛日报》。

1951 年　48 岁

春,被任命为山东大学副校长,后陆续兼任《文史哲》编委会主任、校科学研究委员会主任、山东省人民代表等。

1952 年　49 岁

2 月,《关于大学中文系问题》发表于《人民教育》。

2 月,《把毛泽东文艺思想贯彻到古典文学的教学中去》发表于《山东大学学报》第 2 期。

10 月,《纪念五四,批评胡适》发表于《文学评论》第 5 期。

1953 年　50 岁

担任全国政协委员、全国文联委员、全国作协理事、《文学研究》编委。

3 月,《论古典作家的宇宙观和创作方法的矛盾》发表于《山东大学学报》第 3 期。

6 月,《我们为什么纪念屈原》发表于《文史哲》第 3 期。

6 月 14 日,《屈原的伟大》发表于《青岛日报》。

6 月 15 日,《屈原——爱祖国爱人民的伟大诗人》发表于《解放日报》。

1954 年　51 岁

1 月,《什么是中国文学史的主流》发表于《文史哲》第 1 期。

5 月,《略论吴敬梓和他的〈儒林外史〉——在山东大学中国文学史教研组吴敬梓逝世二百周年纪念会上的讲话》发表于《文史哲》第 5 期。

7—12 月,《中国文学史稿》(1—6)(与冯沅君合著)发表于《文史哲》第 7—12 期。

10 月 31 日,《严厉地肃清胡适反动思想在中国学术界残存的毒害》发表于《光明日报》。

1955 年　52 岁

1 月,《胡适反动思想给予古典文学研究的毒害》发表于《文史哲》第 1 期。

1—12 月,《中国文学史稿》(7—18)(与冯沅君合著)发表于《文史哲》第 1—12 期。

3 月,《批评胡适的〈白话文学史〉》发表于《青岛日报》(14 日)和《光明日报》(15 日)。

12 月,《宋诗简论——〈中国文学史稿〉补》(与冯沅君合著)发表于《文史哲》第 12 期。

1956 年　53 岁

加入九三学社,任中央常务委员和青岛市分社主任委员。

4 月,《楚辞选》(与高亨、黄孝纾合著)由古典文学出版社出版。

5 月,《迦梨陀娑——印度古代最伟大的诗人》发表于《文史哲》第 5 期。

9 月,《中国诗史》修订本由作家出版社出版。

11 月 25 日,《关于编写中国文学史的一些问题》(与冯沅君合著)发表于《光明日报》以及《文学遗产》第 132 期。

12 月,《什么是楚辞》发表于《语文学习》第 12 号。

1957 年　54 岁

被划为"右派",由一级教授降为四级,免除所有行政职务。

3 月,《关于中国文学史分期问题的商榷》(与冯沅君合著)发表于《文学研究》第 1 期,又载于《文史哲》第 5 期。

4 月,《中国古典文学简史》(与冯沅君合著)由中国青年出版社出版。

7 月,《中国文学史简编》(修订本)(与冯沅君合著)由作家出版社出版。

1958 年　55 岁

《中国古典文学简史》(与冯沅君合著)(英文版、捷克文版)由外文出版社出版。

1960 年　57 岁

12 月,《陶渊明的田园诗》发表于《文学评论》第 6 期。

《精简国学基本问答》排印本出版(据台湾严灵峰编辑《书目类编》九十四 台湾成文出版社有限公司印行)。

1961 年　58 岁

研究重心开始转向古代文论。

1 月,《文学理论遗产的批判继承》发表于《山东文学》第 1 期。

2 月,《陆机〈文赋〉二则》发表于《文学评论》第 1 期。

3 月,《〈文心雕龙〉中有关浪漫主义的一些论点》发表于《山东大学学报》(中文版)第 3 期。

6 月,《〈文心雕龙〉论"道"》发表于《文史哲》第 3 期。

8 月 1 日,《陆机的创作理论和创作实践》发表于《文汇报》。

11 月 8 日,《刘勰》发表于《大众日报》。

11 月 26 日,《如何评价〈丁督护歌〉》发表于《光明日报》。

12 月 17 日,《关于文艺理论遗产学习的三点意见》发表于《光明日报》和《文学遗产》第 393 期。

1962 年　59 岁

1 月,《刘勰的生平和思想——〈文心雕龙〉简介之一》(与牟世金合著)发表于《山东文学》第 1 期。

2 月,《刘勰的文体论——〈文心雕龙〉简介之二》(与牟世金合著)发表于《山东文学》第 2 期。

2 月,《〈文心雕龙·序志〉译注——〈文心雕龙〉译注之一》(与牟世金合著)发表于《文史哲》第 1 期。

4 月,《刘勰论文学与现实的关系——〈文心雕龙〉简介之三》(与牟世金合著)发表于《山东文学》第 4 期。

4 月,《〈文心雕龙〉术语用法举例——书〈释'风骨'〉后》发表于《文学评论》第 2 期。

5 月,《刘勰论内容与形式的关系——〈文心雕龙〉简介之四》(与牟世金合著)发表于《山东文学》第 5 期。

6 月,《刘勰的创作论——〈文心雕龙〉简介之五》(与牟世金合著)发表于《山东文学》第 6 期。

6 月,《〈文心雕龙·诠赋〉今译——〈文心雕龙〉译选之八》发表于《山东大学学报》(语言文学版)第 6 期。

7 月,《刘勰有关现实主义的论点——〈文心雕龙〉简介之六》(与牟世金合著)发表于《山东文学》第 7 期。

7 月 4 日,《左思和左棻》发表于《大众日报》。

8 月,《刘勰有关浪漫主义的论点——〈文心雕龙〉简介之七》(与牟世金合著)发表于《山东文学》第 8 期。

8 月 12 日,《刘勰和他的创作论》(与牟世金合著)发表于《大众日报》。

8 月,《〈文心雕龙·镕裁〉今译》发表于《山东大学学报》(语言文学版)第 8 期。

9 月,《文心雕龙选译》上册由山东人民出版社出版。

9 月 12 日,《物色》(与牟世金合著)发表于《大众日报》。

10 月,《刘勰的批评论——〈文心雕龙〉简介之八》(与牟世金合著)发表于《山东文学》第 10 期。

10 月,《文学史工作中的三个问题——从文学研究所〈中国文学史〉想起》发表于《文学评论》第 5 期。

10 月 24 日,《神思》(与牟世金合著)发表于《大众日报》。

11 月,《刘勰的作家论——〈文心雕龙〉简介之九》(与牟世金合著)发表于《山东文学》第 11 期。

《刘勰论诗的幻想和夸饰——〈文心雕龙〉札记之一》(与牟世金合著)发表于《文汇报》第 8 期。

《刘勰论创作》(与牟世金合著)由香港文昌书局出版。

1963 年　60 岁

2 月,《左思评传》发表于《山东文学》第 2 期。

5 月,《刘勰论创作》(与牟世金合著)由安徽人民出版社出版。

6 月,《汉人论楚辞》(与虞振国合著)、《葛洪的文学观》(与牟世金合著)发表于《山东大学学报》(语言文学版)第 6 期。

7 月,《文心雕龙选译》下册由山东人民出版社出版。

1964 年　61 岁

6 月,《如何批判继承文学理论遗产》(与吕美生合著)发表于《文史哲》第 3 期。

1966 年　63 岁

"文革"开始,屡遭批斗。

1968 年　65 岁

7 月，被捕入狱。

1971 年　68 岁

年底，被解除监禁，无罪释放。

1973 年　70 岁

夏，冯沅君身患癌症。

1974 年　71 岁

夏，冯沅君在济南逝世。

1976 年　73 岁

12 月 12 日，突患脑血栓，开始两年的病榻生活。

1 月，由中国人民解放军 55219 部队政治部和山东大学中文系共同组成注释组编选的《韩非子选注》在山东人民出版社出版，陆侃如参与了编写工作。

1977 年　74 岁

8 月，《与刘大杰论杜甫信》发表于《文史哲》第 4 期。

1978 年　75 岁

12 月 1 日，陆侃如逝世。

10 月，《诗歌创作的金光大道》发表于《文史哲》第 5 期。

1979 年

10 月，经中共山东省委批复，对陆侃如的错划"右派"问题予以平反，撤销对他的全部处分，恢复政治名誉。

5 月，《忆沅君——沉痛悼念冯沅君同志逝世四周年》发表于《新文学史料》第 3 期。

1980 年

8 月，由山东大学中文系古典文学教研室选注的《杜甫诗选》在北京人民出版社出版，陆侃如此前在病中参与了初稿的编写工作。

1985 年

6 月，《中古文学系年》(上、下册)由人民文学出版社出版。

1987 年

1 月,《陆侃如古典文学论文集》由上海古籍出版社出版。

2011 年

8 月,《陆侃如冯沅君合集》(共十五册)由安徽教育出版社出版。

启　事

　　20 世纪初短暂存在过的清华国学院,已成为令后学仰视与神往的学术丰碑。而三年前本院浴火重生,继续秉承"独立之精神,自由之思想",且更强调"中国主体"与"世界眼光"的平衡,亦广受海内外关注与首肯。

　　本院从复建之日起,即以"清华国学书系"为"院史工程",亟欲缀集早期院友之研究成果,通过分册整理,真切展示昔年历程之艰辛与辉煌。现据手头之不完备资料,本套"书系"中分册出版文存四十九种,以整理下述前贤之著述:

　　梁启超、王国维、陈寅恪、赵元任、李济、吴宓、梁漱溟、钢和泰、马衡、林志钧、梁廷灿、赵万里、浦江清、杨时逢、蒋善国、王力、姜亮夫、高亨、徐中舒、陆侃如、刘盼遂、谢国桢、吴其昌、刘节、罗根泽、蓝文徵、姚名达、朱芳圃、王静如、戴家祥、周传儒、蒋天枢、王庸、冯永轩、徐景贤、卫聚贤、吴金鼎、杨筠如、冯国瑞、杨鸿烈、黄淬伯、裴学海、储皖峰、方壮猷、杜钢百、程憬、王耘庄、何士骥。

　　本"书系"拟另辟汇编本两册,收录章昭煌、余永梁、张昌圻、汪吟龙、黄绶、门启明、刘纪泽、颜虚心、闻惕生、王竞、赵邦彦、王镜第、朱右白、陈守实等先贤之著述。

　　本"书系"已被列入国家"十二五"重点出版规划。为使其中收入的每部文存，皆成为有关该作者的"最佳一卷本"，除本院同仁将殚精竭虑外，亦深盼各界同好与贤达，不吝惠赐"书系"所涉之资料、线索，尤其是迄未付梓或散落民间的文字资料、照片、遗物等。此外，亦望有缘并有志之士，能够以各种灵活之形式，加入此项工程，主动承担某部文存的汇集与研究。如此，则不光是清华国学院之幸，更会是中国学术文化之幸。

惟望本"书系"能继先贤之绝学，传大师之薪火，为创造中国文化的现代形态，收到守先待后之功。

清华大学国学研究院

2012 年 8 月 11 日